Knut A. Wiesner
Faires Management und Marketing
De Gruyter Studium

Knut A. Wiesner

Faires Management und Marketing

—

DE GRUYTER
OLDENBOURG

ISBN 978-3-486-58889-7
e-ISBN (PDF) 978-3-486-71912-3
e-ISBN (EPUB) 978-3-11-039674-4

Library of Congress Cataloging-in-Publication Data
A CIP catalog record for this book has been applied for at the Library of Congress.

Bibliografische Information der Deutschen Nationalbibliothek
Die Deutsche Nationalbibliothek verzeichnet diese Publikation in der Deutschen
Nationalbibliografie; detaillierte bibliografische Daten sind im Internet über
http://dnb.dnb.de abrufbar.

© 2016 Walter de Gruyter GmbH, Berlin/Boston
Einbandabbildung: RusN/iStock/thinkstock
Druck und Bindung: CPI books GmbH, Leck
♾ Gedruckt auf säurefreiem Papier
Printed in Germany

www.degruyter.com

Vorwort

Der Ruf nach moralisch einwandfreiem Verhalten in der Wirtschaft und nach Einhaltung ethischer Standards wird immer lauter. Nach korrupten Politikern stehen seit einiger Zeit Manager ohne Moral, die als gierig, unsozial und ihre Macht missbrauchend bezeichnet werden, im Fokus der öffentlichen Diskussion. Anstand und Ehrlichkeit, Fairness und Integrität, Nachhaltigkeit und Moral werden öffentlich eingefordert. Anstelle von Managern auf dem Ego-Trip werden Manager neuen Schlags geschätzt, die wieder Vorbilder in Sachen Verantwortung sind und die stets fair handeln.

Offensichtlich klaffen die Prinzipien einer gewinnorientierten Wirtschaft und der moralische Anspruch der Gesellschaft immer weiter auseinander. Dabei ist das eine ohne das andere dauerhaft nicht zu haben. Wirtschaftlicher Erfolg kann sich nur dann dauerhaft einstellen, wenn die Kunden und andere Gruppen Vertrauen zum Handeln und zu den Angeboten der Unternehmen haben. Und ohne eine wirtschaftlich solide und erfolgreiche Basis sind viele aktuelle gesellschaftliche Herausforderungen wiederum kaum zu stemmen. Energiewende, Klimawandel oder Ressourcenknappheit, aber auch demografischer Wandel und die Flüchtlingsproblematik sind nur mit einem geänderten Unternehmensverständnis und einem Kulturwandel in vielen Unternehmen beherrschbar.

Niemand – weder Privatpersonen noch für Unternehmen oder andere Organisationen handelnde Menschen – wollen übervorteilt, betrogen oder gar ausgebeutet werden. Also fordern immer mehr Menschen einen fairen und respektvollen Umgang miteinander. Dies betrifft nicht nur die Wirtschaft intern, sondern vor allem die Wirtschaft in ihrem Verhältnis zu allen Menschen, zur Gesellschaft und im Umgang mit der Natur. Dazu zählen ein schonender Umgang mit den natürlichen Ressourcen unseres Planeten, der Respekt vor allen Kulturen und der Schutz der Menschenwürde.

Die Ausführungen dieses Buchs sollen zeigen, dass sich faires Verhalten im Management und der Wirtschaft zumindest mittel- und langfristig für alle Beteiligten auszahlen wird. Die Chancen für ein erfolgreiches Management und Marketing liegen in mehr Ehrlichkeit und Glaubwürdigkeit, in der Übernahme größerer gesellschaftlicher Verantwortung, im respektvollen Umgang mit Mensch und Tier, in einer Orientierung an den Prinzipien der Nachhaltigkeit, im Schutz der Natur und Ressourcen sowie in einer ganzheitlichen Gesundheitsorientierung. Fairness ist in jedem Unternehmen unabhängig von seiner Größe gefragt. Und Fairness wirkt sich sehr positiv auf die Reputation eines Unternehmens und dessen Gewinne aus.

Bonn, im Frühjahr 2016   Prof. Dr. Knut A. Wiesner

(info@professorwiesner.de)

Inhaltsverzeichnis

Vorwort		**V**
Abbildungsverzeichnis		**IX**
Abkürzungsverzeichnis		**XIII**
1	**Einführung**	**1**
2	**Rahmenbedingungen und Entwicklungen**	**7**
3	**Herausforderungen zukunftsfähigen Managements und Marketings**	**27**
3.1	Herausforderung Glaubwürdigkeit und Vertrauen	33
3.2	Herausforderung gesellschaftliche Verantwortung	42
3.3	Herausforderung Nachhaltigkeit	57
3.4	Herausforderung Gesundheit und Natürlichkeit	79
3.5	Herausforderung Gleichbehandlung und Diversity	93
4	**Fairness als strategischer Ansatz**	**99**
5	**Management und faires Marketing**	**123**
6	**Globalverantwortung des Managements**	**151**
6.1	Natur, Ressourcen und Klima	157
6.2	Zivilisation, Kultur und Gesellschaft	181
7	**Fairness im Stakeholder Management und Marketing**	**189**
7.1	Heimatstaat und andere Staaten	191
7.2	Medien und Öffentlichkeit	201
7.3	Mitarbeiter und ihre Gremien/Organisationen	204
7.4	Kunden	217
7.4.1	Privatkunden	219
7.4.2	Geschäftskunden	227
7.5	Lieferanten und weitere Geschäftspartner	229
7.6	Eigen- und Fremdkapitalgeber	233
7.7	Anwohner und Nachbarn	238

7.8   Verbraucher- und Umweltschutzorganisationen, NGOs und Verbände 240

7.9   Wettbewerber...245

8   Angewandtes faires Marketing   251

9   Resümee und Ausblick   263

Quellen   267

Stichwortverzeichnis   277

Abbildungsverzeichnis

Abb. 1:	Ethik in der Wirtschaft	11
Abb. 2:	Akzeptierte Dimensionen der Unternehmensethik	12
Abb. 3:	Grundmodelle zum Verhältnis zwischen Wirtschaft und Unternehmensethik	13
Abb. 4:	Vier unternehmensethische Ansätze	14
Abb. 5:	Unternehmensethik auf zwei Stufen	15
Abb. 6:	Kohärenz zwischen Recht und Ethik	16
Abb. 7:	Elemente eines Corporate Citizenship	18
Abb. 8:	CC, CSR und CS als Unternehmensbeitrag zur Nachhaltigkeit der Volkswirtschaft	19
Abb. 9:	EU-Sicht der CSR	21
Abb. 10:	Konzept der Corporate Sustainability für eine nachhaltige Entwicklung	24
Abb. 11:	Fairness im Sport und in der Gesellschaft	25
Abb. 12:	Langjährige Studie „Challenges of Nations" der GfK 2015	27
Abb. 13:	Vertrauens-Barometer 2008-2014 von Edelmann	33
Abb. 14:	Länder-Ergebnisse des Global Trust Report der GfK 2015	34
Abb. 15:	Branchenvertrauen nach dem Global Trust Report der GfK 2015	35
Abb. 16:	Prinzipien der ISO 26000	46
Abb. 17:	Der World Business and Development Award mit seinen Trägerorganisationen	49
Abb. 18:	UN Millennium-Entwicklungsziele	50
Abb. 19:	UN-Leitlinien für Wirtschaft und Menschenrechte	52
Abb. 20:	GfK-Erhebung zur Bekanntheit des Begriffs Nachhaltigkeit 2015	58
Abb. 21:	Umweltsiegel-Beispiele	59
Abb. 22:	Kriterien des Deutschen Nachhaltigkeits-Kodex DNK	60
Abb. 23:	Ganzheitlicher Umweltschutz als strategischer Ansatz	61
Abb. 24:	Nachhaltigkeit in gesellschaftlichem Konsens erreichbar	62
Abb. 25:	UN Sustainable Development Goals 2016	63
Abb. 26:	Selbstverpflichtungen der europäischen Industrie, Stand Ende 2015	67
Abb. 27:	Selbstverpflichtungen der deutschen Wirtschaft, Stand Ende 2015	68
Abb. 28:	Umweltinitiativen für die bayerische Wirtschaft	70
Abb. 29:	Sustainability Image Score SIS 2015	73
Abb. 30:	Nachhaltigste Branchen aus Verbrauchersicht 2015	74
Abb. 31:	Nachhaltigste Unternehmen Deutschlands 2013	75
Abb. 32:	Gesundheit im Zentrum des 6. Kondratieff-Zyklus	79
Abb. 33:	Allseits gesunde Beziehungen	81
Abb. 34:	Einkaufsverhalten der Deutschen nach der 3. CSR-Studie von Icon Added Value	82
Abb. 35:	Bio- und Öko-Siegel für Lebensmittel	84
Abb. 36:	Regionalsiegel-Beispiele	88

Abb. 37:   Geprüfte Textilsiegel   91
Abb. 38:   Diversity-Dimensionen   94
Abb. 39:   Sandwich-Position der Unternehmen   99
Abb. 40:   Entwicklung vom klassischen Management zu einem umfassenden
           fairen Ansatz   100
Abb. 41:   Fairness als verantwortungsvolles Gesamtkonzept   101
Abb. 42:   Interne und externe Unternehmens-Stakeholder sowie globale
           Herausforderungen   102
Abb. 43:   Umfassendes und zukunftsorientiertes faires Management   103
Abb. 44:   Strategische und operative faire Unternehmensführung   104
Abb. 45:   Vision wird zur Realität im unternehmerischen Handeln   105
Abb. 46:   Einflüsse auf die Unternehmenskultur   108
Abb. 47:   Von Zielen zu wirkungsvollen Strategien und Maßnahmen   111
Abb. 48:   Neues Denken gefragt   112
Abb. 49:   Fairness zahlt sich vielfältig aus   114
Abb. 50:   Positionierung in der Kunden-Vorstellung   115
Abb. 51:   Voraussetzungen und Auswirkungen klarer Positionierung   116
Abb. 52:   Strategische Situationsanalyse und ihre Implikationen   117
Abb. 53:   Strategien zur Umsetzung von Visionen und Erreichung von Zielen   119
Abb. 54:   Strategischer Fairness Ansatz in der Unternehmensführung   120
Abb. 55:   Fairness als kooperativer und aktiver Managementansatz   121
Abb. 56:   Unternehmen werden transparenter   123
Abb. 57:   Entwicklung des Marketing-Selbstverständnisses seit mehr als 60 Jahren   125
Abb. 58:   Marketing entwickelt sich immer mehr zum fairen
           Unternehmensmanagement   126
Abb. 59:   Vom klassischen Marketing zum fairen Marketing   127
Abb. 60:   Sechs Hauptkriterien agiler Unternehmen   132
Abb. 61:   Customer Driven Company trägt ganzheitlich den Kundenwünschen
           Rechnung   134
Abb. 62:   Zentrale Wertebegriffe deutscher Führungskräfte sowie werterelevante
           Handlungsfelder in Unternehmen   135
Abb. 63:   Deutsche Bevölkerungsmilieus nach Sinus 2015   138
Abb. 64:   Zielgruppe bestimmt gesamte Marketingplanung eines Unternehmens   139
Abb. 65:   Generationen aus der Sicht der Personalführung und des Marketings   141
Abb. 66:   Nutzenstiftende Dimensionen von Innovationen   144
Abb. 67:   Wirkungen erfolgreicher Innovationen   145
Abb. 68:   Wichtige Bausteine zur fairen Corporate Identity   146
Abb. 69:   Corporate Identity erzeugt wirkungsvolles Corporate Image   147
Abb. 70:   Reputationsrisiken erkennen und vermeiden   149
Abb. 71:   Faires Management unter Einbezug aller relevanten Stakeholder   150
Abb. 72:   Faires Handeln gegenüber Umwelt, Natur, Kima, Gesellschaften etc.   152
Abb. 73:   Fairness trägt zum Unternehmenserfolg bei   153
Abb. 74:   Glaubwürdige Aussagen der Unternehmen zur Fairness   154
Abb. 75:   Faire Initiativen in Deutschland   156
Abb. 76:   Kohärenz und Konflikte zwischen umweltpolitischen Zielen   158
Abb. 77:   Beispiele für Branchen-Recycling-Initiativen   159
Abb. 78:   Abfallvermeidungsmöglichkeiten entlang des Produkt-Lebenswegs   161

Abb. 79:   Umweltrisiken und soziale Problembereiche bei der Textilherstellung   162
Abb. 80:   Beispiele für Klimakompensationen   169
Abb. 81:   Zukunftserwartung zur „Sharing Economy" aus Sicht der Wirtschaft   170
Abb. 82:   Fairness- und Nachhaltigkeits-Siegel im Tourismus   174
Abb. 83:   Fairness in den vier Qualitäts-Dimensionen von Nestlé .   179
Abb. 84:   Human Development Index der UNDP 2014   182
Abb. 85:   Maßnahmen deutscher Unternehmen zu Fairness in der Supply Chain   183
Abb. 86:   Umsatz mit fairen Erzeugnissen 2005 bis 2014   187
Abb. 87:   Fairness gegenüber allen Stakeholdern   190
Abb. 88:   Korruptionswahrnehmungsindex 2015   192
Abb. 89:   TI-Korruptionsbarometer Deutschland   196
Abb. 90:   Formen und Instrumente unternehmerischen Engagements
           in Deutschland 2010   199
Abb. 91:   Umgang der Unternehmen mit ihrem bürgerschaftlichem Engagement 2010   200
Abb. 92:   Kooperationspartner des Unternehmensengagements 2008   200
Abb. 93:   Arbeitsbedingungen in Deutschland 2012   206
Abb. 94:   Engagement-Index der Deutschen 2001-2015   207
Abb. 95:   Arbeitgeber-Bewertungen und Ranglisten diverser Anbieter   208
Abb. 96:   Arbeitgeberattraktivität für Studiumsabsolventen 2015   209
Abb. 97:   Diversity Dimensionen   211
Abb. 98:   Betriebliches Gesundheitsmanagement   214
Abb. 99:   Glaubwürdigkeit der Fairness-Außendarstellung von Unternehmen   218
Abb. 100: Verbraucher wünschen Qualität und deren Überwachung   219
Abb. 101: Beispiele von RAL-Gütesiegeln   222
Abb. 102: Fairnessorientierte Einwirkung auf den Qualitätsbeurteilungsprozess
           der Kunden   225
Abb. 103: Felder einer Unternehmensverfassung/Corporate Governance   234
Abb. 104: Nachhaltige Fonds im deutschsprachigen Raum   236
Abb. 105: Rangliste fairer deutscher Banken 2016   237
Abb. 106: Stakeholder im direkten Unternehmensumfeld   238
Abb. 107: Kartellamtsentscheidungen 2014   247
Abb. 108: Vier Bausteine erfolgreicher Krisenkommunikation   252
Abb. 109: Gütesiegel schaffen Vertrauen   253
Abb. 110: Kategorien und Aspekte der GRI-Leitlinien G4   255
Abb. 111: Rahmen einer Produkt-Ökobilanz nach DIN ISO 14040-14044   256
Abb. 112: Reputationswirkungen   259
Abb. 113: Wertschöpfungstreiber der Reputationserlöse   260
Abb. 114: Sustainability Value Score 2016   261

Abkürzungsverzeichnis

ASC	Aquaculture Stewardship Council
ADV	Arbeitsgemeinschaft Deutscher Verkehrsflughäfen
AEMR	Allgemeine Erklärung der Menschenrechte
AMA	American Marketing Association
BAuA	Bundesanstalt für Arbeitsschutz und Arbeitsmedizin
BDA	Bundesvereinigung der Deutschen Arbeitgeberverbände
BDI	Bundesverband der Deutschen Industrie
BEPI	Business Environmental Performance Initiative
BfN	Bundesamt für Naturschutz
BGM	Betriebliches Gesundheitsmanagement
BM	Benchmarking
BMAS	Bundesministerium für Arbeit und Soziales
BME	Bundesverband Materialwirtschaft, Einkauf und Logistik
BMEL	Bundesministerium für Ernährung und Landwirtschaft
BMFSFJ	Bundesministerium für Familie, Senioren, Frauen und Jugend
BMI	Bundesministerium des Innern
BMUB	Bundesministerium für Umwelt, Naturschutz, Bau und Reaktorsicherheit
BMVI	Bundesministerium für Verkehr und digitale Infrastruktur
BMWi	Bundesministerium für Wirtschaft und Energie
BSCI	Business Social Compliance Initiative
CEN	Europäische Normungsorganisation
CBD	Convention on Biological Diversity
CC	Corporate Citizenship
CCC	Clean Clothes Campaign - Kampagne für saubere Kleidung
CDC	Customer Driven Company
CEO	Chief Executive Officer
CERD	Ausschuss für die Beseitigung der Rassendiskriminierung
CI	Corporate Identity
CL	Corporate Legitimacy
CS	Corporate Sustainability
CSA	Corporate Sustainability Assessment
CSD	Kommission für nachhaltige Entwicklung
CSR	Corporate Social Responsibility
DAX	Deutscher Aktienindex
DEHOGA	Deutscher Hotel- und Gaststättenverband
DETHIK30	Deutschland Ethik 30 Aktienindex
DFB	Deutsche Fußballbund
DGCN	Deutsches Global Compact Netzwerk

DHV	Deutscher Heilbäderverband
DIHK	Deutscher Industrie- und Handelskammertag
DIN	Deutsches Institut für Normung
DISQ	Deutsches Institut für Service-Qualität"
DIW	Deutsches Institut für Wirtschaftsforschung
DJSI	Dow Jones Sustainability Indizes
DNK	Deutscher Nachhaltigkeits-Kodex
DOG	Deutsch Olympische Gesellschaft
DRV	Deutscher Reise Verband
DSD	Duales System Deutschlands
DTV	Deutscher Tourismusverband
DUH	Deutsche Umwelthilfe
DUK	Deutsche UNESCO-Kommission e.V.
DWNE	Deutsche Netzwerk Wirtschaftsethik
DZI	Deutsches Zentralinstitut für soziale Fragen
ECOSOC	UN Economic & Social Council
EEA	European Environment Agency
EFIEA	European Forum on Integrated Environment Assessment
EFCT	Europäische Vereinigung der Kongress- und Tagungsstädte
EFQM	European Foundation for Quality Management
ETI	Ethical Trading Initiative
EFCT	Europäische Vereinigung der Kongress- und Tagungsstädte
EMAS	Eco-Management and Audit Scheme
EVPG	Energieverbrauchsrelevante-Produkte-Gesetz
EU	Europäische Union
FAO	Food and Agriculture Organization
FAR	forum anders reisen
FIFA	Fédération Internationale de Football, Weltfußballverband
FLA	Fair Labor Association
FLO	Fairtrade Labelling Organizations International
FTA	Foreign Trade Association
FUR	Forschungsgemeinschaft Urlaub und Reisen e.V.
FWF	Fair Wair Foundation
G7	Gruppe der Sieben (bedeutendsten Industrienationen der Welt)
GC	Global Compact
GCB	German Congress Bureau
GfK	Gesellschaft für Konsumforschung
GIZ	Gesellschaft für Internationale Zusammenarbeit
GRI	Global Reporting Initiative
GSTC	Global Sustainable Tourism Criteria
Hotrec	Europäischer Branchenverband der Hotellerie u. Gastronomie
IBLF	International Business Leaders Forum
ICC	International Cahmber of Commerce, Int. Handelskammer
IFC	International Finance Corporation
IfM	Institut für Mittelstandsforschung
IHK	Industrie- und Handelskammer
ILO	International Labor Organization

IÖW	Institut für ökologische Wirtschaftsforschung
ISO	International Organization for Standardization, Int. Normungsorganisation
IW	Institut der deutschen Wirtschaft Köln e.V.
IYE	International Year of Ecotourism
KfW	Kreditanstalt für Wiederaufbau
KMU	Kleine und mittlere unternehmen
LOHAS	Lifestyles of Health and Sustainability, Konsumentengruppe
MIPS	Material Input pro Einheit Service
MSC	Marine Stewardship Council
NABU	Naturschutzbund Deutschland
NFO	Nationale Fairtrade Organisationen
NGO	Non-Governmental Organization, Nichtregierungsorganisation
NiMo	Netzwerk intelligente Mobilität
NPO	Non-Profit-Organisation
OECD	Organisation für wirtschaftliche Zusammenarbeit und Entwicklung
OHCHR	Office of the United Nations High Commissioner for Human Rights
OWS	Occupy-Wall-Street Bewegung
QuB	Qualitätsverbund umweltbewusster Betriebe
RAL	Deutsches Institut für Gütesicherung und Kennzeichnung e.V.
SAI	Social Accountability International
SEP	Strategische Erfolgsposition
SGE	Strategische Geschäftseinheit
STSC	Standardkomitee Tourism Sustainability Council
TI	Transparency International
TOI	Tour Operator's Initiative
TQM	Total Quality Management
TSC	Tourism Sustainability Council
UBA	Umweltbundesamt
UN/VN	Vereinte Nationen
UNDP	United Nations Development Programme
UNESCO	United Nations Educational, Scientific and Cultural Organization
UNIDO	United Nations Industrial Development Organization
UNO	United Nations Organization
UNWTO	United Nations World Tourism Organization
USP	Unique Selling Proposition
VDMA	Verband Deutscher Maschinen- und Anlagenbau
VDN	Verband Deutscher Naturparke
VDR	Verband Deutsches Reisemanagement
WBCSD	World Business Council for Sustainable Development
WWF	World Wildlife Fund
WRC	Workers Rights Consortium
WRI	World Resources Institute
WTO	World Trade Organization
WTTC	World Travel and Tourism Council
ZdH	Zentralverband des Deutschen Handwerks

1   Einführung

Nicht erst seit dem VW-Abgasskandal 2015, den vielen Banken-Skandalen der letzten Jahre, der Explosion der BP Ölbohrplattform Deepwater Horizon im Golf von Mexiko 2010 oder der Atomkatastrophe von Fukushima 2011 stellt sich die Frage nach der Glaubwürdigkeit der Unternehmen sowie deren offener und ehrlicher Kommunikation. Fast täglich wird über Wirtschaftsskandale, Datenmissbrauch oder gar Schadstoffe in Spielzeug und Lebensmitteln berichtet.

Ganz offensichtlich driften die Werthorizonte und Werteerwartungen der Öffentlichkeit (als Bürger, Kunden, Mitarbeiter etc.) einerseits und der Unternehmen bzw. deren Management andererseits zunehmend auseinander. Also wird der Ruf nach moralisch einwandfreiem Verhalten der Unternehmen auf Basis ethischer Standards immer lauter, um einen wahrgenommenen Verlust von Anstand und Moral zu korrigieren.

Spätestens nach der Finanzmarktkrise 2007/08 und der nachfolgenden Weltwirtschaftskrise machte sich die Erkenntnis breit, dass Gier die falsche Triebfeder der Wirtschaft sei und nun mehr Bodenhaftung sowie veränderte Wertmaßstäbe gefragt sind. Selbst vermeintlich seriöse Banken wie die schweizerische UBS oder die Deutsche Bank haben inzwischen Milliardensummen an Strafen gezahlt und sind noch in viele Rechtstreitigkeiten verwickelt, allein die Deutsche Bank in weiteren ca. 7000 Fällen.

Nach gewissenlosen Heuschrecken (Finanzinvestoren), Turbo-Kapitalisten, gierigen Bankern oder sogar Rambo-Managern ohne soziale Verantwortung wird das Idealbild des früher üblichen „ehrbaren Kaufmanns" wieder zum bestimmenden Wunsch-Leitbild für anständiges unternehmerisches Handeln.

Selbst nationale und internationale Sportorganisationen stehen zunehmend im Fokus öffentlicher Kritik. Doping ist ein Beispiel für extrem unfaires Verhalten nicht nur im Radsport oder in der Leichtathletik, das von vielen korrupten Funktionären und Organisationen gedeckt und vertuscht wird. Auch der weltweit beliebte Fußball bekleckert sich nicht mit Ruhm in dieser Frage, sondern weist ganz offensichtlich korrupte, vielleicht sogar mafiöse Strukturen auf. Die FIFA bietet seit Jahren ein Bild, das mit Fairness im Sport nichts mehr zu tun hat. Und auch der DFB scheint keine weiße Weste im Zusammenhang mit der Vergabe der Fußballweltmeisterschaft nach Deutschland zu haben.

Und das alles, obwohl Nachhaltigkeit, CSR, CS, Corporate Citizenship, Corporate Governance, Compliance, Wirtschaftsethik, Moral und viele weitere Schlagworte angeblich seit Jahren in praktisches Handeln der Unternehmen und Organisationen umgesetzt sind bzw. umgesetzt werden sollen. Aber vielleicht macht es diese verwirrende Begriffsvielfalt auch schwer, den Überblick zu bewahren und es allen neu artikulierten Ansprüchen und Anspruchsgruppen Recht zu machen.

Mit der Occupy-Wall-Street Bewegung (OWS) formierte sich 2011 öffentlichkeitswirksam eine weltweit agierende Organisation gegen soziale Ungerechtigkeit, gegen eine zu stark banken- und wirtschaftsfreundliche Politik und für mehr Transparenz. Transparency International prangert schon seit Jahren korruptes Verhalten in aller Welt an. Auch Verbraucher- und Umweltorganisationen fordern immer lauter ein faireres und offeneres Verhalten der Wirtschaft ein. Aufgrund mangelnder Transparenz und Bürgerbeteiligung stoppen Bürgerproteste inzwischen viele Großprojekte. Sei es Stuttgart 21, die Elbvertiefung, Flughafenerweiterungen, Neubau von Straßen oder der notwendige Ausbau der Stromnetze - Bürgerinteressen werden zukünftig sicherlich bei allen Großprojekten stärker zu berücksichtigen sein. Eine erstarkte Zivilgesellschaft fordert mehr Mitsprache und Rechenschaft.

Gingen früher fast alle Volkswirte davon aus, dass die Akteure des Wirtschaftslebens eher materialistisch eingestellte Eigennutzmaximierer seien, ist diese Sichtweise heute zumindest in Zweifel zu ziehen. Zwar wird immer noch der Eigennutz als eine wichtige Triebfeder wirtschaftlicher Prosperität betrachtet (z. B. die sogenannte Almende-Problematik), aber für die Menschen zählen offensichtlich nicht nur der Egoismus, sondern auch Gerechtigkeit und Fairness.

Selbst Menschen, die finanziell oder hierarchisch ganz oben stehen, verhalten sich fair. In den letzten Jahren zahlten z. B. viele Unternehmer und Unternehmensführungen höhere Löhne, als dies nach der Arbeitslage notwendig wäre. Dies wurde stets damit begründet, dass geringere Löhne ungerecht seien und dadurch die Arbeitsmoral untergraben werden könnte. Eine solche Fairness kann als eine Investition in die Reputation angesehen werden, ebenso wie dies durch Fairplay im Sport geschehen kann.

Auch spieltheoretische Experimente zeigen, dass Gerechtigkeitsvorstellungen eine wichtige Rolle bei wirtschaftlichen Entscheidungen spielen. Viele Menschen streben eine faire Verteilung an und handeln entsprechend fair, in der Erwartung, später ebenfalls fair behandelt zu werden. Daraus lässt sich schließen, dass Menschen neben materiellem Erfolg häufig auch andere Ziele anstreben, wie zum Beispiel eine Reputation aufzubauen und ein akzeptiertes Mitglied einer Gemeinschaft zu sein. Gesellschaften erziehen offensichtlich zur Fairness, denn es hat sich durch Studien herausgestellt, dass faire Gesellschaften bessere Überlebenschancen haben, als solche voller Egoisten.

Auch in Unternehmen lassen sich ähnliche Erkenntnisse gewinnen. Viele Mitarbeiter wollen auf keinen Fall weniger verdienen als andere, empfinden es aber als unangenehm deutlich mehr zu erhalten, als angemessen wäre. Lohnkürzungen werden generell als unfair empfunden und können sogar zur Arbeitsverweigerung führen. Generell gilt: wenn Menschen unfaire Dinge wahrnehmen, verzichten sie oft auf eigene Vorteile, um unfaire Praktiken zu bestrafen, z. B. durch einen Boykott. Fairness bzw. Gerechtigkeit zahlt sich also auch in der Wirtschaft langfristig immer aus. Dies wird übrigens auch durch viele aktuelle Branchen- oder Wirtschaftsstudien bestätigt.

Menschen wollen weltweit auf die Fairness der Unternehmen, Organisationen und anderen Menschen vertrauen können und von diesen weder übervorteilt noch ausgebeutet werden. So wird der Ruf nach einem fairen und respektvollen Umgang innerhalb der Wirtschaft und zwischen der Wirtschaft und den Kunden, Mitarbeitern etc. immer lauter. Auch werden ein fairer und nachhaltiger Umgang mit dem Klima und den natürlichen Ressourcen sowie der Schutz der Kulturen, der Menschenrechte und der Menschenwürde als Grundstandards eingefordert.

Also suchen inzwischen immer mehr Menschen nach Produkten und Dienstleistungen, die sie als fair, umwelt- und ressourcenschonend, sozial gerecht oder moralisch unbedenklich empfinden, sei es beim Kauf von Kaffee oder T-Shirts, von Teppichen oder Urlaubsreisen, von Strom oder Waschmaschinen. Wenn immer möglich soll dabei der Wunsch nach einem guten Gewissen bedient werden: Niemand will ein schlechtes Gefühl bei der Nutzung der erworbenen Produkte oder Dienstleistungen haben.

Verhaltensweisen dieser Art machen selbstverständlich auch vor der beruflich-geschäftlichen Ebene nicht halt: Geschäftspartner werden zunehmend nach ihrer Behandlung der Umwelt, der Mitarbeiter oder der Allgemeinheit bewertet. So kommt der positiven Reputation eines Unternehmens im gesamten Wirtschaftsleben eine steigende Bedeutung zu. Unternehmenskultur und Leitwerte, Corporate Identity und Corporate Image sind dabei zentrale Indikatoren eines Unternehmens, egal ob es um den Verkauf seiner Leistungen, seine Glaubwürdigkeit als Geschäftspartner oder seine Attraktivität als Arbeitgeber geht. Und engagierte Menschen zwingen über die sozialen Netzwerke die Unternehmen zu größerer Offenheit und Ehrlichkeit. Vermeintliche Betrüger und Lügner werden im Netz an den Pranger gestellt und durch Reputations- und Umsatzverlust abgestraft.

Selbst bei der Buchung einer Messe- oder Geschäftsreise wird heute oftmals ein Reiseangebot gewählt, das ein faires Verhältnis zwischen Erfüllungsgrad der eigenen Wünsche bzw. Erwartungen und den aufzuwendenden Kosten einer Reise erwarten lässt. Dabei wird immer häufiger die Frage nach dem sog. „CO2-Footprint" oder nachhaltiger Geschäftspolitik gestellt. Ähnliches gilt inzwischen für die Anschaffung von Geschäftswagen, Büroausstattung oder PCs und dem damit verbundenen Energie- und Wasserverbrauch. Auch beim Bezug von Rohstoffen, bei der Erstellung von Vor- und Halbfertigerzeugnissen wird ein fairer Umgang mit Mensch und Natur erwartet, andernfalls werden andere Zulieferer für die Supply Chain gewählt.

Immer mehr private und geschäftliche Kunden möchten ihren Wunsch nach einem guten Gewissen befriedigen, wenn dies ohne allzu große Einschränkungen oder zu hohe Zusatzkosten möglich ist. Denn auch hinsichtlich der Preise und Konditionen besteht der Wunsch nach Fairness. Bei Privatkunden gibt es eine noch immer wachsende, an fairem Handel, Gesundheit, Umweltschutz und Nachhaltigkeit interessierte und zahlungskräftige Kundengruppe, die sog. „LOHAS" (Lifestyle of health and sustainability – jüngere Menschen mit einem Lebensstil, der auf Gesundheit und Nachhaltigkeit basiert). Und diese LOHAS entscheiden nicht nur privat sondern auch in Unternehmen nach gleichen Maßstäben über ihre Geschäftsbeziehungen. Auch die sogenannte „Generation Y" setzt in Berufs- und Privatleben auf andere Maßstäbe als frühere Generationen.

Darüber hinaus gibt es viele Menschen, die (auch ohne gläubig zu sein) gern christliche Werte auf das heutige Wirtschaftsleben übertragen wollen. Bei ihnen geht es vorrangig um die von Jesus verkündete Nächstenliebe, die später auch die heiligen Samariter praktizierten: Nächstenliebe ggf. bis zur Selbstaufgabe.

Die notwendige Gewinnorientierung lässt sich dadurch wohl nicht ersetzen. Man kann das letzte Hemd kaum hergeben, ohne die wirtschaftliche Basis für unsere heutige Gesellschaft zu zerstören. Insofern bedarf es immer einer funktionstüchtigen und langfristig profitablen Wirtschaft (ökonomische Nachhaltigkeit), um ausreichend Steuern und Sozialabgaben zu erzielen, mit deren Hilfe auch zum Wohle der Gesellschaft agiert werden kann.

Dennoch spielen das christliche Prinzip der Nächstenliebe, das Teilen des letzten Hemdes des Heiligen St. Martins oder das Bild des Wange Hinhaltens eine bedeutsame Rolle bei der heutigen moralischen Bewertung wirtschaftlichen Handelns in der westlichen Welt. Und es liefert gleichzeitig die Begründung für das Engagement selbsternannter Weltenretter, vieler Initiativen oder Nichtregierungsorganisationen (NGOs).

Gerade die katholische Kirche zeigt sich ziemlich empört über unmoralisches Handeln in der Wirtschaft, wie der Papst in seinem „Evangelii Gaudium" Ende 2014 darlegte. In seiner Enzyklika „Laudato si" (Öko-Enzyklika) Mitte 2015 geht der Papst mit der Industrialisierung und Globalisierung ins Gericht. Er prangert die menschliche Gleichgültigkeit und die Plünderung der Ressourcen an und plädiert stattdessen für Verzicht. Im Sommer 2015 präsentierten die beiden christlichen Kirchen in Deutschland eine gemeinsame Sozialinitiative unter dem Titel „Gemeinsame Verantwortung für eine gerechte Gesellschaft", worin vor generell eigennutzorientiertem Verhalten, Gier und Maßlosigkeit gewarnt wird.

Solche moralischen Werte und Apelle stoßen schnell an ihre Grenzen, wenn es beispielsweise um die Gründung von Tochterfirmen im Ausland oder die Beschaffung von Vorerzeugnissen oder anderen Waren von Anbietern aus weniger entwickelten Staaten geht. Dann plötzlich greift nicht mehr das Prinzip der Nächstenliebe, sondern eher das der Eigenliebe. Es wird nicht selten nach protektionistischen Schutzmaßnahmen gerufen, ebenso wie z. B. bei Firmen-Übernahmen durch ausländische Unternehmen. Hierbei tun sich insbesondere die einheimischen Gewerkschaften hervor, denen es vermeintlich um den Erhalt gut bezahlter Arbeitsplätze geht.

Das Feld der internationalen Beschaffung, beispielsweise durch Outsourcing, bietet auch viel Stoff für konkurrierende Interessenslagen. Im Vordergrund steht dabei meist die Frage nach menschenwürdigen Arbeitsbedingungen und auskömmlichen Entgelten, wie dies beispielsweise von den Fair Trade Organisationen aufgegriffen wird. Es geht aber auch um Wettbewerbsfähigkeit und internationale Konkurrenz sowie um den Zugriff auf bezahlbare Ressourcen bzw. deren Ausbeutung. Dabei polarisieren insbesondere die Themen Palmöl und Frischwasser, die von Firmen nachgefragt werden, aber vor Ort oft große Probleme bereiten, z. B. durch die Brandrodungen für neue Palmölplantagen mit ihren ökologischen Auswirkungen.

Die Globalisierung ist in ihrer gesamten Breite ein sehr polarisierendes Thema, das von den Anhängern hochgelobt und von den Gegnern in Bausch und Bogen u. a. wg. Moral-, Sozial- und Preisdumping abgelehnt wird. Dabei haben wir alle und insbesondere die weniger entwickelten Länder auch viele Vorteile durch die Globalisierung, die internationale Arbeitsteilung und einen möglichst ungehinderten Handel. Die Globalisierung und das Internet sind aber auch Wegbereiter einer Anonymität bzw. Entfremdung, die so manch „schwarzes Schaf" anzieht.

Die gegenseitige Kenntnis der (Geschäfts-)Partner hingegen fördert Ehrlichkeit, Loyalität und Achtung und trägt damit oftmals zum Aufbau und Erhalt von Vertrauen und langfristigen (Geschäfts-)Beziehungen bei. Die Rückbesinnung auf das Leitbild eines „ehrbaren Kaufmann" könnte dabei helfen, inzwischen aufgetretene Schwierigkeiten zu bewältigen.

Also liegen die Herausforderungen für ein auch zukünftig erfolgreiches Management und Marketing in der Bewerkstelligung eines regelrechten Spagats: Neben Gewinnerwartungen werden dabei Anforderungen an hohe Glaubwürdigkeit, gesellschaftliche Verantwortung, Nachhaltigkeit und Gesundheitsorientierung bei gleichzeitig respektvollem Umgang mit den Menschen, ihrer Kultur und der Natur gestellt. Kurz gesagt: Unternehmensleitungen und Mitarbeiter müssen in jeglicher Hinsicht so handeln, dass dies von allen Menschen im und außerhalb des Unternehmens als fair empfunden wird. Es geht dabei im Wesentlichen um die

Berücksichtigung des sog. „Common Sense", der in der Wirtschaft offensichtlich in den letzten Jahren etwas aus dem Blick geriet.

Ein unternehmensinterner Wertekodex, der die Richtung zu fairem Verhalten vorgibt, könnte als ethischer Kompass für jedes Unternehmen und alle Mitarbeiter dienen. Breit akzeptierte Werte müssen ein nachhaltiges Fundament bilden und als solide Basis des täglichen unternehmerischen Handelns dienen. Solche Wertvorstellungen müssen fest in der jeweiligen Unternehmenskultur verankert sein und selbstverständlich durchgehend praktiziert werden.

Dies sind die wichtigsten Herausforderungen für das Management von Unternehmen und anderer Organisationen, die über die Zukunftsfähigkeit der Unternehmen entscheidet. Was aber bedeutet dies für die strategische Ausrichtung, das tägliche Geschäft der Unternehmen und ihrer Führungskräfte? Droht nicht eine Übervorteilung in einer Ellbogengesellschaft bzw. einer Wirtschaft, in der vermeintlich jeder nur auf seinen Vorteil ausgerichtet ist? Sicher nicht, denn offensichtlich ist auch der vielzitierte „Homo Oeconomicus" nicht nur auf den kurzfristigen Eigennutz ausgerichtet, wie neuere Forschungsansätze belegen. Stattdessen zahlen sich Kooperation und Mitgefühl auch ökonomisch aus, zumindest mittel- und langfristig (nur so konnte sich die Menschheit überhaupt so weit entwickeln!).

Ein ausgeprägtes Verantwortungsbewusstsein auf der Unternehmens- und Gesellschaftsebene, die Übernahme gesellschaftlicher Verantwortung, ein faires Verhalten gegenüber Kunden, Mitarbeitern und allen anderen Stakeholdern, die Einhaltung der Gesetze und Achtung der moralischen Normen heißt fair zu handeln. Fair zu handeln bedeutet, sich zukunftsfähig aufzustellen, denn Glaubwürdigkeit, Vertrauenswürdigkeit und Gewissenhaftigkeit erzeugen eine stabile positive Reputation.

2   Rahmenbedingungen und Entwicklungen

In Deutschland, in der gesamten westlichen Welt sowie zunehmend in den Schwellenländern hören wir die Forderung nach ethisch einwandfreiem Handeln in der Wirtschaft, einem Agieren nach moralischen Maßstäben und einer stärkeren Werteorientierung. Denn nicht alles, was möglich und legal ist, ist aus Sicht einer aufgeklärten Gesellschaft auch ethisch und moralisch vertretbar. Es wird quasi eine geistige und moralische Wende erwartet. Und die Forderung nach tugendhaftem und fairem Verhalten sollte nicht nur für die vielfach gescholtenen Politiker gelten, sondern auch für alle Unternehmensführungen und jeden, der ein gewisses Maß an Macht oder Einfluss besitzt.

Der Wunsch nach einem Stopp des Werteverfalls und nach einem mentalen Wandel in der Wirtschaft klingt zunächst einleuchtend und niemand wird dem ernsthaft widersprechen wollen. Was ist aber konkret mit ethischem Handeln und moralischen Maßstäben gemeint? Beinhalten diese Begriffe vielleicht das gleiche und wie hängen diese zusammen? Ist die Bedeutung dieser Begriffe weltweit gleich oder sind Ethik und Moral je nach Weltregion und Kultur mit unterschiedlichen Inhalten belegt? Gibt es überhaupt einen weltweit übereinstimmenden „Common Sense"?

Der Begriff der Ethik lässt sich von dem altgriechisch Wort „ethike" ableiten, was sittliches Verständnis bedeutet, oder von dem ebenfalls altgriechischen Wort „ethos", was Gewohnheit, Sitte oder Brauch bedeutet, heute aber als gelebtes Wert- und Normgefüge eines Individuums betrachtet wird. Ethik ist eine der großen Teildisziplinen der Philosophie, die sich im Wesentlichen völlig wertfrei mit der Herkunft und Begründbarkeit der Moral bzw. moralisch geprägter Aussagen und Ansprüche befasst.

Im Gegensatz zur „theoretischen Philosophie" (Logik, Erkenntnistheorie oder Metaphysik) wird Ethik oftmals als „praktische Philosophie" bezeichnet, da diese sich mit dem Handeln der Menschen befasst. Ethik beschreibt theoretisch den normativen Grundrahmen des Menschen zu sich als Individuum (Individualaspekt), zu seinen mit Menschen (Personalaspekt) und zu seiner ihn umgebenden ökologischen Umwelt (Umweltaspekt). Die praktische Moral gibt dabei vor, was in einer Gesellschaft als gutes oder schlechtes Verhalten betrachtet wird. Während die Ethik offensichtlich bei allen Menschen zumindest im Kern gleich ist, gibt es gesellschaftlich und kulturell bedingte Unterschiede in der Moral der Menschen auf dieser Welt.

Die Ethik, manchmal auch als Moralphilosophie bezeichnet, befasst sich mit Erkenntnissen und Aussagen über moralische Werte und moralische Handlungsnormen. Daher wird der Begriff Moral oftmals auch synonym zum Begriff der Ethik benutzt. Doch ist mit Moral nicht nur das abstrakt geforderte, sondern das tatsächlich praktizierte Verhalten der Menschen zu fassen (also: Was wird in einer Gesellschaft als gut/erwünscht oder schlecht/unerwünscht angesehen?).

Der Begriff Moral geht auf das lateinische Wort „moralis" (Sitte) zurück und beschreibt meist die faktischen Handlungsmuster basierend auf einem Wertekonsens in einer Gesellschaft. Es geht also um Handlungskonventionen, -regeln oder -prinzipien homogener Gruppen, Gesellschaften oder Kulturen, sofern diese wiederkehren, sozial anerkannt sind und von den Mitgliedern der Gesellschaft bzw. Gruppe erwartet werden. Damit steht die Moral gleichbedeutend für Sitten und Gebräuche. Gelegentlich haben Individuen eigene bzw. persönliche Moralvorstellungen, die von anderen nicht unbedingt geteilt werden. Diese Personen werden oft als unmoralisch abgelehnt, da sie andere Werte hochhalten. So werden Manager manchmal als „Macher ohne Moral" gegeißelt – vielleicht haben manche von ihnen eine eigene Moral mit eigenen Werten, der ganze Berufsstand oder die gesamte Wirtschaft sicherlich nicht.

Moral betrifft genauso wie Ethos zuallererst den einzelnen Menschen, der am Wirtschaftsleben teilnimmt und dabei mit ethischen Fragestellungen konfrontiert ist. Zur Beurteilung des eigenen Handelns kann die bekannte ETHOS-Formel hilfreich sein:

- E-Economical: Ist das Handeln wirtschaftlich vertretbar?
- T-Technical: Ist das Handeln technisch machbar und sinnvoll?
- H-Human: Ist das Handeln menschlich vertretbar?
- O-Organizational: Ist das Handeln organisatorisch vertretbar?
- S-Social: Ist das Handeln sozial/gesellschaftlich vertretbar?

Gesellschaftlich anerkannte Werte sind Vorstellungen über qualitative Eigenschaften, die von Menschen, sozialen Gruppen oder von einer Gesellschaft bestimmten Dingen, Ideen, Beziehungen, Handlungen u. a. m. zugeordnet werden. Die (Be-)Wertenden halten diese für wichtig und i. d. R. auch wünschenswert. Werte beruhen meist auf Werte-Erfahrungen, die sich aufgrund von verarbeiteten Erlebnissen im Gefühl bzw. Empfinden der Mitglieder einer Gruppe oder Gesellschaft verankert haben.

Innere Werte sind z. B. Freundschaft, Liebe, Glück, Wohlbehagen, Harmonie, Bescheidenheit, Pflichterfüllung, Aufrichtigkeit, Härte, Tapferkeit, Mut oder Disziplin. Als tugendhaft (handeln nach sittlichen Werten) werden in unserer Gesellschaft z. B. auch Tüchtigkeit, Treue, Taktgefühl, Vertrauenswürdigkeit, Rücksicht, Respekt, Gleichberechtigung, Freiheit, Redlichkeit, Pünktlichkeit, Ehrlichkeit, Unbestechlichkeit, Hilfsbereitschaft, Verlässlichkeit, Fürsorglichkeit, Vertrauen, Höflichkeit oder Gerechtigkeit betrachtet.

Bereits für Platon waren die wichtigsten Tugenden die Weisheit, die Tapferkeit und das Maßhalten, damit als übergeordnete Tugend Gerechtigkeit (als Wert) entstehen könne. Geistige Werte, wie Weisheit, oder religiöse Werte, wie Glaubensfestigkeit, werden heutzutage ebenfalls geschätzt. Auf die Benediktiner ist der Satz „ora et labora" zurückzuführen, der einer sehr asketischen Lebensweise dieses Ordens entsprach. Solche Werte sind konstitutive Elemente jeder Kultur, sie definieren Sinn und Bedeutung innerhalb des Sozialsystems einer Gruppe, der Gesellschaft etc.. Aber auch materielle Werte, wie Geld, Eigentum oder Macht, können dazu zählen.

Laster sind das Gegenteil von Tugenden. Im 4. Jahrhundert formulierte der Mönch Ponticus die sog. sieben Todsünden, die bis heute unverändert weiter gegeben wurden: Hochmut, Neid, Geiz, Trägheit, Zorn, Wollust und Völlerei. Auch heutzutage führen diese Todsünden zu einer Werteerosion sowie einer Schwächung von Glaubwürdigkeit und Integrität in den Gesellschaften mit ihren Politik- und Wirtschaftsskandalen (Nietsch-Hach, S. 16 f.).

Ein ethischer Grundkonsens besteht bei allen Menschen nur hinsichtlich der grundlegenden Bereiche Leben, Tod, Sexualität, Nahrung und zwischenmenschlicher Kooperation. Trotz dieser Gemeinsamkeiten divergieren allerdings die Moralvorstellungen kulturell bzw. religiös bedingt je nach Gesellschaft/Kultur oder sozialen Gruppen. Die Vielzahl der oben aufgezählten Moralvorstellungen zeigt, dass es tendenziell eher zu viele Moralvorstellungen gibt, um zwischen den unterschiedlichen Kulturen und Gesellschaften (z. T. auch Gruppen) einen breiten Konsens zu finden. So lassen sich diese allenfalls innerhalb einer Gesellschaft oder Kultur auf einen gemeinsamen Nenner bringen, wenn es nicht zu viele Subkulturen gibt.

Moral setzt Regeln für das Zusammenleben in einer Gesellschaft oder Gruppe, sie steckt Freiräume des Einzelnen ab und setzt diesen auch Grenzen. Solche Regeln werden oftmals dazu benutzt, andere Menschen auszuschließen und als andersartig abzustempeln, wie dies früher oft durch die Kirche geschah. Diese Gefahr ist auch heute wieder zu konstatieren, denn bei Moral geht es auch darum, sich auf eine bestimmte Art und Weise gut zu fühlen. Über Moral muss man nicht lange nachdenken und diese rechtfertigen, denn Moral hat häufig einen Absolutheitsanspruch. Dieses Verhalten ist heute nicht selten in der Anspruchshaltung bestimmter Personen oder NGOs festzustellen.

Auf interkultureller Ebene wird oftmals intensiv mit den jeweiligen Moralansprüchen argumentiert, was dann tendenziell Konflikte schüren kann. Die Achtung und Wertschätzung von Mitmenschen und ihrer gesellschaftlichen Umwelt geraten dabei leicht ins Hintertreffen, da die Gesellschaften oder sozialen Gruppen festlegen, welchen Regeln die Menschen im Detail folgen (sollen). Ethik hingegen hinterfragt stets kritisch und selbstkritisch, unparteiisch und ohne jede Ideologie.

Auch basiert das persönliche Gewissen eines jeden Menschen auf den unterschiedlichen Werten und Normen. Es ist also der Bewertungsmaßstab, was als gewissenhaft (positiv, gut) oder ggf. als gewissenlos (negativ, schlecht) zu betrachten ist. Der Bewertungsmaßstab ist weltweit nicht einheitlich, selbst dann, wenn Gewissen und Verantwortung als individuelle Erscheinungen zu betrachten sind, denn Gesellschaften können kein Gewissen haben und somit auch keine Verantwortung tragen.

Dennoch wurde überall auf der Welt eine sehr ähnlich lautende ethische Norm, die sog. Goldene Regel formuliert (Nietsch-Hach, S. 27 f.):

- Wenn wir selbst nicht tun, was wir anderen übel nehmen (Thales, ca. 600 v. Chr.)
- Was du selbst nicht wünschst, das tue keinem anderen an (Konfuzius, ca. 500 v. Chr.)
- Verletze nicht andere auf Wegen, die dir selbst als verletzend erscheinen (Buddhismus, ca. 550 v. Chr.)
- Man soll sich nicht auf eine Weise gegen andere betragen, die einem selbst zuwider ist (Hinduismus ca. 350 v. Chr.)
- Du sollst deinen Nächsten lieben wie dich selbst (Christentum)
- Alles was ihr wollt, dass euch die Leute tun sollen, das tut ihr ihnen auch (Bergpredigt)

Daraus entwickelte sich später vor allem in Europa die noch heute gültige Forderung: Behandle andere so, wie du auch von ihnen behandelt werden willst. Damit ist quasi die Maxime eines fairen Handelns für jeden Menschen beschrieben.

Aristoteles, der als Begründer der Ethik als philosophischer Disziplin gilt, betrachtet Ethik, Ökonomie und Politik als eine untrennbare Einheit, nämlich als sog. praktische Philosophie.

Peter Ulrich sieht Staat, Unternehmen und Bürger als die drei Orte der Moral an (Nietsch-Hach, S. 29).

Mohandas Karamchand Gandhi, dem später der sanskritische Ehrenname Mahatma als Beiname gegeben wurde, beschrieb schon 1925 sieben soziale Sünden als Hauptfelder der neuzeitlichen Zivilisation. Eine davon sei das Geschäft ohne Moral, weitere zum Beispiel eine Wissenschaft ohne Menschlichkeit oder der Reichtum ohne Arbeit. Schon damals suchte Gandhi damit eine ethische Basis der Moderne mit ihrem ökonomischen und technischen Fortschritt. Er forderte, dass Politik, Wirtschaft und Wissenschaft ihre moralische Verantwortung wieder finden sollten. Wahrscheinlich gibt es zu jeder Zeit Herausforderungen, die einer moralischen Neujustierung bedürfen, also quasi einer ethisch-moralischen Erneuerung. Dieses Bedürfnis besteht offensichtlich auch heute wieder.

Wirtschaft und Moral stehen zunächst in keinem Gegensatz zueinander. Gerade unsere soziale Marktwirtschaft bietet eine gute Basis für moralisches und verantwortungsbewusstes Handeln. Grundsätzlich ist das ökonomische Prinzip, nämlich mit einem relativ geringen Aufwand ein bestmögliches Ergebnis zu erzielen, nicht nur ein Gebot der Klugheit, sondern auch der Notwendigkeit in Zeiten begrenzter Ressourcen. Und die soziale Marktwirtschaft mildert mit ihren sozialen (und umweltbezogenen) Einschränkungen/Regulierungen mögliche negative Auswüchse in einem wettbewerbsgeprägten Markt weitgehend ab. Wettbewerb ist die beste Basis zur Entdeckung oder Entwicklung neuen Wissens und legt damit den Grundstein für Innovationen, technischen Fortschritt und wachsenden Wohlstand. Er sorgt für Chancengleichheit bei allen Unternehmen und damit gleichzeitig für den notwendigen Fortschritt und günstige Preise für alle Menschen.

An dieser Stelle bietet es sich an, den Blick auf die Begriffe der Wirtschafts- und Unternehmensethik zu richtet, da diese heute relativ häufig im gesellschaftlichen Diskurs verwendet werden und als Teilgebiete der Ethik zu betrachten sind. In der spezifischen wirtschaftlichen Betrachtung gehen diese beiden Begriffe aber auch weit über die bisher betrachtete persönliche Ethik hinaus.

Wirtschaftsethik i. w. S. ist der am weitesten gehende Begriff, der alle Unternehmen, handelnden Personen und (politischen) Institutionen umfasst, also die gesamte (Volks-)Wirtschaft eines Staates oder ggf. auch einer Staatengemeinschaft, wie beispielsweise der Europäischen Union (vgl. Abb. 1). Wirtschaftsethik i. e. S. betrifft ausschließlich Institutionen der gesamtstaatlichen Ebene, also der sog. Makroebene.

Über die Grundprämissen und Aussagen zur Wirtschaftsethik besteht keinesfalls Einigkeit unter den Wissenschaftlern. Es gibt mindestens drei wesentliche Strömungen, die sich deutlich unterscheiden. Zum einen wird Wirtschaftsethik als angewandte Ethik aufgefasst, die auf normativen Grundannahmen basiert, insbesondere der als wertfrei erachteten ökonomischen Sachlogik. Dabei geht es lediglich um eine Eingrenzung der ökimischen Sachlogik durch die Ethik, also ein moralisches Korrektiv ggf. auch zulasten eines ökonomischen Erfolgs (z. B. Nächstenliebe).

Der zweite Ansatz wird als normative Ökonomik bezeichnet: Hierbei dient die Ethik quasi als Hilfsmittel, um mehr ökonomische Rationalität zu erreichen. Moral wird für ökonomische Interessen genutzt, es handelt sich also um eine funktionale Wirtschaftsethik. Der dritte Ansatz, die Vernunftethik des Wirtschaftens, betrachtet die Ethik als normativen Unterbau der ökonomischen Sachlogik. Diese integrative Wirtschaftsethik basiert auf ethisch begründeten Vorstellungen zu einer sog. Lebensdienlichkeit (Ulrich, S. 133 ff.).

Abb. 1:   Ethik in der Wirtschaft

Ein ähnlicher Ansatz zur Systematisierung von Ethik ist der sog. St. Galler Ansatz, der ein ökonomistisches Konzept (mit 2 Varianten), ein separatives Konzept und einen integrativen Ansatz unterscheidet (Thielemann/Ulrich S. 29 ff.).

Das ökonomistische Konzept basiert auf einer Wirtschaftsethik ohne Moral und geht davon aus, dass jede Unternehmensführung am ehesten ethisch handelt, wenn sie sich ausschließlich am Geschäftserfolg orientiere. Unternehmensführung erfordere also keine persönliche Moral. Die ältere Variante dieses Konzepts (Friedman, Albach), der sog. Funktionalismus, sieht die unternehmerische Ethik darin, im Rahmen der Gesetze und kaufmännischen Sitten so viel Gewinn wie möglich zu machen (Thielemann/Ulrich S. 30 ff.).

Die modernere Variante des ökonomistischen Konzepts, der sog. Instrumentalismus, geht davon aus, dass sich Ethik langfristig auszahle, also notwendig für einen langfristigen Unternehmenserfolg sei. Dies wird auch heute vielfach von Wirtschaftslenkern geäußert und bedeutet, dass Ethik quasi nur als Instrument zur Gewinnmaximierung anzusehen sei (Thielemann/Ulrich S. 33).

Das separative Konzept postuliert, dass ethische Themen mit dem Kerngeschäft eines Unternehmens nichts zu tun habe. Unternehmerische Tätigkeit ist danach also ethisch neutral und so könnte ein ethisches Engagement der Unternehmen nur zusätzlich erfolgen, unabhängig von der Geschäftstätigkeit. Ethisches Verhalten hat danach keinen Anteil am Geschäftserfolg, es falle aber jenen Unternehmen leichter, die besonders gut wirtschaften (Thielemann/Ulrich S. 35).

Doch kann eine ausschließlich auf Gewinnmaximierung ausgerichtete Unternehmenstätigkeit funktionieren, bei der alle mit dem Gewinnstreben in Konflikt stehenden Faktoren nachrangig sind? Das sog. integrative Konzept setzt voraus, dass eine verantwortungsvolle Unternehmensführung ihre Geschäfte umfassend verantwortungsvoll im ethischen, moralischen und rechtlichen Sinne führe (Integrität). Je besser ein ethisches Geschäftsmodell dabei funktioniert, desto größer wird der legitim erzielte (verdiente) Erfolg sein. Dies führe zu einem nachhaltig guten Ruf der Unternehmen (Reputation), da diese ohne Einschränkungen integer wirtschaften würden (Thielemann/Ulrich S. 39 f.).

Richten wir nun den Blick auf die Ethik der Unternehmen, so betrachten wir die Mesoebene zwischen staatlicher Makroebene und der Individual- bzw. Mikroebene handelnder Personen (vgl. Abb. 1), wobei der Begriff der Unternehmensethik i. w. S. auch diese Mikroebene umfasst. Die Institutionenethik umfasst demnach die Makro- und Mesoebene ökonomisch-normativen Handelns, während die Individualethik der Mikroebene (ggf. mit Erweiterungen, s. u.) entspricht.

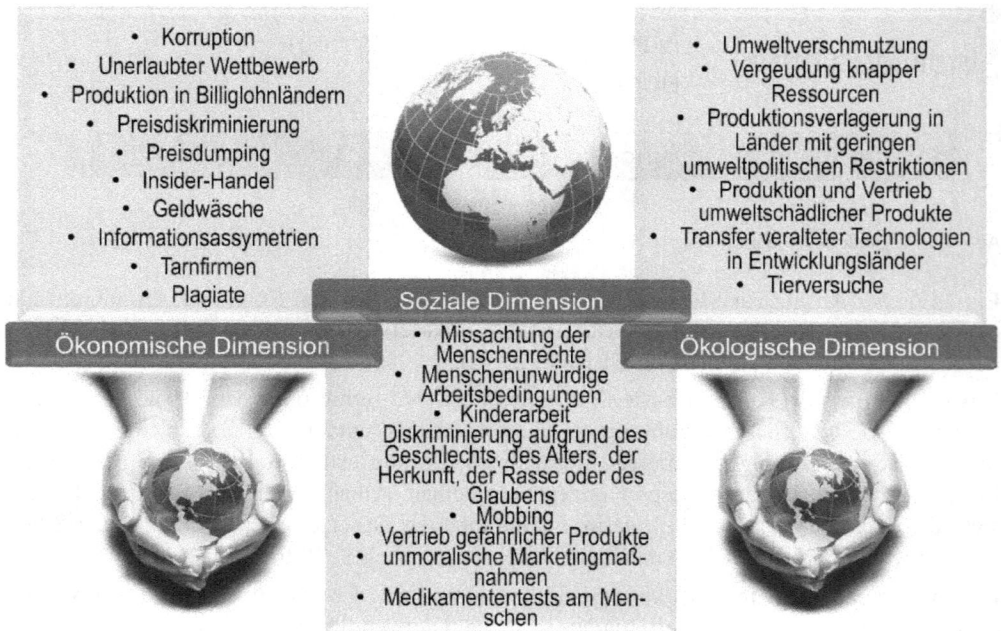

Abb. 2:   Akzeptierte Dimensionen der Unternehmensethik

Thematisch lässt sich das komplexe Gebiet der Wirtschafts- und Unternehmensethik nicht eindeutig eingrenzen. Doch ist davon auszugehen, dass Wirtschafts- und Unternehmensethik in Analogie zur CSR mindestens je eine ökonomische, eine soziale und eine ökologische Dimension (vgl. Abb. 2) aufweisen. Die Beurteilung, inwieweit Themenbereiche aus diesen Dimensionen eine unternehmensethische Relevanz besitzen, erfolgt i. d. R. in Abhängigkeit von nationalen bzw. kulturellen Moralvorstellungen, diese können daher im internationalen Kontext von unterschiedlichem Gewicht sein.

Unternehmensethik befasst sich mit ethischen Ansprüchen der Gesellschaften an Unternehmen sowie die dort gelebten Werte und Tugenden, die in der Unternehmenskultur verankert sind und oftmals in Leitsätzen und Unternehmensregeln kodifiziert sind. Dabei gibt es ebenfalls unterschiedliche Ansätze, die zunächst von einer sog. moralfreien Sicht ausgehen, nach der Unternehmen einer Gesellschaft am besten dienen, wenn diese möglichst gewinnbringend wirtschaften. Schließlich gehe es in Unternehmen weder um Wohltätigkeit noch um Umsetzung staatlicher Politik, sondern nur ums Geschäft (dies beschreibt der Ausspruch „the business of business is business" sehr prägnant).

Grundsätzlich gibt es dabei unterschiedliche Sichtweisen zur Bestimmung des Verhältnisses zwischen Wirtschaft und Ethik. In der Wissenschaft werden drei grundsätzliche alternative Ansätze bzw. Grundpositionen zur Kategorisierung (vgl. Abb.3) diskutiert, nämlich

- das Primat der Wirtschaft über die Ethik
- das Primat der Ethik über die Wirtschaft und
- die Gleichwertigkeit von Wirtschaft und Ethik

Primat der Wirtschaft über die Ethik	Primat der Ethik über die Wirtschaft	Gleichwertigkeit von Wirtschaft und Ethik
Beispiel	Beispiel	Beispiel
funktionalistische Wirtschaft- und Unternehmensethik	korrektive Wirtschaft- und Unternehmensethik	integrative Wirtschaft- und Unternehmensethik
Nutzung von Moral für ökonomische Interessen	Fundierung ökonomischer Sachlogik auf ethisch legitimen Grundlagen	Vermittlung ökonomischer Sachlogik und ethischer Legitimität
Reduktion von Ethik auf Ökonomie	Eingrenzung der ökonomischen Sachlogik durch Ethik	Interdependenz zwischen Ökonomie und Ethik

Abb. 3:   Grundmodelle zum Verhältnis zwischen Wirtschaft und Unternehmensethik

Modernere Ansätze lehnen eine strikte Gewinnmaximierung der Unternehmen weitgehend ab, da sich die mit dem Gewinnstreben in Konflikt stehenden Wertgesichtspunkte diesem Streben stets unterordnen müssten. Gewinnstreben sei aber nur ein Wert neben anderen (s. auch St. Galler Ansatz), daher gibt es in der derzeitig aktuellen Betrachtung vier wesentliche unternehmensethische Ansätze:

- die instrumentalistische,
- die karitative,
- die korrektive und
- die integrative Unternehmensethik (Ulrich, S. 450 ff.).

Die ersten drei Ansätze basieren weiter mit einigen Einschränkungen auf dem Gewinnprinzip, wohingegen die integrative Unternehmensethik unternehmerisches Gewinnstreben konsequent von einer unternehmensethischen Legitimationspflicht abhängig macht (vgl. Abb. 4).

Diese integrative Sichtweise von Ulrich erscheint dem Anspruch eines verantwortungsvollen und fairen Managements an ehesten angemessen. Bei dieser Betrachtung sind die Unternehmen gerade deshalb nachhaltig erfolgreich, weil sie ohne Einschränkungen integer arbeiten. Die Stakeholder honorieren das integre wirtschaftliche Handeln und tragen somit zum Unternehmenserfolg bei, z. B. durch Bevorzugung gegenüber weniger integren Unternehmen. Integer handelnde Unternehmen haben eine deutlich höhere Reputation, die auf ethischem Handeln basiert (sog. verdiente Reputation).

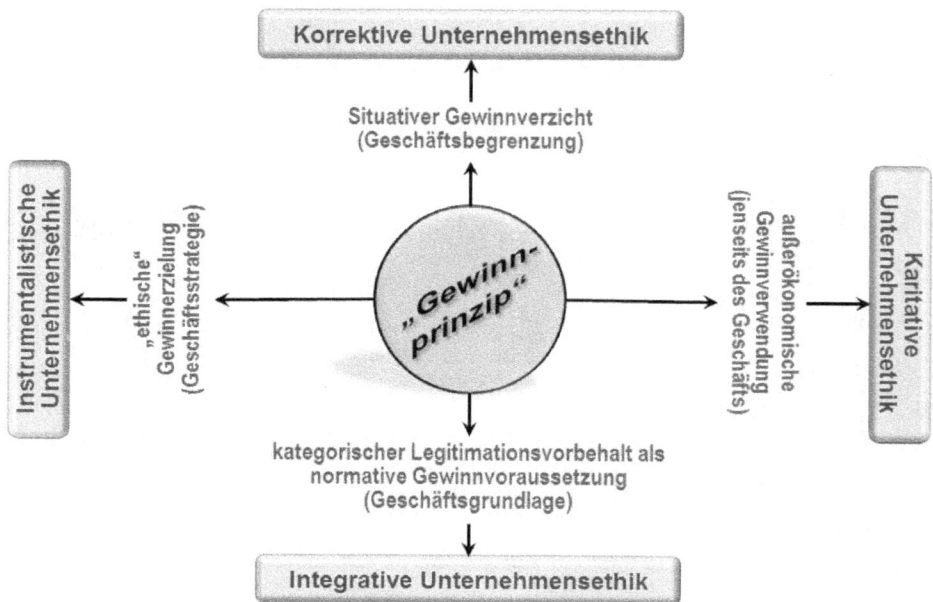

Abb. 4:   Vier unternehmensethische Ansätze (Ulrich, S. 452)

Die Geschäftsethik eines Unternehmens ist nicht unabhängig von den Rahmenbedingungen und Spielregeln des Wettbewerbs in einer Volkswirtschaft zu sehen. Ulrich bezeichnet dieses als „republikanische Mitverantwortung der Privatwirtschaft" für Rahmenbedingungen in den Branchen sowie weitere ordnungspolitische Spielregeln (vgl. Abb. 5). Unternehmen bzw. deren Leitungen sind aufgefordert, eine Mitverantwortung für das Firmenumfeld z. B. auf der Ebene von (Branchen-)Verbänden wahrzunehmen. Dabei geht es z. B. um generelle oder Branchen-Usancen, um (Mindest-)Standards oder um freiwillige Selbstverpflichtungen.

Auf der Mikroebene geht es zunächst um die persönliche Ethik der handelnden Personen (Unternehmer oder Manager als Unternehmensführungen). Diese auch als sog. Unternehmerethik oder auch Manager- bzw. Managementethik bezeichnete Ethik ist die der Unternehmensführung (vgl. auch Abb. 1). Unternehmer oder Manager und deren Unternehmen verfügen über eine Macht, die von der Größe und Bedeutung des Unternehmens abhingen. Die auf dieser Ebene getroffenen Entscheidungen haben oftmals große Auswirkungen auf einzelne Menschen, Branchen oder ganze Volkswirtschaften, also ist auch die Verantwortung der agierenden Unternehmer und Manager bzw. der Unternehmen als Institutionen (und Teil von Branchenorganisationen) sehr groß. Daher ist es legitim, an deren Handeln neben rechtlichen auch ethische bzw. moralische Maßstäbe anzulegen.

Interne zweistufige Konzeption der Unternehmensethik

2. Stufe der Verantwortung: **Republikanische Unternehmensethik**
   Kritische Hinterfragung gegebener Wettbewerbsbedingungen, die in unternehmensethische Dilemma Situationen führen

1. Stufe der Verantwortung: **Geschäftsethik**
   Suche nach rentablen Wegen sozialökonomisch sinnvollen und legitimen Wirtschaftens innerhalb der ordnungspolitischen Rahmenbedingungen (Geschäftsintegrität)

- **Unternehmerische Wertschöpfungsaufgabe:** lebensdienlicher Unternehmenszweck auf einer tragfähigen normativen „Geschäftsgrundlage" (Legitimationsprämisse und Sinngebung)

- **Branchen- und ordnungspolitische Mitverantwortung:** für ethisch verantwortbare Standards und Rahmenbedingungen des Wettbewerbs (ordoliberales Engagement in Richtung einer vitalpolitisch eingebundenen, lebensdienlichen Marktwirtschaft)

Abb. 5:   Unternehmensethik auf zwei Stufen (Ulrich, S. 465)

Rechtlich und ethisch einwandfreies Verhalten sollte in jeder Unternehmenskultur bzw. Geschäftsethik verankert sein, z. B. im Rahmen eines Corporate Compliance Systems. Dies wirkt allerdings nur dann nachhaltig, wenn sich die Unternehmensleitungen selbst vorbildlich verhalten. Auch sollten entsprechende Ansprüche in Leitbildern (Mission Statement) und anderen Geschäftsprinzipien verankert sein, die quasi moralische Leitplanken für das tägliche Handeln im Unternehmen darstellen. Mehr dazu in Kapitel 4.

Ähnliches gilt für das Thema Corporate Governance, das nach gewissen Standards im Zusammenwirken von Anteilseignern und Unternehmensführung verlangt. In einigen Ländern gibt es (quasi-)gesetzliche Regeln, meist aber handelt es sich um freiwillige Verhaltensweisen, die beispielsweise in vielen Ländern in Kodizes verankert sind (z. B. Deutscher Corporate Governance Kodex, weiteres dazu in Kap. 7.6).

Allerdings sind ethische Werte und moralische Maßstäbe nicht immer deckungsgleich mit bestehenden Gesetzen, da nicht immer ein gesetzlicher Regelungsbedarf besteht und sich Wertvorstellungen im Zeitablauf auch eher verändern können (vgl. Abb. 6). Ethische und moralische Wertvorstellungen ergänzen den vorhandenen Rechtsrahmen (Rechtsordnung und andere Vorschriften) und bilden ebenfalls den Anspruchsrahmen für unternehmerisches Handeln um etwa Reputationsrisiken zu vermeiden.

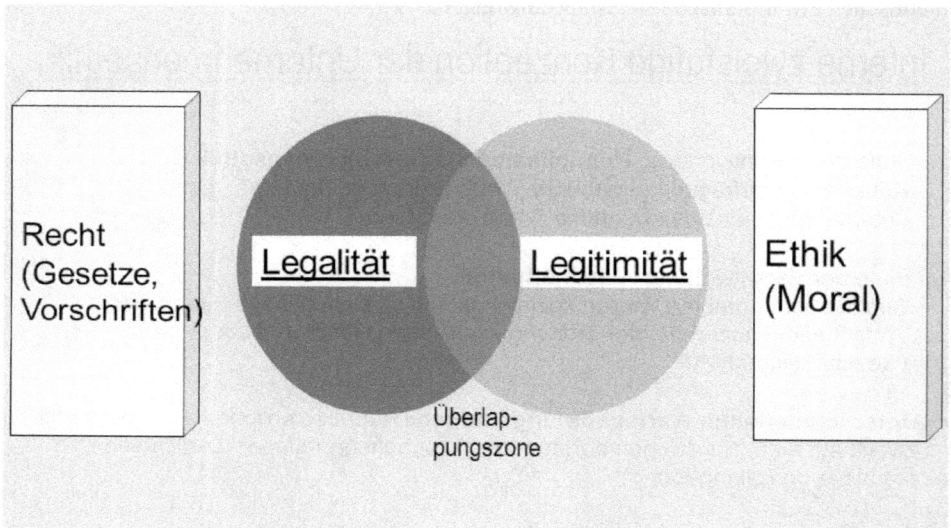

Abb. 6:   Kohärenz zwischen Recht und Ethik

Allerdings unterscheiden sich Wertvorstellungen in verschiedenen Ländern bzw. Regionen und Kulturkreisen, was für international tätige Unternehmen eine zusätzliche Herausforderung bedeutet. Aber welche Ethik zählt mehr bzw. hat Vorrang im Rahmen der internationalen Geschäftstätigkeit? Auch der vielfach in diesem Zusammenhang benutzte Begriff einer Verantwortlichkeit bzw. eines verantwortlichen Handelns ist nicht ohne eine ethische Betrachtung wirklich einzugrenzen. Welche Gesellschaft ist schließlich der Maßstab, wenn ethisches unternehmerisches Verhalten das Handeln im Einklang mit den Interessen der Gesellschaft bedeutet?

Die Frage nach moralisch einwandfreiem Handeln ist gerade heute immer auch eine Frage nach der sog. „politischen Korrektheit". Aber was ist gerade hier und heute „politisch korrekt"? Und wer entscheidet das? Müssen sich Unternehmen für das Gemeinwohl engagieren oder sich sogar aufopfern, wie manche erwarten? Im Grundgesetz ist zwar von einer (sozialen) Verpflichtung im Zusammenhang mit Eigentum die Rede, aber nicht von Enteignung oder Aufopferung! Gibt es denn überhaupt eine allgemein verbindliche Moral (oder Ethik) für Unternehmen bzw. für unternehmerisches Handeln? Manche Unternehmer, wie u. a. auch der ehemalige DIHK-Präsident Braun, fordern gar eine Rückbesinnung auf christliche Werte als Maßstab der Unternehmensführung.

Dabei hat er möglicherweise nicht die Sichtweise des amtierenden Papstes im Sinne gehabt, der seine Zweifel gegenüber Marktmechanismen zuletzt 2015 deutlich gemacht hat. Braun bezeichnet die Umwelt als eines jener Güter, die die Marktmechanismen nicht in angemessener Form schützen oder fördern könnten. Auch Wirtschaftswachstum als notwendiges Mittel zur Armutsbekämpfung oder zur Ergreifung von Klimaschutzmaßnahmen lehnt er aber ab. Stattdessen spricht er von einer Schrumpfung der Wirtschaft bei gleichzeitig umfassender Umverteilung. Der Papst fordert dann folgerichtig eine Regulierung aller gemeinschaftlichen Ressourcen durch eine übergeordnete Autorität. Staaten oder internationale Institutionen sollten Regeln zur Nutzung der Ressourcen aufstellen und diese auch überwachen.

Doch zwischenzeitlich ist bekannt und wissenschaftlich detailliert untersucht, dass Gemeinschaftsgüter nur selten wirklich zufriedenstellend und gerecht verwaltet werden (klassisches Allmende Problem). Die wichtigste und wahrscheinlich effektivere Alternative liegt doch sicherlich in einer sinnvollen Preisfindung für die bislang häufig kostenlosen Ressourcen. Um diese besser langfristig zu schützen und zu erhalten sollten eher Eigentums- oder Nutzungsrechte geschaffen werden, wie dies beispielsweise bei Emissionszertifikaten der Fall ist. So findet sich auch der päpstliche Hinweis, dass in dem Fall, in dem Privateigentum dazu führe, dass eine Ressource im Interesse der Allgemeinheit besser geschützt sei, ein solcher Besitz legitimiert sei.

Seit geraumer Zeit gibt es weitere Maßstäbe, die die Erwartungen der Gesellschaft(en) an unternehmerisches Handeln reflektieren. Diese sind leider nicht immer viel konkreter formuliert und werden je nach Zeit und Ort unterschiedlich interpretiert. Hierbei handelt es sich um Erwartungen bzw. Anforderungen nach Nachhaltigkeit oder Corporate Sustainability (CR), Corporate Social Responsibility (CSR), Corporate Social Responsiveness, Corporate Social Performance, Ökologie oder Corporate Citizenship (CC). Aus neueren Umfragen ist erkennbar, dass es mehr als 90 % der Deutschen wichtig oder sogar sehr wichtig finden, dass Unternehmen gesellschaftliche Verantwortung übernehmen.

Als Corporate Citizenship (vgl. Abb. 7 und 8) wird in Deutschland und anderen westlichen Staaten bürgerschaftliches Engagement von Unternehmen/Organisationen bezeichnet. CC bedeutet also ein Engagement für förderungswürdige gesellschaftliche bzw. soziale Projekte und Aufgaben im lokalen oder regionalen gesellschaftlichen Umfeld des jeweiligen Unternehmenssitzes. Nach Auffassung der EU-Kommission umfasst CC die Gestaltung aller Beziehungen zwischen den Organisationen und deren lokalem und regionalem Umfeld, darüber hinaus aber auch deren nationalem und internationalem Umfeld (z. B. Secondment-Programme). CC wurde zunächst als eigenständige Unternehmensaktivität betrachtet, später aber als Teil einer erweiterten CSR.

Konkret bedeutet dies, dass Unternehmensleitungen und Unternehmen beispielsweise als Spender, Mäzene oder Stifter für gemeinnützige soziale und kulturelle Projekte und Einrichtungen auftreten. Der Einsatz von Kontakten und Einfluss der Unternehmen für wohltätige Zwecke wird auch als Social Lobbying bezeichnet. Die Freistellung von Mitarbeitern oder das sog. (Corporate) Volunteering bzw. Freiwilligenprojekte zählen ebenfalls zum vorrangig uneigennützigen bürgerschaftlichen Engagement, gelegentlich auch die Zurverfügungstellung von Know-how oder unternehmenseigener Organisationskompetenz.

Corporate Sustainability

Corporate Social Responsibility

Corporate Citizenship

Corporate Volunteering **Corporate Giving** **Corporate Foundation**

Strategische Instrumente:
- Ehrenamtliche Tätigkeit der Mitarbeiter des Unt.
- Secondment-Programme

Maßnahmen:
- Freistellung und persönlicher Einsatz der Beschäftigten

Strategische Instrumente:
- Spenden
- Sponsoring
- Social Philantrophy

Maßnahmen:
- Geld-/Sachleistungen
- Dienstleistungen

Strategische Instrumente:
- Stiftungswesen
- Kooperation mit gemeinnützigen Organisationen

Maßnahmen:
- Nutzungsgestaltungen

Abb. 7:   Elemente eines Corporate Citizenship

Kultur- oder Sozial-Sponsoring (gelegentlich auch Sport-Sponsoring) werden oftmals auch dem bürgerschaftlichen Engagement zugerechnet, wobei allerdings verkannt oder ignoriert wird, dass es sich bei Sponsoring um ein Marketinginstrument der Unternehmen handelt. Dieses verlangt nach einer konkreten marketingrelevanten Gegenleistung der gesponserten Organisation/Person/Gruppe. Dennoch haben Sponsoring-Aktivitäten mit Regionalbezug ein überwiegend positives Image bei Kunden, anderen Stakeholdern und der interessierten regionalen Öffentlichkeit. Auch Cause Related Marketing wird gelegentlich als Instrument der CC betrachtet, da ein Teil des Erlöses des Unternehmens für wohltätige Zwecke gespendet wird.

Social Commissioning, eine geschäftliche Partnerschaft mit gemeinnützigen Organisationen als Dienstleister oder Zulieferer, zählt im weiteren Sinn ebenfalls zu den CC-Aktivitäten der Unternehmen, wie das Betreiben einer Organisation zusammen mit einer gemeinnützigen Einrichtung, auch Community Joint-Venture genannt. Im Rahmen von Social Philantrophy werden von Unternehmen Investitionen von Risikokapital und Know-how in gemeinnützige Organisationen getätigt.

Gesellschaftliche Verantwortung wird oftmals viel umfassender verstanden, wenn damit auch (ordnungs-)politische Mitverantwortung gemeint ist, z. B. durch die Stärkung der Demokratie im eigenen oder in anderen Staaten, der Aufbau von Institutionen der sogenannten Zivilgesellschaften oder die Entwicklung und Sicherung marktwirtschaftlicher Strukturen in anderen Ländern. Die Unternehmen nutzen Corporate Citizenship als ein Instrument des Beziehungsmanagements, zur Pflege der Außenbeziehungen als kommunikationspolitisches Mittel sowie zur Pflege der Innenbeziehungen und zur Mitarbeitergewinnung als personalpolitisches Instrument.

CC oder eine erweiterte gesellschaftliche Verantwortung ist vorrangig auf das Gemeinwohl ausgerichtet und kann so auch als Teil der CSR betrachtet werden (vgl. Abb. 8), die einen umfassenderen Beitrag der Unternehmen zu einer nachhaltigen Entwicklung einer Volkswirtschaft leisten will. Corporate Social Responsibility (CSR, vgl. Abb. 8) umfasst gesellschaftlich-soziale Aktivitäten (als geschäftsfördernde Funktion durch sog. „gute Taten" und passendes Sponsoring) und ökologische Aktivitäten (als risikomindernde „gute Taten", aber auch Öko-Sponsoring), die nicht unbedingt mit dem Kerngeschäft eines Unternehmens verbunden sind.

Makro-Ebene
(Volkswirtschaft)

(ggf. Meso-Ebene)

Mikro-Ebene
(Unternehmen)

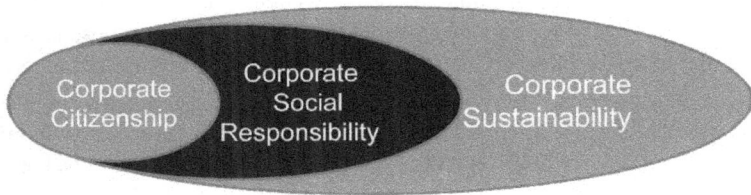

Abb. 8:   CC, CSR und CS als Unternehmensbeitrag zur Nachhaltigkeit der Volkswirtschaft

Im Jahr 1967 veröffentlichte der amerikanische Wirtschaftsprofessor Clarence Cyril Walton sein Buch mit dem Titel „Corporate Social Responsibilities", aufbauend auf vorangegangene Forschungen auch anderer Wissenschaftler. Darin beschreibt er den Wandel in Unternehmensorganisationen von einer Privatsache mit persönlichen Interessen zu einem System, welches immer öffentlicher werde. Da immer neue Spieler hinzukämen, müssten neue Spielregeln verhandelt werden. Er geht davon aus, das kapitalistische Privatheit und der Rückzug auf die persönliche Ebene der Unternehmer damit enden.

Zu diesen neuen Spielregeln und einer besonderen Art sozialen Engagements der Unternehmen zählen die zuvor aufgeführten Aktivitäten gesellschaftlicher Verantwortung, die ggf. ergänzt werden um die soziale Dimension der eigenen Mitarbeiter und der Lieferanten sowie um ökologische Aspekte.

Ökologie ist eigentlich ein Teilgebiet der Biologie, das die Wechselwirkung der Organismen untereinander untersucht und die Wechselwirkung der Organismen zur unbelebten Natur bestimmt. Der Begriff lässt sich vielfach unterteilen, u. a. nach dem Lebensraum:

- terrestrisch (an Land, in der Luft)
- marin (im Meerwasser)
- limnisch (im Süßwasser)

oder nach den betrachteten Organismen:

- Ökologie der Mikroorganismen
- Ökologie der Pflanzen
- Tierökologie
- Humanökologie

Die Ökologie erfasst alle lebenden Wesen, sowohl im Wasser als auch an Land sowie in der sie umgebenden Natur. Ökologie ist also eine Wissenschaft vom Zusammenwirken der Lebewesen untereinander und mit ihrer Umwelt (auch Klima). Einzelne Elemente der Ökologie heißen Ökofaktoren, belebte und unbelebte Gemeinschaften bilden ein Ökosystem. Mit einem wachsenden Umweltbewusstsein im letzten Drittel des 20. Jahrhunderts entwickelte sich der Begriff Ökologie aber weit über den engen naturwissenschaftlichen Bereich der Biologie hinaus.

Ökologie wird seitdem meist mit Umwelt gleich gesetzt und deshalb synonym mit den Begriffen Umweltschutz bzw. Umwelt verwendet. Ökologische Erkenntnisse werden seitdem zunehmend auf philosophische und gesellschaftliche Bereiche übertragen und insbesondere auch zur politischen Argumentation verwendet. Mit dem Begriff Ökologie wird heute versucht, das Verhältnis der Menschen zu ihrer Umwelt zu beschreiben. Dadurch hat dieser Begriff eine deutliche Bedeutungserweiterung oder sogar Bedeutungsverschiebung erfahren.

Mit Ökologie bezeichnet man häufig alle Handlungsmöglichkeiten, die dem Umweltschutz oder einem nachhaltigen Wirtschaften dienen. Somit fand eine Popularisierung und Politisierung des Ökologiebegriffs statt, die inzwischen fast alle Wirtschafts- und Lebensbereiche erfasst hat.

Schon Mitte der 60er Jahre des letzten Jahrhunderts wurden ökologische Erkenntnisse zunehmend in Beziehung zu gesellschaftlichen Bereichen gesetzt und teilweise auf diese übertragen. So legte Paul Ehrlich in seinem Buch „die Bevölkerungsbombe" argumentativ gestützt dar, dass die achtziger Jahre kaum zu überleben wären, die Zeugen Jehovas prognostizierten den Weltuntergang bereits für 1975. Zusätzliche Impulsgeber wurden die vom Club of Rome herausgegebene Studie „Grenzen des Wachstums" (1972) und der Bericht an den US-Präsidenten „Global 2000" (1980).

Anfang der 70er Jahre wurde in Vancouver die Umweltorganisation Greenpeace gegründet, in Deutschland ein Sachverständigenrat für Umweltfragen ins Leben gerufen und 1974 schließlich das Umweltbundesamt gegründet. Nach dem Fischsterben und der Nuklearkatastrophe von Tschernobyl sind die vorläufigen Höhepunkte der öffentlichen Wahrnehmung sicherlich die Öko-Katastrophe im Golf von Mexiko 2010 nach der Explosion einer Öl-Bohrplattform, der Atom-Gau in Nordjapan im März 2011 oder die durch Brandordnung entstandenen Waldbrände auf Borneo in 2015. Da solche Umwelt-Katastrophen keinen Halt an Staatengrenzen machen, wird immer wieder die internationale Verantwortung für den Umweltschutz beschworen.

Schon seit einigen Jahren wird Begriff der Ökologie generell im umweltpolitischen Zusammenhang verwendet. In dem Umfang, in dem das Wort Ökologie Eingang in die tägliche Umgangssprache fand, veränderte sich auch sein Bedeutungsinhalt. Der ursprünglich neutrale naturwissenschaftliche Begriff wurde positiv besetzt, so dass ökologisch heute zum Teil gleichbedeutend mit umweltverträglich, sauber, rücksichtsvoll, nachhaltig oder auch mit gut bzw. richtig oder korrekt verwendet wird. Unter Ökologie oder ökologisch wird aktuell meist ein die Ressourcen und die intakte Umwelt schonender, nachhaltiger Umgang mit der Natur und auch eine naturnahe Lebensführung bzw. eine entsprechende Lebenseinstellung verstanden.

In den letzten Jahren trat dabei insbesondere der Klimaaspekt u. a. mit der CO2-Diskussion in den Vordergrund. Die öffentlichen Diskussionen fanden ihren vorläufigen Höhepunkt beim UN-Klimagipfel Ende 2015 in Paris, wo zum Beispiel verstärkt ökologische Investments gefragt waren. Ökologisch verantwortliches Handeln erfährt ständig Weiterungen, in dem es immer häufiger nicht nur mit umweltfreundlichem, sondern auch mit menschenfreundlichem Handeln gleichgesetzt wird. So verwischen sich die Begriffe immer mehr in der gesellschaftlichen und politischen Diskussion, was es Unternehmen nicht leicht macht, den daraus resultierenden Ansprüchen gerecht zu werden.

Die EU-Kommission veröffentlichte im Oktober 2011 ihre Strategie für die soziale Verantwortung der Unternehmen 2011–2014 (ec.europa.eu/enterprise/policies/sustainable-business/corporate-social-responsibility/index_de.htm, 6.1.2014). Sie betrachtet CSR als ein Konzept für Unternehmen, sich auf freiwilliger Basis in sozialen und Umwelt-Belangen zu engagieren und dies in die Wechselbeziehungen mit ihren Stakeholdern einzubeziehen (vgl. Abb. 9). Der Verzicht auf gesetzliche Vorgaben soll die Eigeninitiative der Unternehmen fördern, kreative Ideen freisetzen und gleichzeitig zur Stärkung der Wettbewerbsfähigkeit der Unternehmen beitragen.

CSR in der Tätigkeit von Organisationen

... neben ökonomischen auch soziale und ökologische Belange ...

... in die Wechselbeziehungen zu allen Stakeholdern einbezieht.

CSR dient Organisationen als Konzept, das...

... auf freiwilliger Basis ...

... in die Aufgaben und Tätigkeiten sowie ...

... und über die bloße Gesetzeskonformität hinaus ...

Abb. 9:   EU-Sicht der CSR (nach Schmitt)

Die EU-Kommission geht dabei allerdings auch schon von einer Einbeziehung in die Aufgaben und Tätigkeiten der Unternehmen aus, was nicht unumstritten ist, da CSR zunächst als
zusätzliches Engagement der Unternehmen betrachtet wurde, das über die eigentlichen Un-
ternehmenstätigkeiten hinausging. Auch bleibt unklar, in wie weit nach EU-Ansicht Aspekte
der Ökonomie einzubeziehen sind. Üblicherweise unterscheidet sich CSR noch deutlich vom
Konzept der Nachhaltigkeit bzw. einer Corporate Sustainability – aber auch hier verwischen
sich die Grenzen immer häufiger.

Gerade im deutschsprachigen Raum wird unter CSR oftmals das ganzheitliche Engagement
der Unternehmen im sozialen (und gesellschaftlichen) sowie ökologischen Bereich verstanden, allerdings meist ohne die ökonomische Seite. Auf der Homepage des deutschen CSR-
Preises (BMAS) findet sich die folgende Formulierung: „CSR steht für Corporate Social
Responsibility und bezeichnet eine verantwortungsvolle Unternehmensführung: Faire Geschäftspraktiken, mitarbeiterorientierte Personalpolitik, sparsamer Einsatz von natürlichen
Ressourcen, Schutz von Klima und Umwelt, ernst gemeintes Engagement vor Ort und Verantwortung auch in der Lieferkette." (www.csr-preis-bund.de/startseite.html, 2.10.15). Die
bereits zuvor erwähnten Begriffe Corporate Social Responsiveness und Corporate Social
Performance fokussieren die Sicht auf die strategische und operative Verankerung von CSR
im Unternehmen.

Der Begriff der Nachhaltigkeit, wie er in Deutschland traditionell benutzt wird, kommt ursprünglich aus der Forstwirtschaft und besagt kurz gefasst, dass nie mehr Holz geschlagen
werden sollte als jeweils nachwächst, damit sich die Ressourcen nicht erschöpfen und
dadurch die wirtschaftliche Basis erhalten bleibt. Grundsätzlich beschreibt dieses Konzept
also die Nutzung eines regenerierbaren natürlichen Systems in einer solchen Weise, dass es
in seinen wesentlichen Eigenschaften dauerhaft erhalten bleibt und seinen Bestand auf natürliche Weise regenerieren kann. Damit ist dieses Konzept auch anwendbar auf die meisten der
genutzten Ressourcen einschließlich der Landnutzung.

Im sog. Brundtland-Bericht der UNO (1987) wird Nachhaltigkeit (Sustainability) als eine
Entwicklung bezeichnet, die den Bedürfnissen der aktuellen Generation nachkommt, ohne
dabei die Möglichkeiten zukünftiger Menschengenerationen einzuschränken. Insbesondere
soll die heutige Generation nicht die Möglichkeit zukünftiger Generationen gefährden, ihre
eigenen Bedürfnisse zu befriedigen und ihren Lebensstandard zu wählen.

Inzwischen hat sich nicht nur in Europa weitgehend die Ansicht durchgesetzt, dass dieses
Nachhaltigkeitskonzept aus den drei tragenden Säulen Umwelt, Gesellschaft/Soziales und
Wirtschaft besteht (vgl. Abb. 10). Also muss jede Volkswirtschaft sowohl die ökonomischen
als auch die ökologischen und sozial-gesellschaftlichen Grundlagen beachten und stärken
(vgl. Abb. 7 und 9). Unternehmen und andere Institutionen bzw. Organisationen müssen
ansonsten ebenfalls ökonomisch, ökologisch sowie menschen- bzw. gesellschaftsorientiert
nachhaltig agieren. Dies entspricht relativ genau dem international herausgebildeten Konzept
der sogenannten Sustainability.

Auch in Deutschland wird die Nachhaltigkeitspolitik als eine wesentliche Grundlage betrachtet, um die Umwelt zu erhalten und die Gesellschaft wirtschaftlich und sozial weiterzuentwickeln. Dazu hat die Bundesregierung bereits im Jahr 2001 Experten für einen
Rat für nachhaltige Entwicklung berufen, der in einem 3-Jahres-Turnus bestätigt wird.
Dieser Rat soll die Bundesregierung in ihrer Nachhaltigkeitspolitik beraten, mit Vorschlägen
zu Zielen und Indikatoren zur Fortentwicklung der Nachhaltigkeitsstrategie der Bundes-

regierung beitragen und den gesellschaftlichen Dialog zur Nachhaltigkeit fördern (www.nachhaltigkeitsrat.de/der-rat/ auftrag-des-rates/, 13.10.2015).

Sustainable Business misst sich an den Maßstäben der sog. „Triple Bottom Line", nämlich „People, Planet and Profit". Dieses EU Konzept geht davon aus, dass die Gesamtleistung eines Unternehmens daran gemessen werden sollte, in welchem Umfang dieses zu wirtschaftlichem Wohlstand, Umweltqualität und Sozialkapital in einer Volkswirtschaft beiträgt. Dabei bedeutet ökonomische Nachhaltigkeit den verantwortlichen Umgang mit wirtschaftlichen Ressourcen, ökologische Nachhaltigkeit den Erhalt der Umwelt für die nachfolgenden Generationen einschl. dem Schutz natürlicher Ressourcen und soziale Nachhaltigkeit die Schaffung einer zukunftsfähigen und lebenswerten Gesellschaft für alle.

Ab 2018 gilt die EU-Richtlinie zur Offenlegung nicht-finanzieller und die Diversität betreffender Informationen. Nach ihr müssen große Unternehmen mit mehr als 500 Mitarbeitern ab dem Geschäftsjahr 2017 im öffentlichen Interesse Daten zu Umwelt-, Sozial- und Arbeitnehmerbelangen, zur Achtung der Menschenrechte und Bekämpfung von Korruption bereitstellen. Bis Ende 2016 wird die EU-Richtlinie in nationales Recht umgesetzt sein und gilt danach auch in Deutschland oder Österreich (www.nachhaltigkeitsrat.de/news-nachhaltigkeit/2015/2015-06-05/gutachten-bestaetigt-dnk-ist-vollstaendig-kompatibel-mit-eu-vorgaben-zur-nachhaltigkeitsberichterstattung/, 27.12.2015).

Corporate Sustainability (CS, vgl. Abb. 8 und 10) ist die Vorstellung von einem Managementmodell, das durch die Beachtung der geschilderten drei Säulen zum Erhalt und zur permanenten Weiterentwicklung einer Organisation beiträgt. Alle Maßnahmen in Unternehmen sollten demnach so gewählt werden, dass das Image bzw. der Ruf des Unternehmens keinen Schaden nimmt (Integrität, Reputation), es wirtschaftlich rentabel bzw. vorteilhaft arbeitet und der Ausgleich mit der gesellschaftlichen (sozialen, kulturellen …) sowie natürlichen Umwelt gesucht und ein Einklang mit diesen hergestellt wird. Dazu zählt selbstverständlich auch, dass Korruption in allen Formen auszuschließen ist.

Dahinter steht zunächst kein moralisch motivierter Ansatz, sondern der Gedanke, dass auf lange Sicht nur solche Verhaltensweisen erfolgreich sind, die sich als sog. Win-Win-Lösungen für alle Betroffenen (Unternehmen und Stakeholder) sowie für die natürlichen Systeme in der Umwelt erweisen.

Die Begriffe Sustainable Business und Corporate Sustainability (CS) sind deutlich weiter gefasst als der einer Corporate Social Responsibility (CSR) und betreffen also die gesamte unternehmerische Tätigkeit, angefangen von einer strategischen Ausrichtung bis zum Controlling. Es geht u. a. um eine nachhaltige Verantwortung in der Beschaffung, der Herstellung und dem Verkauf bis zum Recycling der Produkte, um den Schutz der natürlichen Ressourcen und des Klimas.

Die Vielfalt der verwandten Begriffe und deren Abgrenzung sind oftmals fließend und verändert sich im Zeitablauf. Da diese Begriffe auch regional unterschiedlich interpretiert werden, ist der Begriff der Fairness bzw. eines fairen Handelns leichter zu handhaben, denn Fairness bedeutet, vorurteilsfrei zu sein, alle gleich zu behandeln, Toleranz und Zivilcourage zu üben sowie Machtmissbrauch zu verhindern. Der im Sport gebräuchliche Begriff des Fair Play bedeutet, sich an Spielregeln (ggf. in Form von Gesetzen) zu halten sowie ein anständiges und gerechtes Spiel zu betreiben. Die Regeln der Fairness setzen dabei auf Konsens zwischen gleichberechtigten Menschen. Fairness drückt eine Vorstellung individueller Gerechtigkeit aus, die nicht in Gesetzen kodifiziert sein muss, denn der Begriff der Fairness orientiert sich immer an den aktuellen Moralvorstellungen.

Corporate Sustainability - CS

Ressourcen-
verbrauch/
Einfluss auf
Biodiversität/
Treibhausgas-
emissionen

Stärkung der
Wirtschaftskraft und
Beschäftigung/
Beitrag zur
Wertschöpfung/
Innovationen

Lokale und
Regionale
gesellschaftliche
Verantwortung/
Interkulturelle
und soziale
Aspekte

Ökologische Ziele

Ökonomische Ziele

Soziale Ziele

Nachhaltige Entwicklung

Abb. 10:   Konzept der Corporate Sustainability für eine nachhaltige Entwicklung

Fairness geht als Begriff auf das englische Wort „fair" („anständig", „ordentlich") zurück. Fairness bedeutet also ein anständiges Verhalten und eine gerechte und ehrliche Haltung gegenüber anderen. Dies entspricht auch im Kern dem Grundgedanken der menschlichen Kooperation. Denn in der Menschheitsgeschichte hat sich Kooperation, zunächst in einer kleineren, dann in größeren Gruppen, als förderlich erwiesen. Mit der Erweiterung dieser menschlichen Kooperationen wurden Arbeitsteilung und Handel interessant und lukrativ.

Fairness ist somit unabhängig von engen moralischen Werten zu betrachten und daher universeller als Moral. Fairness als universeller Begriff beschreibt eine innere Einstellung zu allen Mitmenschen, Mitarbeitern, Kunden und der Gesellschaft als Ganzes. Da Unternehmen oftmals im Konflikt zwischen fairen Werten und lukrativen Geschäften stehen, ist auch ein gewisses Maß an Zivilcourage gefragt. Unternehmerische Entscheidungen sind an einem fairen Wertekanon auszurichten.

Beispielsweise vergibt die Deutsche Olympische Gesellschaft (DOG) eine Fair-Play-Plakette für beispielhafte Fairness als wichtigen Bestandteil der Fair Play-Initiative des deutschen Sports. Mit auszeichnungswürdigen Beispielen fairen Verhaltens wollte die DOG 2011 dazu beitragen, das Vertrauen in die Werte des Sports insbesondere bei Kindern und Jugendlichen zu erhalten und zu stärken (Fair Play-Initiative unter www.dog-bewegt.de/?part=1, 12.11. 2011, vgl. Abb. 11).

Fairness

Die Deutsche Olympische Gesellschaft vergibt im Rahmen ihrer **Fair-Play-Initiative** die **Fair Play-Plakette** für beispielhafte Fairness im Sport (www.dog-bewegt.de/?part=1).

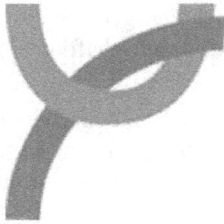

Motto der Fairness-Stiftung gem. GmbH :
„Verhalte Dich zu anderen und Dir selbst gegenüber so, wie Du willst, dass Andere mit Dir umgehen, wenn Du auf das Wohlwollen anderer angewiesen bist!"
(www.fairness-stiftung.de/ FairnessDefinition.htm)

Abb. 11:   Fairness im Sport und in der Gesellschaft (Homepages am 13.12.2012)

Die DOG setze sich mit ihrer Initiative „Jung, sportlich, FAIR" im Jahr 2015 für die Einhaltung und Verbreitung des Fair Play-Gedankens im Sport und in der Bevölkerung ein (www.dog-bewegt.de/olympisches_feuer_news/singleview/article/504.html,   20.10.2015). Nach Ansicht der DOG steht Fair Play dabei für

- die Anerkennung und Einhaltung der (Spiel-)Regeln,
- den partnerschaftlichen Umgang mit dem Gegner,
- die Achtung der gleichen Chancen und Bedingungen,
- die Begrenzung des Gewinnmotivs (kein Sieg um jeden Preis),
- die Wahrung der Haltung bei Sieg und Niederlage.

Nach Vorstellung der Fairness-Stiftung in Frankfurt bedeutet Fairness, seine Lebensziele in größtmöglicher Autonomie bei gleichzeitiger Kooperation mit anderen zu verwirklichen. Dabei gehe es um eine Balance von Kooperation und Konkurrenz sowie gleiche Chancen für alle Beteiligten und Betroffenen. Fairness fördere die Qualität des individuellen und gesellschaftlichen Lebens und der Kooperation, sie ermögliche die Partizipation auch der Schwachen an der Verteilung von Gütern und Werten.

„Darum umfasst Fairness

- die Achtung und den Respekt gegenüber jedem Menschen unabhängig von seinem sozialen Status, seiner hierarchischen Stellung, seiner öffentlichen Rolle, seiner nationalen, religiösen oder geschlechtlichen Zugehörigkeit,

- die Berücksichtigung und den Ausgleich unterschiedlicher Interessen, Neigungen, Optionen und Ziele unter Beachtung gleicher, transparenter Bedingungen und Möglichkeiten zur Wahrnehmung der eigenen Interessen,
- die wechselseitige Gültigkeit und Beachtung der für alle Seiten geltenden und lebensförderlichen Regeln im Umgang miteinander wie auch im Verhältnis zwischen Menschen, Medien und Organisationen,
- die soziale, persönliche, ökologische und ethische Verträglichkeit von Einstellungen und Verhalten, Strukturen, Prozessen und Regeln, Produkten und Dienstleistungen." (www.fairness-stiftung.de/FairnessDefinition.htm, 30.11.15)

Diese Beschreibung ist sicherlich umfassender als ein moralisch geprägter Anspruch jemals sein kann. Daher ist diese Beschreibung von Fairness in Wirtschaft und Gesellschaft auch in Unternehmen anwendbar, vielleicht ergänzt um die Bereitschaft, auch Verantwortung zu übernehmen und anderen Freiräume zu lassen. Für die Unternehmen geht es vor allem darum, die notwendige ökonomische Effizienz und Effektivität mit gesellschaftlicher Legitimität in Einklang zu bringen.

Der supranationale Staatenbund OECD hat ebenfalls die Problematik unethischen, unmoralischen bzw. unfairen Verhaltens in der internationalen Geschäftätigkeit von Unternehmen erkannt und bereits vor Jahren Leitsätze für multinationale Unternehmen formuliert, die wichtige Regeln umfassen und im nächsten Kapitel (3) dargestellt werden.

Seit geraumer Zeit wird die Frage diskutiert, in wie weit Ethik oder Moral eine zentrale Rolle in der Managerausbildung spielen können oder sogar müssen. Kritiker vermissten gerade in der gefragten MBA Ausbildung vielfach den Aspekt der Wirtschaftsethik und forderten daher eine Art „Manager-Eid". Im Harvard Business Manager von Januar 2009 wurde daraufhin ein sog. „hippokratischer Eid" für angehende Manager vorgeschlagen und auf einer Seite abgedruckt.

Aus diesem Grund haben verschiedene Hochschulen seitdem Lehrstühle für Wirtschafts- oder Unternehmensethik eingerichtet und bieten mehr oder minder umfangreiche Lehrveranstaltungen zu diesen Themen an. Eine umfassende Integration der Thematik in ein Wirtschafts- oder MBA-Studium gibt es derzeit aber bisher kaum.

Fairness und Nachhaltigkeit sind als unternehmerische Dimensionen seit jeher fest im Wirtschaftssystem Deutschlands und Europas verankert. Die Gründe dafür liegen in der sozialen Marktwirtschaft, dem Konzept des „Ehrbaren Kaufmanns" und einer stark mittelständisch geprägten Wirtschaft. Im folgenden Kapitel sollen einige herausfordernde Bereiche zukunftsfähigen Managements näher beleuchtet werden.

3 Herausforderungen zukunftsfähigen Managements und Marketings

Im vorherigen Kapitel wurden bereits sehr wichtige Grundannahmen und Herausforderungen für faire Unternehmen dargestellt, die es zu meistern gilt. In diesem Kapitel betrachten wir die aktuellen Einflüsse bzw. Ansprüche und deren konkrete Wirkung auf die unternehmerischen Tätigkeiten etwas genauer. Dabei werden auch anerkannte Standards und Richtlinien unternehmerischen Handelns angesprochen. Denn schon Erich Kästner schrieb einst: Es gibt nichts Gutes, außer man tut es.

Der GfK Verein befragtem Februar 2015 mehr als 25.000 Menschen (knapp 2000 in Deutschland) aus 22 Ländern (Europa, USA, Japan, Russland, Indien, Indonesien, Südkorea, Brasilien und Nigeria) nach den dringendsten Aufgaben, die gegenwärtig zu lösen sind. Die Ergebnisse der Studie „Challenges of Nations" förderten erstaunliche Ergebnisse zu Tage (vgl. Abb. 12).

Die Top-Herausforderungen in allen 22 befragten Ländern

freie Antworten: in %; gerundet; Mehrfachnennungen möglich

Rangliste Herausforderungen weltweit

Herausforderung	Häufigkeit der Nennungen in % (über alle 22 Länder)
Preis-/ Kaufkraftentwicklung	32
Arbeitslosigkeit	27
Korruption	20
Kriminalität	18
Wirtschaftliche Stabilität	11
Bildungspolitik	10
Gesundheitswesen	9
Verkehrspolitik	8
Politik/ Regierung	7
Armut	6
	Gesamt

Rangliste Top1-Herausforderung pro Land

Land	Top 1 Herausforderung des jeweiligen Landes	Häufigkeit der Nennung in %
Spanien	Arbeitslosigkeit	74
Frankreich	Arbeitslosigkeit	64
Nigeria	Energieversorgung	56
Indien	Preis-/ Kaufkraftentwicklung	56
Italien	Arbeitslosigkeit	55
Iran	Preis-/ Kaufkraftentwicklung	52
Polen	Arbeitslosigkeit	51
Südafrika	Kriminalität	45
Brasilien	Gesundheitswesen	44
Südkorea	Wirtschaftliche Stabilität	42
Russland	Preis-/ Kaufkraftentwicklung	37
Deutschland	Zuwanderung	35
Österreich	Arbeitslosigkeit	35
Indonesien	Preis-/ Kaufkraftentwicklung	33
Großbritannien	Gesundheitswesen	30
Türkei	Arbeitslosigkeit	30
Schweiz	Zuwanderung	29
Belgien	Arbeitslosigkeit	26
Schweden	Zuwanderung	25
Niederlande	Gesundheitswesen	19
USA	Wirtschaftliche Stabilität	15
Japan	Wirtschaftliche Stabilität	13

Quelle: GfK Verein, Studie „Challenges of Nations 2015", Basis 2015: 25.454 Befragte

Abb. 12: Langjährige Studie „Challenges of Nations" der GfK 2015
(www.gfk-verein.org/ compact/fokusthemen/herausforderungen-im-weltweiten-fokus, 6.11.15)

Weltweit sehen die Menschen die größte Herausforderung in der Preis- und Kaufkraft-entwicklung, die den langjährigen Spitzenreiter Arbeitslosigkeit abgelöst hat, an dritter Stelle beunruhigt die Korruption. Die Themen Umweltschutz oder Nachhaltigkeit finden sich nicht unter den zehn ersten Plätzen. In Deutschland, der Schweiz oder Schweden wird hingegen die Zuwanderung als wichtigstes Problem gesehen, in Österreich die Arbeitslosigkeit. In Deutschland rangiert der Umweltschutz mit 6% auf Rang 13 der Herausforderungen, hatte aber in den letzten 25 Jahren auch schon deutlich höhere Werte, daher sollte man die Wich-tigkeit nicht unterschätzen.

Aus Sicht der Unternehmen ist es besonders wichtig, eine glaubwürdige Reputation bei ihren Kunden und den anderen wichtigen Stakeholdern aufzubauen, daher spielen Nachhaltigkeit und Ökologie oder Fairness in der Unternehmensführung eine wichtige Rolle. Allerdings eröffnen sich durch Berücksichtigung dieser Themen nur in wenigen Fällen über eine erhöhte Preisbereitschaft der Kunden lukrative Marktchancen, allenfalls beim Protest-Konsum. Doch werden bei vergleichbaren Marktangeboten immer häufiger von den Kunden solche Leistun-gen bevorzugt, die ökologische, soziale oder nachhaltige Aspekte bieten. Und alle Stakehol-der bevorzugen in aller Regel Unternehmen mit hoher Reputation gegenüber denjenigen mit geringerer bzw. schlechterer Reputation.

Green Marketing wird allerdings seitens aufgeklärter Kunden besonders kritisch hinterfragt und genau geprüft, ob es sich dabei nicht nur um Greenwashing handelt. Sehr schnell können sich so erste gut gemeinte Schritte der Unternehmen in die richtige Richtung ins Gegenteil verkehren. Werden erste kleine Erfolge zu sehr unter Marketinggesichtspunkten herausge-stellt oder gar aufgebauscht, kann der entstehende Image- und Reputationsschaden alle bis-herigen Anstrengungen zunichtemachen. Es geht also um eine besondere Form der Redlich-keit gegenüber den Kunden. Ansonsten müssen die Unternehmen damit rechnen, dass ihre Produkte nicht mehr gekauft werden oder sie keine qualifizierten Arbeitnehmer mehr finden.

Neben einem Boykott unfairer Produkte und Dienstleistungen birgt eine negative Mund zu Mund Propaganda ein zusätzliches Risiko für betroffene Unternehmen. Als Alternative findet sich immer häufiger ein „Buycott" als eine aktive Kaufentscheidung für faire und nachhalti-ge Produkte. Bestimmte Kundengruppen werden so zum Treiber unternehmerischer Verände-rungsprozesse. Verstärkt wird dieser Einfluss in den letzten Jahren durch scheinbar spontane Aufläufe von protestierenden Menschen, die allerdings als sog. Flash-Mobs über soziale Medien gut organisiert wurden. Es handelt sich um sogenannte Smart-Mobs oder auch um die Sonderform, des sog. Carrot-Mobs. Bei diesen wird über Internet oder mobile Netze aufgerufen, für einen gewissen Zeitraum in einem bestimmten Geschäft einzukaufen.

Weitere Herausforderungen für jedes Unternehmen liegen in den öffentlich diskutierten Be-reichen Corporate Social Responsibility und Nachhaltigkeit. Hierbei geht es zuallererst um ökologische Themen, aber auch zusätzlich um Aspekte sozialer und gesellschaftlicher Ver-antwortung. Wie bei der Gruppe der sog. LOHAS (Lifestyles of Health and Sustainability) beispielhaft zu sehen, spielen die Themen Gesundheit und Natürlichkeit (Bio-Nahrungsmittel oder Ökotextilien) ebenfalls eine große Rolle bei der Gewinnung neuer Kunden und Mitar-beiter sowie anderen wichtigen Anspruchsgruppen (Stakeholder).

Ein wirklicher Schritt hin zu einer fairen Unternehmensführung gelingt allerdings nur dann, wenn in den Unternehmen ein Kulturwandel stattfindet oder fortgeführt wird. In vielen Un-ternehmen muss es zu einer Veränderung bisher gelebter Werte kommen und Regeln, Geschäftsgebräuche und lieb gewonnene Gewohnheiten geändert werden. Nur so wird ein nachhaltiger Umbau in Richtung eines fairen Unternehmens gelingen. Alle Unternehmen müssen sich darauf einstellen, dass ihre Reputation und Leistungsfähigkeit heutzutage an anderen Kriterien gemessen wird als nur an ihren Bilanzen.

Icon Added Value hat in einer Studie die Bedeutung von CSR-Themen in unserer Gesellschaft und für die Markenführung empirisch untersucht und analysiert. Die Studie mit dem Titel „CSR auf dem Prüfstand 2012" wurde schon zum dritten Mal erhoben. Die Ergebnisse zeigen, dass die Forderung der Deutschen nach gesteigerter Unternehmensverantwortung gegenüber den Vorjahren deutlich zugenommen hat. Die Rolle von Unternehmen und deren Umgang mit den Problemen der Zeit wurde im Jahr 2012 stärker gefordert. Gerechtigkeit und Fairness sind die wichtigsten Zukunftsthemen, wobei sich folgendes Ranking ergeben hat (www.markenartikel-magazin.de/no_cache/unternehmen-marken/artikel/details/1002629-csr-auf-den-pruefstand-deutsche-werden-kritischer/, 11.12.2015):

- Verzicht auf überhöhte Management-Bonuszahlungen/Begrenzung der Managergehälter

- faire Bezahlung der Arbeitnehmer

- Vermeidung von Umweltverschmutzung

- Vermeidung von Korruption und Bestechung

- Einführung eines Mindestlohns

- Forderung nach dem Einsatz erneuerbarer Energien

- faire und respektvolle Behandlung der Arbeitnehmer

- Transparenz und Ehrlichkeit in der Wirtschaft

- schonender Einsatz von Ressourcen

- stärkere Management-Haftung

Die Pflicht, eine verantwortungsvolle Unternehmensführung sicherzustellen, sehen vier von fünf Deutschen nach dieser Studie vor allem bei den Unternehmensleitungen selbst. International agierende Unternehmen können die OECD Leitsätze für multinationale Unternehmen mit ihrem Regelwerk, das im Jahr 2011 neugefasst wurde, als einen wichtigen Maßstab für faires grenzüberschreitendes Management heranziehen. Die Organisation for Economic Cooperation and Development bezeichnet diese Leitsätze neben den ILO-Kernarbeitsnormen und dem UN Global Compact als weltweit wichtigstes Instrument zur Förderung verantwortungsvoller Unternehmensführung.

Diese Leitsätze (OECD 2011, S. 19 ff.) listen auf, was von Unternehmen bei ihren weltweiten Aktivitäten im Umgang mit Geschäftspartnern, Gewerkschaften, im Umweltschutz, bei der Korruptionsbekämpfung oder der Wahrung von Verbraucherinteressen erwartet wird. 2011 hat die OECD ihre Leitsätze für multinationale Unternehmen deutlich erweitert. So wurde deren Reichweite erkennbar erhöht:

- Die Menschenrechte sind nun in einem eigens geschaffenen Kapitel aufgeführt

- Die Sorgfaltspflicht wurde explizit in das Kapitel Grundpflichten aufgenommen

- Jeder Sektor hat sich nun nach dem Verhaltenskodex zu richten (incl. der Finanz-branche)

- Die Geltung der Leitsätze wurde über den Bereich der Investitionen auf sonstige Geschäftsbeziehungen, wie Zulieferer (Supply Chain) und andere Geschäftspartner ausgeweitet, sofern das Unternehmen auf diese einen entsprechenden Einfluss hat

- Verstöße gegen die Leitsätze können an die Nationalen Kontaktstellen (NKS) ge-meldet werden, die in allen Vertragsstaaten bestehen und zu mehr Transparenz ver-pflichtet wurden

Für Unternehmen stellen diese OECD Leitsätze für multinationale Unternehmen einen Ver-haltenskodex mit Guideline für die Zusammenarbeit mit ausländischen Partnern dar, der aber auch national seine Bedeutung entfalten kann. Nach eine Beschreibung der Grundlagen wer-den folgende zehn Bereiche benannt:

1. Grundpflichten der Unternehmen: Nachhaltige Entwicklung, Einhaltung der Men-schenrechte, Förderung lokaler Kapazitäten, Sorgfaltspflicht
2. Informationspolitik: Herausgabe von Geschäftsberichten, regelmäßige Offenlegung von Informationen zu Umwelt- und Sozialstandards sowie absehbaren Risiken
3. Menschenrechte: Respekt der Menschenrechte, Sorgfaltspflicht
4. Beschäftigungspolitik und Beziehungen zwischen den Sozialpartnern: Einhaltung der Kernarbeitsnormen der Internationalen Arbeitsorganisation (ILO), vor allem der Vereinigungs- und Tariffreiheit, der Abschaffung aller Formen von Zwangs- und Kinderarbeit sowie der Beseitigung von Diskriminierungen im Berufsleben; Ver-besserung der Beschäftigung und Qualifikation einheimischer Arbeitskräfte
5. Umweltpolitik: Errichtung von Umweltmanagementsystemen, Gewährleistung ei-ner transparenten Umweltberichterstattung, Orientierung am Vorsorgeprinzip, wirk-same Krisenplanung
6. Korruptionsbekämpfung: Bekämpfung von Bestechung, Bestechungsgeld-Forderungen und Schmiergelderpressung, transparente Korruptionsbekämpfungs-maßnahmen
7. Verbraucherinteressen: Gewährleistung fairer Geschäfts-, Vermarktungs- und Wer-bepraktiken sowie von Sicherheit und Qualität der Angebote, Datenschutz und Da-tensicherheit
8. Wissenschaft und Technologie: Schutz geistigen Eigentums, Know-how-Transfer
9. Wettbewerb: Beachtung der Regeln eines fairen Wettbewerbs, Verzicht auf Errich-tung wettbewerbswidriger Kartelle
10. Besteuerung: Leistung von Beiträgen zu den öffentlichen Finanzen der Gastländer, Einhaltung der Steuergesetze

Dieser Kodex wird von 34 OECD-Staaten und weiteren 8 Staaten anerkannt und als Maßstab für faires unternehmerisches Handeln angesehen. Unternehmen, die Vertrauen erzeugen und glaubwürdig kommunizieren wollen, sollten diese Leitsätze als Maßstab für das eigene unternehmerische Handeln wählen.

Auch die Internationale Handelskammer ICC in Frankreich hat eine Vielzahl von Richtlinien erarbeitet, die weltweit die Abwicklung des internationalen Geschäfts- und Handelsverkehrs vereinfachen und zur Streitreduzierung beitragen. Die Internationale Handelskammer ist quasi ein Spitzenverband der Weltwirtschaft, der branchenübergreifend die Interessen von Tausenden von Mitgliedsunternehmen in ca. 123 Ländern vertritt (Nationalkomitees in 93 Ländern und Direktmitglieder in weiteren 37 Ländern). Mitglieder des deutschen Nationalkomitees, ICC Germany, sind international tätige deutsche Unternehmen, Industrie- und Handelskammern, Spitzen- und Fachverbände sowie Anwaltskanzleien und Einzelmitglieder. Gegründet wurde die Organisation bereits 1919 in Paris, seitdem fördert sie offene Märkte und fairen Wettbewerb in aller Welt.

Diese weltweit gültigen Richtlinien werden von der ICC in regelmäßigen Abständen im Hinblick auf neuere Entwicklungen aktualisiert. U. a .hat sie auch eine Reihe freiwilliger Verhaltensrichtlinien eingeführt. Diese helfen im Rahmen einer Selbstregulierung der Wirtschaft allen Unternehmen, Maßstäbe für eine vorbildliche Unternehmensführung zu setzen. Dabei handelt es sich um folgende Verhaltensrichtlinien:

- ICC-Verhaltenskodex für die Wirtschaft (Korruptionsbekämpfung)
- ICC-Marketing- und Werbekodex
- ICC-Handlungsempfehlungen für nachhaltiges Wirtschaften
- ICC-Leitfaden zur Verantwortung für die Zulieferkette (Responsible Sourcing)
- ICC-Handlungsempfehlung zur Kartellrechts-Compliance

Oftmals dienen diese Kodizes den Regierungen und Parlamenten als Referenztexte bei nationalen Gesetzesvorhaben, so dass es durch diese zu einer gewissen internationalen Harmonisierung der Vorschriften kommt (www.icc-deutschland.de/icc-regeln-und-richtlinien/icc-verhaltensrichtlinien.html, 30.10.2015). Die Internationale Handelskammer entwickelte auch Handlungsempfehlungen für nachhaltiges Wirtschaften (Business Charter for Sustainable Development), die sich in Kap. 3.3 finden.

Auf supranationaler aber auch nationaler Ebene gibt es inzwischen zahlreiche Initiativen sog. „guter Unternehmensführung". Diese sollen Unternehmen bzw. deren Management eine normative Orientierung bieten und gleichzeitig als möglichst verbindliches Standardisierungsinstrument dienen, um negative Auswirkungen bei den „verantwortungsvollen" Unternehmen auszuschließen. Schließlich vollzieht sich unternehmerische Tätigkeit in keinem gesellschaftlichen und sozialen Vakuum, stattdessen berührt sie immer die Interessen und Ansprüche anderer, meist vieler unterschiedliche Stakeholder. Es ist also fair, mit solchen Interessen, Erwartungen oder Ansprüchen anderer sorgsam umzugehen.

Die Unternehmen müssen heutzutage einem steigenden Anspruch der Gesellschaft(en) nach mehr Transparenz und Glaubwürdigkeit nachkommen. Zu keiner Zeit haben Kunden mehr Wert auf ethisch korrekte und faire Verhaltensweisen der Unternehmen gelegt - und diese oder stellvertretend die Verbraucherorganisationen und NGOs wollen möglichst alles über ein Unternehmen wissen. Dabei geht es nicht nur um ökologische, biologische oder faire Beschaffung, sondern auch um die Produkte und deren Herstellung sowie die gewählten

Vertriebswege und Marketingaktivitäten. Also ist stets eine offene und offensive Kommunikation der Unternehmen gefragt.

Dies betrifft selbstverständlich auch die Unternehmensführungen unmittelbar, die nicht nur aktiv kommunizieren sondern auch einiges über sich selbst preisgeben müssen. Kritische Verbraucher hinterfragen nicht nur die Leistung der Top-Manager, sondern auch deren Bezahlung, insbesondere undurchsichtige Bonuszahlungen. Immer mehr Unternehmen weisen solche Informationen aus, aber es gibt noch viel Nachholbedarf, besonders bei Nicht-Aktiengesellschaften. Alle Einkünfte müssen daher offengelegt und erklärt werden. Gerhard Cromme konstatierte bereits 2010, dass Manager nur Angestellte seien, die mit fremdem Geld arbeiteten und dies beim Gehalt zu berücksichtigen sei.

Doch über die Gehälter von Top-Managern entscheiden oft wieder andere Manager, die in Aufsichts- oder Beiräten an solchen Vertragsgestaltungen mitwirken. Dieses auch schon als „Deutschland-AG" kolportierte System führte nicht nur zu ständig steigenden Gehältern und nicht nachvollziehbaren Bonusregelungen sondern auch zu exorbitanten Pensionsverpflichtungen und Abfindungsregelungen. Das gleiche Bild bietet sich auch bei Sparkassen und gesetzlichen Krankenversicherungen. Auch Aufsichtsräte oder Beiräte müssen sich also daran erinnern lassen, dass sie meist mit fremdem Geld arbeiten – dies gilt übrigens auch für Aufsichtsgremien öffentlicher Unternehmen, wie beispielsweise Stadtwerke. Inzwischen sind die schlimmsten Auswüchse dank neuer Corporate Governance- und Compliance-Regeln allerdings eingedämmt.

Top-Manager werden allerdings nicht immer nur wegen überzogener Gehälter oder Abfindungen kritisch hinterfragt, sondern inzwischen in ihrer Gesamtleistung von diversen Rankings in regelmäßigen Abständen bewertet. So veröffentlichte zum Beispiel die FAZ im Juli 2015 eine Liste der Manager mit dem besten Image und der besten Leistung. Herausragende Leistungen sind sicherlich eine gute Basis dafür, Glaubwürdigkeit, Vertrauen und Sicherheit zu vermitteln. Hohe Gehälter sind dann in der Öffentlichkeit eher nachvollziehbar. Die Zeitschrift Capital hat in der Ausgabe 2/2016 die Veränderung der Gesamt-Vergütung der Spitzenmanager in Relation zum Gewinn pro Unternehmens-Aktie gesetzt, mit sehr interessanten Ergebnissen: Besonders schlecht schnitten beispielsweise Herbert Hainer von Adidas und Frank Appel der Deutschen Post ab, besonders gut hingegen Reto Francioni der Deutschen Börse und Wolf Schumacher von der Aareal Bank.

Dies gilt aber nur, wenn sich die Unternehmensführungen auch privat seriös verhalten. Gerade persönliches Fehlverhalten, wie Steuerhinterziehung oder die Nutzung von Firmenflugzeugen u. ä. führt zu einem weiteren Glaubwürdigkeits- und Vertrauensverlust der wirtschaftlichen Elite.

3.1   Herausforderung Glaubwürdigkeit und Vertrauen

Der deutsche Lyriker Matthias Claudius äußerte schon vor gut 200 Jahren, dass „die größte Ehre, die man einem Menschen antun kann, die ist, dass man zu ihm Vertrauen hat". Wie schon zuvor angerissen, besteht jedoch bei vielen Unternehmen angesichts einer immer größer werdenden Öffentlichkeit (Internet, Medien) ein grundsätzliches Glaubwürdigkeits- und damit auch ein Vertrauensdefizit. Umweltskandale, das Handeln von gierigen Managern vor und in der Finanzkrise, gelegentlich menschenunwürdige Arbeitsbedingungen (vorrangig im Ausland) oder Korruption sind einige der Auslöser für eine steigende Skepsis vieler Menschen gegenüber Unternehmen, die schon zu veritablen Vertrauenskrisen geführt haben. Nach der aktuellen Studie „Trust in Professions 2016" des GFK-Vereins vertrauen weltweit 63 % der Menschen den Unternehmern, in Europa durchschnittlich nur 46 %. In Deutschland liegt die Quote allerdings mit 54 % etwas höher.

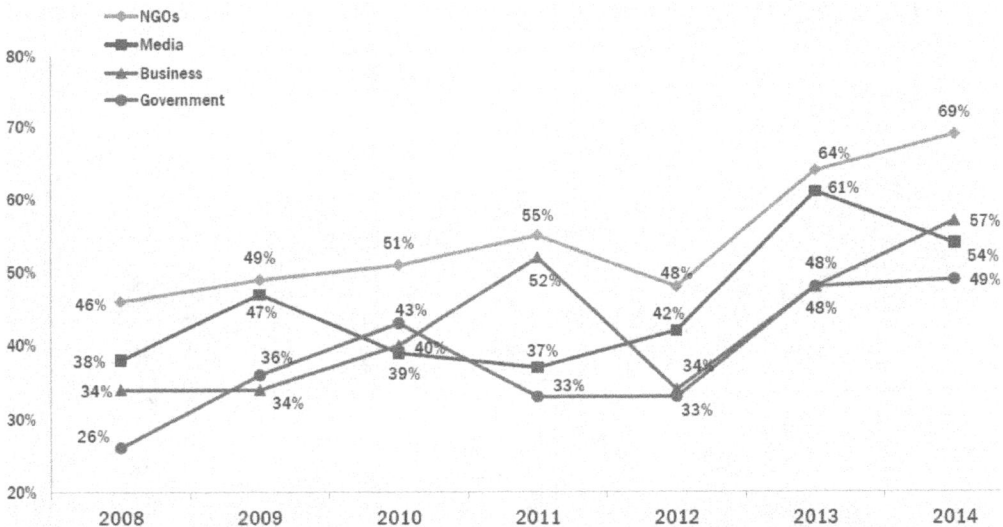

Abb. 13:   Vertrauens-Barometer 2008-2014 von Edelmann
(www.edelman.de/de/studien/articles/ trustbarometer, 11.12.2015)

Insbesondere das Image der Top-Manager einiger großer Unternehmen, wie z. B. bei VW, der Deutschen Bank oder Siemens, hat in den Augen der Bevölkerung deutliche Einbußen hinnehmen müssen. Aber die Unternehmen oder Manager vertrauen sich auch untereinander und ihren Mitarbeitern offensichtlich nicht mehr in dem Umfang wie noch vor wenigen Jahren, wie die vielen zusätzlichen Compliance Regeln und Compliance Verantwortlichen in der Wirtschaft dokumentieren. Der Vertrauensschwund erfasst sehr viele Akteure im Wirtschaftsleben, so dass der Ruf nach mehr Integrität, Verantwortung, Transparenz oder Moral zunimmt. Zumindest in Deutschland schien der Trend 2014 etwas gebremst, wie das Edelmann Trust Barometer aufzeigt (vgl. Abb. 13).

Seit 2014 steigt nach dem Vertrauensbarometer das Vertrauen der Deutschen in die Wirtschaft an – die aktuellen Entwicklungen bei VW dürften dieses Vertrauen in 2015 aber wieder erschüttert haben. Dennoch ist bemerkenswert, dass die Deutschen der Wirtschaft inzwischen mehr vertrauen als den Medien und der Regierung. Lediglich die NGOs genießen noch deutlich höheres Vertrauen.

Der Mittelwert von 57 % Vertrauen in die deutsche Wirtschaft ist dabei näher zu betrachten: 77 % der Befragten vertrauen nämlich kleinen und mittleren Unternehmen. Dagegen halten nur 49 % die Konzerne für glaubwürdig und lediglich 39 % die börsennotierten Unternehmen. Am größten ist mit 86% das Vertrauen in Familienunternehmen, die dieses Vertrauen durch ihr verantwortungsvolles Handeln, ihre Innovationskraft sowie die Nähe zu ihren Mitarbeitern und den Menschen in den Regionen erreichen. Wichtig für das Vertrauen in ein Unternehmen ist u. a. sein Unternehmenssitz. Weltweit bringen die Befragten den deutschen Unternehmen am meisten Vertrauen entgegen (80 %), fast genauso ist es in Schweden und in der Schweiz (je 79 %). Entscheidend für den Aufbau von Vertrauen ist zudem das faktische Handeln eines Unternehmens, angefangen bei einer guten Mitarbeiterorientierung (www.edelman.de/de/studien/articles/trustbarometer, 11.12.2015).

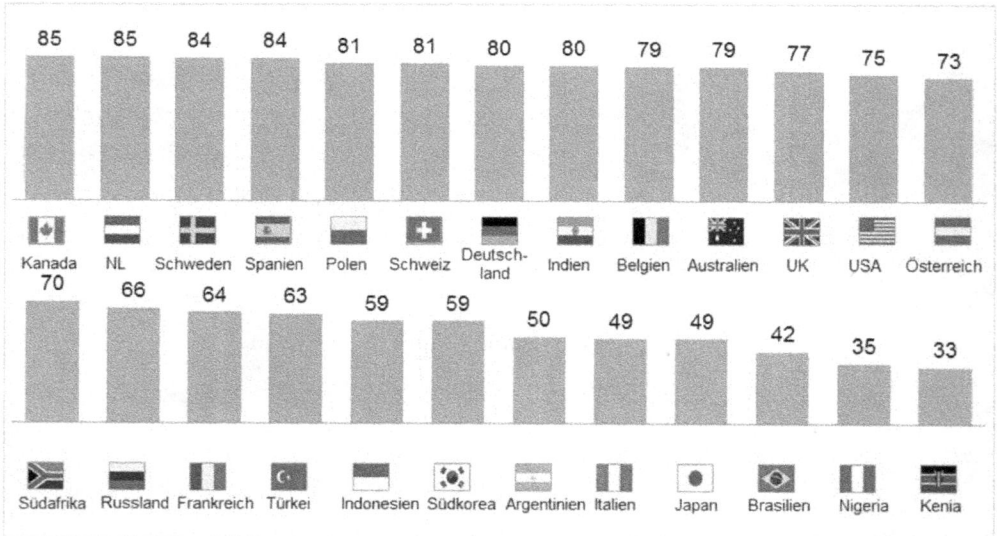

Abb. 14:   Länder-Ergebnisse des Global Trust Report der GfK 2015
            (www.gfk-verein.org/compact/fokusthemen/vertrauensfrage-die-wirtschaft, 6.11.2015)

Grundsätzlich vertrauen nach dem Global Trust Report der GfK 2015 in Deutschland 80 % und im weltweiten Durchschnitt 69 % der Bevölkerung anderen Menschen und damit auch Unternehmen. Dabei gilt meist, dass die Vertrauenswerte umso höher ausfallen, je geringer die wahrgenommene Korruption im Land ist (www.gfk-verein.org/compact/fokusthemen/vertrauensfrage-die-wirtschaft, 6.11.2015, vgl. Abb. 14).

Stolze 85 % der Deutschen halten das Handwerk für vertrauenswürdig, auf Rang zwei liegen mit jeweils 74 % die Hersteller von Unterhaltungselektronik und Haushaltsgeräten sowie Fluggesellschaften. Etwa drei Viertel der Deutschen glauben an die Verlässlichkeit der unterschiedlichen Airlines, 70 % der Befragten bringen Audi, BMW & Co. ihr Vertrauen entgegen (allerdings galt dieser Wert vor dem VW-Skandal). Deutlich weniger positiv schneiden dagegen die Pharmabranche, die Software- und Computerhersteller und die Lebensmittelindustrie ab. Banken und Versicherungen haben ein echtes Imageproblem (vgl. Abb. 15). Insgesamt liegt das Vertrauen gegenüber Familienunternehmen auf einem deutlich höheren Niveau als bei Aktiengesellschaften. Die Öffentlichkeit nimmt offensichtlich wahr, dass Familien langfristiger planen und handeln und sich mit ihren Unternehmen enger verbunden fühlen, insbesondere wenn der Unternehmensname mit dem Familiennamen identisch ist.

Vertrauen in Wirtschaftsbereiche in Deutschland und anderen Ländern
„Vertraue ich voll und ganz/überwiegend"; Angaben in gerundeten Prozent

	Deutschland	Größter Wert	Land	kleinster Wert	Land
Handwerk (Elektriker, Maler, Schreiner etc.)	85	88	Schweiz	46	Ägypten
Fluggesellschaften	74	83	Schweiz	41	Argentinien
Unterhaltungselektronik-/ Haushaltsgerätehersteller	74	84	Indien	49	Türkei
Autoindustrie, Autohersteller	70	82	Südafrika	40	Türkei
Handel	69	87	Niederlande	46	Türkei
Energie- und Wasserversorger	61	89	Schweiz	26	Nigeria
Arzneimittelhersteller	56	85	Indonesien	48	Italien
Software- bzw. Computerhersteller	53	80	Indien	41	Argentinien
Telekommunikation-/Internetanbieter	46	81	Indien	30	Brasilien
Lebensmittelhersteller	45	90	Indien	34	Frankreich
Banken, Versicherungen	33	90	Indien	15	Spanien

Quelle: Global Trust Report 2015 des GfK Vereins, Basis: 28.457 Befragte, davon 2.008 Befragte in Deutschland

Abb. 15:   Branchenvertrauen nach dem Global Trust Report der GfK 2015
(www.gfk-verein.org/compact/fokusthemen/vertrauensfrage-die-wirtschaft, 6.11.2015)

Zu ähnlichen Ergebnissen kommt die schon erwähnte Studie von Icon Added Value, die im Jahr 2012 herausfand, dass die Deutschen vor allen Dingen dem Einzelhandel, den Herstellern von Haushaltsgeräten sowie IT- und Technologieunternehmen vertrauen. Überdurchschnittlich hohes Vertrauen wurde den Unternehmensmarken dm, Landliebe, VW, Bosch, Audi, Nivea oder BMW entgegengebracht.

Grundsätzlich erscheinen den meisten Menschen Statistiken als vertrauenswürdig. Da jedoch in vielen Lebensbereichen mit Zahlen getrickst wird, veröffentlicht das Rheinisch-Westfälische Institut für Wirtschaftsforschung-RWI seit 2013 jeweils eine „Unstatistik des Monats" (www.rwi-essen.de/unstatistik/). Oftmals wird mit relativen anstelle von absoluten Zahlen gearbeitet, wodurch zum Teil unrealistische Erwartungen, Hoffnungen oder sogar

Ängste geschürt werden. Zwar sind relative Angaben grundsätzlich nicht falsch, aber sie können in die Irre führen. Manipuliert wird beispielsweise durch das Weglassen von bestimmten Informationen oder die Angabe von Durchschnittswerten, die oft kein realistisches Bild zeigen. Solche Manipulationen finden sich u. a. in der Werbung, aber auch in Aussagen von Politikern oder Statements von NGOs. Fair handelnde Organisationen sollten hingegen offen und ehrlich kommunizieren und Statistiken nicht für ihre Zwecke missbrauchen.

Im Feld der Marketingkommunikation könnte der schon zuvor erwähnte ICC Marketing- und Werbekodex eine glaubwürdige Basis für unternehmerisches Agieren darstellen. Der konsolidierte Kodex zur Praxis der Werbe- und Marketingkommunikation umfasst sowohl Marketingaktivitäten (z. B. Green Marketing) als auch Werbung, z. B. im Internet (u. a. Online Targeting), Telefon- oder SMS-Werbung bis hin zu Verhaltensrichtlinien für speziell an Kinder gerichtete Werbung oder für umweltbezogene Werbung. Der Kodex findet in vielen Unternehmen weltweit Anwendung und ist in zehn Sprachen unter folgender Internetadresse verfügbar: www.iccgermany.de/icc-regeln-und-richtlinien/icc-verhaltensrichtlinien/icc-marketing-und-werbekodex.html, 6.11.2015)

Dieser zuletzt in den Jahren 2011/12 überarbeitete ICC-Kodex setzt inzwischen hohe moralische Maßstäbe, die weit über gesetzliche Vorgaben in den meisten Ländern hinausgehen, und ist somit als Ergänzung zu gesetzlichen Regulierungen anzusehen. Er legt beispielsweise fest, dass wissenschaftliche Aussagen in der Werbung durch eindeutige Forschungsergebnisse belegt werden müssen oder dass an Kinder gerichtete Werbesendungen deren Unerfahrenheit nicht ausnutzen dürfen. Also kann dieser Kodex als Basis für eine unternehmensinterne Selbstregulierung dienen und in seiner Anwendung dabei helfen, das Vertrauen der Kunden zu gewinnen bzw. zu stärken.

Als Ergänzung zum konsolidierten Kodex der ICC zur Praxis der Werbe- und Marketingkommunikation gibt es weitere ICC-Kodizes (http://www.iccgermany.de/icc-regeln-und-richtlinien/icc-verhaltensrichtlinien/icc-marketing-und-werbekodex.html, 6.11.2015) im Bereich Marketing und Werbung:

- Internationaler ICC-ESOMAR Kodex für Markt- und Sozialforschung
- ICC International Code of Direct Selling
- ICC Framework for Responsible Food and Beverage Marketing Communication
- ICC Principles on Responsible Deployment of Electronic Product Codes
- ICC Framework for Responsible Environmental Marketing Communications
- ICC Framework for Responsible Marketing Communications of Alcohol

Gerade der letztgenannte Kodex könnte Leitlinie für die marketingmäßige Verwendung von Siegeln, Zertifikaten und Awards in den Bereichen soziale Verantwortung, CSR oder Nachhaltigkeit sein. Viele CSR- oder Nachhaltigkeitssiegel helfen verunsicherten Kunden bei der Orientierung und Entscheidungsfindung vor einem Kauf. Teilaspekten wie der Ökologie, Regionalität und Naturbelassenheit (Bio) kommt eine wachsende Bedeutung zu (Bio-, Öko-, Umweltsiegel …). Immer mehr Unternehmen erstellen und publizieren Sozial-, Umwelt- oder Nachhaltigkeitsberichte, um eine kritische Öffentlichkeit über die Anstrengungen des Unternehmens zu informieren. Wird dabei jedoch zu sehr „auf den Putz" gehauen, werden Kunden sowie Verbraucher- oder Umweltorganisationen schnell misstrauisch. Allzu oft setzen sich Unternehmen leider dem Verdacht aus, sich lediglich ein grünes oder soziales Mäntelchen (Greenwashing) umhängen zu wollen. Eine größere Redlichkeit der Unternehmen ist hier ebenfalls gefragt.

Zwar ist es prinzipiell gut, sog. faire Erzeugnisse einzusetzen, Spenden für Kultur- oder Entwicklungshilfeprojekte zu tätigen oder die besondere Achtung der Grund- bzw. Menschenrechte zu sichern, doch dürfen die Aktivitäten der Unternehmen nicht in Einzelmaßnahmen stecken bleiben. Nur eine breit angelegte oder umfangreich ausgewiesene ethisch-moralische Verantwortung fair handelnder Unternehmen erzeugt ein gutes Gewissen und stabiles Vertrauen bei den Kunden und anderen Stakeholdern. Alle Aktivitäten müssen den (potenziellen) Kunden auch mittels Kommunikation bzw. Marketingmaßnahmen vermittelt werden, um die gewünschten Vorteile im Wettbewerb realisieren zu können. Doch müssen alle Angaben in jedem Fall stimmen und sollten generell zu einer Neu-Positionierung (vgl. Kap. 4) der Unternehmen und ihrer Marken führen.

Nur Transparenz und Offenheit gegenüber der Öffentlichkeit erzeugen langfristig so viel Integrität und Glaubwürdigkeit, dass Kunden und andere Stakeholder den Unternehmen dauerhaft ihr Vertrauen schenken. Das Unternehmen muss den glaubhaften Eindruck vermitteln, dass sich das unternehmerische Handeln an moralischen Maßstäben messen lässt, dass es bereit ist, gesellschaftliche Verantwortung zu übernehmen und dass Korruption in diesem Unternehmen keine Chance hat. Der Weg zu einem integren Image und einer öffentlichen Akzeptanz ist steinig und lang, daher sind Ausdauer und eine Setzung neuer Prioritäten in der Unternehmenspolitik gefragt. Nur wenn die von kritischen Kunden und Stakeholdern gesetzten Erwartungen ihren Niederschlag in der Unternehmenskultur, Leitsätzen/Leitlinien und Zielsetzungen (vgl. Kap. 4) finden, ist sicherzustellen, dass sich alle im Unternehmen Tätigen in ihrem täglichen Handeln auch danach richten.

Glaubwürdigkeit zählt auch im Verhältnis zu den Eigen- und Fremdkapitalgebern der Unternehmen. Man spricht in diesem Zusammenhang vielfach von sog. „guter Unternehmensführung/Good Governance" und Transparenz. Auf internationaler Ebene gibt es als Leitlinie dazu beispielsweise die OECD Grundsätze zur Corporate Governance, die ihren Ursprung Ende des letzten Jahrhunderts hatten, inzwischen aber weiter entwickelt und 2004 neugefasst wurden. Diese beziehen sich auf die Führung der Unternehmen, die Kapitalgeber und auf andere Stakeholder, wenngleich es noch kein einheitliches Verständnis oder eine einheitliche Definition gibt.

Die Grundsätze der OECD sind in sechs Kapiteln dargestellt (www.iwim.uni-bremen.de/publikationen/pdf/b094.pdf, 20.10.2015):

1. Sicherung der Grundlagen eines effektiven Corporate-Governance-Rahmens
    Der Corporate-Governance-Rahmen soll Transparenz fördern, mit dem Prinzip der Rechtsstaatlichkeit im Einklang stehen und eine klare Trennung der Verantwortlichkeiten der Aufsichts-, Regulierungs- und Vollzugsinstanzen im Unternehmen gewährleisten.

2. Aktionärsrechte und Schlüsselfunktionen der Kapitaleigner
    Der Corporate-Governance-Rahmen soll Aktionärsrechte erleichtern und schützen.

3. Gleichbehandlung der Aktionäre
    Der Corporate-Governance-Rahmen soll die Gleichbehandlung aller Aktionäre sicherstellen, einschließlich der Minderheits- und der ausländischen Aktionäre; sie sollen bei Verletzung ihrer Rechte Anspruch auf effektive Rechtsmittel haben.

4. Rolle der verschiedenen Stakeholder bei der Corporate Governance

Der Corporate-Governance-Rahmen soll die gesetzlich verankerten oder einvernehmlich festgelegten Rechte der Stakeholder anerkennen und eine aktive Zusammenarbeit zwischen Unternehmen und Stakeholdern fördern; damit ist auch die im deutschen Recht verankerte Mitbestimmung von Arbeitnehmervertretern im Aufsichtsrat abgedeckt.

5. Offenlegung und Transparenz
    Der Corporate-Governance-Rahmen sollte gewährleisten, dass alle wesentlichen Angelegenheiten, die das Unternehmen betreffen, namentlich Vermögens-, Ertrags- und Finanzlage, Eigentumsverhältnisse und Strukturen der Unternehmensführung, zeitnah und präzise offen gelegt werden.

6. Pflichten des Aufsichtsorgans (Board)
    Der Corporate-Governance-Rahmen soll die strategische Ausrichtung des Unternehmens, die effektive Überwachung der Geschäftsführung durch den Board (hier Aufsichtsrat) und die Rechenschaftspflicht des Board (i. S. von Vorstand) gegenüber dem Unternehmen und seinen Aktionären gewährleisten. Neben der richtungsweisenden Funktion im Bereich der Unternehmensstrategien ist seine Hauptaufgabe die Überwachung der Ergebnisse der Geschäftsleitung (u. a. mittels Compliance) und die Gewährleistung angemessener Erträge für die Aktionäre. Er soll Interessenkonflikte verhindern und für den Ausgleich widersprüchlicher Interessen sorgen.

Mit diesen Prinzipien sollen möglichst präzise Handlungs- und Orientierungshilfen gegeben werden, sowohl für Unternehmen als auch für Staaten als Basis für eine nationale Gesetzgebung. Zusätzlich gibt es Leitsätze für die Unternehmensführung in staatseigenen Unternehmen, die weitgehend deckungsgleich mit den OECD Prinzipien der Corporate Governance sind. Inzwischen gibt es unabhängig von diesen Prinzipien oder auf Basis der OECD Prinzipien eine Reihe von nationalen Kodizes zur Corporate Governance.

Die Europäische Kommission legte bereits im Jahr 2003 einen Aktionsplan zur Modernisierung des Gesellschaftsrechts und zur Verbesserung der Corporate Governance vor. Dabei geht es zentral auch um den Schutz von Beschäftigten, Gläubigern und anderen Partnern der Unternehmen - also der sogenannten Stakeholder. Sie hat dann 2004 ein „Europäisches Corporate Governance-Forum" eingerichtet, das die Konvergenz der nationalen Corporate-Governance-Kodizes fördern soll. Im April 2011 hat die Kommission schließlich das Grünbuch Europäischer Corporate Governance-Rahmen mit verschiedenen Neuerungen vorgestellt.

In Deutschland veröffentliche eine vom BMJ eingesetzte Regierungskommission bereits im Jahr 2002 die Erstfassung des Deutschen Corporate Governance Kodex, der seitdem jährlich einer Überprüfung unterzogen und fortgeschrieben wird. Im Kodex finden sich u. a. Bestimmungen, die von den Unternehmen einzuhalten sind, da es sich um geltendes Recht handelt. Darüber hinaus gibt es Empfehlungen, die eine Erläuterung und öffentliche Erklärung von den Aktiengesellschaften verlangen, wenn von diesen Bestimmungen abgewichen wird, sowie Anregungen zu freiwilligem Verhalten. Der Kodex besitzt über die in § 161 AktG dargestellte Entsprechenserklärung eine gesetzliche Anbindung, er wird im amtlichen Teil des elektronischen Bundesanzeigers in der jeweils aktualisierten Form bekannt gemacht (www.corporate-governance-code.de, 1.3.2012).

Der Kodex guter Unternehmensführung fordert eine legitime und verantwortungsvolle Führung börsennotierter Unternehmen in Deutschland mit dem Ziel, Vertrauen zu fördern. Er zielt auf das Vertrauen nationaler und internationaler Investoren, Kunden und Mitarbeiter sowie der Öffentlichkeit.

Seit geraumer Zeit wird auf nationaler und internationaler Ebene über die sog. Good (Corporate) Governance bzw. eine Verbesserung der bestehenden Corporate Governance diskutiert. Kennzeichen guter Unternehmensführung sind:

- Ein angemessener Umgang mit Risiken (Risikomanagement)
- Ein formelles, transparentes Verfahren für Vorschlag und Wahl der Board-Mitglieder (Vorstand und Aufsichtsrat)
- Eine funktionsfähige Unternehmensleitung
- Keine Kreuzverflechtung zwischen den Aufsichtsräten verschiedener Unternehmen
- Auf langfristige Wertschöpfung ausgerichtete Managemententscheidungen
- Volle Transparenz in der Unternehmenskommunikation
- Die Wahrung der Interessen verschiedener Stakeholder Gruppen
- Eine zielgerichtete Zusammenarbeit von Unternehmensleitung und Aufsichtsrat

Corporate Governance ist sehr vielschichtig und umfasst das Einhalten von Gesetzen und Regelwerken (i. S. von Corporate Compliance), das Befolgen anerkannter Standards und Empfehlungen sowie das Entwickeln und Befolgen eigener Unternehmensleitlinien. Eine gute Corporate Governance soll eine verantwortliche, qualifizierte, transparente und auf den langfristigen Erfolg ausgerichtete Unternehmensführung gewährleisten. Unternehmensleitungen sollten sich allerdings auch ihrer sozialen Verantwortung bewusst sein, denn sie sind auch in gewisser Weise dem Gemeinwohl verpflichtet, wie dies im deutschen Grundgesetz nachzulesen ist. Zwar hat danach jeder das Recht zur Entfaltung seiner Persönlichkeit, aber nur, soweit er nicht die Rechte anderer verletzt und nicht gegen die verfassungsgemäße Ordnung oder das Sittengesetz verstößt!

Digitalcourage e.V. engagiert sich seit 1987 für Grundrechte, Datenschutz und eine lebenswerte Welt im digitalen Zeitalter. Der Verein klärt auf und mischt sich in die Politik ein. Seit 2000 verleiht er jährlich die BigBrotherAwards an Firmen, Organisationen und Personen, die in besonderer Weise und nachhaltig die Privatsphäre von Menschen beeinträchtigen oder persönliche Daten Dritten zugänglich machen. Digitalcourage ist gemeinnützig, finanziert sich durch private Spenden und lebt durch die Arbeit vieler Freiwilliger.

Die BigBrotherAwards sind ein internationales Projekt, das inzwischen in 19 Ländern fragwürdige Praktiken ausgezeichnet hat. Die deutschen Preisträger 2015 aus dem Kreis der Unternehmen waren „Hello Barbie" in der Kategorie Technik, die Crowdworking-Plattformen Amazon Mechanical Turk und Elance-oDesk in der Kategorie Wirtschaft sowie nochmals Amazon mit der Logistiktochter in der Kategorie Arbeitswelt (https://bigbrother-awards.de/ 2015, 17.12.2015).

Das Image und die Reputation eines Unternehmens lassen sich sehr schnell zerstören, doch der Aufbau oder Wiederaufbau eines vertrauenswürdigen und guten Images oder einer hochangesehenen Reputation kann Jahrzehnte dauern. Daher sollte keine Unternehmensführung leichtfertig das bisher Erreichte aufs Spiel setzen. Heutzutage ist die Verwirklichung von Transparenz gegenüber der Öffentlichkeit bzw. den Stakeholdern eines der Kernelemente fairen unternehmerischen Handelns. Und diese Transparenz erstreckt sich selbstverständlich auch auf Managergehälter und andere Vergütungsbestandteile im Management, die sich einer Fairnessbewertung durch die Öffentlichkeit stellen müssen.

Faires und nachhaltiges Wirtschaften ist wesentlicher Baustein einer zukunftsfähig gestalteten Unternehmensverantwortung. Faire Unternehmen sollten weltweit Menschenrechte, international anerkannte soziale und ökologische Standards einhalten und von der Unternehmenstätigkeit Betroffenen ihre Rechte gewähren. Dabei sollten auch die traditionellen sozialethischen Prinzipien der Transparenz, der Ehrlichkeit und der Verantwortung in vollem Umfang gelebt werden.

Das aktuelle Good Company Ranking der Kirchhoff Consult AG gibt einen guten Überblick über Unternehmen, die sich um Glaubwürdigkeit in der Öffentlichkeit bemühen. Es basiert auf den von einer unabhängigen Wissenschaftler-Jury begutachteten Daten des Geschäftsjahres 2012 und bewertet die Management-Leistungen von insgesamt 70 europäischen Unternehmen. Folgende Kriterien wurden dabei zugrunde gelegt: Personalmanagement, gesellschaftliches Engagement, Umweltmanagement sowie finanzielle Performance und Transparenz. Folgende Unternehmen schnitten dabei europaweit am besten ab (max. 100 Punkte, www.kirchhoff.de/fileadmin/20_Download/2013-Highlights/Studie_Good_Company_Ranking_2013.pdf, 6.12.2105):

1	Bayer AG	74,0
2	BMW AG	73,2
3	BASF SE	70,7
4	Adidas AG	70,6
5	Henkel AG & Co. KGaA	70,2
6	Sanofi S. A.	69,6
7	Daimler AG	69,5
8	SAP AG	69,2
9	GLAXO SMITHKLINE PLC	68,9
10	Merck KGaA	68,9
11	Roche Holding AG	68,6
12	DIAGEO PLC	66,4
13	VOLKSWAGEN AG	65,4
14	ASTRAZENECA PLC	64,1
15	Industria de Diseño Textil S. A.	63,6
16	Nestlé S. A.	63,4
17	Deutsche Telekom AG	62,8

18	LANXESS AG	62,4
19	UB S AG	62,3
20	VODAFONE GROUP PLC	62,3
21	Linde AG	61,5
22	Siemens AG	61,2
23	Deutsche Post AG	60,8
24	Münchener Rückversicherungs-Gesellschaft AG	60,8
25	RWE AG	60,6

Der frühere Thyssen-Krupp Vorstandschef Schulz erinnerte 2010 die Wirtschaftselite daran, dass im Zentrum unternehmerischen Handelns immer der Mensch stehe. Da sich in der Finanzkrise einige Unternehmen von den ethischen Grundsätzen guten Wirtschaftens verabschiedet hätten, appellierte er, den ehrbaren Kaufmann mit seinen Tugenden Ehrlichkeit, Vorsicht und Höflichkeit wiederauferstehen zu lassen. Wenn sich jeder Unternehmensmanager vertrauenswürdig verhielte, dann wären viele Selbstverpflichtungen und gesetzliche Regelungen überflüssig.

Alle Führungskräfte der Unternehmen sollten sich stets bewusst sein, dass man Vertrauen lediglich geliehen bekommt. Wird dieses Vertrauen verspielt, wird es auch schnell durch die Kunden wieder entzogen. Ein schlauer Zeitgenosse hat einmal gesagt: Vertrauen ist wie Gras: Es ist schnell abgemäht, wächst aber nur langsam nach.

3.2   Herausforderung gesellschaftliche Verantwortung

Die aufgeklärte Gesellschaft stellt heute - direkt oder indirekt - hohe Erwartungen und oft auch konkrete Forderungen an die Unternehmen. Dauerhafte Gewinne zu erzielen, den Menschen einen sicheren Arbeitsplatz zu bieten sowie dem Staat die notwendigen Steuereinnahmen zu garantieren reicht, aus der Sicht vieler Menschen allein nicht mehr aus. Die Öffentlichkeit erwartet, dass Unternehmen gesellschaftliche und soziale Verantwortung übernehmen, d. h. moralisch einwandfrei handeln. Und dies zuallererst am Unternehmensstandort aber auch an den verschiedenen regionalen, nationalen und internationalen Standorten.

Wertevorstellungen ändern sich in den Gesellschaften zuerst, bevor später Gesetze angepasst oder neue Vorschriften erlassen werden. Kunden und andere Stakeholder erwarten ein wertekonformes Verhalten der Unternehmen, nicht nur ein rechtskonformes. Nach dem Grundgesetz ist die Würde des Menschen unantastbar und jeder hat das Recht auf freie Entfaltung seiner Persönlichkeit sowie körperliche Unversehrtheit. Jeder hat das Recht auf Freiheit des Gewissens, des religiösen und weltanschaulichen Bekenntnisses und auf freie Meinungsäußerung. Es bestehen Versammlungsfreiheit und der Schutz vor Diskriminierung. Und Eigentum verpflichtet, sein Gebrauch soll nicht nur dem eigenen, sondern auch dem Wohl der Allgemeinheit dienen. Und diese verbindlichen Grundregeln sollten stets die wesentliche Basis unternehmerischen Handelns bilden.

Unternehmen können am leichtesten auf der Mikro-Ebene gesellschaftliche Verantwortung übernehmen, dies tun offensichtlich insbesondere die in der Region stark verankerten kleinen und mittleren Unternehmen (KMU). In Branchen oder Regionen zusammengeschlossen können Unternehmen auch Wirkungen auf einer Meso-Ebene oder auf der Makroebene einer Volkswirtschaft bzw. eines Staates erzielen, zum Beispiel durch Selbstverpflichtungen oder die Setzung von Standards. Die Anforderungen an Corporate Citizenship Aktivitäten, eine Corporate Social Responsibility Politik sowie an die Nachhaltigkeit der Unternehmen (Corporate Sustainability) wurden bereits in Kap. 2 (vgl. Abb. 1) ausführlich dargestellt. Auf neu entstehende Möglichkeiten für offene und faire Unternehmen wird im Folgenden näher eingegangen.

Bereits 2009 stellte die GfK eine Studie zur CSR vor. Danach eignen sich CSR-Maßnahmen der Unternehmen sehr gut zur wettbewerblichen Differenzierung von Konkurrenten. Auch geben solche CSR-Maßnahmen der Unternehmen häufig den Ausschlag bei der Kaufentscheidung der Kunden, daher lassen sich diese häufig auch ökonomisch rechtfertigen.

Doch viele der getroffenen Maßnahmen haben keinen wirklichen Bezug zur Unternehmenstätigkeit und dienen lediglich der Schaffung eines ökologischen, gesellschaftlichen oder sozialen Images. Besonders herausgestellte Unternehmensaktivitäten, die keinen hohen Glaubwürdigkeitswert besitzen, werden oftmals in der Öffentlichkeit sogar als ein Versuch des sog. „Greenwashing" betrachtet. Dies gilt insbesondere dann, wenn sehr kleine Fortschritte groß verbreitet und Zukunftsplanungen herausgestellt werden, die noch keine positiven Effekte zeigen (können).

Der ehemalige Generalsekretär der Vereinten Nationen, Kofi Annan, forderte bereits 1999 Unternehmen in aller Welt auf, sich für eine neue globale Wirtschaft unter Ausbau sozialer und ökologischer Aspekte zu engagieren, damit es allen Menschen dieser Erde besser gehe. Aus diesem Aufruf entstand der sogenannte „Global Compact", eine Organisation, an der sich weltweit inzwischen mehr als 8000 Unternehmen und hunderte weiterer Organisationen aus insgesamt 162 Ländern beteiligen, darunter fast 400 in Deutschland, mehr als 500 in der Schweiz und sogar fast 600 in Österreich. In Deutschland bildete sich mit politischer Unterstützung das Deutsche Global Compact Netzwerk, eines von insgesamt 85 regionalen Netzwerken weltweit (www.unglobalcompact.org, 1.10.2015).

Global Compact ist weder ein Siegel noch ein Kontrollinstrument, sondern eine freiwillige werteorientierte Plattform für diejenigen Unternehmen, die Interesse an einem freiwilligen Engagement haben und sich darüber austauschen wollen. Dabei sollen in Netzwerken gute Unternehmensbeispiele (Good Practises) aufgezeigt, diskutiert und unterstützt werden. Konkret geht es dabei um zehn Bereiche/Prinzipien, die sich aus der Allgemeinen Erklärung der Menschenrechte, der Erklärung über die grundlegenden Prinzipien und Rechte bei der Arbeit (ILO) sowie den Grundsätzen der Rio-Erklärung zu Umwelt und Entwicklung ableiten lassen (www.unglobalcompact.org/what-is-gc/mission/principles, 2.10.15):

- Menschenrechte
    - Unterstützung und Respektierung der Internationalen Menschenrechte im eigenen Einflussbereich
    - Sicherstellung, dass sich das eigene Unternehmen nicht an Menschenrechtsverletzungen beteiligt
- Arbeitsnormen
    - Wahrung der Vereinigungsfreiheit und wirksame Anerkennung des Rechts zu Kollektivverhandlungen
    - Abschaffung jeder Art von Zwangsarbeit
    - Abschaffung der Kinderarbeit
    - Beseitigung der Diskriminierung bei Anstellung und Beschäftigung
- Umweltschutz
    - Unterstützung eines vorsorgenden Ansatzes im Umgang mit Umweltproblemen
    - Ergreifung von Schritten zur Förderung einer größeren Verantwortung gegenüber der Umwelt
    - Hinwirkung auf die Entwicklung und Verbreitung umweltfreundlicher Technologien
- Korruptionsbekämpfung
    - Selbstverpflichtung, sich jeglicher Korruption, einschließlich Erpressung und Bestechlichkeit, entgegen zu stellen

Hierbei handelt es sich um ziemlich hohe Anforderungen, doch geht es in der Praxis nicht einmal um eine bindende Selbstverpflichtung, diese auch einzuhalten. Es geht vielmehr um Erfahrungsaustausch und Kommunikation, um sich diesen Zielen aus gesellschaftlicher Verantwortung zu nähern. Gleichzeitig soll ein möglichst risikofreies Umfeld für die Unternehmensaktivitäten geschaffen werden, die Loyalität der eigenen Mitarbeiter gesteigert und Kunden- sowie Investoren-Wünschen Rechnung getragen werden. Bei einer Teilnahme und der öffentlichkeitswirksamen Vermarktung dieses Global Compact bleibt der schale Beigeschmack von Greenwashing. Zumindest sehen das viele Stakeholder so, wenn doch kaum etwas Greifbares dabei herauskommt.

In Deutschland ist das Deutsche Global Compact Netzwerk (DGCN, www.globalcompact.de, 3.10.2015) bei der staatlichen Deutschen Gesellschaft für Internationale Zusammenarbeit GmbH - GIZ angesiedelt. Es unterstützt Unternehmen und Organisationen dabei, ihre Strategien und Aktivitäten an Nachhaltigkeitszielen und der Vision des Global Compact auszurichten.

Doch viele Pioniere aus der Wirtschaft sind offensichtlich zunehmend ernüchtert vom schleppenden Tempo bei den Themen gesellschaftlicher Verantwortung und nachhaltiger Entwicklung und wünschten sich bereits 2013 klarere Vorgaben der Politik, wie die „CEO Study on Sustainability" des UN Global Compact und der Beratungsgesellschaft Accenture herausarbeitete. Alle 3 Jahre werden für die Studie 1000 Vorstandschefs von Unternehmen aus mehr als 100 Ländern befragt, die sich für Nachhaltigkeit engagieren (www.nachhaltigkeitsrat.de/index.php?id=7954, 15.11.2015).

Zwei Drittel der befragten Top-Manager sind der Auffassung, dass die Wirtschaft bislang nicht genug unternehme, um den globalen Herausforderungen der Nachhaltigkeit zu begegnen. Drei Viertel glauben zwar, dass die Integration von Nachhaltigkeit in ihre Geschäftstätigkeit den Umsatz steigern und ihnen neue Chancen eröffnen wird, doch die Realität sehe anders aus. Während viele der Pioniermaßnahmen zwar oftmals Kosten reduzierten, seien die finanziellen Vorteile nicht groß genug, um die bisherigen Anstrengungen in einen größeren Maßstab zu überführen.

Die Accenture-Studie „From Marketing to Mattering" (weltweit 30000 Befragte, darunter 1500 aus Deutschland) verdeutlicht, dass weltweit 69% der Menschen häufiger ethisch einwandfreie und verantwortungsbewusst hergestellte Produkte kaufen würden, wenn diese nicht so teuer wären. In Deutschland lag die Zahl sogar bei 78 %. 70 % der Befragten weltweit bzw. 75 % in Deutschland ist die positive Wirkung auch nicht klar genug. Ähnlich viele können entsprechende Produkte nicht leicht genug erkennen - das sollte doch zu den Hausaufgaben der Unternehmensführungen gehören!

Als Folge davon halten die CEOs in einigen Branchen Nachhaltigkeit nur noch für wichtig anstatt für sehr wichtig. Gerade bei den Konsumgüterherstellern sank der Anteil der Manager, die Nachhaltigkeit als „sehr wichtig" bezeichneten von 2010 bis 2013 von 63 auf nur noch 53 %, im Automobilsektor gar von 62 auf 43 %. So fällt es Unternehmen offensichtlich schwer, ökologisch und sozial nachhaltiges Wirtschaften aus sich selbst heraus zu finanzieren. In der Studie heißt es, dass es 37 % der Unternehmen zunehmend schwerer falle, eine Verbindung zwischen Nachhaltigkeit und Geschäftserfolg herzustellen (www.nachhaltigkeitsrat.de/index. php?id=7954, 15.11.2015).

Zum anderen machen global agierenden Unternehmen national unterschiedliche Wettbewerbsbedingungen zu schaffen. Einen internationalen Konsens über Prioritäten der nachhaltigen Entwicklung halten 81 % der befragten Manager für essenziell, um Fortschritte zu erzielen. Rechtlich verbindliche Standards nannten 55 % der befragten als Mittel der Wahl, um mehr Nachhaltigkeit durchzusetzen. Die aktuellen Herausforderungen im Bereich gesellschaftlicher Verantwortung und Nachhaltigkeit sind offensichtlich zu komplex. Einzelne Unternehmen stoßen deshalb immer öfter an Grenzen, also seien zukünftig branchenübergreifende Kooperationen gefragt.

Die EU forderte die Unternehmen auf, sich an anerkannten internationalen Richtlinien zur CSR zu orientieren (vgl. Kap. 2), so insbesondere den OECD Richtlinien für Internationale Unternehmen (s. o.), den 10 Grundsätzen des Global Compact (s.o.) sowie der ISO-Norm

26000 zur sozialen Verantwortung. Inzwischen wurden besonders erwähnenswerte Initiativen im Report „Corporate Social - Responsibility National Public Policies in the European Union" veröffentlicht.

Die internationale Normungsorganisation ISO hat mit ihrer weltweit gültigen Norm ISO 26000 Ende 2010 einen Leitfaden zur gesellschaftlichen Verantwortung herausgegeben, der 2011 in Kraft trat. Damit liegt erstmalig eine Anleitung vor, die Unternehmen und anderen Organisationen in die Lage versetzt, ihre gesellschaftliche Verantwortung systematisch zu identifizieren und hinsichtlich der Wichtigkeit zu priorisieren.

Die ISO Norm 26000 ist lediglich ein Leitfaden, der Orientierung und Empfehlungen für ein freiwilliges Verhalten der Unternehmen und anderer Organisationen vorgibt. Sie ist demnach keine zertifizierbare Managementsystem-Norm, wie z. B. die Normen aus den Bereichen „Umwelt" (ISO 14001 und auch EMAS), „Soziales" (SA 8000) oder „Qualität" (ISO 9000). Die ISO Norm 26000 ist weder für Zertifizierungszwecke noch für die Nutzung in staatlichen Gesetzgebungen vorgesehen oder geeignet.

Der Leitfaden umfasst Best Practices gesellschaftlich verantwortlichen Handelns von Unternehmen und anderen Organisationen und berücksichtigt dabei die Richtlinien der Vereinten Nationen und der internationalen Arbeitsorganisation ILO. Die Norm beschreibt relativ allgemein in sieben Kernthemen wichtige Handlungsfelder und gibt Empfehlungen zu sieben Prinzipien gesellschaftlicher Verantwortung.

Die sieben Kernthemen der ISO Norm 26000 lauten:

- Organisationsführung (Prozesse und Strukturen als Voraussetzung für die weiteren Themen)
- Menschenrechte (z. B. Diskriminierungsverbot)
- Arbeitspraktiken (z. B. Tarife, Gesundheitsschutz)
- Umwelt (z. B. Schutz der Lebensräume, Ressourcennutzung)
- Faire Betriebs- und Geschäftspraktiken (z. B. Anti-Korruption, fairer Wettbewerb)
- Konsumentenanliegen (z. B. Schutz der Kundendaten, Informationen)
- Einbindung und Entwicklung der Gesellschaft (z. B. Investitionen zugunsten des Gemeinwohls, Einbindung in Bildung und Kultur)

Zu den Kernthemen führt der Leitfaden bestimmte Handlungsfelder an und stellt entsprechende Handlungserwartungen an gesellschaftlich verantwortliche Unternehmen und andere Organisationen auf. Diese sieben recht allgemein gehaltenen Prinzipien der ISO 26000 lauten (vgl. auch Abb. 16):

- Rechenschaftspflicht
- Transparenz
- Ethisches Verhalten
- Achtung der Interessen der Stakeholder/Anspruchsgruppen
- Achtung der Rechtsstaatlichkeit
- Achtung internationaler Verhaltensstandards
- Achtung der Menschenrechte

Abb. 16:   Prinzipien der ISO 26000
             (nach http://reset.org/knowledge/die-iso-26000-gesellschaftliche-verantwortung-nach-mass)

In der Schweiz wurde 2010 ein sog. CSR Quickscan auf Basis der ISO 26000 entwickelt, mit dem Unternehmen den Status Quo hinsichtlich ihrer gesellschaftlichen Verantwortung abbilden können. Dafür wurden für jedes der sieben Kernthemen bis zu elf Handlungsfelder der Unternehmen definiert, die mit 1-5 Punkten bewertet werden können. Damit lässt sich dann anhand eines sog. Spinnendiagramms die Ist-Situation eines Unternehmens bildlich darstellen und eine Nachhaltigkeitsstrategie erarbeiten. Die ISO 26000 stellt offensichtlich mit ihrer Systematik und Vorgehensweise eine gute Ergänzung zum EFQM-Modell der Business Excellence dar. In Österreich basiert die ONR 192500 auf der ISO 26000 und bietet einen guten Leitfaden für die Umsetzung eines State-ot-the-Art CSR-Managements.

Die Internationale Arbeitsorganisation (International Labor Organization - ILO) ist eine Sonderorganisation der Vereinten Nationen mit Sitz in Genf. Ihr Ziel ist es, soziale Gerechtigkeit sowie Menschen- und Arbeitsrechte weltweit zu implementieren und fortzuentwickeln. In der ILO sind die 185 Mitgliedstaaten nicht nur durch Repräsentanten von Regierungen, sondern auch durch Repräsentanten von Arbeitnehmern und Arbeitgebern vertreten.

Auf dieser breiten Basis erhalten die ILO-Normen eine hohe Bedeutung in der globalen Wirtschaft. Für Unternehmen gelten die ILO-Normen als Maßstab zum Verhalten in den eigenen Betrieben sowie für ihre Zulieferfirmen im Rahmen der Supply-Chain. Diese Normen finden nämlich vielfach Eingang in CSR Abkommen, Branchenvereinbarungen und Managementsysteme der Wirtschaft.

Die ILO beschließt zum einen Konventionen und Übereinkommen (derzeit ca. 190 Überein-kommen), die rechtlich bindende internationale Verträge darstellen, die durch die Mitglieds-staaten ratifiziert werden (können). Sie müssen danach die ILO über die Umsetzung der ratifizierten Übereinkommen und die Integration in die nationale Gesetzgebung für Arbeits-recht und Arbeitsschutz informieren. Des Weiteren beschließt die ILO Empfehlungen (derzeit ca. 200), die zwar nicht bindende Leitlinien sind, aber ebenfalls weite Anerkennung finden.

In Deutschland hat die Einbeziehung der Sozialpartner (Gewerkschaften und Arbeitgeberor-ganisationen) in die Gestaltung der Arbeits- und Sozialbeziehungen eine lange Tradition. Das Strukturprinzip dieser Dreigliedrigkeit ist in vielen anderen Ländern eher fremd und gewöh-nungsbedürftig. Als UN-Unterorganisation kämpft die International Labour Organization (ILO) daher in ihren Mitgliedsstaaten um die Anerkennung folgender vier Grundprinzipien (www.ilo.org/public/german/region/eurpro/bonn/kernarbeitsnormen/index.htm, 1.2.2012):

- Vereinigungsfreiheit und Recht auf Kollektivverhandlungen

- Beseitigung der Zwangsarbeit

- Abschaffung der Kinderarbeit

- Verbot der Diskriminierung in Beschäftigung und Beruf

Die Social Accountability International (SAI) ist eine gemeinnützige und unabhängige inter-nationale Nichtregierungsorganisation mit Sitz in den USA (New York), die auf Freiwillig-keit basierende verifizierbare Sozial- und Arbeitsstandards für international agierende Unter-nehmen, die ihr verantwortungsvolles unternehmerisches Handeln stärken und kommunizie-ren wollen, entwickelt.

Der SA 8000 ist ein internationaler Standard, der das Ziel hat, Arbeitsbedingungen von Ar-beitnehmern einschließlich Leiharbeitern zu verbessern. Der Standard SA 8000 wurde 1997 zusammen mit einem internationalen Multi-Stakeholder-Beirat verabschiedet und basiert auf den Kernarbeitsnormen der Internationalen Arbeitsorganisation (ILO), der UN-Menschenrechts-Charta und der UN-Kinderrechtskonvention.

Er ist eine internationale breit akzeptierte Norm, deren Zertifizierung und Befolgung auf freiwilliger Entscheidung der Unternehmen beruht. Der SA 8000 stellt die ähnliche Anforde-rungen an die Unternehmen wie der BSCI Standard (s.u.), beinhaltet jedoch zusätzlich ein Managementsystem, vergleichbar dem der ISO 9001.

Eine Zertifizierung nach dem SA 8000 Standard erfolgt in sechs Schritten:

- Optionaler Vor-Audit: Auditoren führen ggf. eine Vorbeurteilung durch und stellen dabei fest, ob und welche Anforderungen der Norm im Unternehmen bereits umge-setzt sind

- Dokumentationsprüfung: Im Rahmen eines Audits wird ermittelt, inwieweit die Do-kumentation der Sozialstandards im Unternehmen bereits dem SA 8000 entspricht

- Zertifizierungsaudit: Wirksamkeitsprüfung der Sozialstandards durch die Auditoren

- Zertifikatserteilung: Bescheinigung der Normenkonformität gemäß SA 8000

- Überwachungsaudits

- Re-Zertifizierung nach drei Jahren zur kontinuierlichen Fortsetzung des Verbesse-rungsprozesses

Die Zertifizierung erfolgt durch unabhängige Gutachter (http://label-online.de/management standards/sa8000-social-accountability-international-sai/; 12.12.2015).

Als private Organisation setzt sich auch die Fair Labor Association (FLA) für die Einhaltung solcher Standards ein, allerdings konkret auf Unternehmensebene. Namhafte Firmen sind Mitglied und lassen sich extern neutral auf die Einhaltung der Standards insbesondere in den verschiedenen Beschaffungswegen/-firmen (meist in Schwellen- oder Entwicklungsländern) kontrollieren (www.fairlabor.org). Grundsätzlich ist dies ein Weg für Unternehmen, ihr faires Verhalten auch bei der Beschaffung und bei den Lieferanten zu prüfen und ggf. zu verbessern.

Die Business Social Compliance Initiative (BSCI) ist eine auf Initiative der Foreign Trade Association (FTA) gegründete gemeinnützige Organisation mit Sitz in Belgien. Die FTA ist ein führender Wirtschaftsverband des europäischen und internationalen Handels, die die Werte eines freien Handels und nachhaltiger Lieferketten fördern will. Die FTA vertritt mehr als 1.500 Einzelhändler, Importeure und Markenhersteller.

Die BSCI wurde mit dem Anspruch gegründet, auf Unternehmerseite eine gemeinsame Plattform für die unterschiedlichen europäischen und internationalen Verhaltenskodizes und Überwachungssysteme zu schaffen. Der BSCI Code of Conduct (www.bsci-intl.org; 12.12.2015) hat ein gemeinsames Überprüfungssystem für Sozialstandards geschaffen. Verbindliche Grundlagen für den international einheitlichen Verhaltenskodex der BSCI sind unter anderem die UN-Deklaration der Menschenrechte, die ILO Kernarbeitsnormen, die UN-Konventionen zu Kinderrechten und zur Abschaffung jeglicher Diskriminierung von Frauen sowie Umweltschutzstandards.

Die Mitgliedsunternehmen der BSCI verpflichten sich zur Verbesserung der Arbeitsbedingungen in ihren Lieferketten und zum Aufbau von Strukturen, welche der Einhaltung von Sozialstandards in der Produktion dienen. Der Fortschritt des Engagements wird regelmäßig durch unabhängige Institute geprüft und mit Trainingsprogrammen gezielt gefördert. Alle Prozesse werden zusätzlich durch Runde Tische in den Produktionsländern unter Einbezug von Regierungsstellen, Nichtregierungsorganisationen und Gewerkschaften unterstützt.

Die Teilnahme am BSCI kann als ein sinnvoller Schritt in der Entwicklung zu mehr gesellschaftlicher Verantwortlichkeit gesehen werden. Es muss jedoch noch genauer nachgehalten werden, ob die Unternehmen den BSCI Code of conduct auch wirklich einhalten und ausbauen - und dies nicht nur in den eigenen Unternehmen, sondern auch in der gesamten Wertschöpfungskette und dem unternehmerischen Umfeld.

Die Internationale Handelskammer (ICC), das UN-Entwicklungsprogramm (UNDP) und das International Business Leaders Forum (IBLF) wollten unternehmerisches Verhalten deutlicher verändern und starteten als Anreiz bereits im Jahr 2000 den World Business and Development Award (WBDA, vgl. Abb. 17), der seitdem alle zwei Jahre an beispielhafte Unternehmen vergeben wird. Mit dem World Business and Developement Award werden solche Unternehmen ausgezeichnet, die innerhalb ihres Kerngeschäftes dazu beitragen, die sog. UN-Millenniumsziele zu erreichen (www.iccgermany.de/news/page10/380-jetzt-fuer-csr-award-bewerben.html, 2.3.2012).

Abb. 17:   Der World Business and Development Award mit seinen Trägerorganisationen
           (www.WorldBusinessAwards.net; www.iccgermany.de, 2.3.2012)

Die UN-Millenniumsziele wurden von Vertretern der UNO, der Weltbank, der OECD und mehreren NGOs im Jahr 2001 erarbeitet: Die im Folgenden aufgeführten acht Ziele, die bereits im Jahr 2015 erreicht werden sollten, wurden auch als Millennium-Entwicklungsziele bekannt (www.un-kampagne.de/index.php?id=90, 2.3.2012, vgl. auch Abb. 18):

- Ziel 1: Bekämpfung von extremer Armut und Hunger (als extrem arm gilt nach der Weltbank, wer pro Tag weniger als den Gegenwert von 1,25 US-Dollar zum Leben zur Verfügung hat)
- Ziel 2: Primarschulbildung für alle (als Schlüssel zu einer gerechteren Welt)
- Ziel 3: Gleichstellung der Geschlechter/Stärkung der Rolle der Frauen
- Ziel 4: Senkung der Kindersterblichkeit
- Ziel 5: Verbesserung der Gesundheitsversorgung der Mütter
- Ziel 6: Bekämpfung von HIV/AIDS, Malaria und anderen schweren Krankheiten
- Ziel 7: Ökologische Nachhaltigkeit
- Ziel 8: Aufbau einer globalen Partnerschaft für Entwicklung

Millennium-Entwicklungsziele (Millennium Development Goals - MDGs) von UNO, Weltbank und OECD

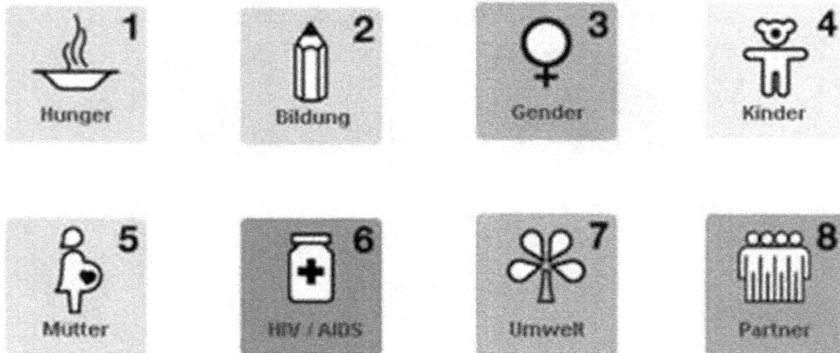

Abb. 18:   UN Millennium-Entwicklungsziele (www.un-kampagne.de/index.php?id=90, 2.3. 2012)

Würden diese vielfältigen Ziele im Rahmen der eigenen unternehmerischen Tätigkeit erreicht, wären solche Unternehmen schon nahe an einer nachhaltigen Unternehmensführung im Sinne einer ökonomischen, ökologischen und sozialen Nachhaltigkeit bzw. Sustainability (vgl. Kap. 2) und agierten darüber hinaus auch noch in fairer Weise.

Im Bankensektor gelten die sog. Äquator-Prinzipien (Equator Principles) als international akzeptierter Standard bei internationalen Projektfinanzierungen. Bei diesen Äquator-Prinzipien handelt es sich um ein internationales Rahmenwerk zur Erfassung und Verringerung von Kreditrisiken, dem sich seit 2003 Banken freiwillig unterziehen können. Der Name Äquator-Prinzipien steht dabei für den weltumspannenden Anspruch dieser Leitlinien.

Nichtregierungsorganisationen und die International Finance Corporation (IFC) formulierten zehn Prinzipien, die zunächst von zehn global tätigen Banken unterzeichnet wurden. Seitdem wurden die Richtlinien der sogenannten „Equator Principles" 2006, 2007 und 2012/13 weiterentwickelt und um soziale Aspekte ergänzt. Aus dem anfangs sehr kleinen Kreis der Equator Principles-Banken (ABN Amro, Barclays, Citigroup, Credit Lyonnais, Credit Suisse, HypoVereinsbank, Rabobank, Royal Bank of Scotland, WestLB, Westpac Banking Corporation) wurde über die Jahre eine weltweite Initiative mit inzwischen 80 Projektfinanzierern, Versicherungen und Exportkreditagenturen aus 35 Ländern (Stand: 2015), die die zehn Prinzipien unterzeichneten (www.nachhaltigkeit.info/artikel/equator_principles_1560.htm, 3.11.2015).

Die Äquator-Prinzipien setzen Umwelt- und Sozialstandards für Projektfinanzierungen, die auf den Umwelt-, Gesundheits- und Sicherheitsstandards der Weltbank sowie den nachhaltigen Leistungsstandards IFC basieren. Diese Prinzipien verlangen, dass die teilnehmenden

Finanzinstitute ihre Projektfinanzierungen nur unter den folgenden Bedingungen vornehmen (de.wikipedia.org/wiki/%C3%84quator-Prinzipien, 12.11.13):

1: Überprüfung und Kategorisierung

Die von dem Projekt im Umwelt- und Sozialbereich ausgehenden Gefahren sind anhand der Selektionskriterien der IFC in eine von drei Kategorien einzuordnen.

2: Sozial- und Umweltverträglichkeitsprüfung

Für Projekte der Kategorien A und B ist eine Sozial- und Umweltverträglichkeitsprüfung (SUP) vorzunehmen. Hierdurch sollen ökologische und soziale Auswirkungen und Risiken des Projekts erfasst werden. Im Rahmen der SUP wird geprüft, ob die Gesetze des jeweiligen Landes und die Richtlinien der Weltbank sowie der IFC erfüllt werden; ggf. werden Maßnahmen zur Verbesserung vorgeschlagen.

3: Anwendbare Sozial- und Umweltstandards

Projekte außerhalb OECD-Länder (dort wird Einhaltung der Prinzipien 4, 5 und 6 verlangt) werden anhand der IFC-Performance Standards und der branchenspezifischen Umwelt-, Gesundheits- und Sicherheitsrichtlinien („IFC EHS Guidelines") geprüft. Dazu gehören auch der Schutz der Gesundheit, des kulturellen Eigentums sowie gefährdeter Spezies und die Auswirkung auf die einheimische Bevölkerung.

4: Umwelt- und gesellschaftsorientiertes Managementsystem (Plan)

Kreditnehmer müssen auf der Grundlage der SUP einen Umwelt-Managementplan erstellen, wenn sie der Kategorie A und z. T. B zugeordnet wurden. Darin ist detailliert zu beschreiben, wie die zu erwartenden ökologischen und sozialen Risiken abgemildert werden können. Mit Hilfe eines Management-Systems sollen die Auswirkungen, Risiken und Korrektiv-Maßnahmen des Projektes so gesteuert werden, dass alle maßgebenden Gesetze und Bestimmungen des Gastlandes erfüllt werden.

5: Konsultation und Offenlegung (Stakeholder Engagement)

Bei diesen Projekten muss den Kreditgebern nachgewiesen werden, dass der Kreditnehmer eine „strukturierte und kulturell angemessene" Konsultation der betroffenen Kreise durchgeführt hat. Die SUP muss der Öffentlichkeit in den jeweiligen Landessprachen zugänglich gemacht werden. Diese Konsultationen sind im Umwelt-Managementplan zu berücksichtigten.

6: Beschwerdemechanismus

Bei all diesen Projekten muss der Kreditnehmer einen Beschwerdemechanismus als Teil des Management-Systems einrichten.

7: Unabhängige Überprüfung

Bei allen Projekten muss danach ein unabhängiger Experte die Sozial- und Umweltverträglichkeitsprüfung, den Umwelt-Managementplan sowie die Unterlagen zum umfassenden Konsultationsprozess überprüfen.

8: Kreditvereinbarungsklauseln

Bei allen Projekten müssen sich Kreditnehmer verpflichten, zumindest alle relevanten sozialen und Umweltgesetze des Gastlandes sowie den Umwelt-Managementplan einzuhalten.

9: Unabhängige Überwachung und Berichterstattung

Bei allen Projekten ist während der Laufzeit des Krediτes ein unabhängiger Experte zu benennen, welcher hinsichtlich der Überwachung Bericht erstattet.

10: Berichterstattung der teilnehmenden Finanzinstitution/Transparenz

Jede sich zu den Äquator-Prinzipien verpflichtende Finanzinstitution berichtet mindestens einmal pro Jahr öffentlich über die Erfahrungen mit diesem Verfahren sowie die Umsetzung der Äquator-Prinzipien.

Bei den Projektpartnern entsteht damit ein Zwang, sich möglichst nachhaltig und fair zu verhalten. Damit finden durch leichten externen Druck die Nachhaltigkeitsprinzipien Eingang in viele Unternehmen und Länder.

Mit der Gründung des „Centre of Transnational Corporations" in 1974 hatten die Vereinten Nationen schon frühzeitig begonnen, einen Verhaltenskodex für internationale Unternehmen zu erarbeiten, diese wurden allerdings 1992 eingestellt. Im Jahr 2003 stellte die UNO die Normen für Transnationale Unternehmen fertig. Diese Initiative, welche die transnational tätigen Unternehmen mit verbindlichen Menschenrechtsnormen in die Pflicht nehmen wollte, ist ebenfalls gescheitert.

Die **UN-Leitprinzipien für Wirtschaft und Menschenrechte** sind ein auf internationaler Ebene breit anerkannter Mindeststandard (Ergebnis 6-jähriger Recherche und eines Konsultationsverfahrens mit Experten aus Wirtschaft, Wissenschaft und NGOs)

UN-Leitprinzipien für Wirtschaft und Menschenrechte

Staatliche Schutzpflichten

Unternehmerische Verantwortung

Zugang zu Abhilfe durch Rechtsmittel und Beschwerdemechanismen

Abb. 19:   UN-Leitlinien für Wirtschaft und Menschenrechte

Der UNO-Sonderbeauftragte für Wirtschaft und Menschenrechte, John Ruggie, erarbeitete daraufhin bis 2011 die „UNO-Leitlinien für Wirtschaft und Menschenrechte" in einem Umfang, der dann in breitem Maße konsensfähig war. Ihnen liegt ein Konzept basierend auf den folgenden drei Säulen zugrunde (www.humanrights.ch/de/menschenrechte-themen/tnc/regulierungen/uno-leitprinzipien, 3.11.15, vgl. Abb. 19):

1. die Pflicht der Staaten, die Menschenrechte zu schützen (auch gegenüber Bedrohungen seitens wirtschaftlicher Akteure),
2. die Pflicht der Unternehmen, die Menschenrechte zu respektieren, sowie
3. das Recht auf Wiedergutmachung im Falle erlittener Menschenrechtsverletzungen durch wirtschaftliche Akteure.

Im April 2013 riefen neun Gründungsmitglieder aus Unternehmen, Wissenschaft und Medien den „Unternehmen - Verantwortung - Gesellschaft e.V." ins Leben. Dieser Verein will das Thema CSR in der Gesellschaft stärken und bildet zugleich den Trägerkreis von CSR NEWS, einem Informationsdienst zum Thema CSR-Umsetzung in Unternehmen. Zum Vorsitzenden wurde der St. Galler Wirtschaftsethiker Beschorner berufen, sein Stellvertreter ist ein Berliner Unternehmer (http://csr-news.net/main/2013/04/22/verein-unternehmen-verant-wortung-gesellschaft-e-v-gegrundet/, 15.11.2015).

Die deutschen Sparkassen vergeben jährlich den Deutschen Bürgerpreis in fünf Kategorien, unter anderem auch für engagierte Unternehmer. Dort werden Inhaber mittelständischer Betriebe bzw. Familienunternehmer ausgezeichnet, die persönlich und gemeinsam mit ihren Mitarbeitern Verantwortung für die Gemeinschaft übernehmen (www.deutscher-buerger-preis.de/kategorien, 17.12.15).

Nach einer Studie des Institut für Mittelstandsforschung (IfM) in Bonn aus dem Jahr 2009 nutzen mit 98,4 % fast alle Unternehmen des industriellen Mittelstands in Deutschland mindestens ein CSR-Instrument der Bereiche Personal, Bürgergesellschaft, Umwelt oder Markt. Lediglich 38 % der Unternehmen engagieren sich in allen vier Bereichen und nur 5 % nutzen dieses Instrumentarium systematisch und strategisch. Die Umsetzung eines CSR-Gesamtkonzeptes und damit auch die systematische Abdeckung der Stakeholder-Interessen konnte aber nur in wenigen Unternehmen festgestellt werden (www.ifm-bonn.org/studien/ mittelstand-gesellschaft-und-staat/?tx_ifmstudies_category%5Baction%5D=filter&tx_ifmst-dies_categor%5Bcon-troller%5D=Study&cHash=6dff8f4d7f69460c20156557f9575e96, 13.12.2015).

Nach einer Studie der compamedia GmbH engagieren sich im Jahr 2013 99 % der mittelständischen Unternehmen gesellschaftlich und fühlen sich ihren Kunden, Lieferanten und Mitarbeitern in besonderer Weise verpflichtet. Die Unternehmen sind sich also offensichtlich ihres sozialen Auftrags und ihrer Bedeutung für das Gemeinwesen bewusst. Tatsächlich aber bleibt das gut gemeinte Engagement häufig in den Anfängen stecken. Nach Erhebungen der Rating-Agentur oekom research können nur etwa 17 % der Firmen ein gutes Engagement für eine nachhaltige Entwicklung aufweisen.

Es besteht ganz offensichtlich eine Kluft zwischen Anspruch und Wirklichkeit - dies hat auch die deutsch-schweizer-österreichische Wirtschaftsinitiative „Ethics in Business" ausgemacht (www.ethics-in-business.de, 7.7.2014). Ihrer Ansicht nach fehlt vielen Unternehmen ein systematischer und strategischer Ansatz, der zum Kerngeschäft passt und unter Kosten-Nutzen-Gesichtspunkten betrachtet wird. Stattdessen liegt der Ausgangspunkt des Engagements der KMU sehr oft in der persönlichen Initiative der Unternehmer-Persönlichkeiten. Und der Fokus liegt dabei meist auf einem lokalen Netzwerk mit gegenseitigen Verpflichtungen.

Die Initiative „Ethics in Business" versteht sich als eine Allianz von Unternehmen, Visionären und Veränderern, die Werte aktiv (vor-)leben wollen. Dazu bietet sie regelmäßige Benchmark-Treffen, einen Newsletter, Seminare, Tagungen und Kongresse. Zusätzlich werden gelungene Praxisbeispiele von Mitgliedern auf der Website, auf dem Portal für CSR-

Wissen im Mittelstand oder in dem Blog präsentiert, um Lerneffekte zu bieten (www.ethics-in-business. com/die-idee/index.html, 17.7.2014).

Ihren Mitgliedern bietet die Organisation ein Wertesiegel „Ethics in Business", das das soziale, gesellschaftliche und/oder ökologische Engagement auch für die Kunden, Lieferanten, Geschäftspartner und eigenen Mitarbeiter dokumentieren soll. Erstmals vergab die Initiative 2005 den Preis für Wirtschaftsethik „Ethics in Business" an mittelständische Unternehmen, die sich um eine nachhaltige Wirtschaftsweise verdient machen.

Im Mai 1993 wurde das Deutsche Netzwerk Wirtschaftsethik (DNWE) als nationaler Verband des European Business Ethics Network (EBEN) gegründet. Die DNWE mit ihren 600 Mitgliedern verleiht seit dem Jahr 2000 im Zwei-Jahres-Rhythmus ebenfalls einen Preis für Unternehmensethik an beispielgebende Initiativen zur praktischen Ausgestaltung der Unternehmensethik (www.dnwe.de/preis-fuer-unternehmensethik.html, 12.11.2013).

Die Initiative „Freiheit und Verantwortung" der Wirtschaftsverbände BDA, BDI, DIHK, ZdH und der Zeitschrift WirtschaftsWoche vergibt unter der Schirmherrschaft des Bundespräsidenten jährlich eine Auszeichnung für herausragendes gesellschaftliches Engagement in den Kategorien kleine, mittlere und große Unternehmen (www.freiheit-und-verantwortung.de; 13.10.2013).

Das Forum Zukunftsökonomie, ein Verbund kritischer Medien, zeichnete mit dem „Preis der Arbeit" Einzelbetriebe aus, deren unternehmerische Entscheidungen wirtschaftliche, soziale, ökologische, emanzipatorische und demokratische Kriterien in herausragender Weise erfüllen (www.forum-zukunftsoekonomie.de; 15.11.2009). Die Wirtschaftsjunioren Deutschland riefen mit ZIVIL einen Unternehmerpreis ins Leben, mit dem das gesellschaftliche Engagement mittelständischer Unternehmen ausgezeichnet werden sollte (www.wjd.de/zivil; 5.12.2009).

Unternehmen engagieren sich auf vielfältige Weise. Sie gestalten die Gesellschaft, in der sie agieren und fördern so die Zukunftsfähigkeit ihrer Region. Insbesondere die mittelständischen und familiengeführten Unternehmen und Handwerksbetriebe sind in ihrer Region stark verwurzelt und haben erkannt, wie wichtig ein intaktes soziales und kulturelles Umfeld für jedes Unternehmen ist. Dieses Engagement soll durch den aktuellen Wettbewerb „Mein gutes Beispiel" 2016 der Bertelsmann-Stiftung und der Organisation „Unternehmen für die Region e.V." gewürdigt und sichtbar gemacht werden, da dies als Vorbild für andere dienen kann (www.mein-gutes-beispiel.de/, 27.12.2015).

Gegenwärtig ist die Aufnahme und Integration von geflüchteten Menschen eine der größten Herausforderungen Europas. Viele Unternehmer packen dort an, wo Hilfe benötigt wird. Gerade Unternehmen können einen wichtigen Beitrag leisten, wenn sie beispielsweise beraten oder ausbilden. Zahllose Betriebe des Handwerks bieten z. B. Praktika oder andere Qualifizierungen bis hin zu betrieblichen Ausbildungen für Flüchtlinge an. Sie legen damit das Fundament für eine erfolgreiche Integration von Flüchtlingen in Wirtschaft und Gesellschaft.

Der von Initiativen und Unternehmen getragene Verein Charta der Vielfalt e.V. sucht im Rahmen der Kampagne „Vielfalt als Chance" Unternehmen aller Größen, Behörden und öffentliche Einrichtungen, die in ihrer eigenen Belegschaft durch Personalrekrutierung und Personalentwicklung gezielt das Potenzial kultureller Vielfalt nutzen. Die Initiative unter Schirmherrschaft der Bundeskanzlerin will die Anerkennung, Wertschätzung und Einbeziehung von Vielfalt in der Unternehmenskultur in Deutschland voranbringen. Organisationen sollen ein Arbeitsumfeld schaffen, das frei von Vorurteilen ist. Alle Mitarbeiterinnen und

Mitarbeiter sollen Wertschätzung erfahren – unabhängig von Geschlecht, Nationalität, ethnischer Herkunft, Religion oder Weltanschauung, Behinderung, Alter, sexueller Orientierung und Identität. Dazu werden jährlich verschiedene Diversity Konferenzen und ein Diversity Tag veranstaltet (www.vielfalt-als-chance.de, 15.11.2013).

Mehr als 70 Unternehmen haben sich 2015 für den jährlich vergebenen Inklusionspreis „Für mehr Beschäftigung von Menschen mit Behinderung" beworben, vier von diesen wurden mit Inklusionspreis 2015 prämiert: Die real,- SB-Warenhaus GmbH, der Gießereibetrieb Sachsen Guss, die Malerfirma Baumann und die Zahnarztpraxis von Schuler Alarcónt (s. Kap. 3.5.).

Bereits zum vierten Mal prämierte der Inklusionspreis von UnternehmensForum, der Bundesvereinigung der Deutschen Arbeitgeberverbände, der Bundesagentur für Arbeit und der Charta der Vielfalt beispielhaftes Engagement in der Ausbildung und (Weiter-)Beschäftigung von Menschen mit Handicap (www.inklusionspreis.de, 15.11.2015).

Die Demographie-Kampagne der Initiative Neue Qualität der Arbeit (INQA) fordert grundlegendes Umdenken gegenüber Älteren. Die gemeinsame Initiative, getragen durch das BMWA, die BDA und die IG Metall, will Vorurteile gegenüber Älteren abbauen und Unternehmen motivieren, attraktive Arbeitsplätze für Mitarbeiter "50plus" und Wettbewerbsvorteile schaffen.

Unter dem Dach der Initiative Neue Qualität der Arbeit kommen Vertreter aus Politik, Wirtschaft, Wissenschaft und Gesellschaft zusammen, um neue Ansätze einer modernen Arbeits- und Personalpolitik zu diskutieren. Gemeinsam entwickeln sie konkrete und praxisorientierte Lösungen, um die Unternehmen und Institutionen bei der Gestaltung ihrer Arbeitsbedingungen zu unterstützen (www.inqa.de; 15.11.2013).

In Unternehmen aller Größenordnungen ist man offensichtlich bereit, gesellschaftliche Verantwortung zu übernehmen. Die einen spenden für gesellschaftlich akzeptierte Zwecke oder andere führen gemeinnützige Aktivitäten durch, einige sporadisch, andere im Rahmen eines Corporate Citizenship-Konzeptes. Deichmann vergibt beispielsweise einen Förderpreis für Integration oder Aldi Süd engagiert sich bei der Stiftung Lesen - es lassen sich sicherlich Tausende von Beispielen für solches Engagement in Deutschland und Europa finden.

Schon seit mehr als 100 Jahren haben deutsche Unternehmen ihre eigene Form der Verantwortung definiert und sich sozial bzw. gesellschaftlich engagiert: Bei Brandt war es die Mitarbeiter-Fitness durch Sport, bei Borsig die Gesundheit und Bildung der Arbeiter oder bei Krupp der Wohnungsbau. E.ON investierte in ein Institut für zukünftige Energiegewinnung und viele Unternehmer stießen gemeinsam eine Zukunftsinitiative im Ruhrgebiet an, den heutigen „Initiativkreis Ruhrgebiet".

Viele Unternehmer spenden oder stiften ein Vermögen für gesellschaftlich relevante Aktivitäten. Sicherlich allseits bekannt sind Bill Gates (Microsoft) und Mark Zuckerberg (Facebook), die ein großes Vermögen für gute Zwecke bereitstellen. Aber auch in Deutschland finden sich viele gemeinnützige Stiftungen privaten Rechts mit einem Milliardenvermögen, angefangen mit der Else-Kröner-Fresenius-Stiftung, der Robert-Bosch-Stiftung und der Dietmar-Hopp-Stiftung, die 4-6 Mrd. € Stiftungskapital aufweisen. Danach folgen nach Angaben des Bundesverbandes Deutscher Stiftungen die Klaus-Tschira-Stiftung, die Volkswagen-Stiftung und auf Rang zehn die Bertelsmann-Stiftung (Stand Juli 2015). Viele Unternehmer oder Eigentümer-Familien haben bis zu 99 % der Unternehmensanteile in solche Stiftungen eingebracht. Andere verzichten auf Jubiläumsveranstaltungen und spenden das Geld oder errichten eigene Stiftungen auf, wie beispielsweise die KiWIS - Kinderhilfe der WISAG. Insgesamt gab es Ende 2014 fast 21.000 rechtsfähige Stiftungen bürgerlichen Rechts in Deutschland.

Das schon zuvor beschriebene Good Company Ranking beinhaltet auch den Aspekt gesellschaftlichen Engagements von Unternehmen. Im Untersuchungsbereich Gesellschaft überzeugten vor allen Dingen die drei Unternehmen Sanofi (mit 17,3 von 20 möglichen Punkten), Diageo und Novartis (jeweils mit 17,1 von 20 möglichen Punkten) durch ihr breites und systematisches Engagement (www.kirchhoff.de/fileadmin/20_Download/2013-Highlights/ Studie _Good_Company_Ranking_2013.pdf, 6.12.2105). Besonders wichtig bei der Bewertung waren klare und operationalisierte Ziele sowie eine transparente Strategie für den Bereich der gesellschaftlichen Verantwortung. Das Reporting und der Einbezug der Stakeholder waren ebenso von Bedeutung wie die Lieferantenpolitik, der Datenschutz, gesellschaftliche und regionale Aktivitäten sowie Compliance bzw. Anti-Korruptionsregeln.

Gerade das Thema der Compliance geht jedes Unternehmen an, denn Korruption, Untreue, Kartellverstöße, Bestechung oder Manipulationen sind bis heute leider nicht verschwunden. Skandale sind dabei unvermeidbar, selbst wenn es sich um den ADAC, die FIFA oder Thyssen Krupp und MAN handelt. Durch ein Compliance Management (siehe auch Kapitel 8) können Verstöße gegen Gesetze oder interne Standards vermieden werden. Neben der Verhinderung oder Verminderung von Risiken kann das Vertrauen der Geschäftspartner und Kunden erhalten und ein positives Image in der Öffentlichkeit gewahrt bleiben.

Wie der Fall VW zeigt, wäre durch eine möglichst frühzeitige Information über Missstände ein Imagedebakel zu verhindern gewesen. Daher schalten inzwischen viele Unternehmen externe Rechtsanwälte oder Kanzleien ein, um Hinweisgeber zu schützen. In einigen Branchen übernimmt dies auch ein externer Ombudsmann für die gesamte Branche, wie zum Beispiel in der Reisewirtschaft (drv).

Grundsätzlich ist festzuhalten, dass der Daseinszweck eines Unternehmens die Zustimmung der Menschen bzw. Gesellschaften finden muss. Aus diesem Grund muss der Unternehmensbeitrag zur Lebensqualität anderer deutlich erkennbar und das Verhalten der Unternehmen im gesellschaftlichen Kontext legitim sein (i. S. einer weitgefassten „Licence to operate"). Um diese Legitimität zu erlangen, muss sich ein Unternehmen außer um den notwendigen Gewinn auch um andere Zielaspekte kümmern. Ziele, wie den schonenden Umgang mit Ressourcen, den Umweltschutz, die Arbeitssicherheit, die Fairness gegenüber Lieferanten oder und auch die Übereinstimmung mit öffentlich artikulierten moralischen Ansprüchen der Gesellschaft.

Jedes Unternehmen muss sein unternehmerisches Handeln sowohl nach innen als auch nach außen rechtfertigen. Dabei müssen die beteiligten Menschen spüren können, dass es nicht nur um Anforderungen der Geschäftsleitung geht, sondern um sie als Mitarbeiter oder auch als Kunden. Solch ein vermeintlich nur weicher Faktor zeigt sich sehr schnell in den betriebswirtschaftlich relevanten Bereichen wie Produktivität, Leistungsfähigkeit, Veränderungsbereitschaft oder Verkaufsergebnissen.

Gesellschaftliche oder soziale Verantwortung zu übernehmen darf nicht zur Phrase verkommen. Der Begriff der Verantwortung stammt aus dem Rechtswesen des 15. Jahrhunderts und bedeutete, vor Gericht zu antworten bzw. sich zu verteidigen. Verantwortung heißt also ständiges Abwägen, welche Konsequenzen unternehmerische Handlungen nach sich ziehen, und über diese Rechenschaft abzulegen. Nur verantwortungsbewusst handelnde Menschen im Unternehmen können ein Wertebewusstsein entwickeln und kommunizieren. Unternehmensleitungen sollten ihr Handeln als Dienst am Menschen und für die Sache verstehen.

3.3   Herausforderung Nachhaltigkeit

Der Begriff der Nachhaltigkeit, wie er in Deutschland allgegenwärtig benutzt wird, ist schon mehr als 300 Jahre alt. Begonnen hat es mit dem kursächsischen Oberberghauptmann Hans Carl von Carlowitz. Er erwähnte den Begriff (allerdings nur einmal) bereits 1713 in seiner „Sylvicultura oeconomica, oder haußwirthliche Nachricht und Naturmäßige Anweisung zur wilden Baum-Zucht" – eines der ersten umfassenden Werke zur ganzheitlichen Forstwirtschaft, wobei er erstmals ökonomische und ökologische Aspekte miteinander verband. Angesichts der Zerstörung der wichtigen Ressource Wald im Erzgebirge war sich Carlowitz sicher, dass schneller Profit den Wohlstand zerstöre, also dürfe nie mehr Holz geschlagen werden als jeweils nachwachse, damit sich die Ressourcen nicht erschöpften und die wirtschaftliche Basis erhalten bleibe. Nur wer nachhaltig wirtschafte, werde dauerhaft Erträge ernten können. Allerdings wurden seine Ideen erst Jahrzehnte später umgesetzt.

Etwa 250 Jahre brauchte es, bis der Begriff wieder ins kollektive Bewusstsein rückte, denn in der Zeit des deutschen Wirtschaftswunders machte man sich kaum Gedanken um die Endlichkeit der Ressourcen und die Umweltverschmutzung. Ab etwa 1970 entstanden erste Vereinigungen von Aktivisten, die sich erst dem Umweltschutz, dann der Nachhaltigkeit verschrieben. Als 1974 das Umweltbundesamt gegründet wurde, bekam das Thema Umweltschutz einen politischen Platz in der Gesellschaft.

Auch wenn bis heute nicht einmal 5% der Deutschen Mitglied in Umweltverbänden sind, machen sich doch mehr als 80 % der Menschen Sorgen um den Zustand der Umwelt, 82 % der Europäer trennen Müll und 70 % versuchen, umweltschädliche Produkte zu vermeiden. Dabei schützt jeder die Umwelt auf seine Art. Doch was ist wirklich nachhaltig? Standards, Erkenntnisse und Handlungsanweisungen verändern sich im Zeitablauf, wie in Kap. 2 schon dargestellt wurde. Dennoch ist der Begriff Nachhaltigkeit bei den Menschen positiv belegt und so werden soziale wie auch ökologische Aspekte immer häufiger Teil eines neuen Qualitätsbegriffs, der auch zu einem Kaufkriterium wird.

Für 85 % der Deutschen ist Nachhaltigkeit im Jahr 2015 nach einer GfK-Erhebung ein Begriff, dem sie schon einmal begegnet sind, nur 38 % geben dabei an, den Terminus ganz sicher zu kennen, den übrigen kommt er zumindest bekannt vor (www.gfk-verein.org/compact/fokus-themen/nachhaltige-bekanntheit, 6.11.2015). Offensichtlich haben die Informations- und Aufklärungskampagnen zu einem höheren Kenntnisstand in der Bevölkerung geführt. Nachdem die Zahl der Kenner von 2012 (77 %) bis 2014 (86 %) um fast 10 Prozentpunkte gestiegen war, scheint in 2015 die Bekanntheit des Begriffs zu stagnieren.

Was den Kennern des Begriffs in Deutschland bei Nachhaltigkeit in den Sinn kommt, hat sich im Vergleich zu 2014 kaum verändert. Erneut verbinden sie Nachhaltigkeit am stärksten mit umweltbewusstem Handeln und Wirtschaften: Für 27 % drückt sich darin Nachhaltigkeit aus, 18 % denken dabei an die Verwendung nachwachsender Rohstoffe, 14 % assoziieren damit eine lange Lebensdauer. Etwa jeder neunte bringt den Begriff mit Recycling und dem Sparen von Ressourcen in Verbindung. Jeder zehnte sieht darin eine Investition in die Zukunft oder das Prinzip, an die Folgen des Handelns zu denken. Kommende Generationen haben nur 5 % der Deutschen im Sinn und für 4 % bedeutet Nachhaltigkeit, Energie zu sparen oder gleich auf regenerative Energien wie Windkraft, Solarstrom oder Biomasse zu setzen. So hat sich das Verständnis der Bevölkerung von Nachhaltigkeit in den letzten Jahren offenbar in Richtung Umweltbewusstsein entwickelt (www.gfk-verein.org/ compact/fokusthemen/nachhaltige-bekanntheit, 6.11.2015, vgl. Abb. 20).

Assoziationen zum Begriff ‚Nachhaltigkeit' (2015)

Freie Nennungen, Angaben in Prozent (gerundet), Teilgruppe: Begriff sicher bekannt/ kommt bekannt vor („Kenner")
Fragestellung: Unabhängig davon, ob Ihnen der Begriff ‚Nachhaltigkeit' bekannt ist oder nicht: Wenn Sie den Begriff
‚Nachhaltigkeit' hören, was kommt Ihnen dazu alles in den Sinn, was verbinden Sie damit?

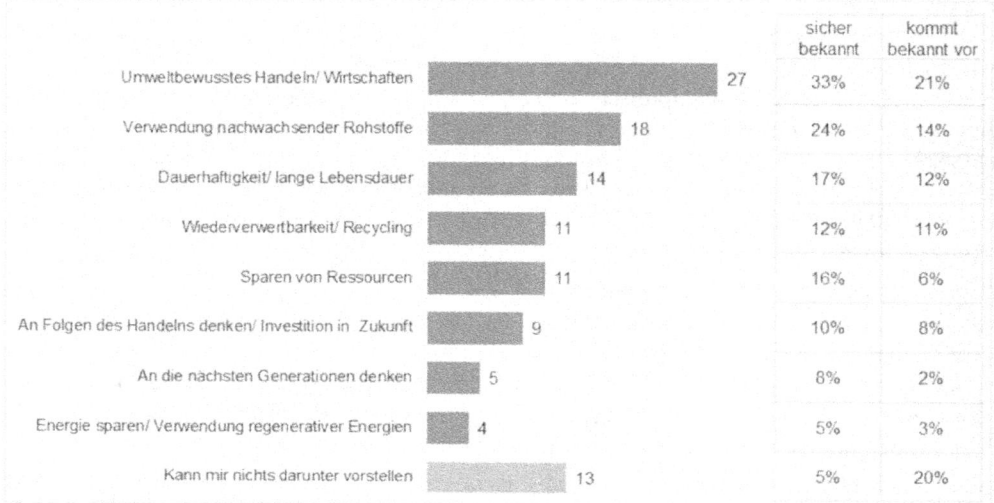

		sicher bekannt	kommt bekannt vor
Umweltbewusstes Handeln/ Wirtschaften	27	33%	21%
Verwendung nachwachsender Rohstoffe	18	24%	14%
Dauerhaftigkeit/ lange Lebensdauer	14	17%	12%
Wiederverwertbarkeit/ Recycling	11	12%	11%
Sparen von Ressourcen	11	16%	6%
An Folgen des Handelns denken/ Investition in Zukunft	9	10%	8%
An die nächsten Generationen denken	5	8%	2%
Energie sparen/ Verwendung regenerativer Energien	4	5%	3%
Kann mir nichts darunter vorstellen	13	5%	20%

Quelle: Omnibusumfrage im Auftrag des GfK Vereins (September 2014, 967 Personen, davon 828 „Kenner", davon 371 „Begriff sicher bekannt" und 448 „Begriff kommt bekannt vor")

Abb. 20:   GfK-Erhebung zur Bekanntheit des Begriffs Nachhaltigkeit 2015
              (www.gfk-verein. org/compact/fokusthemen/nachhaltige-bekanntheit, 6.11.2015)

So ist es nicht verwunderlich, dass nachhaltige Unternehmensstrategien und Produkte seit einiger Zeit erfolgreich dem Wunsch der Kunden nach einem guten Gewissen Rechnung tragen. Die Unternehmen dokumentieren dies mittels diverser Umwelt- oder Nachhaltigkeits-Siegel, Zertifikate, guten Platzierungen in Rankings sowie Nachhaltigkeits-, Umwelt- oder Sozial-Berichten. Nachhaltige Unternehmenskonzepte rechnen sich offensichtlich. Eine Studie der Schweizer Business School IMD im Jahr 2010 erbrachte, dass nachhaltige Unternehmen in Europa ein um 17% besseres Finanzergebnis erzielen konnten.

Ganz offensichtlich werden nachhaltige und faire Produkte sowie faires Unternehmenshandeln von den Kunden honoriert. Internationale oder Europäische Normen helfen den Unternehmen dabei, von Kunden geschätzte und geforderte Mindeststandards einzuhalten, z. B. in den Bereichen „Umwelt" (ISO 14001 - Umweltmanagementsystemnorm und auch EMAS - Eco-Management and Audit Scheme), „Soziales" (SA 8000 – s. Kap.3.2) oder „Qualität" (ISO 9000). Bei diesen Normen handelt es sich um Managementsysteme zur Verbesserung der Qualität in den genannten Feldern. Das ebenfalls bekannte EFQM Excellence-Model soll Organisationen mittels eines Top-Down-Managementansatzes in die Lage versetzen, die Erwartungen aller relevanten Interessengruppen zu erfüllen oder zu übertreffen.

Daneben sind allerdings auch extern geprüfte Mindestqualitäten gefragt, die z. B. mittel der angesprochenen Siegel dokumentiert werden können. Weitere unabhängige Gütesiegel sind beispielsweise das FSC-Label für Holzprodukte, das FLP-Siegel für Schnittblumen, das

Öko-Tex-Siegel für Textilien, das Gut-Siegel für Teppichböden (vgl. Abb. 21), Viabono für Reiseangebote oder Natureplus für Baustoffe. Sowohl die Siegel als auch die in den Normen festgelegten Standards geben den Kunden und anderen Stakeholdern Sicherheit und Vertrauen, wie dies auch bei den bekannten RAL-Gütesiegeln oder dem Teppichsiegel der Fall ist.

Die ISO 14001 ist der weltweit akzeptierte und angewendete Standard für betriebliches Umweltmanagementsystem. Die Norm wurde 1996 von der Internationalen Organisation für Normung (ISO) veröffentlicht und im Jahr 2000 novelliert, derzeit laufen internationale Verhandlungen zu ihrer Weiterentwicklung. Weltweit sind inzwischen etwa 300.000 Unternehmen und Organisationen nach der Umweltmanagementsystem-Norm ISO 14001 zertifiziert. In Deutschland haben mehr als 6.000 Organisationen ein Umweltmanagementsystem nach ISO 14001 implementiert. Die europäische EMAS-Verordnung enthält die Inhalte der ISO 14001 an zentraler Stelle. Mehr als 1.200 deutschen Unternehmen wurde inzwischen das EMAS-Logo (vgl. Abb. 21) verliehen, europaweit sind es mehr als 4.500.

Abb. 21:   Umweltsiegel-Beispiele (www.emas.de/home/; www.blauer-engel.de/de; www.oeko -tex.com/de; www.pro-dis.info, 13.10.2015)

Bei EMAS handelt es sich um ein freiwilliges Management-Instrument der Europäischen Union, das Unternehmen und Organisationen jeder Größe und Branche dabei unterstützen soll, ihre Umweltleistung kontinuierlich zu verbessern. EMAS gilt als das weltweit anspruchsvollste System für nachhaltiges Umweltmanagement. Über die selbst gesteckten Umweltziele und deren Umsetzung berichten die Unternehmen in einer jährlichen EMAS-Umwelterklärung. Diese ist öffentlich zugänglich und wird von einem staatlich beaufsichtigten, unabhängigen Umweltgutachter validiert, ebenso ob EMAS in der Praxis richtig umgesetzt wird. Das bereits seit 1995 verliehene EMAS Logo ist gemeinsames „Markenzeichen" der EMAS-Organisationen und soll das große Engagement nach außen aufzeigen (www.emas.de/ueber-emas, 18.3.2015).

Das Bundesumweltministerium und der Deutsche Industrie- und Handelskammertag e. V. zeichnen inzwischen alle zwei Jahre hervorragende und beispielgebende kleine, mittlere und große Unternehmen und Organisationen mit einem Umweltmanagementsystem nach EMAS (aktuell „EMAS-Umweltmanagement 2016") aus. Die Auswahl der Preisträger erfolgt durch eine Jury, der Experten aus dem BMU, dem Umweltbundesamt, der Deutschen Akkreditie-rungs- und Zulassungsstelle für Umweltgutachter mbH (DAU), dem Umweltgutachteraus-schuss und dem DIHK angehören. Im jährlichen Wechsel mit dem Wettbewerb „EMAS-Umweltmanagement" ehrt das BMU die Unternehmen und Organisationen, die sich für den europäischen EMAS-Award bewerben. Dieser wird alle zwei Jahre von der EU-Kommission ausgeschrieben, der nächste wird 2017 vergeben (www.emas.de/aktuelles/2015/17-12-15-auszeichnung-um-2016/, 12.12.2015).

Abb. 22:   Kriterien des Deutschen Nachhaltigkeits-Kodex DNK
(www.deutscher-nachhaltigkeitskodex.de/de/dnk/der-dnk-standard.html, 27.12.2015)

Der von der Bundesregierung berufene Rat für Nachhaltige Entwicklung hatte im Oktober 2011 einen deutschen Nachhaltigkeitskodex (DNK) veröffentlicht und aktualisierte diesen im August 2014. Ziel des DNK ist, den Nachhaltigkeitsgedanken voranzubringen und die Nach-haltigkeitsleistungen von Unternehmen transparent und vergleichbar zu gestalten. Unterneh-men und Organisationen können den 20 Kriterien (vgl. Abb. 22) umfassenden Nachhaltig-keitskodex freiwillig anwenden. Beteiligte Unternehmen müssen eine auf das Wesentliche abstellende Erklärung über ihre Maßnahmen zur ökologischen, sozialen und ökonomischen Dimension der Nachhaltigkeit abgeben (www.nachhaltigkeitsrat.de/uploads/media/RNE_ Der_Deutsche_Nachhaltigkeitskodex_DNK_Aktualisierung_August_2014.pdf, 27.12. 2015).

Bis Ende 2016 soll die EU-Richtlinie zur Offenlegung nicht-finanzieller und die Diversität betreffender Informationen in deutsches Recht umgesetzt sein. Der DNK könnte im Rahmen des Gesetzgebungsverfahrens als entsprechender Standard zur Erfüllung der Richtlinie etabliert werden, da der Gesetzgeber einen gewissen Gestaltungsspielraum bei der Umsetzung der EU-Richtlinie hat.

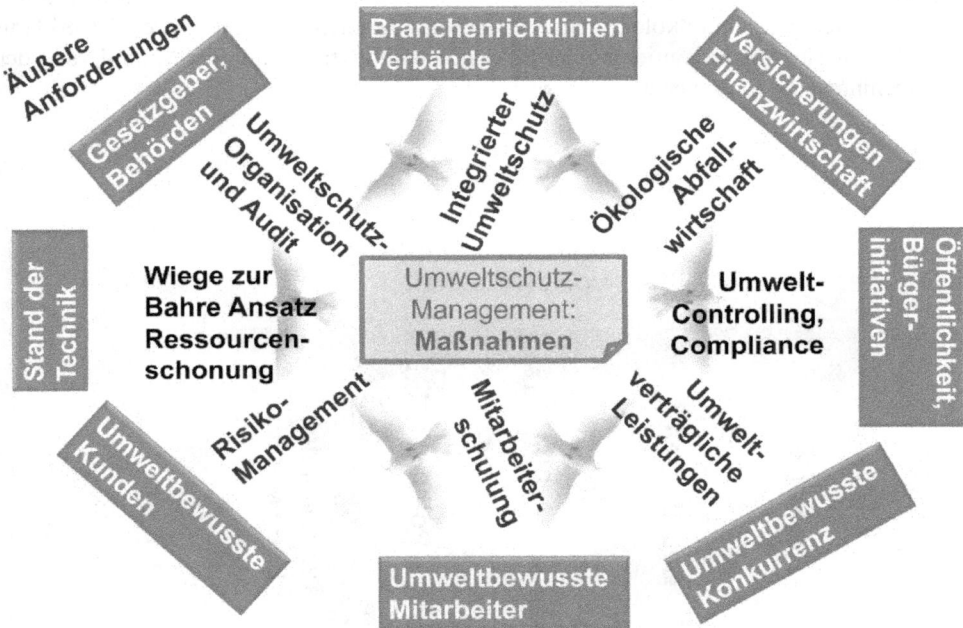

Abb. 23:   Ganzheitlicher Umweltschutz als strategischer Ansatz

Sustainable Business und Corporate Sustainability sind dabei deutlich weiter gefasst als der Ansatz der Corporate Social Responsibility und betreffen nun die gesamte unternehmerische Tätigkeit, angefangen von einer strategischen Ausrichtung (Vision, Leitbild, Strategien) bis zur Unternehmensorganisation und zum Controlling (vgl. Beispiel in Abb. 21). Es geht u. a. um die ökologische Verantwortung von der Beschaffung und Herstellung mit größtmöglicher Schonung der Ressourcen bis zum Recycling der Produkte, also alles in allem um den Schutz der natürlichen Ressourcen, des Klimas und der Menschenrechte. Wahrscheinlich formulieren die Politikverantwortlichen zukünftig neue Aufgabenfelder (und handeln auch danach). Eine moralische Weiterentwicklung der Gesellschaft bringt neue beachtenswerte Herausforderungen, die von den Unternehmen aufzugreifen und zu meistern sind (vgl. Abb. 23).

Heute ist schon klar erkennbar, wie sehr der verschwenderische Umgang mit den natürlichen Ressourcen, eine in weiten Bereichen immer noch fehlende umweltfreundliche Technik und eine in globaler Sicht eher umweltkritische Wirtschaft die Funktionen der Ökosphäre be-

einträchtigen oder bedrohen. Der Erhalt der Ökosphäre ist aber für die Menschheit über-
lebensnotwendig und für die Stabilität der Biosphäre unabdingbar. Da es an Nachhaltigkeit
aber immer noch zu wünschen übrig lässt, muss die Ressourcenintensität und die Ressour-
cen-Produktivität in der Wirtschaft deutlich verbessert werden.

Daher fordert zum Beispiel der Umweltforscher Friedrich Schmidt-Bleek schon seit einigen
Jahren ein neues Konzept zur Messung der Nachhaltigkeit. Nach seiner Auffassung muss die
Menge der genutzten Ressourcen, die zur Herstellung und beim Gebrauch der Technik eingesetzt werden, von der Wiege bis zur Bahre (bzw. bis zur nächsten Wiege) aufsummiert werden. Da sich ein solcher Indikator auf das eingesetzte Material bezieht, wird er MIPS genannt, nämlich der „Material-Input pro Einheit Service". Man kann ihn auch als Materialfuß-
abdruck (vergleichbar zum ökologischen Fußabdruck) bezeichnen. Dabei ist es das erklärte
Nachhaltigkeitsziel, die Maximierung der Ressourcenproduktivität und die Minimierung der
Ressourcenintensität zu erreichen.

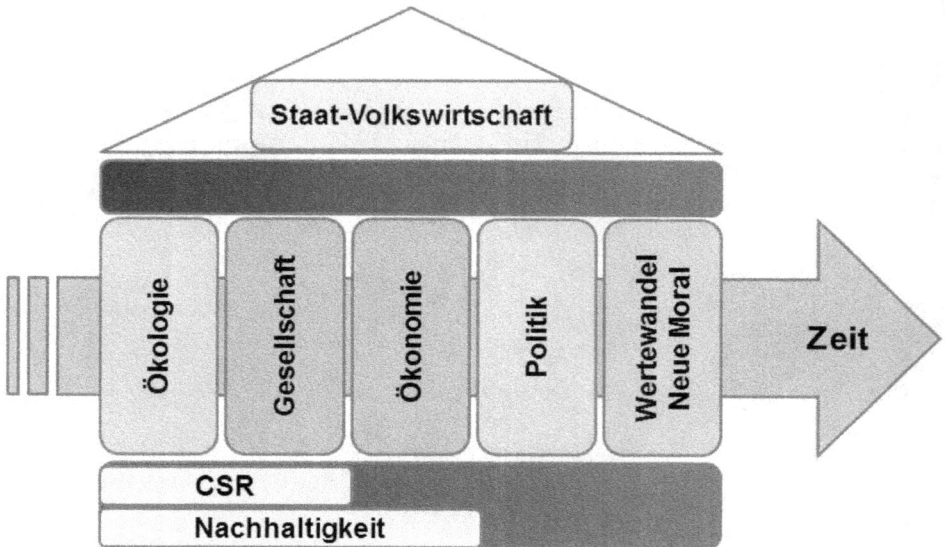

Abb. 24:   Nachhaltigkeit in gesellschaftlichem Konsens erreichbar

Auf dem Weg zur Nachhaltigkeit sind daher alle Unternehmen aufgefordert, ihre gesamte
unternehmerische Tätigkeit von der strategischen Einkaufs- und Rohstoffplanung bis zum
Eco-Design und zum Recycling unter Nachhaltigkeitsgesichtspunkten zu überprüfen und zu
optimieren. Doch um eine nachhaltige Volkswirtschaft zu erreichen bedarf es mehr. Auch die
Regierungen müssen ökonomisch, ökologisch und gesellschaftlich verantwortlich und nachhaltig denken und agieren. Dies ist für eine breite Basis über einen Wertekonsens in den
Gesellschaften und ggf. einen Wertewandel zu einem neuen moralischen Handeln äußerst
wichtig (vgl. Abb. 24).

Im September 2015 wurden die UN Sustainable Development Goals (SDGs) von den 193 UN-Mitgliedsstaaten verabschiedet. Diese bauen auf den Millennium Development Goals (MDGs) der Vereinten Nationen auf und lösen diese ab 2016 ab. Damit richten sich auch die Vereinten Nationen stärker auf das Ziel nachhaltiger Entwicklung bis 2030 aus. Armut bekämpfen, Nahrungssicherheit und Wasserversorgung sicherstellen, Klimawandel verhindern etc.: Die neuen 17 umfassenden und übergreifenden UN Global Goals (vgl. Abb. 25) lösen die UN Millennium Ziele, die sich die damals 189 UN-Mitgliedstaaten im Jahr 2000 gemeinsam gesetzt hatten, ab. Bei der Erarbeitung der Ziele setzte die UN auf die Zusammenarbeit mit vielen Partnern aus Nichtregierungsorganisationen, internationalen Wirtschaftsverbänden und Arbeitnehmervertretungen, Wissenschaft, Politik und Unternehmen. Mit einem umfassenden Wertekonsens auf der ganzen Welt haben auch die Unternehmen eine klare Vorgabe für ihr Handeln.

Abb. 25:   UN Sustainable Development Goals 2016 (www.globalgoals.org/de, 21.12.2015)

1992 entstand aus der Vorbereitung und unmittelbar nach der Rio-Konferenz als Programm von UNEP (United Nations Environmental Programme) und UNIDO (United Nations Industrial Development Organization) das Konzept einer „Cleaner Production" mit einem Programm zum vorsorgenden, betriebsspezifischen Umweltschutz. Das Programm zielte darauf ab, die Umweltauswirkungen in der Industrie zu reduzieren. Bisher hat es international mehr Unterstützung durch namhafte Unternehmen gefunden als viele andere vergleichbaren Programme. In Deutschland existiert seit 1999 die Initiative PIUS (Produktionsintegrierter Umweltschutz) und seit 2001 bietet das Umweltbundesamt (UBA) unter dem Namen „cleaner production germany" ein informierendes Internetportal an. In Österreich wurde bereits im Jahr 1992 eine staatliche Cleaner Production-Initiative gestartet, die zu den Initiativen PREPARE und Ökoprofit führte.

Die staatliche KfW (Kreditanstalt für Wiederaufbau) analysiert seit 2007 den Fortschritt der nachhaltigen Entwicklung in Deutschland und fasst die Ergebnisse jährlich in Form des KfW-Nachhaltigkeitsindikators zusammen. Dazu werden 24 Basisindikatoren in den drei Nachhaltigkeitsdimensionen Wirtschaft, Umwelt und gesellschaftlicher Zusammenhalt analysiert. Die Verdichtung der Einzelinformationen bis hin zu einem Gesamtwert des KfW-Nachhaltigkeitsindikators erfolgt mittels eines Scoringverfahrens. Fortschritte der Nachhaltigkeitssituation werden dabei anhand von Veränderungen der Basisindikatoren im Zeitablauf gemessen.

In Deutschland setzt sich nach Erkenntnissen der KfW auch 2014 der Trend zu mehr Nachhaltigkeit weiter fort. Mit einem Gesamtwert von 0,5 knüpft der KfW-Nachhaltigkeitsindikator 2015 an das gute Ergebnis des Jahres 2013 an. Alle 24 Basisindikatoren zusammen genommen wurde der Durchschnittswert der vergangenen zehn Jahre in 2014 erneut übertroffen. Getragen wird diese Entwicklung von positiven Trends in allen drei untersuchten Nachhaltigkeitsdimensionen - Wirtschaft, Umwelt und gesellschaftlicher Zusammenhalt (www.kfw.de/KfW-Konzern/Newsroom/Aktuelles/Pressemitteilungen/Pressemitteilungen-Details_298944.html, 21. 12.2015).

In der Dimension Wirtschaft entwickelte sich diese zum 6. Mal nacheinander besser als im langjährigen Durchschnitt und erreichte daher im Berichtsjahr 2014 0,6 Punkte (max. 1 Punkt möglich). In der Dimension Umwelt führten ein Rückgang der Treibhausgasemissionen um 4,3 % und eine deutliche Steigerung der Energieproduktivität um 6,7 % zu einem Anstieg der Nachhaltigkeitswerte von 0,0 auf 0,3 Punkte. Mit einem Wert von 0,8 hielt sich die Dimension Gesellschaft weiter auf hohem Niveau. Dieses gute Ergebnis wurde vor allem durch Verbesserungen beim Thema Gesundheit bewirkt. Die Quote der Niedrigqualifizierten in der Gesellschaftsdimension hat bislang noch nicht vom Rückgang früher Schulabgänger profitiert.

Dem chinesischen Philosophen Kuan Tzu werden folgende Worte zugeschrieben: Planst Du für ein Jahr, so säe Korn; planst Du für ein Jahrzehnt, so pflanze Bäume; planst Du für ein Leben, so bilde Menschen. Dies passt sowohl auf Unternehmen als auch auf staatliche Institutionen.

Bereits 1991 entwickelte die Internationale Handelskammer ihre Handlungsempfehlungen für nachhaltiges Wirtschaften (Business Charter for Sustainable Development), die inzwischen von zahlreichen multinationalen Unternehmen unterzeichnet wurden. Nach über zwei Jahrzehnten erfolgreicher Implementierung wurde die ICC-Charta im Jahr 2014/15 überarbeitet und an das weiterentwickelte Verständnis des Nachhaltigkeitsbegriffs angepasst. Die Neufassung der Charta knüpft an die „ICC Green Economy Roadmap" des Jahres 2012 an. Diese ist ein Leitfaden für Wirtschaft, Politik und Gesellschaft, der zehn Voraussetzungen für einen Übergang zu einer „Green Economy" beschreibt und so nachhaltiges Wachstum fördern will (www.iccgermany.de/icc-regeln-und-richtlinien/icc-verhaltensrichtlinien/icc-sustainable-development.html, 5.11.2015).

Im Rahmen einer freiwilligen Erklärung verpflichten sich die unterzeichnenden Unternehmen, ihre Umweltleistungen entsprechend der 16 Prinzipien der Charta, die im Zuge der Aktualisierung der ICC-Charta in Form von acht Grundsätzen gebündelt wurden, zu verbessern und die niedergelegten Führungsgrundsätze anzuwenden, um eine Verbesserung zu erreichen. Zusätzlich ist der Fortschritt zu messen und über diesen intern und extern in angemessener Form Rechnung zu legen. Für Unternehmen, die die Charta verwirklichen, sollen sich nach Ansicht der ICC folgende Vorteile ergeben:

- Informationsklarheit durch Instrumente und Methoden
- Reduzierung von Risiken
- Steigerung der Effizienz und Effektivität bestehender Produkte und Dienstleistungen
- neue Geschäftsmöglichkeiten
- langfristige Kostenreduzierung
- gesteigerte Sensibilisierung
- erhöhte Loyalität der Mitarbeiter
- Reputationssteigerung

Der Schweizer Unternehmer Schmidheiny wurde als Berater zur 1992 veranstalteten Konferenz der Vereinten Nationen über Umwelt und Entwicklung berufen und initiierte danach den „Business Council for Sustainable Development" (Wirtschaftsrat für Nachhaltige Entwicklung). 1995 schlossen sich der Wirtschaftsrat und der World Industry Council (Weltindustrierat) zum World Business Council for Sustainable Development (WBCSD), dem Weltwirtschaftsrat für Nachhaltige Entwicklung, zusammen. Der WBCSD ist eine Organisation der Unternehmensspitzen, der die Unternehmensinteressen auf der internationalen politischen Bühne vertritt, wenn es um nachhaltige Entwicklung und Unternehmensverantwortlichkeit geht. Der WBCSD bietet den Unternehmen ein Forum, auf dem sie Wissen und Erfahrungen austauschen können. Aktuelle Aktivitäten sind unter www.wbcsd.org zu finden.

Auf europäischer Ebene hat die Foreign Trade Association (FTA) eine unternehmerische Initiative zur Steigerung der Umweltleistungen (Business Environmental Performance Initiative - BEPI) ins Leben gerufen (www.bepi-intl.org/?_ga=1.263437260.1919019460. 1450610204, 16.11.2015). Diese unterstützt die Einzelhandels- und Importunternehmen sowie Markenunternehmen dabei, ihre Lieferanten weltweit zu einem besseren Umweltschutzstandard zu führen. Die FTA ist der führende Wirtschaftsverband des europäischen und internationalen (Import-)Handels, der grundsätzlich die Werte des freien Handels und der nachhaltigen Lieferketten fördert. Die FTA vertritt ihre mehr als 1.500 Mitgliedsunternehmen auf internationaler Ebene und unterstützt deren internationale Geschäfte durch die Bereitstellung von Informationen und praktische Hilfestellungen zur Steigerung der Nachhaltigkeit in den internationalen Lieferketten.

Zur Unterstützung des gesellschaftlichen Engagements der Unternehmen wurde in den letzten Jahrzehnten eine Vielzahl von Vereinbarungen in der Wirtschaft und mit politischen Gremien/Institutionen getroffen. Als ziemlich effizient haben sich freiwillige Selbstverpflichtungen und Vereinbarungen erwiesen, die in einzelnen Unternehmen, im Verbund mit Wirtschaftsverbänden und Kammerorganisationen sowie auf Branchen- oder Regionalebene entwickelt wurden.

CSR- oder Nachhaltigkeits-Kodizes einzelner Wirtschaftsbereiche sind ebenfalls stets wichtige Bausteine der freiwilligen Vereinbarungen, die den Unternehmen bei der Formulierung ihrer zukunftsorientierten Strategien im Hinblick auf branchenspezifische Herausforderungen eine gute Orientierung bieten.

Freiwillige Vereinbarungen und Selbstverpflichtungen haben sich zu einem politisch akzeptierten und wirtschaftlich tragbaren Instrument etabliert, welches ergänzend zu rechtlichen Regelungen und fiskalischen Instrumenten eine zentrale Rolle in den Staaten einnimmt.

Durch kooperatives Handeln übernehmen entweder die Wirtschaft als Ganzes oder einzelne Branchen Verantwortung für eine nachhaltige und faire Entwicklung.

Schwerpunkte in den Selbstverpflichtungen bilden der vorsorgende Umwelt-, der Verbraucher- und der Gesundheitsschutz. Freiwillige Vereinbarungen und Selbstverpflichtungen sind recht flexibel, da meist nur die Ziele und keine Wege vorgegeben werden, die in einem bestimmten Zeitraum erreicht werden sollen. Den Unternehmen bleibt somit die konkrete Umsetzung überlassen. Aufgrund der unternehmerischen Innovationskraft können spezifische Branchenprobleme somit meist effizienter und zum Teil auch schneller gelöst werden. Zudem können zu deren Umsetzung die Marktkräfte genutzt werden, da Selbstverpflichtungen auf dem Prinzip der Eigenverantwortung beruhen.

Insbesondere im Umweltbereich haben sich Selbstverpflichtungen und freiwillige Vereinbarungen seit über 30 Jahren als effektives und effizientes Mittel zur Erreichung politischer Ziele bewährt. Das Spektrum reicht von branchenspezifischen Selbstverpflichtungen in eigenen Land oder in der EU (z. B. zu FCKW) bis zu branchenübergreifenden Vereinbarungen (z. B. zum Klimaschutz). Selbstverpflichtungen und Vereinbarungen sind für die deutsche Wirtschaft ein Ausdruck gelebter Verantwortung für den Umweltschutz.

Ein Branchenkodex ist i. d. R. ein Regelwerk von Prinzipien, auf das sich Vertreter eines Wirtschaftszweiges und gegebenenfalls auch Gewerkschaftsvertreter verständigt haben. Ein solches Regelwerk zielt meist auf die Einhaltung sozialer Mindeststandards und grundlegender Umweltschutzmaßnahmen. Bei der Festlegung dieser Standards und Maßnahmen werden branchenspezifische Kriterien und Anforderungen berücksichtigt.

Mit einem Branchenkodex gehen alle Unternehmen eine freiwillige Verpflichtung ein. Gespräche zur Aufstellung eines gemeinsamen Kodex fanden in verschiedenen Branchen wie beispielsweise in der Kaffee-, Zucker- oder Spielzeugindustrie statt. Mit dem Kodex „Responsible Care" des International Council of Chemical Associations (ICCA) zu Gesundheit, Sicherheit und Umweltschutz in der internationalen Chemischen Industrie besteht der erste Kodex bereits seit 1985.

Auf EU-Ebene gehen europäische Wirtschaftsverbände und Unternehmen Selbstverpflichtungen (vgl. Abb. 26) ein, von denen Ende 2015 folgende noch Geltung haben (www.bmub. bund.de/themen/wirtschaft-produkte-ressourcen/wirtschaft-und-umwelt/selbstverpflichtungen/selbstverpflichtungen-auf-europaeischer-ebene/, 21.12.2015):

Datum	Selbstverpflichtung auf EU-Ebene
2012	Freiwillige Vereinbarung der Industrie zu Ökodesign-Anforderungen für bildgebende Geräte
2011	Freiwillige Vereinbarung der Industrie zu Energieeffizienzanforderungen für komplexe Set-Top Boxen (im Rahmen der Ökodesign-Richtlinie)
2009	Selbstverpflichtung zur Energieeinsparung bei digitalen TV-Diensten und Produkten (aufgehoben)
2004	Aktualisierté Selbstverpflichtung von CECED zu Kühlschränken und Gefriergeräten
2002	Selbstverpflichtung von CECED zur Senkung des Energieverbrauchs von Waschmaschinen
1999	Selbstverpflichtung von CECED zur Senkung des Energieverbrauchs von Geschirrspülmaschinen
1999	Selbstverpflichtung von CECED zur Senkung des Bereitschaftsenergieverbrauchs von elektrischen Haushalts-Warmwassergeräten
1999	Selbstverpflichtung von CEMEP zur Kennzeichnung des Energiebedarfs und zur Reduzierung des Energiebedarfs von Niederspannungsdrehstrommotoren
1998	Zusage der AISE (Association Internationale de la Savonnerie, de la Détergence et des Produits d'Entretien) zur Umsetzung der Empfehlung der Kommission zur umweltgerechten Handhabung von Haushaltswaschmitteln
1996	Selbstverpflichtungserklärungen der AEMCP und der EPTA über den Einsatz von Chemikalien bei der Herstellung von Selbstdurchschreibepapieren, die kein Risiko für die Gewässer darstellen

Abb. 26: Selbstverpflichtungen der europäischen Industrie, Stand Ende 2015

Bereits aus dem Jahr 1978 datiert eine Zusage der Automobilindustrie, bis 1985 den Kraftstoffverbrauch von Personenwagen um 10 bis 12 % zu senken und den der Nutzfahrzeuge um 5 %. Später gab die Automobilindustrie z. B. die Selbstverpflichtung ab, allein fahrzeugseitig den durchschnittlichen Kraftstoffverbrauch der in Deutschland verkauften Kombi-PKW bis zum Jahre 2005 um 25 % zu senken. Weitere Selbstverpflichtungen folgten.

Im Jahr 1984 versprach die Holzschutzmittelindustrie den Verzicht auf die Herstellung PCP-haltiger Mittel (Deutsche Bauchemie). Im gleichen Jahr gab der Verband der Lackindustrie eine Selbstverpflichtung über die Reduzierung der Anteile von Lösemitteln und Schwermetallverbindungen von Lacken und Farben ab. 1985 traf der Industrieverband Körperpflege- und Waschmittel e. V. Vereinbarungen über hypochlorithaltige Haushaltsreiniger sowie die Anbringung kindergesicherter Verschlüsse bei stark reizenden bzw. ätzenden Produkten.

Im Jahr 1986 schloss der Verband Kunststofferzeugender Industrie eine Vereinbarung über den Verzicht auf Einsatz polybromierter Diphenylether (PBDE) als Flammschutzmittel für Kunststoffe. Ein Jahr später gab die Industriegemeinschaft Aerosole eine Erklärung über die Reduzierung des Einsatzes vollhalogenierter Fluorchlorkohlenwasserstoffe (FCKW) in Spraydosen ab. 1991 folgte dann die Selbstverpflichtung der chemischen Industrie zur stufenweisen Einstellung der Produktion vollhalogenierter FCKW. Und dutzende weitere Selbstverpflichtungen folgten seitdem, u. a. durch die Aluminiumindustrie, Bauwirtschaft, Chemische Industrie, Energiewirtschaft und Elektroindustrie, Gießereiwirtschaft, kunststoffverarbeitende Industrie, Mineralölwirtschaft, Papierindustrie, Stahlindustrie, Textilindustrie oder Zementwirtschaft.

Im November 2000 kam es zu einer Vereinbarung zwischen der Regierung der Bundesrepublik Deutschland und der gesamten deutschen Wirtschaft zur Klimavorsorge: Die deutsche Wirtschaft setze sich das Ziel, die spezifischen CO_2-Emissionen bis zum Jahr 2005 um 28 % und die spezifischen Emissionen der sechs Kyoto-Gase bis 2012 um 35 % gegenüber 1990 zu reduzieren.

Die folgenden Selbstverpflichtungen der Wirtschaft sind 2015 in Deutschland aktuell in Kraft:

Datum	Selbstverpflichtung in Deutschland
12.2001/ 06.2008	Selbstverpflichtungen der Mobilfunkbetreiber
04.2008	Vereinbarung zum Umgang mit invasiven Arten (Zentralverband Gartenbau und Bundesumweltministerium)
05.2005	Selbstverpflichtung der SF6-Produzenten, Hersteller und Betreiber von elektrischen Betriebsmitteln > 1kV zur elektrischen Energieübertragung und -verteilung in der Bundesrepublik Deutschland zu SF6 als Isolier- und Löschgas
04.1998	Selbstverpflichtungen durch TEGEWA und TVI-Verband zur Klassifizierung von Textilhilfsmitteln nach ihrer Gewässerrelevanz
09.1994/ 09.2001	Selbstverpflichtung der Verbände der graphischen Papierkette für eine Rücknahme und Verwertung gebrauchter graphischer Papiere

Abb. 27:   Selbstverpflichtungen der deutschen Wirtschaft, Stand Ende 2015
(www.bmub. bund.de/themen/wirtschaft-produkte-ressourcen/wirtschaft-und-
umwelt/selbstverpflichtungen/selbstverpflichtungen-aktuell, 21.12.2015)

Der 1995 geschlossene Umweltpakt Bayern (vgl. Abb. 28) lief im Oktober 2000 vereinbarungsgemäß nach der 5-Jahreslaufzeit aus. An diesem Pakt beteiligten sich schon damals 1337 Unternehmen, Verbände und vier Institutionen. Hinter diesem Pakt steht die gemeinsame Überzeugung von Staat und Wirtschaft, dass die natürlichen Lebensgrundlagen mit Hilfe einer freiwilligen und zuverlässigen Kooperation besser geschützt werden können, als nur durch Gesetze und Verordnungen. Bis zum Jahr 2000 wurden von den 1552 einzelnen Leistungszusagen bereits 95 % eingehalten. Hervorzuheben sind zusätzlich die damals schon erreichten EMAS-Zertifizierungen.

Ab dem Jahr 2000 wurden im 5-jährigen Turnus Nachfolgepakte unterzeichnet, deren Laufzeiten jeweils fünf Jahre betrugen, der jüngste datiert von Oktober 2015. Übergeordnetes Ziel der Umweltpakte ist die Verbesserung des betrieblichen Umweltschutzes in allen Bereichen (Vermeidung von Emissionen, Energieeinsparung/ Steigerung der Energieeffizienz und Klimaschutz, Abfallvermeidung, Wasser, Abwasser und Gewässerschutz, Gesundheitsschutz, Naturschutz, Bodenschutz etc.). Daneben werden in jedem Umweltpakt besondere thematische Schwerpunkte gesetzt.

Die Schwerpunktsetzung im Umweltpakt 2015 steht unter der generellen Zielsetzung (www.umweltpakt.bayern.de/ueber_uns/index.htm, 21.12.2015),

1. Antworten auf drängende umweltpolitische Herausforderungen wie Klimawandel, begrenzte Verfügbarkeit von Rohstoffen und Artenschwund zu geben,
2. Zukunftsthemen aufzugreifen mit Chancen für die Unternehmen, ihre Wettbewerbsfähigkeit durch innovative Lösungen zu steigern, Energieeinspar- und Treibhausgasreduktionspotenziale wirtschaftlich zu erschließen und dem Arbeitsmarkt spürbare Impulse zu geben,
3. die Kommunikation des Umweltpakts zu aktualisieren, seine Bekanntheit zu fördern, das Umweltengagement der Teilnehmer dadurch besser sichtbar zu machen und weitere Teilnehmer zu gewinnen sowie
4. den Dialog und die Partnerschaft zwischen Staat und Wirtschaft stetig weiterzuentwickeln.

Dem Vorbild Bayerns sind inzwischen andere Bundesländer gefolgt. So gibt es ähnliche Umweltpakte in folgenden Bundesländern:

- Umweltpartnerschaft Brandenburg
- partnerschaft umwelt unternehmen Bremen
- UmweltPartnerschaft Hamburg
- Umweltallianz Hessen
- Umweltallianz Mecklenburg-Vorpommern
- Dialog Wirtschaft und Umwelt Nordrhein-Westfalen
- Umweltpakt Saar
- Umweltallianz Sachsen
- Umweltallianz Sachsen-Anhalt
- Umweltinitiative für die Thüringer Wirtschaft

In Bayern besteht zusätzlich das Ziel einer Regionalisierung des Umweltpakts, um insbesondere kleine und mittlere Unternehmen möglichst ortsnah anzusprechen und ihnen die Vorteile umweltfreundlichen Wirtschaftens zu vermitteln. So entstanden „Regionale Arbeitsgruppen Umweltpakt Bayern", die sich aus Vertretern der Bezirksregierungen und der regionalen Wirtschaftsverbände zusammensetzen. Im Rahmen der Regionalisierung des Umweltpakts Bayern wurden darüber hinaus Netzwerke für betrieblichen Umweltschutz auf Ebene der Landkreise und kreisfreien Städte eingerichtet.

Nach dem Vorbild des Pilotlandkreises Bad Tölz-Wolfratshausen soll möglichst überall nachhaltiges Wirtschaften als Startpunkt für eine nachhaltige und zukunftsorientierte Unternehmensführung vor Ort etabliert werden. So gibt es ähnliche Initiativen der regionalen Wirtschaft in den großen Städten, wie z. B. in München (www.stmuv.bayern.de/umwelt/ wirtschaft/umweltpakt/regional/index.htm, 21.12.2015).

Abb. 28:   Umweltinitiativen für die bayerische Wirtschaft
             (www.stmuv.bayern.de/umwelt/wirtschaft/umweltpakt/index.htm und
             www.stmuv.bayern.de/umwelt/wirtschaft/siegel/ index.htm, 21.12.2015)

Seit 1997 vergibt die Bayerische Staatsregierung für besonders umweltbewusst wirtschaftende Hotel- und Gaststättenbetriebe das „Bayerische Umweltsiegel für das Gastgewerbe". Dieses Siegel ist die einzige staatlich verliehene Umweltauszeichnung für das Gastgewerbe in Deutschland. Qualifizierte Kriterien und eine unabhängige Prüfung gewährleisten das hohe Niveau des Umweltsiegels, das eine Gemeinschaftsinitiative

- der Bayerischen Staatsregierung,
- des Bayerischen Hotel- und Gaststättenverbands,
- des Bayerischen Industrie- und Handelskammertag
- und der BAYERN TOURISMUS Marketing GmbH darstellt
  www.stmuv.bayern.de/umwelt/wirtschaft/siegel/index.htm, 21.12.2015).

Mit dem Bayerischen Umweltsiegel (vgl. Abb. 28)

- werden umweltorientiert wirtschaftende bayerische Hotel- und Gaststätten ausgezeichnet, die freiwillig weit mehr für den Umweltschutz tun, als vom Gesetz verlangt,

- sollen möglichst viele Unternehmen der Hotel- und Gaststättenbranche dazu motiviert werden, eine umweltschonende Betriebsführung zu praktizieren,
- werden Betriebe dabei unterstützt, ökologische Schwachstellen zu entdecken, zu
  beheben und damit gleichzeitig Kosten zu senken,
- wird umweltbewussten Verbrauchern eine Orientierungshilfe geboten.

Die Anforderungen des Umweltsiegels sind in einem übersichtlichen Fragebogen nach Themen zusammengestellt. Der Fragebogen eignet sich auch als Grundlage für einen Selbst-
check und für die Planung von Verbesserungsmaßnahmen. Jeder Betrieb kann damit selbst
prüfen, ob er alle Anforderungen für das Umweltsiegel erfüllt und was sich noch verbessern
lässt. Betriebe können mit dem Umweltsiegel ausgezeichnet werden, wenn sie

1. die Musskriterien des Fragebogens erreichen und die erforderliche Punktzahl bei
   den übrigen Fragen erfüllen oder
2. die Musskriterien des Fragebogens erfüllen und ein zertifiziertes Umweltmanagementsystem nach QuB, EMAS oder ISO 14001 eingeführt haben.

Der „Qualitätsverbund umweltbewusster Betriebe – QuB" ist ein integriertes Zertifizierungs-
system für kleine Unternehmen aus Handwerk, Industrie und Handel, welches grundlegende
und branchenbezogene inhaltliche Anforderungen an ein Qualitäts- und Umweltmanagementsystem umfasst. Das Konzept des QuB entspricht dem des QuH (Qualitätsverbund umweltbewusster Handwerksbetriebe), der bereits 1997 in Franken ins Leben gerufen wurde.
Denn die klassischen Umweltmanagementsysteme wie DIN EN ISO 14001 oder EMAS sind
nur bedingt auf die Anforderungen und auf die in kleinen Betrieben vorherrschenden Strukturen ausgerichtet. Dieses erarbeitete System stellt deswegen reduzierte Anforderungen, die
auf die Betriebsgröße abgestimmt sind, ersetzt allerdings nicht die Zertifizierung gemäß den
Normen DIN EN ISO 9001, DIN EN ISO 14001 oder EMAS (www.qub-info.de/derquh/
der_quh.php, 21.12.2015).
Mit dem Namen EcoTopTen gibt es eine Internetplattform des Öko-Instituts, auf der alle
Einkäufer seit 2012 Empfehlungen für ökologische Spitzenprodukte in den zehn Produkt-
clustern Beleuchtung, Wärme, Strom, große Haushaltsgeräte, kleine Haushaltsgeräte, Fern-
seher, Computer/Büro, Mobilität, Lebensmittel und Textilien vorfinden. EcoTopTen wird im
Rahmen der Nationalen Klimaschutzinitiative des Bundesministeriums für Umwelt, Naturschutz und Reaktorsicherheit gefördert. Das Öko-Institut erarbeitete die EcoTopTen-
Mindestkriterien, stellt Hintergrundinformationen bereit und erstellt auf der Basis von Her-
stellerangaben die EcoTopTen-Produktlisten für derzeit 23 Produktgruppen.

In den Bestproduktelisten sind kompakt zusammengefasst die wesentlichen Produktparame-
ter der gelisteten Modelle (z. B. Modellname, Hersteller, Größe, Maße), ihre ökologischen
Parameter (beispielsweise Strom- und Wasserverbrauch, CO_2-Emissionen aus Herstellung
und Nutzung), ihre Kosten (z. B. Kaufpreis, Stromkosten) sowie die Ergebnisse von Quali-
tätstests, soweit vorhanden, dargestellt. Zum Vergleich werden typische Produkte vorgestellt,
die die EcoTopTen-Kriterien nicht erfüllen. Damit können EcoTopTen-Bestproduktelisten die
Kaufentscheidung für ökologisch gute Produkte erleichtern.

Darüber hinaus werden unter www.ecotopten.de für zahlreiche weitere Produktgruppen Empfehlungen zum Kauf und zur umweltfreundlichen Anwendung gegeben. In den Kategorien
Lebensmittel und Textilien finden sich Bewertungen üblicher Siegel zu Kaufentscheidungen

unter Nachhaltigkeitsgesichtspunkten (www.ecotopten.de/sites/default/files/ecotopten_ kriterien_waschmaschinen.pdf, 21.12.2015).

Seit 2013 gibt es ein weiteres Informationsangebot des Öko-Instituts als Einkaufshilfe für derzeit dutzende unterschiedliche Produktgruppen, auf der Internetseite www.oekotop100.de präsentiert. Die zugrunde gelegten Kriterien sind die gleichen, die für die Vergabe des renommierten Umweltzeichens „Der Blaue Engel" gelten. Das Öko-Institut hat für einen Großteil der Produkte auch die Vergabe-Kriterien für das Umweltzeichen „Der Blaue Engel" entwickelt. Zu ihnen zählen Umweltschutzindikatoren wie Energieeffizienz, die Vermeidung umweltbelastender Materialien oder eine recyclinggerechte Konstruktion. Darüber hinaus müssen Produkte, die das Umweltzeichen „Der Blaue Engel" erhalten, auch gesundheitliche Aspekte erfüllen und benutzerfreundlich sein (www.oekotop100.de, 12.11.2013).

Über 12.000 umweltfreundliche Produkte und Dienstleistungen von rund 1.500 Unternehmen sind inzwischen mit dem „Blauen Engel" ausgezeichnet. Das Umweltzeichen wurde bereits 1978 auf Initiative des Bundesministers des Inneren durch den Beschluss der Umweltminister der Länder ins Leben gerufen. Seitdem ist der „Blaue Engel" ein marktbasiertes, freiwilliges Instrument der Umweltpolitik, das heute durch das RAL - Deutsches Institut für Gütesicherung und Kennzeichnung e. V. vergeben wird.

Der „Blaue Engel" war Vorbild für die Norm ISO 14024 – ein internationaler Standard, an dem sich heute viele neue Umweltzeichen weltweit orientieren. Umweltzeichenprogramme, die nach ISO 14024 arbeiten (so genannte TYP I Umweltzeichen), erfüllen hohe Anforderungen hinsichtlich des Anspruchsniveaus und der Relevanz der Kriterien sowie der Unabhängigkeit, der Kontrolle und der Transparenz des Entwicklungs- und Vergabeprozesses.

Der „Blaue Engel" als Umweltzeichen garantiert, dass die Produkte und Dienstleistungen hohe Ansprüche an Umwelt-, Gesundheits- und Gebrauchseigenschaften erfüllen. Für jede Produktgruppe werden Kriterien erarbeitet, die die gekennzeichneten Produkte und Dienstleistungen erfüllen müssen, daher wird bei der Beurteilung stets der gesamte Lebensweg betrachtet. Um die technische Entwicklung widerzuspiegeln, überprüft das Umweltbundesamt alle drei bis vier Jahre die zugrunde gelegten Kriterien. Auf diese Weise werden Unternehmen gefordert, ihre Produkte immer umweltfreundlicher zu gestalten (www.blauer-engel.de/de/unser-zeichen-fuer-die-umwelt; ww.blauer-engel.de/de/der-blaue-engel/was-steckt-dahinter; 21.12.2015).

Das Marktforschungsunternehmen facit research erhebt seit 2011 jährlich den Sustainability Image Score (SIS) in Kooperation mit Serviceplan und der WirtschaftsWoche. In einer Onlinebefragung wurden dazu kürzlich mehr als 8000 deutsche Verbraucher zu 100 Unternehmen aus 16 Branchen befragt.

Nach Erkenntnissen der aktuellen Studie aus 2015 bleibt die Bedeutung des Themas Nachhaltigkeit für das Unternehmensimage aus Konsumentensicht weiter hoch. Neben den Dimensionen Qualität der Leistung, Werte, Attraktivität, wirtschaftlicher Erfolg und Führung ist Nachhaltigkeit mit 15 % ein relevanter Faktor. Nachhaltigkeit wird zum Premium-Faktor. Nachhaltigkeit macht Unternehmen zukunftsfähig und gibt Marken wieder mehr Orientierung. Belohnt wird das Nachhaltigkeitsmanagement der Unternehmen durch eine höhere Kundenloyalität. Denn Kundenbindung entsteht durch emotionale Verbundenheit, und diese wird wiederum stark durch Nachhaltigkeitsaspekte geprägt (www.facit-research.com/downloads/9-1356-811/ Pressemitteilung_zur_SIS_Studie_2015.pdf, 21.12.2015).

An der Spitze des SIS-Rankings (vgl. Abb. 29) stehen auch in 2015 wieder die reputierten Unternehmen Hipp, Miele, Milupa, Toyota und Alete. Die Kommunikation dieser fünf Unternehmen gilt als besonders verständlich, glaubwürdig, konsistent und nachvollziehbar. Alle Informationen sind darüber hinaus auch schnell auffindbar.

Platzierung 2015 – Alle Unternehmen

	SIS 2015		SIS 2015		SIS 2015		SIS 2015
Hipp	1	Alltours	26	Ergo	53	Wiesenhof	79
Miele	2	TUI	27	Generali	54	Samsung	80
Milupa	3	Danone	28	Volksbanken & Raiffeisenbanken	55	Targobank	81
Toyota	4	Haribo	29			1&1 Internet	82
Alete	5	Iglo	30	Ferrero	56	HUAWEI	83
Frosta	6	ING-DIBA	31	FTI	57	Esprit	84
Audi	7	Milka	32	Müller Drogerie	58	Sony	85
Bosch	8	McCain	33	RWE	59	C&A	86
Coppenrath & Wiese	9	Maggi	34	EnBw	60	Lidl	87
Bärenmarke	10	Dr. Oetker	35	Mars	61	Kentucky Fried Chicken	88
Lindt & Sprüngli	11	Ford	36	HDI-Gerling Industrie	62	Deutsche Telekom	89
BMW	12	Ernsting's Family	37	Opel	63	Commerzbank AG	90
Tchibo	13	AEG	38	Vattenfall	64	Aldi Nord	91
Landliebe	14	Molkerei Alois Müller	39	Real	65	Telefónica Germany (O2)	92
Ehrmann	15	Thomas Cook	40	Kaufland	66	Netto	93
Volkswagen	16	Nordsee	41	Wrigley	67	Subway	94
LG	17	Wagner	42	Zurich	68	Karstadt	95
dm-Drogeriemarkt	18	Panasonic	43	Allianz	69	Vodafone D2	96
Nikon	19	R&V	44	Kaisers/Tengelmann	70	Aldi Süd	97
DER (Touristik)	20	Dirk Rossmann	45	Galeria Kaufhof	71	Penny	98
Zott	21	Edeka	46	EON	72	H&M	99
Mercedes Benz (Daimler)	22	Knorr	47	Unicredit Bank AG	73	McDonald's	100
Storck	23	Siemens	48	Sparkasse	74	Apple	101
Bauknecht	24	Gothaer	49	P&C	75	KIK	102
ITS Reisen (Touristik Rewe Group)	25	Otto	50	Rewe	76	Deutsche Bank AG	103
		AXA	51	E-Plus	77	Burger King	104
		Renault	52	Postbank	78		

Abb. 29: Sustainability Image Score SIS 2015 (www.facit-research.com/downloads/9-1356-811/Pressemitteilung_zur_SIS_Studie_2015.pdf, 21.12.2015)

Seit der ersten Studie ist die Anzahl der als gut bewerteten Branchen gestiegen (ab 60 Punkte) und die Zahl der negativ bewerteten Branchen entsprechend stark gesunken. Die Branchen Babynahrung, Automobil, Molkereiprodukte, Haushaltwaren, Convenience/Tiefkühlkost, Touristik und Süßwaren wurden schon 2012 als gut bewertet; seit 2015 auch Drogerieartikel, Versicherungen, Energiedienstleistungen, Consumer Electronics, Bekleidung, Finanzdienstleistungen sowie Lebensmittel. Negative Bewertungen erhielten nur noch die Telekommunikations- und die Fast Food-Branche.

Nach einer Studie von Defacto Research sind die Anforderungen an ethisch korrektes Verhalten der Unternehmen bis 2015 deutlich gestiegen. Nach Ansicht der Marktforscher wird Nachhaltigkeit inzwischen zum sogenannten Hygiene-Faktor, ebenso wie Kundenservice oder Nutzerfreundlichkeit der Website. In dieser Studie „Sustainability Engagement Index" wurden deutsche Konsumenten zur Nachhaltigkeit von 100 einzelnen Marken in ökonomischer, sozialer und ökologischer Hinsicht befragt (www.defacto-research.de/html/download-nachhaltigkeit-2015.html, 21.12.2015). Danach wurde ein Branchenranking für das Streben nach Nachhaltigkeit erstellt: der Energie-Branche wird das mit Abstand größte Engagement in puncto Nachhaltigkeit zugeschrieben, den Banken und Versicherungen das Geringste (vgl. Abb.30).

Nachhaltigkeitsstreben nach Branchen

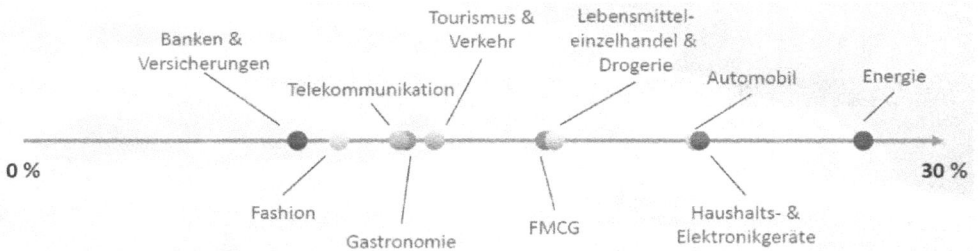

Wie bewerten Sie – im Schnitt – die nachfolgend aufgeführten Branchen in puncto „Streben nach Nachhaltigkeit" heute?
1= Überhaupt kein Engagement in puncto Nachhaltigkeit ... 7= Sehr hohes Engagement in puncto Nachhaltigkeit, TOP2-Box

Quelle: Defacto Research & Consulting 2015

Abb. 30:   Nachhaltigste Branchen aus Verbrauchersicht 2015
             (www.defacto-research. de/html/ downloadnachhaltigkeit-2015.html, 21.12.2015)

Für die Unternehmensmarken wurde der sog. Sustainability Engagement Index - SEI erstellt, der aus folgenden drei Parametern gebildet wird:

- soziale Parameter, wie faire Arbeitsbedingungen und soziales Engagement
- ökologische Parameter, unter anderem schonender Umgang mit Wasser, Energie und Rohstoffen
- ökonomische Parameter, unter anderem Langfristorientierung und Einhaltung der Datenschutzregeln

Danach liegt die Marke Andechser Natur mit 58 von 100 Punkten an der Spitze, gefolgt von Weleda mit 54,9 Punkten. Mit größerem Abstand folgt tegut auf Rang drei mit 34 Punkten vor Frosta mit 32,9 Punkten. Auf den nächsten Rängen folgen Landliebe, Tchibo Kaffee, dm, Edeka, Danone, Dove und Nivea.

Im Jahr 2013 hat das Handelsblatt zusammen mit der Schweizer Investment Rating Agentur Robeco-Sam die nachhaltigsten deutschen Unternehmen ausgezeichnet. Spitzenreiter in Sachen Nachhaltigkeit aus Deutschland waren 2013 in ihren Branchen/Sektoren (Abb. 31):

In jedem Sektor wurde das Unternehmen mit der höchsten Gesamtbewertung unter allen Unternehmen eines Sektors mit der Auszeichnung SAM Sector Leader (Branchen Sieger) belohnt. Diese drückt aus, dass dieses Unternehmen mit seinen Nachhaltigkeitsaktivitäten besser aufgestellt ist als seine Wettbewerber (www.robecosam.com/de/sustainability-awards/ gewinner.jsp, 21.8.2013).

Unternehmen	Sektor
Adidas AG	Clothing, Accessories & Footwear
Allianz SE	Insurance
BASF SE	Chemicals
Bayer AG	Chemicals
Bayerische Motoren Werke AG	Automobiles
Daimler AG	Automobiles
Deutsche Lufthansa AG	Airlines
Deutsche Post AG	Industrial Transportation
Deutsche Telekom AG	Mobile Telecommunications
Fraport AG Frankfurt Airport Services Worldwide	Industrial Transportation
Henkel AG & Co KGaA	Nondurable Household Products
MAN SE	Industrial Engineering
Munich Re AG	Insurance
Puma SE	Clothing, Accessories & Footwear
SAP AG	Software
Siemens AG	Diversified Industrials
TUI AG	Travel & Tourism
Volkswagen AG	Automobiles

Abb. 31: Nachhaltigste Unternehmen Deutschlands 2013
(www.robecosam.com/de/sustainability-awards/gewinner.jsp, 21.8.2013)

Den Gold-Preis (gleichzeitig Branchensieger und Branchenaufsteiger) erhielten die Unternehmen Siemens und TUI, eine goldene Auszeichnung erhielten ebenfalls Adidas, BMW,
Henkel und SAP, die silberne bekamen die Allianz, Munich Re und VW, die bronzene erhielten BASF, Bayer, Daimler, Lufthansa, Deutsche Post, Fraport, Puma, MAN und Deutsche
Telekom.

Die Verbraucher Initiative e.V. stellt seit einigen Jahren mit dem „Unternehmens-Check" eine
Datenbank zur Verfügung, in der sich Verbraucher über das Umwelt- und Sozialengagement
von Handels- und Herstellerunternehmen informieren können. Die Ergebnisse der Datenbank
basieren auf bundesweiten Handels- und Herstellerbefragungen zum Umwelt- und Sozialengagement entlang der gesamten Lieferkette. Diese Befragung wurde erstmals 2008 im Rahmen des Projektes „Umwelt- und Sozialverantwortung in Handelsunternehmen – Mehr
Transparenz durch Verbraucherinformation" mit Hilfe eines 25-seitigen, branchenspezifischen Fragebogens, der vom Öko-Institut e. V. entwickelt wurde, durchgeführt (www.nach-
haltig-einkaufen.de/unternehmens-check/unternehmens-check2, 21.12.2015).

Die Verbraucher Initiative hat 2012 Leitlinien für eine verbraucherorientierte CSR-Kommunikation für Unternehmen erarbeitet und veröffentlicht. Teil des Projekts „Verbraucherorientierter Wegweiser CSR-Kommunikation" ist eine umfassende Untersuchung der CSR-Kommunikation von Einzelhandelsunternehmen der sechs umsatzstärksten Branchen im Hinblick auf glaubwürdiges Engagement. In Ergänzung der eigenen Recherchen führte die Verbraucher Initiative im Sommer 2013 eine bundesweite Befragung von Einzelhandelsunternehmen durch. Die Befragungsergebnisse wurden in zusammengefasster Form auf www.nachhaltig-einkaufen.de veröffentlicht (www.nachhaltig-einkaufen.de/unternehmens-kommunikation/csr-kommunikation-im-einzelhandel, 21.12.2015). Die Ergebnisse aller Recherchen der Verbraucher Initiative, der Interviews mit Branchenvertretern und Unternehmen sowie einer Kundenbefragung wurden in drei Branchen-Dokumentationen, inklusiver branchenspezifischer Checklisten für CSR-Maßnahmen, zusammengefasst. Sie stehen als kostenloser Download bereit unter: www.nachhaltig-einkaufen.de/gute-unternehmens-beispiele/csr-im-mittelstand.

Die Verbraucher Initiative untersuchte in 2015 erneut Umwelt- und Sozialverantwortung bei Unternehmen anhand eines 350 Punkte umfassenden branchenspezifischen Kriterienkatalogs und zeichnete wiederum Hersteller- und Einzelhändler für ihr CSR-Engagement aus. Gegenüber früheren Untersuchungen ist die Umwelt- und Sozialverantwortung der Unternehmen weiter gestiegen. Insgesamt wurden 46 Unternehmen verschiedener Branchen ausgezeichnet, die zeitlich befristet die Auszeichnung „Nachhaltiges Einzelhandelsunternehmen 2015" bzw. „Nachhaltiger Hersteller 2015" in Gold, Silber oder Bronze tragen dürfen (www.nachhaltig-einkaufen.de/service/presse/csr-engagement-steigt-weiter, 21.12.2015).

Gold-Medaillen erhielten in 2015 die Einzelhandelsunternehmen GEPA, H&M, REWE, Penny, toom, tegut, Kaufland und real,-. Weitere Gold-Auszeichnungen gingen an die Deutsche Telekom, die Hersteller Coca Cola, DAW Deutsche Amphibolin-Werke, Haworth GmbH, Jack Wolfskin, Tchibo Textilien, Nestlé Deutschland und WINI Büromöbel.

Die Stiftung Deutscher Nachhaltigkeitspreis verleiht seit 2008 den Deutschen Nachhaltigkeitspreis unter Schirmherrschaft der Bundeskanzlerin. Er prämiert Unternehmen, Produkte und Marken, die vorbildlich wirtschaftlichen Erfolg mit sozialer Verantwortung und Schonung der Umwelt verbinden. Mit Sonderpreisen werden Persönlichkeiten ausgezeichnet, die national oder international in herausragender Weise den Gedanken einer zukunftsfähigen Gesellschaft fördern. Seit 2013 dient auch der Sustainability Image Score - SIS ergänzend als Basis der Jury-Bewertung des Deutschen Nachhaltigkeitspreises. Über einen Online-Fragebogen wird erhoben, in welchem Umfang die Unternehmen ökologische, ökonomische und soziale Nachhaltigkeitsfaktoren in der Wertschöpfung aller oder einzelner Produkte und Dienstleistungen umsetzen. Daneben wird untersucht, wie Nachhaltigkeit die Markenführung beeinflusst. Aktuelle und frühere Preisträger sind auf der Homepage zu finden (www.nachhaltigkeitspreis.de/category/nominierte/, 12.11.2015).

Die Unternehmensinitiative „Deutsches CSR-Forum – Forum für Nachhaltigkeit und Zukunftsfähigkeit" würdigte im April 2015 bereits zum 6. Mal Unternehmen, Stiftungen und Kommunen, die ihre Verantwortung gegenüber der Gesellschaft besonders leben, mit dem Deutschen CSR-Preis (www.csrforum.eu/deutschercsrpreis/2015/, 11.11.2015). 2015 wurden Preisträger in folgenden Themenfeldern ausgezeichnet:

- „CSR-Award" – Auszeichnung einer Person für herausragendes CSR-Engagement
- CO_2-Vermeidung als Beitrag zum Klimaschutz

- Gender Diversity
- Vorbildliche Kooperation eines Unternehmens mit NGOs/NPOs
- CSR in der Lieferkette
- Nachhaltige und zukunftsfähige Stadtentwicklung (Deutscher CSR-Preis für Kommunen)
- Bestes Video zum CSR-Engagement eines Unternehmens

Zwei Ingenieure gründeten im Jahr 2008 die GreenTec Awards mit dem Ziel, einen Umweltpreis mit einer großen internationalen Wirkung ins Leben zu rufen. Die Preisverleihung findet seitdem jährlich statt und bietet eine wirksame Plattform, Umwelttechnologien und ökologisches Engagement ins Rampenlicht zu stellen und somit eine größtmögliche Aufmerksamkeit in der Öffentlichkeit zu erreichen. So wurden die GreenTec Awards inzwischen zum größten Umwelt- und Wirtschaftspreis Europas (www.greentec-awards.com/ueber-uns/initiatoren.html, 13.11.2015).

Die besten Projekte der 16 Kategorien werden jeweils per öffentlichem Online-Voting ausgewählt und medienwirksam präsentiert. Gesucht werden die innovativsten und nachhaltigsten Ideen des Jahres. Das Projekt mit den meisten Stimmen qualifiziert sich automatisch als eines der drei Nominierten in der jeweiligen Kategorie. Weitere zwei Kandidaten werden von der Expertenjury nominiert. Gemeinsam mit den Medienpartnern ProSieben, WirtschaftsWoche und Handelsblatt werden dann die besten Projekte und Produkte ausgezeichnet, die Maßstäbe in Sachen Umwelttechnologie setzen und einen ökologischen Lebensstil fördern.

In der oben zitierten Studie von Defacto Research (www.defacto-research.de/html/download nachhaltigkeit-2015.html, 21.12.2015) wurden die Personen auch nach ihren Erwartungen an verschiedene Aspekte der Nachhaltigkeit befragt. Hinsichtlich der ökonomischen Nachhaltigkeit erwarten diese von den Unternehmen Wertschätzung und Fairplay im Umgang mit ihnen. Sehr wichtig sind auch das Einhalten von Datenschutzbestimmungen und ein sorgfältiger Umgang mit Kundendaten. Die befragten Menschen erwarten Fairplay beim Thema Steuerzahlen in Deutschland, eine langfristige Geschäftsorientierung, einen fairen Umgang mit Wettbewerbern und Lieferanten sowie Vermeidung und Bekämpfung von Bestechung/Korruption.

Hinsichtlich sozialer Nachhaltigkeitsaspekte erwarten die Deutschen von den Unternehmen sozialverträgliche und faire Arbeitsbedingungen, eine faire Entlohnung und den Verzicht auf Kinderarbeit, darüber hinaus ein konsequentes Einhalten von Tierschutzbestimmungen. Die Unternehmen sollen ihren Mitarbeitern Arbeitsplatz-Sicherheit bieten und sich generell sozial bzw. gesellschaftlich engagieren.

Im Rahmen ökologischer Nachhaltigkeit erwarten die Menschen einen verantwortungsvollen Umgang mit den Ressourcen, die Einhaltung internationaler Umweltstandards und ökologisch einwandfreie Angebote. Weitere Erwartungen gibt es hinsichtlich des Vermeidens von Müll, der Recyclingfähigkeit von Verpackungen und Produkten und des Einsatzes umwelt- bzw. ressourcenschonender Technologien. Auch erwarten viele Kunden von den Unternehmen eine umfassende Verantwortungsübernahme für die gesamte Wertschöpfungskette sowie Produkte mit langer Lebensdauer.

Das Thema Umweltschutz hat also offensichtlich nach wie vor eine große Bedeutung, wenngleich die neueste Studie des Umweltbundesamtes „Umweltbewusstsein 2014"ein etwas anderes Bild zeichnet. Danach ist der Umweltschutz im Bewusstsein der Deutschen auf Rang fünf in der Wichtigkeit abgestiegen, nach dem er früher sogar auf Rang zwei rangierte. Aktuell sind den Deutschen die Themen soziale Sicherung, Wirtschafts- und Finanzpolitik, Rentenpolitik sowie Kriminalität, Frieden und Sicherheit etwas wichtiger. Offensichtlich ist das Thema Umweltschutz soweit akzeptiert und integriert, dass sich die Prioritäten angesichts neuer Herausforderungen geändert haben (www.umweltbundesamt.de/presse/ presseinformationen/umweltbewusstsein-2014-immer-mehr-menschen-sehen, 12.11.2015).

Tatsächlich handeln die Bundesbürger jedoch sehr umweltbewusst, denn etwa jeder Zweite achtet zum Beispiel beim Einkauf von Haushaltsgeräten auf den Energieverbrauch. Auch die Bereitschaft, Gebrauchsgegenstände zu teilen, steigt an. So könnte sich jeder fünfte in der Stadt lebende Deutsche durchaus vorstellen, Car-Sharing Angebote zu nutzen. 92 % der Deutschen kennen das Umweltzeichen „Der Blaue Engel" - jeder dritte achtet offensichtlich beim Einkauf auf dieses Siegel. Insgesamt sind 86 % der befragten Deutschen mit der Umwelt in ihrer unmittelbaren Umgebung zufrieden, auch die allgemeine Umweltqualität wird von 73 % als gut eingeschätzt. Immer mehr Unternehmen berücksichtigen diese Erkenntnisse.

Somit wird auch verständlich, dass der Umweltschutz als Thema aktuell eine nicht mehr ganz so hohe Priorität bei den Verbrauchern hat. Ein weiterer Faktor könnte sein, dass sich die Menschen grundsätzlich nicht mehr nur negativ mit dem Thema Umweltschutz auseinandersetzen wollen, Betroffenheit oder sogar Scham sind zumindest in der jüngeren Generation nicht mehr erwünscht. Gerade bei den Jüngeren besteht eher der Wunsch nach einer neuen Umwelt-Authentizität - Umwelt und Nachhaltigkeit sollen mehr Freude bereiten. Gerade bei den neuerdings auftauchenden „Demanding Brands" rückt das spaßbetonte Erleben von Nachhaltigkeit immer mehr in den Mittelpunkt. So kann umweltfreundliches Handeln auch Freude bereiten.

Zwar gibt es funktionsfähige Abfallsammelsysteme, Recyclingkapazitäten und neue Verpackungen aus recyceltem Material. Dennoch sind alle Unternehmen weiterhin aufgefordert, weiter darüber nachzudenken und zu forschen, wie Lebensmittel und Getränke wie gewohnt geschützt, transportiert und in attraktiver Form angeboten werden können - bei gleichzeitig reduziertem Ressourceneinsatz für Verpackungen. Innovative Verpackungen sind gefragt, die nicht nur auf endliche Rohstoffe setzen, sondern Werkstoffe nutzen, die Kundenerwartungen an „Nachhaltigkeit" und nicht nur Recyclingfähigkeit gerecht werden. Fair handelnde Unternehmen sollten dabei Vorreiter sein.

Das Thema Recycling ist mittlerweile weit verbreitet – auf mehr Freude setzt nun der Trend zum sogenannten Upcycling. Dabei wird Abfall sehr kreativ als Rohmaterial für neue Produkte verwendet. Die Abfälle durchlaufen dabei quasi einen Veredelungsprozess, der sie mit einer gewissen Einzigartigkeit und neuen Wertigkeit versieht. Menschen lassen sich beispielsweise zu „Self-Recyclern" ausbilden, gründen „Repair-Cafés" oder verwenden Gebrauchtes zur Herstellung neuer Möbel. Ökologische Fairness bietet so auch neue Geschäftsmodelle für innovative Unternehmen.

3.4 Herausforderung Gesundheit und Natürlichkeit

Weitere unternehmerische Herausforderungen stellen sich unter dem Aspekt neuer gesundheitlicher Ansprüche mit den sog. LOHAS oder der sog. Generation Y. Diese sind von Unternehmen in sehr unterschiedlicher Weise zu berücksichtigen. Der moralische Hedonismus der LOHAS bestimmt inzwischen die Gesundheits- und Genussmärkte. Diese vornehmlich an momentanen Genüssen orientierte, eher egoistische Lebenseinstellung der LOHAS führte zum Selfnesstrend und damit zu einer personenzentrierten und eigenverantwortlichen Gesundheitssicht. Wie kaum ein anderes Thema spielt bei diesem Trend die Ernährung die zentrale Rolle.

Immer wieder auftretende Lebensmittel- oder Tierschutzskandale sorgen bei den Konsumenten für steigende Zweifel an der Glaubwürdigkeit und Authentizität der angebotenen Lebensmittel bzw. der Produzenten. Aber auch die gesundheitsorientierten Werbeversprechen der Lebensmittelindustrie sowie die Warnungen der Gesundheitsorganisationen, dass falsche Ernährung Auslöser zahlreicher Zivilisationskrankheiten sei, führt zu Verunsicherungen. Dies führt zu einer steigenden Nachfrage nach Bio-Erzeugnissen und vermehrt vegetarischen oder veganen Produkten. In letzter Konsequenz gibt es wieder mehr Menschen, die aus Sorge um ihre Gesundheit ihre Lebensmittel - sogar mitten in Städten - wieder selbst anbauen.

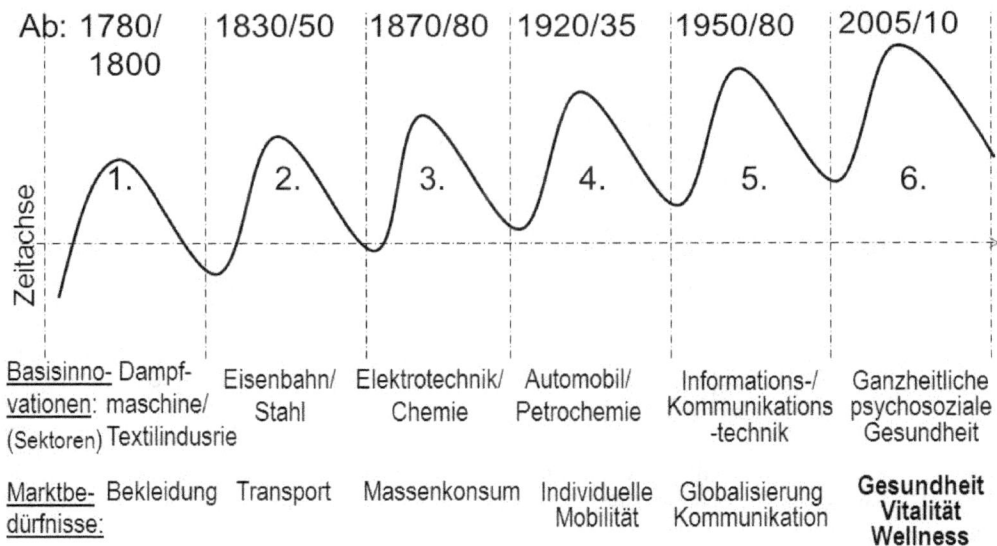

Abb. 32: Gesundheit im Zentrum des 6. Kondratieff-Zyklus

Zum einen sind ganzheitliche Gesundheit und Vitalität zentrale Aspekte im aktuellen langen Konjunkturzyklus (vgl. Abb. 32), dem sog. Kondratieff-Zyklus. Dieser bietet den Unternehmen mit passenden Angeboten (z. B. Bio- oder Naturprodukten, Wellnessleistungen, Gesundheitsvorsorge, Medizintechnik oder Biotechnologie) in den nächsten Jahren gute wirtschaftliche Perspektiven. Zum anderen geht es bei dem Megatrend um den Aspekt der Gesundheit der eigenen Mitarbeiter. Er verlangt von den Unternehmen eine stärkere Aufmerksamkeit, z. B. durch Gesundheitsvorsorge im Betrieb, Vermeidung von Gesundheitsrisiken oder Stressabbau.

Der Gesundheitsmarkt neuer Art wird nach Nefiodow (Schüler von Kondratieff) insbesondere folgende Bereiche umfassen:

- Biotechnologie
- Umwelttechnik, soweit auch Gesundheitsschutz betroffen ist
- Naturheilverfahren
- Naturwaren, Naturkost
- Baustoffe, Textilien
- Sinne (Farbe, Geruch, Musik), Architektur (innen/außen), Ästhetik
- sog. alternative Medizin
- Wellness, Fitness, Sport
- Gesundheitstourismus
- Betriebsinterne Gesundheitsdienste (BKK, Sozialstation, Kantine...)
- Psychotherapie, Psychologie, Psychiatrie, Psychosomatik
- Religion, Spiritualität
- andere Kostenträger (Beteiligung der Verursacher, Selbstbeteiligung der Versicherten) u. ä.

Mit dieser Aufzählung erhalten die Unternehmen genügend Hinweise, wie sie sich neu ausrichten sollten, um zukünftige Marktchancen im Feld der Gesundheit und Vitalität wahrnehmen und sich damit ökonomisch erfolgreich positionieren zu können. Auf das Thema Umweltschutz wurde bereits zuvor eingegangen.

Die Wünsche bzw. Anforderungen der Kunden nach Gesundheit und Vitalität betreffen in sehr ähnlicher Weise die eigenen (zukünftigen) Mitarbeiter, da diese vergleichbare Interessen haben. Sehr viele Menschen (insbesondere die der schon erwähnten LOHAS oder Generation Y - s. Kap. 5) haben am Arbeitsplatz Bedürfnisse, die auch für das Private gelten. Selbstverständlich muss sein, dass die Arbeitsbedingungen nicht krank machen, sondern dass die körperliche und psychosoziale Unversehrtheit garantiert ist. Besser noch sollten zusätzliche Programme zur Gesundheitsvorsorge und ein gesundes Kantinenessen (aus regionalem Anbau) angeboten werden sowie natürliche bzw. biologisch einwandfreie Materialien im Betrieb eingesetzt werden. Alle Arbeitsplätze sollten unter ergonomischen und mikroklimatischen Bedingungen optimal gestaltet sein, um die Rahmenbedingungen für ein gesundes Ausgerichtetsein für alle Mitarbeiter zu schaffen (vgl. Abb. 33). Alle sollen die Chance auf ein erfülltes Berufsleben haben, das sie gesund hält, motiviert und ihnen auch Freiräume für private Interessen lässt.

Körperliche und soziale Gesundheit (einschl. „Bio"), Naturbelassenheit und Natürlichkeit sowie die Themen Ethik und Moral gehören immer mehr zu den persönlichen Wohlfühlfaktoren der Menschen, sowohl als Kunden oder Geschäftspartner, als auch als Mitarbeiter oder Geldgeber. Dies sollten zukunftsorientierte Unternehmen berücksichtigen. Fairness ist ebenfalls in allen Gesundheitsfragen gefragt.

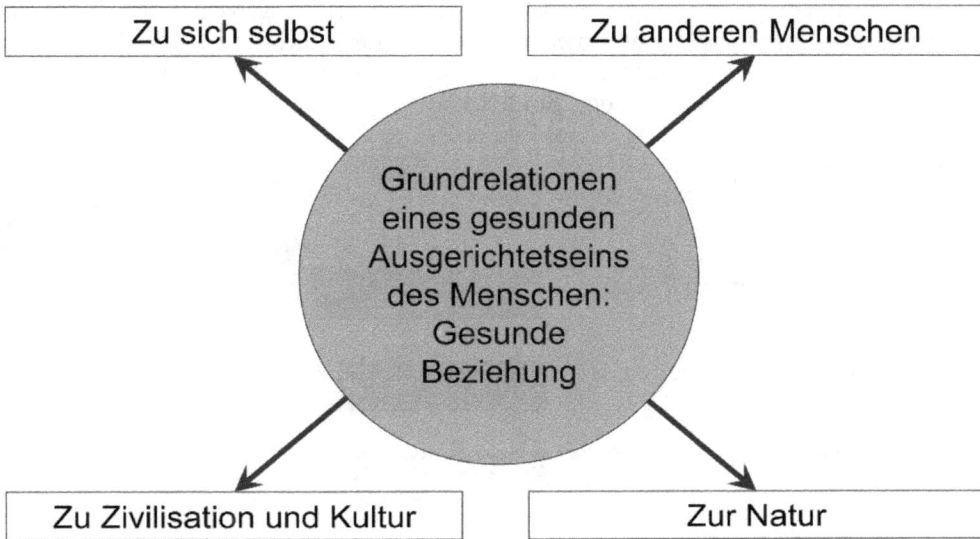

Abb. 33:   Allseits gesunde Beziehungen

Nach einer Studie des Bad Homburger Pharos Instituts in Zusammenarbeit mit der Zeitschrift Hörzu Anfang 2015 finden es 73 % der Deutschen sehr wichtig, über eine gute Gesundheit zu verfügen. 53 % halten es für richtig, sich zu entspannen und Zeit für sich zu haben, 32 % schätzen gesunde Ernährung sowie 25 % körperliche Fitness durch Sport. Erst danach rangieren in der Bedeutung der Erfolg im Beruf mit 24 % oder spannende Erlebnisse mit 17 %. Insbesondere Frauen und Menschen über 60 Jahren ist die Gesundheit sehr wichtig.

Auf dieser Basis entwickelt sich häufig der Wunsch nach einer gewissen Art von „Selbstoptimierung". So nutzen nach der Studie 35 % der Deutschen Nahrungsergänzungsmittel wie Vitamine und sogar 48 % mindestens einmal im Monat apothekenpflichtige rezeptfreie Medikamente, darunter mehr Frauen als Männer. 77 % der Kunden achten auf frische und vitaminreiche Kost, zum Teil essen sie auch weniger Fleisch, darunter ebenfalls vorzugsweise Frauen. Angesichts eines geringen Zeitbudgets für die Nahrungszubereitung stehen teilweise fragwürdige Nahrungsergänzungsmittel und Functional Food hoch im Kurs.

Kernstück der Studie ist eine Typologie der Deutschen hinsichtlich ihrer Einstellungen, Bedürfnisse, Produktverwendung und Mediennutzung in Gesundheits-und Wohlfühlfragen. Die größte Gruppe stellen dabei die umfassenden „Selbstoptimierer" mit 22,7 %, gefolgt von der Gruppe der genussfreudigen Älteren mit 20 %, die „willensschwachen Ambitionierten" umfassen 10,5 % und die kleinste Gruppe sind die ganzheitlichen Nachhaltigkeitsfans mit 7,7 %. In allen Gruppen dominieren Frauen. In den anderen Gruppen („sorglose Gesundheitsverweigerer", „unambitionierter Mainstream" und junge Sportbegeisterte) dominieren Männer.

Das Marktforschungsinstitut Icon Added Value führte regelmäßig Studien zur CSR-Bedeutung bei Kunden und zum Einsatz von CSR-Instrumenten in Unternehmen durch. In ihrer 3. CSR Studie aus dem Jahr 2012 wurden Kunden befragt, welche Themen ihre Kaufentscheidungen beeinflussen würden (vgl. Abb. 34). Fast ein Drittel der Befragten wünscht sich vor allem gesunde und sichere Produkte, etwa ein Viertel artgerechte Tierhaltung und weniger als ein Viertel das Verbot gentechnisch veränderter Lebensmittel. Erst danach folgt der Wunsch nach einem Verzicht auf Tierversuche und recyclingfähigen Produkten bzw. Verpackungen (http://added-value.com, 20.12.2013).

Abb. 34:   Einkaufsverhalten der Deutschen nach der 3. CSR-Studie von Icon Added Value
            (http://added-value.com, 28.12.2015)

Auch in der GfK-Studie Consumers' Choice 2015 zeigen die deutschen Verbraucher mehr Qualitätsbewusstsein gegenüber einer leicht gesunkenen Preisaffinität. Fast 75 % der Deutschen messen dem Einfluss der Ernährung auf die Gesundheit eine große Bedeutung bei. Der Anteil der Konsumenten, die vermehrt bewusst konsumieren und auf eine nachhaltige und gesunde Ernährung Wert legen, ist auf 27 % angestiegen.

Nach Angaben des Bundes ökologischer Lebensmittelwirtschaft gaben die deutschen Haushalte 2015 mehr als 8,6 Mrd. € für Bio-Lebensmittel und Getränke aus (Umsatz 2014 7,91 Mrd. € im Vergleich zu lediglich 2,1 Mrd. € im Jahr 2000). 55 % der Bio-Lebensmittel werden über den Lebensmittelhandel verkauft, 31 % von Naturkostfachgeschäften. Zum Umsatzwachstum trugen der Naturkosthandel und die Vollsortimenter überdurchschnittlich bei. Der Markt für Bio-Erzeugnisse wuchs im Jahr 2014 auch in Europa weiter und legte um etwa 8 % auf 26,1 Mrd. € zu. Allein in der Europäischen Union wurden 23,9 Mrd. € umgesetzt. Deutschland ist damit der größte Bio-Markt in Europa, mit großem Abstand gefolgt von Frankreich, Großbritannien und Italien. Im weltweiten Vergleich waren die USA der größte Bio-Markt und ließen 2014 mit 27,1 Mrd. € Umsatz den EU-Markt hinter sich (www.boelw.de/zahlendatenfakten.html, 10.2.2016). Die Naturkosmetikhersteller meldeten für 2015 einen Umsatzanstieg auf mehr als 1 Mrd. €, erreichten also etwa ein Zehntel des gesamten Kosmetikmarktes.

In einer Verbraucherstudie untersuchte die Zeitschrift Focus Money im Jahr 2014 die deutschen Bio-Supermärkte anhand von neun Kriterien. Bester Bio-Supermarkt war nach Ansicht der 1400 Bio-Kunden die Bio-Supermarktkette Alnatura (Gesamtnote 2,11), gefolgt von den Reformhäusern (2,24) sowie Denn's Biomarkt (2,28).

Die zuvor erwähnte Studie des Umweltbundesamtes zum Umweltbewusstsein 2014 förderte Überraschendes zu Tage: Obwohl immer mehr Bio-Geschäfte aus dem Boden schießen und in allen Geschäften immer mehr Bio-Produkte angeboten werden, kaufen bisher lediglich 3 % der Deutschen ausschließlich Bio-Lebensmittel. 17 % der Deutschen greifen zumindest häufig zu Bio-Produkten, aber 57 % kaufen diese jedoch nur gelegentlich und 18 % niemals.

Nach einer Erhebung der GfK in Deutschland bezeichneten sich etwa 7,8 Mio. Menschen als Vegetarier, ganz überwiegend Frauen (einschließlich Flexitarier, also knapp 10%); 1983 lag deren Anteil nur etwa bei 0,6 % der Bevölkerung. Etwa jeder Achte Vegetarier ernährt sich nach Angaben der Veganen Gesellschaft und des Vegetarierbundes ausschließlich vegan; das sind ca. 1,3 % der Bevölkerung. Dazu müssten noch die Flexitarier oder „Teilzeit-Vegetarier" gerechnet werden. In Deutschland vergibt der Vegetarierbund Deutschland (VEBU) auf Antrag und nach vorheriger Prüfung das Vegetarier-Label „V". Es wurde von der Europäischen Vegetarier-Union (EVU) entwickelt. Neben dem bekannten Neuform-Qualitätssiegel gibt es seit einiger Zeit das neue Siegel „Vegan - Neuform Qualität".

Der Trend zu vegetarischen und veganen Produkten ist im Wesentlichen auch ein Bio-Trend, da vorwiegend Bio-Produkte konsumiert werden. Nach Angaben der GfK wurden im Jahr 2014 in Deutschland 213 Mio. € an Veggie-Produkten umgesetzt, nach Nielsen sogar 326 Mio. € in 2014 und 423 Mio. € in 2015. Weitaus höhere Umsätze werden mit den sogenannten Verzichts-Lebensmitteln getätigt, nämlich jenen Erzeugnissen ohne Gluten, ohne Laktose oder ohne Zucker (obwohl nicht alle Nutzer Unverträglichkeiten aufweisen).

Der Begriff „Bio" steht für biologisch und wird häufig auch synonym zu „Öko" bzw. ökologisch verwendet. Bio bezeichnet alle auf organische Weise entstandenen Erzeugnisse, dies können neben Lebensmitteln auch Kosmetika, Kleidung oder Möbel sein. Die Begriffe Bio und Öko sind seit 1991 für den Lebensmittelbereich in der EG-Öko-Verordnung geregelt. Dies definiert eindeutig, welche Bedingungen für die Erzeugung und Herstellung landwirtschaftlicher Produkte und Lebensmittel erfüllt sein müssen. Bayern hat 2015 ein Biosiegel eingeführt, das die EU-Kriterien übertrifft und auch den Herkunftsnachweis mit umfasst. Derzeit werden die Kriterien für Bio-Produkte in Brüssel überarbeitet, wobei es insbesondere um Grenzwerte für Pestizide geht. Seit 2010 besteht eine Kennzeichnungspflicht mit dem EU-Öko Logo bzw. EU-Bio Logo auf verpackten ökologischen Lebensmitteln.

Solcherart gekennzeichnete Erzeugnisse müssen vier Bedingungen erfüllen:

- Mindestens 95 % der Inhaltsstoffe landwirtschaftlicher Herkunft müssen nach den Rechtsvorschriften für den ökologischen Landbau produziert sein
- Übereinstimmung mit den Regeln des offiziellen Kontrollprogramms
- Fest verschlossene Verpackung direkt vom Erzeuger
- Kennzeichnung mit Namen des Erzeugers, des Verarbeiters oder Großhändlers sowie Name oder Kontrollcode der Kontrollstelle

Die Stiftung Warentest hat Ende des Jahres 2015 ein Fazit aus ihren 50 Lebensmitteltests für Bio-Produkte und Nicht-Bioprodukte gezogen. Die Bilanz ist überraschend: Bei den Qualitätsurteilen haben konventionelle Produkte einen leichten Vorsprung, auch bei den Schadstoffen schneiden konventionelle Lebensmittel leicht besser ab. Bei den Pestiziden gibt es allerdings einen deutlichen Vorsprung der Bio-Erzeugnisse, hinsichtlich der gesundheitlichen Wirkungen ergibt sich eher ein gemischtes Bild. Die sensorischen Beurteilungen des Geschmacks zeichnen ebenfalls ein unentschiedenes Bild. Beim Tierschutz und Umweltschutz haben Bio-Unternehmen die Nase vorn, allerdings könnte der Tierschutz noch besser werden. Mit Ausnahme der Produktgruppen Tee und Sonnenblumenöl kosten Bio-Erzeugnisse zum Teil deutlich mehr als herkömmliche.

Zusätzlich zum EU-Bio-Logo (vgl. Abb. 35) darf seit 2001 auch das deutsche Bio-Siegel verwendet werden, welches bei den Verbrauchern einen hohen Bekanntheitsgrad erreicht und eine ökologische Produktion sowie artgerechte Tierhaltung symbolisiert. Insgesamt gibt es in Deutschland etwa 40 private Bio-Siegel, die häufig eine höhere Bio Qualität als das offizielle deutsche oder das EU Bio-Siegel versprechen. Neuerdings werden einige Produkte mit dem ungeschützten Begriff „Permakultur" beworben, einer Weiterentwicklung des Ökolandbaus.

Abb. 35:   Bio- und Öko-Siegel für Lebensmittel (Homepages der Organisationen)

Darüber hinaus gibt es eine Vielzahl von Bio-Herstellern (Bioland, Naturland, Demeter etc.) oder Bio-Handelsmarken (Alnatura, BioBio, REWE Bio, GutBio etc.). Etwa die Hälfte der deutschen Bio-Hersteller ist Mitglied in einem Bio-Verband, der in der Regel eigene Verbandsrichtlinien hat, die zum Teil strenger als der EU Standard sind (www.zusatzstoffe-online.de/information/689.doku.html, 28.12.2015). Nur die jeweiligen Verbandsmitglieder dürfen ihre Produkte mit den Marken-Zeichen der Verbände kennzeichnen, die meist ein Merkmal für eine sehr hohe Qualität sind und zum Teil höhere Verkaufspreise erzielen.

Bio-Lebensmittel müssen aus ökologisch kontrolliertem Anbau kommen und dürfen keine gentechnischen Veränderungen aufweisen. Auch der Einsatz von synthetischen Pflanzenschutzmitteln, radioaktiver Bestrahlung und Kunstdünger ist verboten. Bei Tieren wird eine artgerechte Haltung gefordert sowie Futtermittel ohne Zusatz von Antibiotika oder Leistungsförderern. Bei weiter verarbeiteten Produkten ist die Verwendung von Lebensmittelzusatzstoffen stark eingeschränkt, die Verwendung von Farbstoffen, Süßstoffen, Stabilisatoren und Geschmacksverstärkern ist vollständig verboten. Einigen Studien zufolge sind Bioprodukte auch klimafreundlicher als herkömmliche, da sehr viele Erzeugnisse bei der Produktion weniger CO_2 erzeugen. Damit entsprechen Bio Lebensmittel offensichtlich in hohem Maße den Vorstellungen der Verbraucher (vgl. Abb. 34). Die Standards sollten faire Unternehmen bei ihren Angeboten bevorzugen und ihren Mitarbeitern solche Produkte auch in Kantinen anbieten.

In der Europäischen Union dürfen Zusatzstoffe nur dann in Nahrungsmitteln eingesetzt werden, wenn sie auch zugelassen sind. Voraussetzung dafür ist wiederum, dass die Substanzen von internationalen Experten als unbedenklich eingeschätzt worden sind. Gibt es Hinweise, dass Menschen gefährdet sind, wird dem Zusatzstoff die Zulassung entzogen. Seit 2009 dürfen nur Zusatzstoffe, die sicher in der Anwendung sind und für die es einen technologischen Bedarf gibt, zugelassen werden. Weitere Voraussetzungen sind, dass der Einsatz den Verbraucher nicht täuscht und vorteilhaft für ihn ist, also z. B. eine längere Haltbarkeit ermöglicht.

Zusatzstoffe sind in der Zutatenliste eines Lebensmittels leicht zu finden. Dort sind sie mit E-Nummer oder aufgeführt. In einer „Datenbank Zusatzstoffe" der Verbraucherinitiative finden sich die wichtigsten Informationen zu den derzeit in der Europäischen Union zugelassenen Lebensmittelzusatzstoffen (www.zusatzstoffe-online.de/zusatzstoffe/, 28.12.2015). Die Rohstoffe, aus denen Zusatzstoffe hergestellt werden, können aus gentechnisch veränderten Pflanzen stammen. Möglich ist aber auch der Einsatz gentechnisch veränderter Mikroorganismen. Nur in wenigen Fällen ist eine besondere Kennzeichnung vorgeschrieben.

Lebensmittelzusatzstoffe werden häufig mit der Entstehung von Krankheiten in Verbindung gebracht, so z. B. mit Krebs, Alzheimer, Knochenschäden, Zahnschäden oder ADHS. Die Erfahrungen aus der Praxis und neue Forschungsergebnisse geben tatsächlich immer wieder Anlass zu neuerlichen Prüfungen. Dabei kommen die unterschiedlichen, mit der Beurteilung von Lebensmittelzusatzstoffen betrauten, Institutionen mitunter zu verschiedenen Ergebnissen. Nur sehr selten treten Lebensmittelzusatzstoffe als Auslöser echter Allergien in Erscheinung. Einige sind jedoch dafür bekannt, bei entsprechend veranlagten Menschen Pseudoallergien auslösen zu können. Unternehmen können diese Risiken für ihre Kunden vermeiden und sollten nur solche Zusatzstoffe verwenden, die unbestritten unbedenklich sind.

Seit 2006 gibt es das ECARF-Qualitätssiegel (vgl. Abb. 35) als Auszeichnung für allergikerfreundliche Produkte und Dienstleistungen. Konsumgüter wie Kosmetik, Wasch- oder Reinigungsmittel, Bekleidung, technische Produkte und Hotel- und Gastronomie-Dienstleistungen tragen das Siegel (www.ecarf.org/ecarf-siegel.html, 28.12.2015). Weitere Siegel, auf die sich Allergiker verlassen können, sind das IUG-Produktsiegel „Allergiker-geeignet", das Siegel „Empfohlen von der Deutschen Haut-und Allergiehilfe e. V." sowie das DAAB-Label „getestet und empfohlen" des Deutschen Allergie- und Asthmabundes. Auch der TÜV Nord testet viele Produkte nach eigenem Standard und vergibt das Siegel „Für Allergiker geeignet".

Grundsätzlich sind alle wichtigen Inhaltsstoffe, Erzeugnisse, Verarbeitungsprodukte und Hilfsstoffe, die Allergien oder Unverträglichkeiten auslösen können, im Zutatenverzeichnis fertiger Lebensmittel aufzuführen und dort hervorzuheben. Dabei geht es unter anderem Gluten-haltiges Getreide, Eier, Erdnüsse, Milch, Schalenfrüchte oder Sesamsamen. Auch bei unverpackter Ware sind diese Informationen verpflichtend. Eine standardisierte Nährwert-kennzeichnung ist immer dann verpflichtend, wenn das Lebensmittel gesundheits- oder nährwertbezogene Angaben aufweist. Ab Dezember 2016 gehört diese Nährwerttabelle in der Regel auf alle verpackten Lebensmittel. Ein diskutiertes Ampelsystem, welches über die Farben grün, gelb und rot anzeigt, wie viel Salz, Zucker oder Fett in einem Produkt enthalten ist, kann freiwillig erfolgen. Fair denkende Unternehmen können damit ihre Kunden in gut lesbarer und leicht verständlicher Form über alle wichtigen Inhaltsstoffe und eventuelle Gesundheitsgefahren aufklären. Denn 93,7 % der Verbraucher wünschen sich nach einer repräsentativen Umfrage der GfK solche leicht verständlichen und gut lesbaren Informationen.

Auf Initiative der Verbraucherzentralen Deutschlands betreibt die Verbraucherzentrale Hamburg e. V. das Online-Portal „ampelcheck.de". Dort findet sich zum Beispiel ein Ampelrechner, mit dem sich für alle Lebensmittel die Ampelfarben für Zucker, Fett etc. bestimmen lassen. In einer hinterlegten Datenbank finden sich viele Produkte, für die der Ampelcheck gemacht wurde. Verbraucher können sich ebenfalls auf der Online-Plattform „Codecheck" über die Nährwerte von über 7000 gängigen Produkten informieren. Inzwischen gibt es die Lebensmittel Ampel auch als App für das Smartphone. Über eine Vielzahl von Apps, wie Eco-Challenge, Barcoo oder mobile Fischratgeber des WWF können sich interessierte Kunden inzwischen über Inhaltsstoffe und Herkunft ihrer Lebensmittel genauer informieren.

Bereits seit fast 20 Jahren gibt es Nachhaltigkeitsstandards für den Fischfang. Sie unterscheiden sich in ihren Kriterien und Anforderungen an die Hersteller und stehen oft auch nur für bestimmte Produkte wie Fische aus Aquakulturen oder Wildfisch. Das MSC-Siegel (vgl. Abb. 35) ist das am weitesten verbreitete Fischsiegel, das ausschließlich auf Produkten des Wildfangs zu finden ist. Bei dem Siegel des Marine Stewardship Council (MSC) geht es vorrangig um den Schutz der Fischbestände und die Minimierung der Auswirkungen auf das Ökosystem.

Die „Friends of the Sea" kümmern sich um den Erhalt des Meereshabitats. Die FOS-Nachhaltigkeitskriterien richten sich nach den Leitlinien für die Öko-Kennzeichnung der Produkte nachhaltiger Fischerei der FAO, einer UN-Unterorganisation.

Darüber hinaus gibt es beispielsweise das GLOBAL G.A.P.-Siegel für Aquakulturen: Der Aquaculture Stewardship Council (ASC) setzt Standards für viele Fischsorten hinsichtlich der Bewahrung der natürlichen Umwelt und der Biodiversität, des Wasser- und Gewässerschutzes, des Schutzes der Artenvielfalt und der Wildbestände, der Tiergesundheit sowie des verantwortungsvollen Umgangs mit Tierfutter und anderen Ressourcen.

Gerade der Tierschutz beschäftigt deutsche Kunden in erheblichen Umfang (vgl. Abb. 34), denn die Zahl der Verstöße gegen den Tierschutz nehmen zu, sie haben sich im Zeitraum 2009-2013 auf mehr als 10.000 Fälle etwa verdoppelt. Zwar engagieren sich einzelne Fleischerzeuger, fleischverarbeitende Betriebe und Handelsunternehmen für den Umwelt- und Tierschutz, aber gleichzeitig reißen die Skandale nicht ab. Trotz der seit April 2015 in der EU geltenden neuen Herkunftskennzeichnung lässt sich nur die Herkunft von frischem, gekühltem oder gefrorenem Fleisch, nicht aber die von verarbeiteten Fleisch zurückverfolgen. Wohlklingende Markennamen verschleiern oftmals die tatsächliche Herkunft des Fleisches. Mehr freiwillige Transparenz könnte nicht nur das Leid vieler Tiere minimieren, sondern auch dem Kundenwunsch nach Tierschutz und Transparenz Rechnung tragen. Inzwischen informieren allerdings einige Lebensmittelhändler und Discounter freiwillig über die Herkunft verarbeiteter Fleischprodukte und Wurst per QR-Code oder anderer Kennzeichnung auf der Verpackung.

In Deutschland setzen sich seit 2015 aber auch Unternehmen und Verbände aus Landwirtschaft, Fleischwirtschaft und Lebensmitteleinzelhandel gemeinsam für eine tiergerechtere und nachhaltigere Fleischerzeugung ein. Unter dem Motto „Gemeinsam verantwortlich handeln" haben sich in der Initiative „Tierwohl" wichtige Partner der gesamten Wertschöpfungskette in der Schweinefleisch- und Geflügelfleischbranche in einem freiwilligen Aktionsbündnis zusammengeschlossen.

Seit Januar 2015 zahlen teilnehmende Einzelhändler (ca. 85% des Lebensmittelhandels) bereits in den Tierwohl-Fonds ein. Diese Unternehmen führen 4 Cent pro verkauftem Schweine- und Geflügelfleisch sowie Wurst an die Initiative Tierwohl ab. Mit diesem Geld werden Schweine- und Geflügelhalter finanziell für die Umsetzung bestimmter Tierwohl-Kriterien entschädigt (http://initiative-tierwohl.de/presse/, 28.12.2015).

Für mehr Klarheit bei der Zusammensetzung der Lebensmittel sorgt auch das seit 2011 von der Verbraucherzentrale Bundesverband betriebene Internetportal „Lebensmittelklarheit" unter www.lebensmittelklarheit.de.

75 % der Deutschen wollen nach einer Emnid-Umfrage im Auftrag des Bundesministeriums für Ernährung und Landwirtschaft auf der Verpackung von Lebensmitteln erkennen können, ob diese mit Hilfe von Gentechnik hergestellt wurden. Seit August 2009 gibt es in Deutschland ein einheitliches Logo „Ohne Gentechnik". Dieses Logo des Verbandes Lebensmittel ohne Gentechnik e.V. weist Lebensmittel aus, deren Herstellung ohne den Einsatz von Gentechnik erfolgt. Verboten sind:

- Zutaten aus gentechnisch veränderten Pflanzen und
- Zusatzstoffe, Vitamine, Aminosäuren, Aromen oder Enzyme, die mit Hilfe von gentechnisch veränderten Mikroorganismen hergestellt werden

Auch unbeabsichtigte GVO-Verunreinigungen oberhalb der Nachweisgrenze werden nicht toleriert. Für tierische Lebensmittel wie Fleisch, Milch und Eier gelten Sonderregelungen. Eine Übersicht über alle Nutzer des Logos aus Landwirtschaft und Lebensmittelverarbeitung findet sich in der Datenbank des Vereins unter www.ohnegentechnik.org/das-siegel/produktdaten-bank-siegelnutzer.

Nach einer Studie des Marktforschungsinstituts TNS Infratest aus dem Jahr 2015 ist zu erwarten, dass sich die Essgewohnheiten der Menschen in Deutschland in den nächsten 15 Jahren deutlich wandeln werden, da das Thema immer stärker ideologisch besetzt sein wird. Nahrung wird demnach immer mehr zur Weltanschauung. So legen sich die Menschen auf bestimmte Ernährungsstile, wie zum Beispiel Vegetarismus fest und identifizieren sich mit dieser Einstellung. Genuss ist auch ein wichtiges Kriterium, auf das die Verbraucher zukünftig stärker achten wollen. Dennoch bleibt der Gesundheitsaspekt wichtiger, so werden zukünftig verstärkt solche Lebensmittel nachgefragt werden, die gesund machen und die der

Selbstoptimierung dienen. 25 % der Befragten würden zukünftig Brain-Food, Superfood oder eine Detox-Pille kaufen, um sich selbst zu optimieren.

Die heutigen Genussmenschen haben sich vielfach der Idee des „langsam Essens" verschrieben. Inzwischen ist Slow Food zu einer internationalen Bewegung in etwa 180 Ländern geworden. Sie steht nicht nur für den Genusstrend und regionale Geschmacksvielfalt, sondern auch für soziale Verantwortung und Umweltverantwortung. Slow Food setzt auf traditionelle Zubereitung und den langsamen Genuss des Essens. Teilnehmer der Slow Food Bewegung zelebrieren das langsame und bewusste Essen ohne Zeitdruck, sie wollen weder Fast Food noch Hektik bei der Nahrungsaufnahme.

Nicht von ungefähr setzt die Slow Food Bewegung meist auf Bioprodukte aus der Region, die besonders frisch und schmackhaft sind. Transparente Handelswege und Authentizität werden dabei besonders geschätzt. Der Trend zu regionaler Kost ist inzwischen noch populärer als der Bio-Trend, denn laut des Ernährungsreports 2016 des BMEL legen 76 % der Bundesbürger Wert auf regionale Lebensmittel. Bereits 1999 wurde die Initiative „Tag der Regionen" (vgl. Abb. 36) in Bayern und Nordrhein-Westfalen gestartet. Seit 2002 wird der Tag der Regionen bundesweit durchgeführt, zuletzt jährlich mit mehr als 1000 Aktionen in den verschiedenen Regionen. Aus dieser Initiative gründete sich 2005 der Bundesverband der Regionalbewegung e.V., der sich als Dachverband für die vielfältigen Akteure regionalen Wirtschaftens versteht und inzwischen sogar eine Mobiltelefon-App für regionale Angebote herausgibt (www.regionalbewegung.de/bewegung/idee/, 29.12.2015).

Abb. 36:   Regionalsiegel-Beispiele (www.regionalbewegung.de/mitgliederliste/, 29. 12.2015)

Doch erfüllen viele der regionalen Produkte nicht die üblichen Bio-Anforderungen und können im Einzelfall auch weniger umweltfreundlich produziert sein. Gerade der Umweltschutzaspekt (Energiebilanz, ökologische Fußabdruck, CO_2-Bilanz) ist es aber, der viele Kunden dazu bewegt, regionale Produkte einzukaufen, da diese nur kurze und transparente

Transport- und Lieferwege aufweisen. Nach einer Erhebung der Zeitschrift Focus im Jahr 2014 erwarten die meisten Deutschen von regionalen Produkten eine bessere Qualität, genauere Informationen, eine nachhaltige Produktion und strengere Kontrollen.

Aber gerade an Kontrollen und Transparenz fehlt es den regionalen Erzeugnissen sehr häufig, wenn Einzelhandelsketten mit Produkten aus der Region bzw. der Heimat werben oder den Eindruck erwecken, die angeboteten Produkte kämen von bestimmten Bauernhöfen oder Erzeugern. Eine klare Definition von Regionalität gibt es nicht, auch nicht durch viele „selbst gestrickte" Siegel. Sicher scheint nur der Direkteinkauf bei regionalen Erzeugern oder Erzeugergemeinschaften. Regionale Lebensmittelanbieter werben inzwischen zum Teil auch mit regionalen Produkten aus der engeren Umgebung. In Detmold haben sich beispielsweise inhabergeführte Fachgeschäfte zu einer „Detmolder Qualitätsroute" zusammengeschlossen und bewerben regionale Qualität mit ihrem Siegel. Auf der Ebene des dortigen Kreises Lippe gibt es zusätzlich die Initiativen „natürlich aus Lippe" und „Lippe Qualität" (vgl. Abb. 36).

2012 wurde der Trägerverein „Regionalfenster e.V." gegründet, dessen Mitglieder aus der Lebensmittelerzeugung und -verarbeitung, dem Ökologischen Landbau, dem Handwerk, dem Lebensmittelhandel, dem Lebensmittelmarketing, der Qualitätssicherung und aus den unterschiedlichen Regionalinitiativen kommen. Ein Beirat aus Personen der Wissenschaft, der Ministerien und dem Verbraucherschutz begleitet die Weiterentwicklung des Regionalfensters beratend. Seit 2014 können Verbraucher mit dem „Regionalfenster"-Signet tausende gekennzeichnete Produkte erwerben. Im Sommer 2015 waren bereits 500 Lizenznehmer aus allen Bundesländern beim Regionalfenster e.V. registriert.

Für bekanntere regionale Lebensmittel bietet die EU inzwischen ein einheitliches Kennzeichnungssystem mit drei verschiedenen Siegeln. Im Jahr 2014 waren schon mehr als 3000 Lebensmittel und Getränke durch eine geographische Herkunftsbezeichnung vor Imitation geschützt, dazu zählen etwa der Schwarzwälder Schinken, die Aachener Printen und der Nürnberger Lebkuchen.

Ein EU-weit einheitliches Siegel verspricht beispielsweise eine „geschützte geografische Angabe" (g. g. A.), Nutzer sind z. B. der Glückstädter Matjes, die Oberlausitzer Biokarpfen und die Schwarzwaldforelle. Das bedeutet jedoch lediglich, dass mindestens eine der Produktionsstufen – Erzeugung, Verarbeitung oder Herstellung – im genannten geografischen Gebiet stattfinden muss. So könnte das Fleisch für die Nürnberger Rostbratwurst oder den Schwarzwälder Schinken aus anderen Regionen stammen und nur die Produktherstellung in der genannten Region erfolgen. Deshalb kann das Siegel falsche Erwartungen wecken und ist zudem leicht mit der „geschützten Ursprungsbezeichnung" zu verwechseln.

„Geschützte Ursprungsbezeichnung" (g. U.) ist ein EU-weit einheitliches Kennzeichen für die Herkunft eines Lebensmittels. Produkte, die dieses Siegel tragen, müssen in einem festgelegten Gebiet nach bestimmten Kriterien erzeugt, verarbeitet und hergestellt werden. Beispiele hierfür sind der Allgäuer Emmentaler und der Parmaschinken. Diese Kennzeichnung ist bisher nur bei wenigen Lebensmitteln zu finden. Welche das sind, kann man der DOOR Datenbank der EU-Kommission unter http://ec.europa.eu/agriculture/quality/door/list.html entnehmen.

Das Siegel „Garantiert traditionelle Spezialität" (g. t. S.) sichert eine traditionelle Zusammensetzung und Herstellung des Lebensmittels zu. Produziert werden kann dies aber an jedem beliebigen Ort, wie beispielsweise der Mozzarella Käse. Trotz der italienischen Bezeichnung kann er auch aus anderen EU-Ländern stammen. Das Siegel sieht zwar wie ein Herkunftssiegel aus, ist es aber eindeutig nicht. Somit kann es falsche Erwartungen wecken und mit den optisch ähnlichen EU-Herkunftszeichen verwechselt werden, die für eine teilweise oder vollständige Erzeugung, Verarbeitung oder Herstellung in der jeweiligen Region stehen.

Falsche Erwartungen haben Verbraucher oftmals auch über bestimmte Lebensmittel und Getränke, deren Zusammensetzung im Deutschen Lebensmittelbuch (Gremium je ein Viertel aus Vertretern der Verbraucher, Wirtschaft, Wissenschaft und Lebensmittelüberwachung) definiert ist. In den Leitsätzen wurden für etwa 2000 Lebensmitteln beschrieben, welche Beschaffenheit diese Produkte üblicherweise aufweisen. Doch finden sich dort z. B. Geflügelfleischprodukte, die hauptsächlich aus Schweinefleisch bestehen, Fruchtcremefüllungen ohne Früchte oder nach Pfirsichen oder Maracuja benannte Säfte überwiegend aus Apfel- oder Orangensaft. Das kann nicht wirklich Verbrauchermeinung sein und erfüllt den Tatbestand der legitimierten Täuschung. Faire Unternehmen werden alles daran setzen, korrekte und informative Deklarationen vorzunehmen.

Eng verbunden mit dem Thema Lebensmittel sind auch die Überproduktion und vielen Lebensmittel-Abfälle. Organisationen, wie zum Beispiel die „Foodsaver" oder „Foodsharer" kämpfen gegen die Verschwendung von Lebensmitteln, die bisher im Müll landen oder bereits auf den Äckern verderben. Gerade Restbestände aus Restaurants oder Lebensmittelgeschäften, aber auch Privathaushalten sollen anderen Nutzern zugänglich gemacht werden. Ein gedankenvoller Umgang mit Lebensmitteln steht heute ebenso hoch im Kurs, wie das Sparen von Wasser oder anderen Ressourcen. Faire oder nachhaltige Unternehmen müssen sich an diesem Anspruch messen lassen.

Die Idee einer müllfreien Gesellschaft (Cradle to Cradle) spielt auch bei der Verpackung eine gewichtige Rolle, wenn es um eine ökologische Bewertung von Lebensmitteln geht. Die Verpackung soll möglichst sparsam und recyclingfähig oder neuerdings auch gar nicht mehr vorhanden sein. Inzwischen gibt es eine Reihe von Lebensmittelgeschäften die lose Erzeugnisse verkaufen und deren Kunden diese in eigenen Behältnissen nach Hause tragen. Dieses Angebot hat allerdings auch eine Kehrseite, denn viele Verbraucherinformationen können nicht korrekt angegeben werden und die Haltbarkeit der Produkte ist ohne Verpackung oftmals stark eingeschränkt.

Eine ähnlich hohe Aufmerksamkeit wie Lebensmittel genießen bei Verbrauchern auch andere Produkte die mit der menschlichen Haut Berührung kommen können, angefangen bei den Kosmetika und Wellnessprodukten. Auch bei diesen wird vermehrt auf eine hohe Qualität und Verträglichkeit geachtet. So gibt es inzwischen spezialisierte Geschäfte und Anbieter, die Naturkosmetik, Bio-Kosmetik/Wellness oder sogar vegane Kosmetikartikel anbieten. Auch Franchisesysteme wie beispielsweise CulumNatura Naturfriseure finden einen immer größeren Zulauf an Kunden und Franchise-Nehmern. Der Umsatz mit Naturkosmetik soll 2015 um fast 10 % gestiegen sein und nun einen Marktanteil von 9 % am Gesamtmarkt umfassen.

Doch wie auch bei den Lebensmitteln stellt sich auch bei Kosmetik- und Wellnessprodukten die Frage nach der Überprüfbarkeit der Inhaltsstoffe und Werbeaussagen. Viele Unternehmens-Siegel und plakative Aussagen tragen eher zu einer Verwirrung der Konsumenten bei.

Der Bundesverband deutscher Industrie-und Handelsunternehmen (BDIH) hat bereits im Jahr 2001 ein Siegel „Kontrollierte Natur-Kosmetik" entwickelt, das einheitliche Standards und deren Überprüfung bei den Natur-Kosmetikprodukten ermöglichen soll. Der Standard hat das Ziel, den Begriff Naturkosmetik im Interesse der Verbraucher korrekt und nachvollziehbar zu definieren und Transparenz zu schaffen. Darüber hinaus soll er einen fairen Wettbewerb der

Hersteller und Vertreiber von Naturkosmetika ermöglichen (www.kontrollierte-naturkosmetik.de/richtlinie.htm, 29.12.2015).

Der BDIH-Standard beschreibt Anforderungen, welche sich auf die Gewinnung bzw. Erzeugung der Kosmetikrohstoffe sowie auf der Verarbeitung der inzwischen fast 8.000 zertifizierten Produkte beziehen. Hierbei werden die Belange des Tier- und Artenschutzes besonders berücksichtigt. Verwendete Rohstoffe für Naturkosmetik müssen danach aus überwiegend kontrolliert biologischem Anbau stammen. 15 besonders relevante Rohstoffe (Soja, Jojoba etc.) müssen zwingend aus zertifiziert ökologischen Pflanzen gewonnen sein.

NATRUE - the international natural and organic cosmetics association wurde 2007 von namhaften Naturkosmetikherstellern als europäischer Verband gegründet. Im Mittelpunkt steht dabei ein ganzheitliches Konzept, das Mensch und Natur in Balance sieht. Seine Kriterien liegen dem NATRUE-Label zugrunde. Neben reinen Naturstoffen erlaubt NATRUE unter bestimmten Voraussetzungen auch naturnahe und naturidentische Stoffe. Beim Siegel gibt es drei Qualitätsabstufungen: Naturkosmetik, Naturkosmetik mit Bio-Anteil und Biokosmetik, mit denen fast 3000 Produkte von etwa 120 Marken zertifiziert wurden.

Auch im Textilsektor gibt es eine Reihe von Initiativen und Siegeln für natürliche oder nachhaltige Textilfasern, z. T. auch aus kontrolliert biologischem Anbau. So gibt es spezielle Siegel für Baumwolle, Leinen oder Wolle, aber auch für ökologisch geprüfte Textilien oder Teppichböden (vgl. Abb. 37). Seit 2007 gibt es auch Fair Trade (FLO) Siegel für Baumwolle und Kleidung.

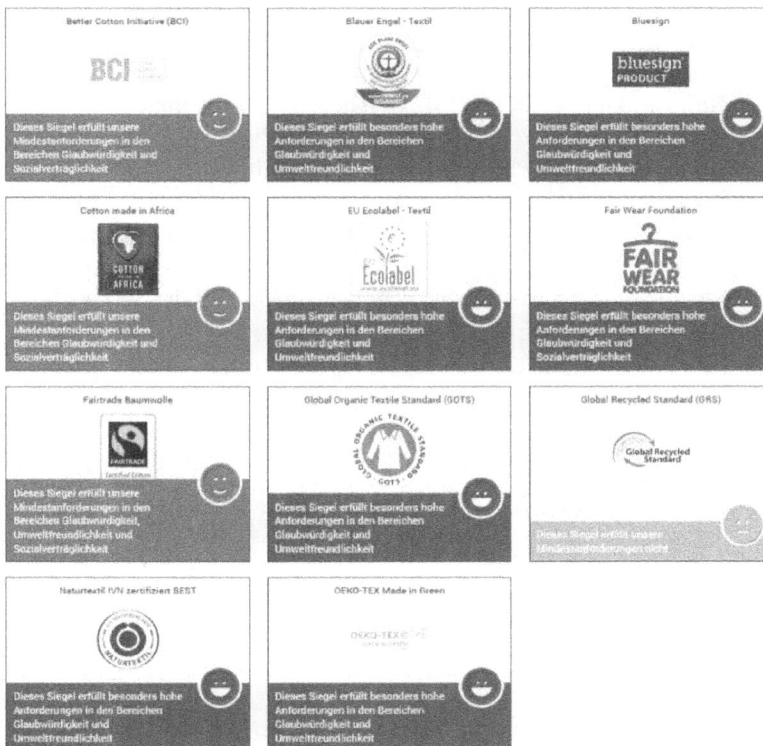

Abb. 37:   Geprüfte Textilsiegel (www.siegelklarheit.de/home, 29.12.2015)

Im Oktober 2014 stellte Bundesentwicklungsminister Gerd Müller das neue „Textilbündnis" der Bundesregierung vor. Mit diesem Bündnis für nachhaltige Kleidung und der Einführung eines Textil-Siegels (grüner Knopf) wollte der Minister u. a. faire Arbeitsbedingungen in Entwicklungsländern gesetzlich garantieren. Nach langen Diskussionen an „runden Tischen" beteiligten sich letztendlich nur noch wenige Vertreter am neuen Bündnis, darunter hauptsächlich Initiativen und Unternehmen für nachhaltige Mode. Die großen Textilunternehmen lehnten die Pläne des Ministers wegen mangelnder Umsetzungsfähigkeit ab.

Ende Februar 2015 gab es den formalen Startschuss für das Textilsiegel „Grüner Knopf". Die Initiative soll Verbrauchern künftig die Möglichkeit geben, die Produktionsbedingungen von Textilien selbst zu kontrollieren. Mit der Umsetzung wurde die Gesellschaft für Internationale Zusammenarbeit (GIZ) beauftragt, die das Projektsekretariat stellt. Die Internetseite www.siegelklarheit.de (vgl. Abb. 37) kann inzwischen besucht werden.

Mit dem Textilsiegel sollen Verbraucher in Zukunft die Möglichkeit erhalten, direkt zu vergleichen, ob ein Kleidungsstück zu fairen Bedingungen produziert worden ist; dazu zählen soziale Standards wie gerechte Löhne und humane Arbeitsbedingungen. Für die Unternehmen die fair produzieren, können sich daraus zudem Qualitäts- und Wettbewerbsvorteile gegenüber den Wettbewerbern ergeben, die nicht fair produzieren. Beim Start gehörten der Siegelinitiative 59 Teilnehmer aus Wirtschaft und Verbraucherbverbänden an.

Auf der Website der Initiative (vgl. Abb. 37) sind Ende 2015 elf Textilsiegel aufgeführt und bewertet. Dort finden sich auch Siegel für Papier, Holz und Lebensmittel. Aber die Anzahl der in den anderen Gruppen dargestellten Siegel ist noch sehr gering und z. T. noch ohne klare Bewertung. Die Überprüfung der Sozial- und Umweltstandards auf dem Portal greift auf die ITC-Datenbank zu. Das International Trade Center (ITC) der WTO und der UN stellt die technische Infrastruktur bereit. Die ISEAL Alliance, eine internationale Dachorganisation von Siegelgebern aus dem Umwelt- und Sozialbereich, hat an der Entwicklung der Bewertungsmethodik mitgewirkt, insbesondere bei der Formulierung der Anforderungen im Bereich Glaubwürdigkeit.

Das Thema Gesundheit bzw. „Bio" spielt mittlerweile auch in anderen Bereichen eine Rolle, so beispielsweise in der Touristik. So gibt es ausgewiesene Bio-Hotels und Veranstalter von Bio-Reisen. Seit einiger Zeit existieren auch Veggie-Hotels oder vegane Unterkünfte für entsprechende Zielgruppen.

3.5   Herausforderung Gleichbehandlung und Diversity

Die Nicht-Diskriminierung von Menschen wegen ihres Geschlechts, ihrer Herkunft und Rasse, ihres Glaubens (Religion und Weltanschauung), ihres Alters, ihrer körperlichen Beeinträchtigungen oder ihrer sexuellen Identität bzw. Ausrichtung ist im deutschsprachigen Raum in (Anti-Diskriminierungs- und Gleichstellungs-) Gesetzen kodifiziert. Trotz dieser Gesetze und der dort niedergelegten Schadenersatzanspruchsmöglichkeiten gibt es offensichtlich noch großen Handlungsbedarf bei der Umsetzung der Abschaffung von Diskriminierung in den Unternehmen.

Auch wird die Gleichbehandlung von Geschlechtern schon seit langem in der Öffentlichkeit diskutiert. Die Diskussion um mehr Gerechtigkeit hat inzwischen an Intensität zugenommen, denn es besteht ein hoher Gleichheitsanspruch unserer Gesellschaft. Frauen fordern gleiche Entlohnung und gleiche Karrierechancen. Die Politik droht mit umfangreichen gesetzlichen Frauen-Quoten und strikterer Antidiskriminierungsgesetzgebung falls die Wirtschaft nicht schnell zu einem fairen Verhalten zwischen den Geschlechtern findet.

Große Unternehmen müssen seit 2016 in ihren Aufsichtsräten einen Frauenanteil von 30 % sicherstellen, wenn Neuberufungen anstehen. Betroffen sind seitdem gut 100 börsennotierte und mitbestimmungspflichtige Unternehmen. 3500 weitere Unternehmen müssen sich künftig verbindliche Ziele zur Erhöhung des Frauenanteils in Führungspositionen (Vorstand und zwei weitere Ebenen) setzen. Ende 2015 betrug der Anteil von Frauen in den Aufsichtsräten der 200 größten Unternehmen Deutschlands nach Angaben des Deutschen Instituts für Wirtschaftsforschung ca. 20 %, etwas höher lagen die Zahlen (ca. 23 %) in jenen gut 100 Unternehmen, für die die gesetzliche Frauenquote für Aufsichtsräte gilt. Dax Unternehmen erreichten 30,2 %.

Die Vorstände der Aktiengesellschaften waren lediglich zu 6,3 % mit Frauen besetzt. Das Institut für Arbeitsmarkt- und Berufsforschung der Bundesagentur für Arbeit (IAB) meldete für 2014, dass in der gesamten Privatwirtschaft 25 % Frauen als Führungskräfte in der obersten Leitungsebene und 39 %auf der zweiten Führungsebene tätig seien.

Die Leistung eines Menschen ist allerdings sehr individuell und von vielen unterschiedlichen Faktoren abhängig und damit auch eine gerechte Entlohnung seiner Arbeit. Tarifverträge regeln dies i. d. R. nicht individuell, sondern in standardisierter Weise. Tarifverträge haben aber auch grundsätzlich gewisse Nachteile: Individuelle Fähigkeiten und Engagement finden in der Bezahlung nur bedingt Berücksichtigung. Tarifverträge basieren auch heute noch immer auf körperlicher Anwesenheit (und Leistung) als Kernprinzip, nicht auf der erbrachten Leistung bzw. den Wert für die Unternehmen. Eine tatsächliche Gerechtigkeit wird so nicht erreicht.

Gerade bei geistiger Arbeit aber ist eine Messung des Outputs oft kaum möglich. Zumindest nicht mit dem Körpereinsatz oder dem Zeiteinsatz als Maßstab: Denn wann kam der Geistesblitz (vielleicht am Wochenende?) und wie viel Vorbereitung bzw. Anregung war zuvor nötig? Ein Mensch, der eine revolutionierend neue Entdeckung oder Erfindung macht, ist für ein Unternehmen vielleicht schon in einem Monat oder einem Jahr mehr wert, als es ein Produktionsmitarbeiter oder Manager in seinem ganzen Berufsleben ist. Im Hinblick auf die Managergehälter wird das Thema einer gerechten bzw. verhältnismäßigen Entlohnung öffentlich heftig diskutiert, aber leider nicht hinsichtlich des Verhältnisses der organisatorischen zur strategischen Tätigkeit oder der geistigen zur körperlichen Arbeit. Muss ein geistig arbeitender Mensch genau so viel Zeit im Unternehmen verbringen, wie ein körperlich arbeitender? Oder ist es nicht besser, Menschen am Output zu bewerten, unabhängig davon wann und in welcher Zeitspanne sich dieser einstellt? Was ist wirklich fair?

Die Absicht, sich nicht diskriminierend zu verhalten, kann auch zu praktischen Problemen führen, angefangen von z. T. absurden geschlechtsneutralen Begriffen und Formulierungen bis hin zu einem umfassenden Gerechtigkeitsansatz, der einem Gleichheitsdenken entspringt. Wer dabei nicht mitmacht, hat heutzutage ein Rechtfertigungsproblem. Im Namen der Nicht-Diskriminierung kann u. U. eine Bevormundungskultur entstehen, die kaum noch etwas mit Moral zu tun hat. Die Gehältergerechtigkeit bei Frauen und Männern ist offensichtlich weniger hoch als oftmals benannt, wenn man eine Umrechnung auf Vollzeitstellen vornimmt. Dies hat das DIW Ende 2015 getan und kommt auf eine Diskrepanz von ca. 3 % zwischen den Geschlechtern. Allerdings wird auch deutlich, dass Teilzeit grundsätzlich ein Karrierehemmnis ist.

Der Ansatz zur Gleichheit läuft dann dem wichtigen Thema der Diversity z. T. zuwider, denn Konformität schließt jene Unterschiede aus, die beim Diversity-Ansatz ganz konkret geschützt und von den Unternehmen eingefordert werden. Mit Diversity werden die Verschiedenheit, Ungleichheit, Andersartigkeit und Individualität, die durch zahlreiche Unterschiede zwischen Menschen entsteht, bezeichnet. Bei Diversity geht es um Chancengleichheit, nicht um Gleichmacherei.

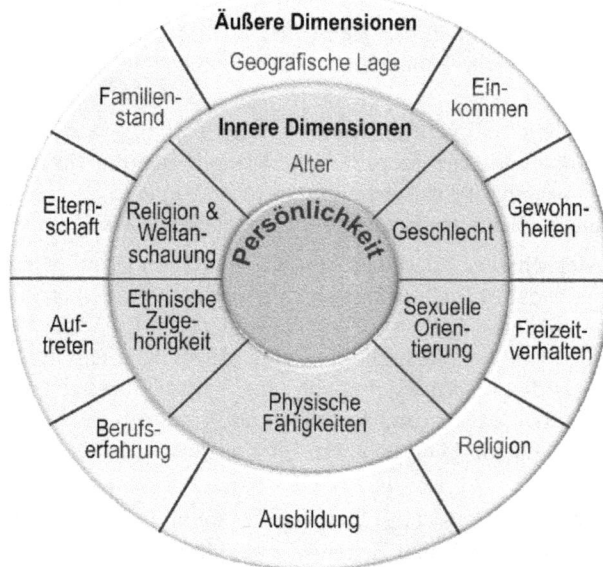

Abb. 38:   Diversity-Dimensionen (nach www.charta-der-vielfalt.de/diversity/diversity-dimensionen.html)

Unter dem Motto Diversity (vgl. Abb. 38) werden die positiven Aspekte bestimmter Ungleichheiten der Menschen hervorgehoben und als besonders wertvoll für die Unternehmen herausgestellt. Dies führt z. T. zu einer besonderen unternehmerischen Diversity Politik (ggf. sogar mit Diversity-Beauftragten), die die Gewinnung, Qualifizierung und Einbindung von unterschiedlichen Menschen mit sehr verschiedenen Prägungen und unterschiedlicher Herkunft zum Ziel hat. Es geht dabei um die Erkenntnis, dass gegenseitiger Respekt und Wertschätzung jedem Unternehmen Vorteile bringt. „Querdenker" bringen oftmals ganz neue oder ungewöhnliche Ideen ein, ihre spezifischen kulturellen Kenntnisse sind gerade für international tätige Unternehmen von Vorteil. In heterogen zusammengesetzten Gruppen werden häufig bessere Lösungen gefunden als in sehr homogenen Gruppen.

Diversity Management ist ein Konzept der Unternehmensführung, welches die Heterogenität und Vielfalt der Beschäftigten beachtet und zum Vorteil aller Beteiligten nutzen möchte. Dabei geht es darum, Offenheit, Fairness und Respekt zu praktizieren und gegebenenfalls vorhandene Vorurteile und Klischees zu überwinden. Diversity Management ist ein Managementansatz zur Gewährleistung eines diskriminierungsfreien Arbeitsumfeldes und zur bewussten Förderung, gezielten Nutzung und aktiven Wertschätzung von Vielfalt in den Belegschaften zur Erzielung einer besseren Unternehmensleistung. Diversity Management zielt darauf ab, die Vielfalt der Erfahrungen und Fähigkeiten von Gruppenmitgliedern und die Eigenheiten von Individuen und Gruppen als strategische Ressourcen zu nutzen. Dabei wird kein maximaler Grad an Heterogenität angestrebt, sondern ein optimales Mischungsverhältnis (vgl. Abb. 38).

Das Thema Inklusion wird durch Diversity häufig noch nicht erfasst, obwohl es doch sehr wichtig ist, behinderte Menschen in den Unternehmensalltag zu integrieren. Mittlerweile gibt es aber in vielen Unternehmen sogenannte Diversity & Inclusion (D&I) Konzepte, die zu Mehrwerten für die Menschen und die Unternehmen führen sollen.

Die Chancengerechtigkeit von Frauen und Männern in Unternehmen ist ein wichtiges Diversity-Thema. Gender Mainstreaming ist ein Ansatz, geschlechtsspezifische Besonderheiten im Rahmen des Diversity-Managements aufzuzeigen. Der Begriff Gender im Englischen verdeutlicht den Unterschied zwischen dem biologischen Geschlecht (sex) und dem sozialen Geschlecht (gender). Dabei werden die gesellschaftlich und kulturell geprägten Rollen, Rechte, Pflichten, Ressourcen, Interessen etc. von Männern und Frauen betrachtet. Gender Mainstreaming ist ein strategischer Ansatz, der die Anliegen und Erfahrungen von Frauen und Männern in die Planung, Durchführung, Überwachung und Auswertung von Maßnahmen im Unternehmen als selbstverständlich einbezieht, um eine nicht gewünschte Ungleichbehandlung auszuschließen.

Die Vereinten Nationen verabschiedeten 1948 die Allgemeine Erklärung der Menschenrechte. Kern der Erklärung ist der Grundsatz: „Alle Menschen sind frei und gleich an Würde und Rechten geboren." In 30 Artikeln formuliert das Dokument ein universell gültiges Wertesystem für das Zusammenleben aller Menschen. Diese Rechte stehen allen in gleicher Weise, unabhängig von Herkunft, Geschlecht, Religion und Alter zu (www.unesco.de/wissenschaft/ 2012/uho-0212-toleranz.html, 30.12.2015).

Um die Allgemeine Erklärung der Menschenrechte in rechtsverbindliche Normen umzusetzen, haben die Vereinten Nationen in den darauffolgenden Jahren zahlreiche Vereinbarungen getroffen. Was Toleranz ausdrückt, definierte die UN-Organisation für Erziehung, Wissenschaft und Kultur UNESCO im November 1995 in ihrer von den Mitgliedstaaten verabschiedeten „Erklärung von Prinzipien der Toleranz". Toleranz bedeutet demnach für jeden einzelnen die Freiheit zur Wahl seiner Überzeugungen, aber gleichzeitig auch die Anerkennung der gleichen Wahlfreiheit für die anderen. Daran erinnert die UNESCO am Internationalen Tag der Toleranz, der jährlich am 16. November begangen wird (www.unesco.de/infothek/ dokumente/unesco-erklaerungen/erklaerung-toleranz.html, 30.12.2015).

Die Grund- bzw. Menschenrechte sind im deutschen Grundgesetz verankert und in weiteren Gesetzen näher ausgeführt. Hervorzuheben sind zum Beispiel das Recht auf freie Entfaltung der Persönlichkeit (GG, Art. 2), die Gewissens- und Religionsfreiheit (Art. 4) und das Recht auf freie Meinungsäußerung (Art. 4). In Art. 3 des Grundgesetzes finden sich der Gleichheitsgrundsatz sowie das Verbot der Diskriminierung. Auf diese Rechte kann sich jeder gegenüber dem Staat, Institutionen und Unternehmen sowie anderen Personen berufen.

In Deutschland wird der Verein Charta der Vielfalt e. V. von ca. 2000 großen Unternehmen getragen und von der Bundesregierung unterstützt. Daneben gibt es in mehreren europäischen Ländern Diversity Charta-Initiativen. Die 15 Initiativen (Stand 2015) haben sich zu einem Netzwerk zusammengeschlossen, das seit 2010 durch die Europäische Kommission koordiniert wird. Von dieser Vernetzung abgesehen, arbeiten die nationalen Initiativen unabhängig voneinander. Sie weisen regional verschiedene Fokussierungen auf und haben unterschiedliche Initiatoren bzw. Träger-Organisationen.

Die deutsche Charta der Vielfalt e. V. steht für eine Organisationskultur, die gegenüber allen Menschen offen ist. Die Vereinsmitglieder verpflichten sich,

- eine Organisationskultur zu pflegen, die von gegenseitigem Respekt und Wertschätzung jeder und jedes Einzelnen geprägt ist,
- die Personalprozesse zu überprüfen und sicherzustellen, dass diese den vielfältigen Fähigkeiten und Talenten aller Mitarbeiterinnen und Mitarbeiter sowie dem Leistungsanspruch gerecht werden,
- die Vielfalt der Gesellschaft innerhalb und außerhalb der Organisation anzuerkennen, die darin liegenden Potenziale wertzuschätzen und für das Unternehmen bzw. die Institution gewinnbringend einsetzen,
- die Umsetzung der Charta zum Thema des internen und externen Dialogs zu machen,
- über die entsprechenden Aktivitäten und den Fortschritt bei der Förderung der Vielfalt und Wertschätzung jährlich öffentlich Auskunft zu geben,
- die Mitarbeiterinnen und Mitarbeiter über Diversity zu informieren und sie bei der Umsetzung der Charta einzubeziehen (www.charta-der-vielfalt.de/charta-der-vielfalt/die-charta-im-wortlaut.html, 10.08.2015).

Seit 2013 veranstaltet die Charta der Vielfalt e. V. jeweils Anfang Juni mit einem Diversity-Tag einen bundesweiten Aktionstag, an dem Unternehmen und Institutionen den Vielfaltsgedanken in den Fokus rücken. Rund um den 3. Deutschen Diversity-Tag am 9. Juni 2015 gab es mehr als 850 öffentlichkeitswirksame Aktionen, am 7. Juni 2016 stieg die Anzahl der Aktionen schon auf mehr als 1000 an. Workshops, Tage der offenen Tür, Flashmobs, Diversity-Buffets, Filme oder Podiumsgespräche - viele interessante Aktionen fanden sich darunter. Die Charta der Vielfalt e. V. kooperiert mit anderen Institutionen, die im Folgenden näher beschrieben werden.

Als Arbeitgeberinitiative setzt sich das UnternehmensForum e. V. für die Ausbildung, Beschäftigung und Weiterbeschäftigung von Menschen mit Behinderung in der Wirtschaft ein. Die Initiative dient dabei als bundesweite Plattform, um Erfahrungen auszutauschen, gute

Beispiele zu erarbeiten und konkrete Anregungen für Arbeitgeber zu entwickeln. Das UnternehmensForum e. V. ist ein bundesweiter und branchen-übergreifender Zusammenschluss von großen und mittelständischen Firmen, um Menschen mit gesundheitlicher Einschränkung oder Leistungsminderung die volle Teilhabe am Arbeitsleben zu ermöglichen (www.unternehmensforum.org/startseite.html, 30.12.2015).

UnternehmensForum e. V. vergab 2015 zusammen mit der Bundesagentur für Arbeit, der Bundesvereinigung der Deutschen Arbeitgeberverbände sowie der Charta der Vielfalt e. V. bereits zum 4. Mal den begehrten Inklusionspreis. Prämiert wurden damit vier gute Beispiele, die zeigen, wie Unternehmen Menschen mit Behinderung erfolgreich in das Wirtschaftsleben integrieren (www.inklusionspreis.de/inklusionspreis/artikel/vier-unternehmen-mit-inklusionspreis-2015-praemiert.html, 30.12.2015).

Unternehmen müssen sich auch auf alternde Belegschaften einstellen. Wie gehen andere Firmen mit dem demografischen Wandel um und wo steht das eigene Unternehmen im Vergleich? Diese und weitere Fragen stehen im Mittelpunkt beim bundesweiten Demographie Netzwerk e. V. (ddn). Im gemeinnützigen Netzwerk von Unternehmen für Unternehmen haben sich rund 400 Firmen und Institutionen mit einer Personalverantwortung für insgesamt über zwei Millionen Beschäftigte zusammengeschlossen, um den demografischen Wandel aktiv zu gestalten (http://demographie-netzwerk.de/ueber-ddn.html, 30.12.2015)

Als gemeinnützige Stiftung setzt sich PROUT AT WORK für die Chancengleichheit von Menschen jeglicher sexuellen Orientierung, geschlechtlichen Identität und geschlechtlichen Ausdrucks am Arbeitsplatz ein. Unternehmen engagieren sich als Stifter oder im Rahmen des PrOutEmployer-Programms für den Stiftungszweck. Die Stiftung unterstützt beim Auf- und Ausbau von Mitarbeiternetzwerken und sogenannten LGBTIQ Diversity. Sie will ein Brückenbauer zwischen Unternehmen und Beschäftigten sein und hat damit positiven Einfluss auf die Zufriedenheit von Beschäftigten und die Unternehmensattraktivität.

Im Jahr 2005 initiierte das Bundesministerium für Arbeit und Soziales (BMAS) das Netzwerk IQ, um Menschen mit Migrationshintergrund nachhaltig in den Arbeitsmarkt zu integrieren. Zunächst war IQ ein Projekt im EQUAL-Programm und wurde inzwischen mit 341 Teilprojekten ein aktiver und wichtiger Akteur in der Arbeitsmarkt- und Integrationspolitik (www.netzwerk-iq. de, 30.12.2015).

Die Initiative Neue Qualität der Arbeit wurde vom Bundesministerium für Arbeit und Soziales ins Leben gerufen. Darin engagieren sich Bund, Länder, Arbeitgeberverbände und Kammern, Gewerkschaften, die Bundesagentur für Arbeit, Unternehmen, Sozialversicherungsträger und Stiftungen gemeinsam für eine moderne Arbeitskultur und Personalpolitik. Ziel der Initiative ist eine Verbesserung der Qualität der Arbeit für Unternehmen und Beschäftigte. Zentrale Themenstellung ist, wie Arbeitsbedingungen gesund, sicher und motivierend gestaltet werden können (www.inqa.de/DE/Mitmachen-Die-Initiative/Ueber-uns/Die-Initiative-kompakt/die-initiative-kompakt.html, 30.12.2015).

Great Place to Work® Institut ist ein international tätiges Forschungs- und Beratungsinstitut, das Unternehmen in 50 Ländern weltweit bei der Entwicklung einer attraktiven Arbeitsplatz-, Vertrauens- und Unternehmenskultur unterstützt. Das deutsche Great Place to Work® Institut wurde 2002 gegründet und sucht u. a. die besten Arbeitgeber auf Basis international anerkannter Standards. Darunter findet sich die Trust Index© Mitarbeiterbefragung, die im Rahmen überregionaler, regionaler und branchenspezifischer Benchmark-Untersuchungen regelmäßig sehr gute Arbeitgeber ermittelt und stellt diese der Öffentlichkeit vor (www.great-placetowork. de/ueber-uns/ueber-uns-auf-einen-blick, 30.12.2015).

Die Gewinner des bundesweiten Great Place to Work - Wettbewerbs „Deutschlands Beste Arbeitgeber 2016" wurden im März 2016 gekürt (www.presseportal.de/pm/69829/3278987, 30.06.2016). Ausgezeichnet werden seit 2003 jährlich Unternehmen unterschiedlicher Größenklassen, die sich in besonderer Weise für gute und attraktive Arbeitsbedingungen stark machen und eine besonders vertrauensvolle und begeisternde Zusammenarbeit mit den Beschäftigten pflegen. Die Liste „Deutschlands Beste Arbeitgeber 2016" ist abrufbar unter www.great placetowork.de/storage/DBA_2016/dba_siegerliste_2016_web.pdf. In den Bundesländern gibt es zusätzlich jeweils separate Wettbewerbe, ebenso wie es spezielle Wettbewerbe für einzelne Branchen gibt. Die Gewinner dürfen jeweils mit ihren Auszeichnungen werben.

Bereits in 2002 erhielt das internationale Institut im Rahmen einer Initiative der EU-Kommission den Auftrag, die Qualität der Arbeitsplätze auch in Europa zu untersuchen und ebenfalls eine Liste sehr guter Arbeitgeber zu erstellen. Seitdem werden auf Basis der nationalen Great Place to Work Wettbewerbe in derzeit 19 europäischen Ländern jährlich „Europas Beste Arbeitgeber" ermittelt, zuletzt im Juni 2016. Alle Preisträger finden sich unter /www.greatplacetowork.de/beste-arbeitgeber/europas-beste-arbeitgeber.

Fair Company ist eine Initiative, die 2004 vom Job- und Wirtschaftsmagazin Junge Karriere der Verlagsgruppe Handelsblatt entwickelt wurde und an der sich namhafte Unternehmen beteiligten. Die Fair Company-Initiative ist inzwischen offensichtlich die größte und bekannteste Arbeitgeberinitiative Deutschlands für Studierende und Berufseinsteiger. Fair Company-Unternehmen bieten dem akademischen Nachwuchs wertvolle Praxiserfahrung, denn sie bekennen sich verlässlich zu anerkannten Qualitätsstandards und überprüfbaren Regeln. Für diese verantwortungsvolle und transparente Unternehmenskultur werden sie jährlich mit dem Fair Company-Siegel ausgezeichnet. Das Besondere ist die freiwillige Selbstverpflichtung der teilnehmenden Unternehmen zur Anerkennung der Fair Company Regeln. Seit 2013 sorgt das Praktikanten-Feedback zusätzlich für mehr Transparenz und Glaubwürdigkeit (www.faircompany.de/fair-company/, 30.12.2015). Bereits seit 2004 wird im Rahmen des Wettbewerbs „Deutschlands Beste Arbeitgeber" auch ein Sonderpreis für Diversity vergeben.

Trendence ist ein führendes Forschungsinstitut Europas für Employer Branding, Personalmarketing und Recruiting sowie Herausgeber des bekannten Rankings „Deutschlands beliebteste Arbeitgeber". Seit 1999 befragt das trendence Institut mehr als 50.000 Schüler, Absolventen und junge Berufstätige pro Jahr nach ihren Wunscharbeitgebern und Karriereplänen. Daraus erstellt trendence mehrere Barometer, u. a. das trendence Young Professional Barometer 2015 zusammen mit der Zeitschrift Capital, das trendence Schülerbarometer 2015 mit der Zeitschrift die Zeit oder das trendence Graduate Barometer - Business Edition 2015 zusammen mit der Zeitschrift Manager Magazin. Die Qualität aller Ergebnisse wird durch die Selbstverpflichtung zum ESOMAR-Kodex für Markt- und Sozialforschung gesichert (www.trendence.com/unternehmen/ueber-trendence.html, 30.12.25).

Fairness in Unternehmen hat also einige Herausforderungen zu meistern. Fairness muss dazu zunächst normativ und strategisch in Unternehmen verankert werden. Dieses Konzept wird im folgenden Kapitel 4 dargestellt und in Kapitel 5 um das operative Management ergänzt.

4   Fairness als strategischer Ansatz

Viele der eingangs erwähnten Skandale werden durch im Wettbewerb stehende Medien ausgelöst oder journalistisch hochgespielt. Der Zukunftsforscher Matthias Horx bezeichnete dies schon vor einigen Jahren als „Skandalokratie", durch die schnell Polarisierungen entstünden. Er spricht sogar von einer „Mafialisierung" der Gesellschaft, in der sich nur noch gut organisierte, hart oder besonders clever operierende Gruppen und Lobbyorganisationen durchsetzen können. Aber Skandale führen bei Unternehmen zu verlustträchtigen Reputationsschäden und nicht selten zu (persönlichen) Haftungsfällen des Managements. Eine durch die Medien hoch sensibilisierte Gesellschaft kann so in den Geschäftsführungen eine Glaubwürdigkeitskrise auslösen.

Viele Unternehmensleitungen fühlen sich von zwei Seiten gleichzeitig unter Druck gesetzt: Einerseits von der staatlichen Seite mit vielen Gesetzen und anderen Vorschriften, andererseits von privater bzw. gesellschaftlicher Seite durch ständig steigende Ansprüche. Sie befinden sich damit quasi in einer Sandwich-Position zwischen zwei stark fordernden Schichten der sogenannten Stakeholder (vgl. Abb. 39).

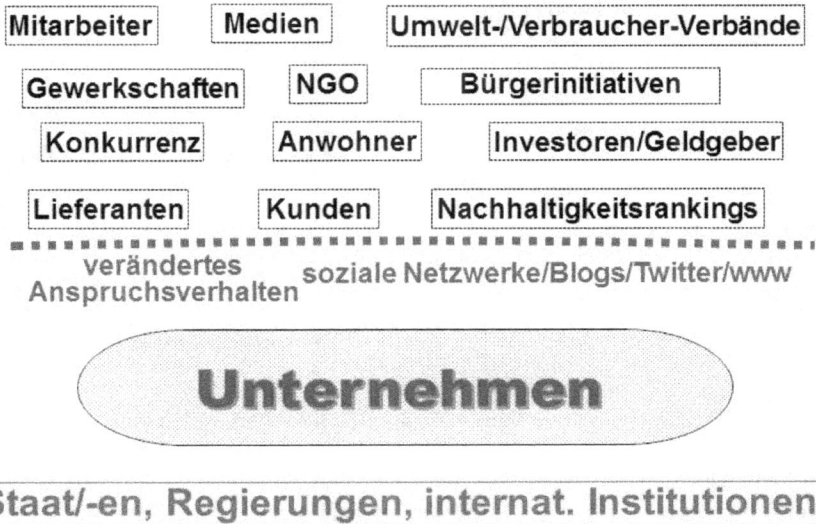

Mitarbeiter	Medien	Umwelt-/Verbraucher-Verbände
Gewerkschaften	NGO	Bürgerinitiativen
Konkurrenz	Anwohner	Investoren/Geldgeber
Lieferanten	Kunden	Nachhaltigkeitsrankings

verändertes Anspruchsverhalten   soziale Netzwerke/Blogs/Twitter/www

Unternehmen

Staat/-en, Regierungen, internat. Institutionen

Abb. 39:   Sandwich-Position der Unternehmen

In einem solchen Umfeld können Unternehmen häufig neue Projekte nur schwer umsetzen, wenn sie nicht auf einem breiten Konsens basieren, da ihnen häufig Negatives anhaftet, wie dies z. B. Stuttgart 21 zeigt. Andere Unternehmen profitieren allerdings von einem damit verbundenen Protest-Konsum, wie beispielsweise die Brauerei Rössle mit ihrem Bier „Resist S 21". Auch Modeunternehmen wie Benetton oder Quicksilver setzen auf Protest.

Unternehmen gehen zwar ein Risiko ein, wenn sie sich einseitig bekennen, können aber auch davon profitieren, wenn die öffentliche Empörung zu einem starken Trend wird. Unternehmensleitungen müssen auf jeden Fall klare Positionen einnehmen, wenn sie für gesellschaftliche Anliegen, die in den ersten Kapiteln dargestellt wurden, glaubwürdig Verantwortung übernehmen wollen. Dabei geht es auch zunehmend um eine Minimierung gesellschaftlicher Risiken aus der eigenen Geschäftstätigkeit.

In den Kapiteln 2 und 3 wurden viele der gesellschaftliche Herausforderungen und Entwicklungen dargestellt, die sich hinter den Stichworten Ökologie, Nachhaltigkeit, CSR, CS, Tripple Bottom Line, CC, Anti-Korruption, Corporate Governance, Compliance, Ethik oder Moral verbergen. Es handelt sich um unterschiedliche Konzepte, z. T. aber auch um sich überschneidende Anliegen. Die Inhalte der Konzepte verändern sich häufig im Zeitablauf oder werden je nach Weltregion unterschiedlich interpretiert und neue Ansätze kommen hinzu. Bei all der Unübersichtlichkeit können Unternehmen diese gesellschaftlichen Anliegen in ihrer Geschäftstätigkeit nur selten aktuell und konsistent abbilden.

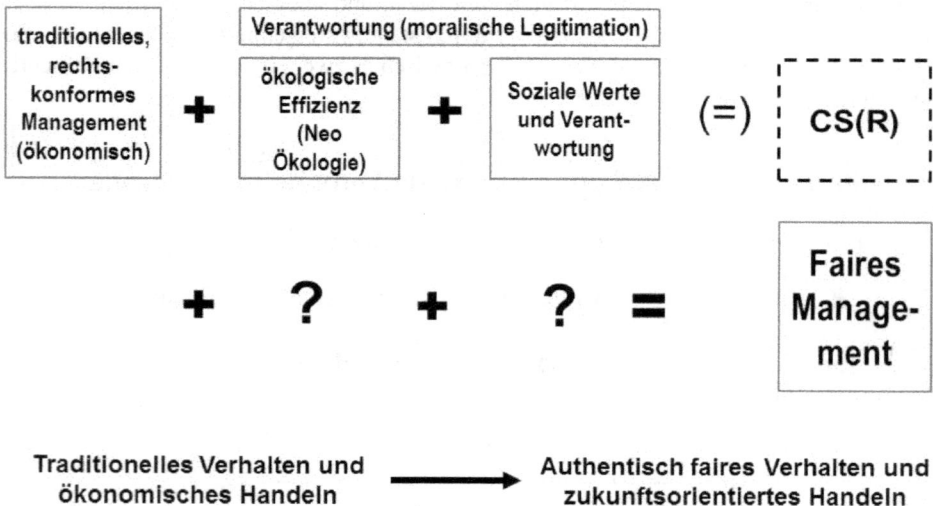

Abb. 40:   Entwicklung vom klassischen Management zu einem umfassenden fairen Ansatz

Für Unternehmensleitungen stellt sich also die Herausforderung, diese unterschiedlichen Konzepte in den Firmenalltag zu integrieren und das Unternehmen erfolgreich für die Zukunft aufzustellen. Da sich die Anforderungen als sehr vielfältig darstellen, sollten Unternehmensleitungen grundsätzlich ein faires Verhalten als Maßstab für die gesamte Unternehmenstätigkeit wählen. Denn mit einer grundsätzlich fairen Einstellung, die auf den sozialethischen Prinzipien der Ehrlichkeit, Transparenz und Verantwortung beruht, lässt sich allen gesellschaftlichen Erwartungen und den vielen Einzelrisiken einer vernetzten und multipolaren Weltwirtschaft im Unternehmensalltag Rechnung tragen (vgl. Abb. 40 und 41).

So gibt es bereits fairen Tee, fairen Kaffee, fairen Kakao, faire Bananen, faire Kleidung, faire Fußbälle, faire Computermäuse und faire Handys, sogar faire Grabsteine und faire Eheringe. Bei diesen und weiteren Produkten ist es mittlerweile selbstverständlich, eine „faire" Alternative zu herkömmlichen Produkten zu haben. Sogenannte Fair Trade Produkte (s. Kap. 6.2) erzielen ständig steigende Verkaufserfolge in Mitteleuropa. Bei vielen fairen Produkten steht der Gedanke einer gerechten Kooperation zwischen Erzeugern, Großhändlern, Importeuren und Verkäufern im Zentrum der Betrachtung.

In den OECD Leitsätzen und vielen anderen internationalen Regelwerken findet sich der Begriff „fair", so fordert z. B. auch die ICC einen fairen Wettbewerb. Offensichtlich sind mit der Forderung nach Orientierung an CSR oder Nachhaltigkeit im unternehmerischen Verhalten nach Ansicht vieler Menschen noch nicht alle wichtigen Anliegen erfasst. Auch der moralisch-ethische Anspruch an die Unternehmensführungen lässt sich nicht allein mit den Aspekten der Nachhaltigkeit erfassen, auch gesellschaftsbezogene Forderungen sprengen den Rahmen der dargestellten Konzepte (vgl. Kap. 2 und 3).

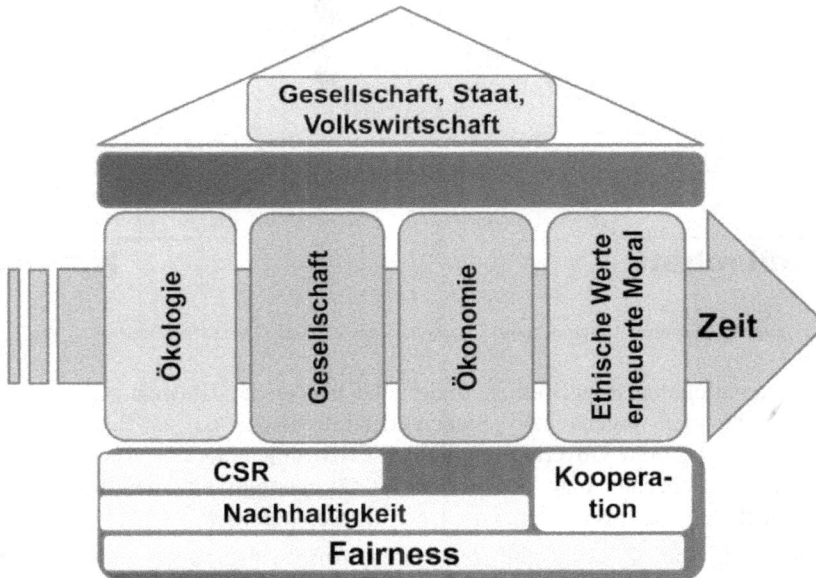

Abb. 41:   Fairness als verantwortungsvolles Gesamtkonzept

Angesichts dieser Situation und der begrifflichen Ungenauigkeiten der geschilderten Konzepte bzw. deren Veränderungen im zeitlichen Ablauf oder regionalen Kontext bietet sich die Verwendung des Begriffes „fair" als übergreifender, alles umfassender ethischer Maßstab für unternehmerischen Handeln an (vgl. Abb. 40 und 41). Die weltweit anerkannte ethisch-moralische Maxime der Fairness bedeutet, eine anständige, ehrliche und gerechte Haltung zu haben. Der häufig benutze Begriff des Fairplays bedeutet ebenso ein anständiges und ehrliches Verhalten (im Wettbewerb).

Das Konzept eines „fairen Managements" spannt in der im Folgenden beschriebenen Form den Bogen über alle zuvor dargestellten Konzepte und Anforderungen. Es bietet gleichzeitig die Möglichkeit, ganz aktuelle und sogar zukünftige gesellschaftliche Entwicklungen zu erfassen und abzubilden (vgl. Abb. 41 und 43). Fairness greift auch den Gedanken der Kooperation bzw. Kollaboration zwischen Marktteilnehmern auf. Kommunikation und Kooperation machten die Entwicklung der Menschheit erst möglich. Die universelle Fairness sollte also zum Maßstab allen zukunftsorientierten unternehmerischen Handelns werden, und zwar gegenüber allen Anspruchsgruppen (Stakeholdern) eines Unternehmens. Ein bedingungsloses Commitment der Unternehmensführung zum fairen Management ist dazu erforderlich.

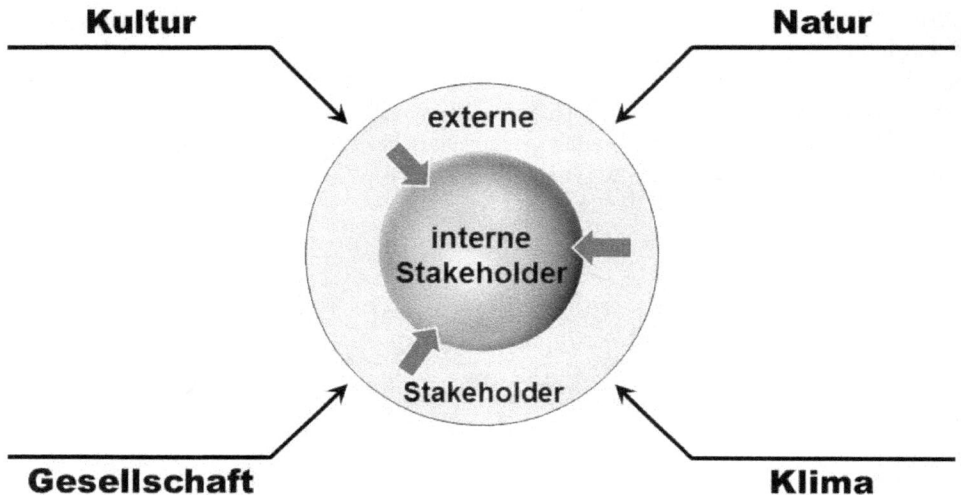

Abb. 42:   Interne und externe Unternehmens-Stakeholder sowie globale Herausforderungen

In vielen internationalen Regelwerken findet sich häufig der Hinweis auf eine besondere Berücksichtigung der sogenannten Stakeholder-Interessen, so z. B. in den OECD-Grundsätzen zur Corporate Governance oder den Forderungen der EU. Als Konsequenz wird seitens der Zivilgesellschaft bzw. der meisten NGOs ebenfalls eine deutliche Berücksichtigung der Stakeholder-Interessen durch die Unternehmen gefordert.

Stakeholder (vgl. Abb. 42) sind alle (relevanten) Anspruchsgruppen eines Unternehmens, auch Unternehmensbeteiligte genannt. Als interne Stakeholder gelten Mitarbeiter, Geschäftsführung und Anteilseigner. Zu den externen Stakeholdern rechnen u. a. Staat(en), Medien, NGOs, Verbraucherverbände, Gewerkschaften, Umweltschutzorganisationen, Lieferanten, Nachbarn oder auch Wettbewerber. Deren Interessenslagen sind von den Unternehmensleitungen zu berücksichtigen, da diese von den Geschäftsaktivitäten direkt oder indirekt betroffen sind (oder die Ansprüche Betroffener aufzeigen und vertreten) und die Geschäftsentwicklung sowie die gesellschaftliche Akzeptanz eines Unternehmens beeinflussen (können).

Die Berücksichtigung der Stakeholder-Interessen im Rahmen der geforderten Stakeholder Orientierung soll dazu nicht nur operativ sondern insbesondere in Leitbildern (normativ) und Strategien der Unternehmen Eingang finden, damit sie den notwendigen Stellenwert erhalten. Auch in der neueren Management- und Marketing-Literatur findet sich vielfach die Forderung nach einer strikten Stakeholder-Ausrichtung der Unternehmens, anstelle einer einseitigen und oftmals kurzsichtigen Ausrichtung allein an den Interessen der Shareholder (Eigentümer, Anteilseigner, Aktionäre ...). Denn bei einer Berücksichtigung ausschließlich der Stakeholder-Interessen lässt sich kein Unternehmen langfristig profitabel führen.

Eine strikte Verantwortung gegenüber Stakeholdern sollte aus Unternehmenssicht um eine generelle Global-Verantwortung ergänzt werden, in denen es keine (starken) physischen Stakeholder gibt, nämlich in den Bereichen Gesellschaft, Menschenrechte, Kultur, Natur, Klima etc. (vgl. Abb. 42). Unternehmen sollten die berechtigten Belange in diesen Feldern, beispielsweise die Arbeitnehmerrechte, die Klimaziele oder den Schutz der natürlichen Umwelt, stets respektieren.

Aus ökonomischer Sicht ist es für Unternehmensleitungen per se wichtig, gesellschaftliche Veränderungen und Ansprüche wahrzunehmen und im Unternehmen zu berücksichtigen. Dazu wurden bereits diverse Ansätze in Kap. 2 und 3 dargestellt. Eine neuere Entwicklung deutet darauf hin, dass anstelle des bisher dominierenden Individualismus (zumindest in der westlichen Hemisphäre) eine Bewegung zu stärkerer Kooperation bzw. Kollaboration stattfindet. Zusammenarbeit und Gemeinschaft befeuern neue Entwicklungen, wie das Thema „Sharing". Manche Ökonomen sprechen schon von einer neuen „Wir-Gesellschaft" bzw. „Wir-Ökonomie". Eine solche Entwicklung muss selbstverständlich auch Niederschlag in den Unternehmenszielsetzungen, Leitbildern und Strategien finden.

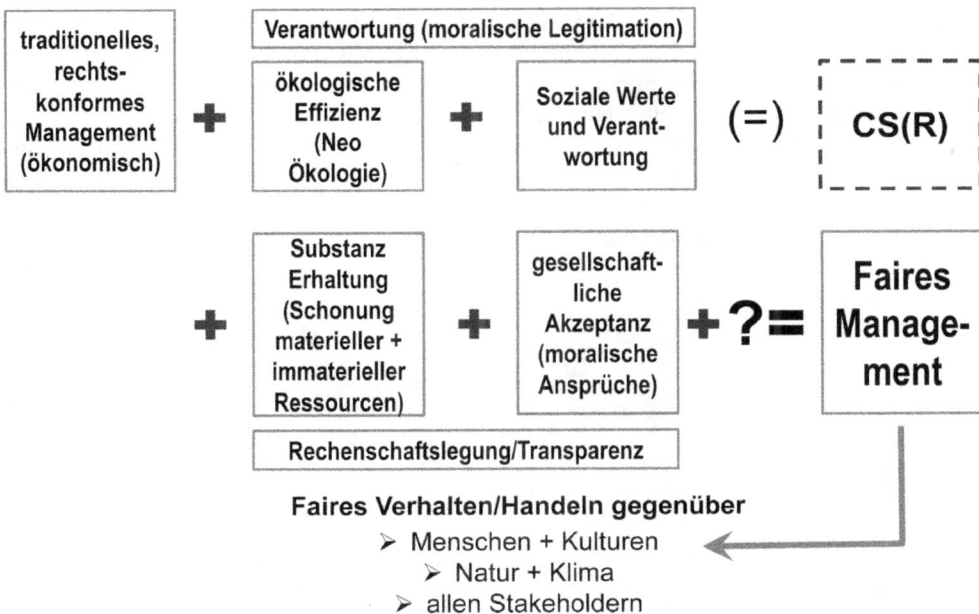

Abb. 43:   Umfassendes und zukunftsorientiertes faires Management

Der Ansatz eines umfassenden fairen Managements erfasst neben den bereits genannten Aspekten des Umweltschutzes und sozialer Orientierung neue gesellschaftliche (moralische) Ansprüche genauso wie eine veränderte Sicht auf die Ressourcennutzung, bei der es vor allem um Substanzerhaltung bzw. Schonung der Ressourcen geht. Auch die wichtigen Aspekte der Verantwortlichkeit gegenüber der Gesellschaft sowie Transparenz und Rechenschaftslegung gehören zum authentischen fairen Management. Gleichzeitig ist dieses Modell auch offen, weitere gesellschaftlich relevante Aspekte mit einzubeziehen und mittels fairen unternehmerischen Agierens zu integrieren (vgl. Abb. 43). Durch faires Management können die Unternehmen einen Ausgleich mit der Gesellschaft erreichen und gleichzeitig Mehrwert sowohl für sich als auch die Gesellschaft schaffen, man spricht dann auch von „Creating Shared Value".

Für die Managementpraxis der Unternehmen heißt dies, neben philanthropischen (CC) oder kommunikativen Motiven (Vertrauen, Reputation) strategische Ansätze zur Minimierung gesellschaftlicher Risiken sowie Möglichkeiten zur Nutzung neuer Chancen aus der eigenen Geschäftstätigkeit in den Fokus der Unternehmensführung zu rücken. Faires Verhalten wird zum Querschnittsthema in der Unternehmensführung (vgl. Abb. 41 und 43) und gleichzeitig zum Treiber einer völlig neuen Innovationskultur, die eine Erneuerung der traditionellen Geschäftsmodelle ermöglicht. Dabei muss es vor allem um intraorganisationale Fairness gehen, da ein Unternehmen echte Verantwortung für Fairness vornehmlich in seinem Kerngeschäft und entlang seiner Wertschöpfungskette übernehmen kann. Diese Verantwortung beginnt beim Einkauf mit einem fairen und kooperativen Umgang mit Lieferanten über eine umweltfreundlich-faire Logistik sowie eine ressourcenschonende Produktion bis hin zum fairen Marketing und einem fairen Kundendienst. Fairness muss zur Basis aller Geschäftsbeziehungen eines Unternehmens werden (vgl. Abb. 43). Dann wird verantwortungsbewusstes und transparentes Handeln dieser Unternehmen auch von den Kunden und anderen Stakeholdern honoriert.

Faires Management nutzt alle erfolgversprechenden Managementinstrumente, um den Respekt vor den Menschen und der Welt normativ, strategisch und operativ im Unternehmen zu verankern. Auf Basis rechtskonformen und legitimen Verhaltens übernimmt faires Management die Verantwortung für eine faire Gestaltung aller Management-, Beschaffungs- und Kommunikationsprozesse. Faires Management setzt auf Integrität und Verlässlichkeit, auf Ehrlichkeit und Transparenz sowie auf ökonomische und ökologische Effizienz und Innovation. Faires Management sucht den Dialog und die Kooperation mit den Kunden und anderen Stakeholdern, um langfristig und wirtschaftlich erfolgreich im Wettbewerb zu bestehen.

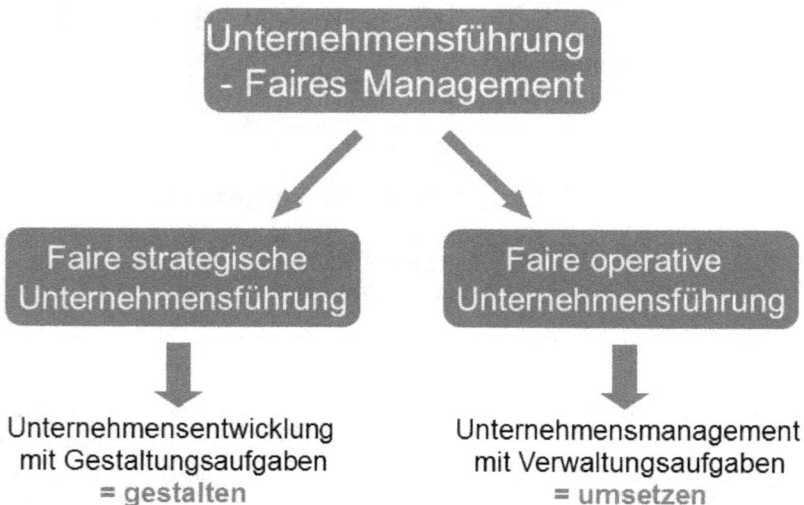

Abb. 44:   Strategische und operative faire Unternehmensführung

Management bzw. Unternehmensführung lässt sich in strategische und operative Unternehmensführung unterteilen (vgl. Abb. 44), wobei die Verantwortung für beide Aspekte der ganzen Unternehmensleitung obliegt. Dem Top-Management fällt dabei vorrangig die Aufgabe zu, das Unternehmen und seine (Zukunfts-)Entwicklung normativ und strategisch ausgerichtet zu gestalten, dies gilt dann vor allem für die Ausrichtung auf Fairness und Verantwortung. Dabei ist Leadership gefragt, mitreißend und überzeugend.

Selbstverständlich trägt die Unternehmensspitze auch die Verantwortung für die operative Seite der Managementaufgaben, die allerdings i. d. R. besser delegiert werden sollten, um Kapazitäten für die gestalterische Aufgabe zu haben, die in diesem Kapitel näher beleuchtet wird. In den folgenden Kapiteln 5 bis 8 wird dann der Fokus auf das operative faire Management und Marketing gerichtet.

Die wichtigste Aufgabe der (strategischen) Unternehmensführung besteht dabei in der Entwicklung einer Vision und eines aus ihr abgeleiteten Leitbilds des Unternehmens, um erfolgreich den Fairness-Gedanken zu implementieren und dadurch eine bessere Reputation erreichen zu können. Normatives Marketing beschreibt zunächst die großen Herausforderungen und setzt konkrete Ziele, die zusammen mit guten Strategien fürs operative Tagesgeschäft aufbereitet und umgesetzt werden müssen.

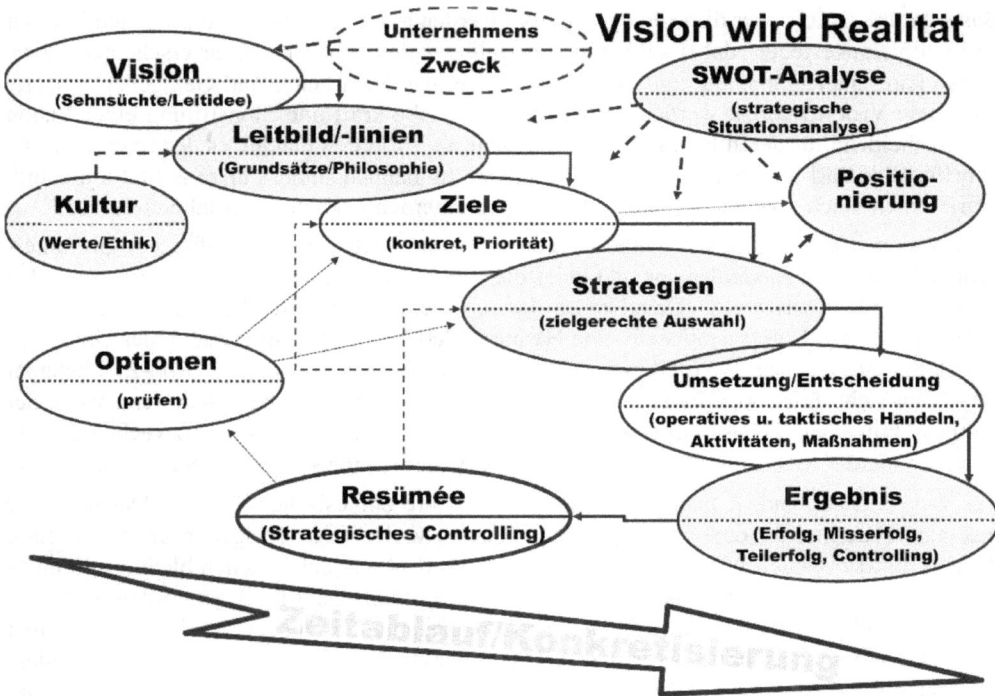

Abb. 45:   Vision wird zur Realität im unternehmerischen Handeln

Die Vision und das aus ihr formulierte Leitbild (einschl. einer griffigen Mission) sollen zunächst alle Mitarbeiter begeistern und motivieren, um gemeinsam alles Vorstellbare für eine bessere Zukunft des Unternehmens zu tun. Klare Ziele ermöglichen nicht nur eine optimale Positionierung und Strategieauswahl, sondern auch eine Überprüfung des unternehmerischen Markt- bzw. Marketingerfolges am Ende eines Planungs-Zeitraums (vgl. Abb. 45).

Um als Unternehmen erfolgreich agieren zu können, bedarf es zunächst einer attraktiven und sinnstiftenden Idee oder Vision (vgl. Abb. 45), für die sich der vorgesehene Kundenkreis, Geldgeber, Unterstützer und Mitarbeiter begeistern lässt. Ein Blick in die Geschichte lehrt uns, dass nur derjenige neue Horizonte erreicht und erfolgreich ist, der eine Vision hat (Karl der Große, Kolumbus etc.). Auch in der Wirtschaft stehen herausfordernde, aber umsetzbare Visionen am Anfang aller unternehmerischen Erfolge.

Henry Ford, der dem Automobil als Massenprodukt zum Durchbruch verhalf, wird der folgende Satz zugeschrieben: Wenn ich die Menschen gefragt hätte, was sie wollen, hätten sie gesagt schnellere Pferde. Seine abweichende Vision „Ein Auto für jedermann" hatte dennoch durchschlagenden Erfolg. Alphabet-Chef Page (vormals Google) formulierte es Ende 2015 deutlich pathetischer: „Mein ganzes Streben geht dahin, herauszufinden, wie die Zukunft aussieht - und sie dann zu erschaffen".

Visionen sind keinesfalls mit Halluzinationen oder Spekulationen zu verwechseln. Sie sind bildhafte Vorstellungen (Imaginationen) von etwas zukünftig Erreichbaren und vermitteln ein eindeutiges Bild der gewünschten Zukunft. Dabei ist es zweitrangig, ob heute schon die Basis dafür existiert oder diese erst geschaffen werden muss. Visionen sind zwischen Realität und Utopie angesiedelt, dabei sollten sie aber als gerade noch realisierbar erscheinen. Denn nur so kann man sich selber und vor allem andere, wie Mitarbeiter und Geldgeber motivieren, diese Vision Realität werden zu lassen. Die Symbolkraft und Sinnstiftung einer Vision ist entscheidend für deren Erfolg. Schon vor mehr als 50 Jahren brachte es der amerikanische Schriftsteller Carl Sandburg auf den Punkt: „Nothing happens unless there is first a dream!" Warum nicht auch von einem umfassenden fairen unternehmerischen Verhalten träumen?

Eine Vision oder Leitidee (bei Unternehmensgründung auch eine Geschäftsidee) gibt unternehmerische Tätigkeitsfelder vor und zeigt die grobe Richtung an, in die gearbeitet werden muss (Unternehmenszweck). Dabei ist zu klären, welches die richtige Leitidee für das eigene Unternehmen ist. Eine Vision stellt eine Herausforderung dar, die im Rahmen der Unternehmenstätigkeit gemeistert werden muss. Erst wenn wenigstens ein solches Grob-Ziel bekannt ist, lassen sich die richtigen unternehmerischen Wege finden oder ggf. auch neue Wege der Fairness mit einer lebensdienlichen Ausrichtung erschließen. Der Daseinszweck muss die Zustimmung der Menschen (Sinn) finden und das Unternehmensverhalten muss legitim sein.

Ein Weg entsteht, indem man ihn geht, sagt eine alte chinesische Weisheit. Dabei ist der visionäre Unternehmer oder Chef quasi die „geistige Vorhut" der Geldgeber und Mitarbeiter, die ihm auf dem neuen Weg begeistert folgen sollen. Und wer dabei stehen bleibt, steht möglicherweise den Nachfolgenden im Weg! Der amerikanische Management-Autor Robert Heller formuliert kurz und knapp: „All good management is the expression of one great idea." Also ist es vornehmste Aufgabe der Unternehmensführung, den Mitarbeitern, Kunden, Geldgebern und anderen Stakeholdern den neuen Weg zur Fairness als Managementgrundlage zu vermitteln und schmackhaft zu machen.

Dass solche Visionen funktionieren, zeigte der frühere US-Präsidenten John F. Kennedy. Als die USA in der Weltraumtechnologie noch hinter Russland zurücklagen, formulierte er, dass die USA noch im gleichen Jahrzehnt einen Menschen auf den Mond schicken wollten. Dies gelang im Juli 1969. Ähnlich erfolgreich waren die Visionen Henry Fords vor 100 Jahren als er dem Auto zum Durchbruch verhalf oder Steve Jobs', der vor 40 Jahren einen PC für jedermann in Aussicht stellte, als die damaligen Rechner noch ganze Räume füllten.

Eine Vision trifft den Kern/Sinn unternehmerischen Handelns und stellt einen wesentlichen Erfolgsfaktor für das Management dar. Doch die Begriffe strategisches Marketing oder Management und „geistige Vorhut" bedeuten mehr. Wenn sie etwas militärisch klingen, ist dies im Wettbewerb durchaus stimmig, denn militärische Strategien werden mit dem Zweck verfolgt, zu gewinnen. Siegen, also erfolgreich und besser als die Konkurrenz zu sein, ist auch bei grundsätzlicher Fairness (Fairplay-Gedanke) i. d. R. das zentrale Ziel unternehmerischen Handelns. Es sollte damit auch Maßgabe für das Marketing fairer Unternehmen sein. Der 1992 verstorbene deutsche Unternehmer Körber sagte schon: „Unser Maß ist nicht das heute Mögliche. Unser Maß ist die Idee des künftig Erreichbaren."

Unternehmensleitbilder (vgl. Abb. 45) stellen in gewisser Weise die Ausformulierung der großen Visionen dar und lassen sich weitgehend mit dem angloamerikanischen Begriff „Business Mission" (auch Corporate Mission oder Mission Statement) gleichsetzen. Leitbilder umfassen (abgeleitet aus der Vision) meist eine kurze Mission, eine Darlegung der zentralen Unternehmenswerte und Leitsätze über das zukunftsgerichtete Selbstverständnis und Handeln eines Unternehmens. In Leitbildern oder Unternehmensphilosophien finden sich wichtige Kernaussagen zur Unternehmenskultur (Corporate Culture) und damit auch zur Unternehmensidentität (CI). Denn jedes Unternehmen kann als ein System spezifischer und konsistenter Werte, Normen und Symbole aufgefasst werden, das sowohl die Akzeptanz bei den Mitarbeitern (intern) als auch seine öffentliche Wahrnehmung und Reputation (extern) bestimmt.

Der bekannte Babynahrungsmittelhersteller HiPP benennt beispielsweise die Herstellung von Produkten in Spitzenqualität und im Einklang mit der Natur als seine Unternehmensphilosophie. Diese ließe sich auch als eine Vision werten, die bei HiPP nämlich folgendermaßen konkretisiert wird: „Als führender Hersteller von Babynahrung trägt HiPP besondere Verantwortung. Nachhaltigkeit steht daher im Mittelpunkt der Unternehmensphilosophie. Dazu gehören die langfristige Ausrichtung des unternehmerischen Handelns, der schonende Umgang mit Ressourcen und Umwelt ebenso wie gesellschaftliche Verantwortung und ein soziales Miteinander." (www.hipp.de/ueber-hipp/unternehmen/unternehmensphilosophie, 17.11.2015).

Nach einer Beschreibung, was Nachhaltigkeit aus Sicht von HiPP bedeutet, wird das Ethik-Management der Firma in dieser Form dargelegt: „Seit mehr als hundert Jahren wird das Familienunternehmen HiPP von christlichen Werten getragen: Die Achtung vor der Schöpfung und der Würde des Menschen stehen im Zentrum unserer Philosophie. Das ist der Grund, warum wir seit 1956 Rohstoffe aus ökologischem Anbau beziehen und faire Preise an unsere Vertragsbauern zahlen. Es erklärt aber auch unser großes Engagement für die Gesundheit, die Motivation und die Weiterbildung unserer Mitarbeiterinnen und Mitarbeiter. Und nicht zuletzt macht es klar, warum wir schon so lange eine Vorreiterrolle in Umwelt-, Klima- und Ressourcenschutz einnehmen und uns mit aller Kraft für nachhaltige Wirtschaftsweisen einsetzen." (www.hipp.de/ueber-hipp/unternehmen/unternehmensphilosophie, 17.11.2015). Hierbei handelt es sich eigentlich eher um ein Leitbild. Die dort aufgeführten Unternehmenswerte werden dann in einer Ethik-Charta genauer beschrieben.

Neben diesem positiven Beispiel gibt es leider auch negative: 2006 wurde der größte deutsche Schmiergeldskandal bekannt, dessen Aufarbeitung Siemens mehrere Milliarden Euro kostete. Über Jahrzehnte waren bei Siemens schwarze Kassen geführt worden. Der obersten

Führung konnte zwar keine persönliche Verwicklung nachgewiesen werden, aber eine Verletzung ihrer Kontrollpflichten. Zwar gab es damals schon seit Jahren ein Leitbild und manifestierte Unternehmenswerte, die dieses Verhalten hätten unmöglich machen müssen, aber offensichtlich reichte dies nicht aus. Aus den vorangegangenen Jahren gab es eine andere Übung, die auch nicht durch späteres konsequentes Vorleben und Kontrollieren der Unternehmensführung korrigiert werden konnte. Zu Zeiten des Unternehmensgründers Werner von Siemens wäre dies wohl nicht passiert, den sein Lebensmotto lautete: „Für augenblicklichen Gewinn verkaufe ich die Zukunft nicht." Auch der Deutsche Bank Chef Ackermann formulierte 2011: „Kein Geschäft ist es wert, die Glaubwürdigkeit der Bank aufs Spiel zu setzen" - doch gehandelt wurde damals ganz anders, wie inzwischen bekannt ist.

Eine starke Unternehmenskultur (vgl. Abb. 45 und 46) bietet die Möglichkeit, Werte und Integritätsgrundsätze im Unternehmen zu festigen. Eine faire Unternehmenskultur wird i. d. R. zu einer höheren Miterbeitermotivation und zur Einsparung von Transaktionskosten führen, da ein geringerer Abstimmungs-, Regelungs- und Kontrollbedarf zu erwarten ist. Die Unternehmenskultur wird von verschiedenen Faktoren geprägt, wie aus Abb. 46 ersichtlich ist. Die Einflüsse der Gesellschaft oder der Stakeholder wirken hierbei nur indirekt über die jeweilige Unternehmensführung bzw. über die Wirtschafts- und Branchenkulturen. Eine starke Unternehmensführung ist in der Lage, die Kultur des Unternehmens zu prägen und auch zu verändern.

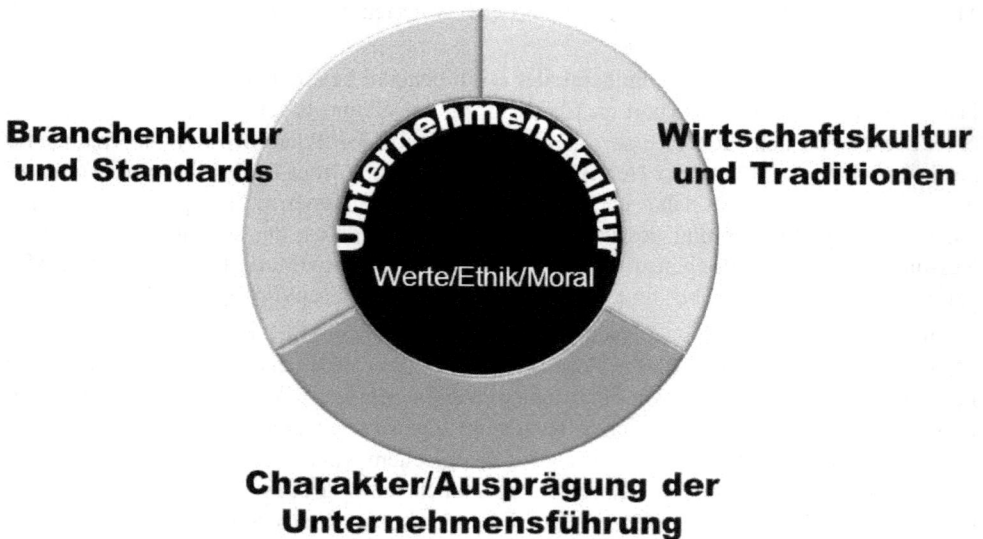

Abb. 46:   Einflüsse auf die Unternehmenskultur

Das funktioniert aber auch in negativer Hinsicht, wie das Beispiel von VW lehrt. Durch den dominanten Vorstand (und Aufsichtsrat) wurde ein solch starker Druck erzeugt, dass die manifestierten Unternehmenswerte von den im Abgasskandal handelnden Personen über Bord geworfen wurden. In einer eher angsterfüllten Unternehmenskultur blieben angesichts überehrgeiziger Ziele Ehrlichkeit und Fairness auf der Strecke. Eine Kultur des Vorlebens der proklamierten Werte fehlte bei VW ganz offensichtlich oder erschien den Mitarbeitern zumindest nicht glaubwürdig genug. Der Fisch stinkt meist vom Kopfe her!

Die Leit- oder Unternehmenskultur mit starken Werten ist der zentrale Erfolgsgarant eines Unternehmens. Philosophisch betrachtet sind Werte ethisch-moralische Wertvorstellungen mit normativem Charakter. Werte bilden ein Ordnungssystem der Unternehmenswelt und sind somit Orientierungspfad für alle Mitarbeiter. Entscheidend ist, dass ein Wertekanon zur verlässlichen Basis für alle Entscheidungen im Unternehmen wird. Werte stärken und schaffen ein gesundes Klima, in dem alle gerne arbeiten und um die besten Lösungen wetteifern. Neben den Werten selbst sind die Menschen wesentliche Elemente, weil sie die Träger dieser Werthaltungen sind.

Unternehmenswerte können z. B. Fairness, Rücksicht, Respekt, Gleichberechtigung, Gerechtigkeit, Pflichterfüllung, Aufrichtigkeit, Redlichkeit, Zivilcourage, Kollegialität oder Kundenorientierung sein. Sie sollten möglichst genau beschrieben oder kodifiziert werden. Die Unternehmenskultur muss leicht verständlich, motivierend und zielorientiert formuliert sein, damit sie von jedem verinnerlicht und gelebt werden kann. Die Unternehmenskultur muss bewusst von allen Kulturträger und vor allem von den Multiplikatoren im Unternehmen getragen und ständig vorgelebt werden.

Geschäftsführer Jenner (Kärcher) ist überzeugt davon, dass Menschen Werte brauchen. Die Unternehmenskultur von Kärcher werde geprägt von folgenden Werten:

- Spitzenleistung als innere Geisteshaltung
- Hingabe, um die Aufgaben emotional zu erfüllen
- Verantwortung, um die Menschen, das Vermögen und die Werte des Unternehmens zu schätzen
- Disziplin, um effektiv und konsequent im Denken und Handeln zu sein
- Leidenschaft und Ehrgeiz, um jeden Tag Verbesserungen zu erzielen

Seit 2006 befragt die Wertekommission regelmäßig mehrere hundert Fach- und Führungskräfte zu ihrem Werteverständnis (www.wertekommission.de/wp-content/uploads/2015/08/Wertekommission_Studie_2015.pdf, 15.1.2016). Insgesamt nannten 2015 30,7 % der Führungskräfte Vertrauen als den aus ihrer Sicht wichtigsten Wert, gefolgt von Verantwortung mit 29,5 %. Integrität wird von 24,9 % der Befragten als wichtigster Wert eingestuft, während Respekt mit 7,5 % im Vergleich der vorgegebenen Begriffe deutlich weniger wichtig erscheint. Auf den beiden verbleibenden Plätzen und damit am wenigsten im Fokus der Führungskräfte stehen die Werte Nachhaltigkeit (5 %) sowie Mut (2,5 %).

Unternehmenswerte, die auch als Corporate Values bezeichnet werden, sind unternehmensweite spezifische Wertvorstellungen, die einen verbindlichen Handlungsrahmen für alle im Unternehmen bilden und einen sog. „Common Sense" schaffen. Damit erspart sich ein Unternehmen oftmals detaillierte Organisationsanweisungen oder Ethikregeln und verringert die Mitarbeiterfluktuation. Corporate Values werten das Unternehmen und seine Reputation auf und bilden den Kern der Unternehmenskultur, des Leitbilds, der Corporate Identity, des Corporate Images und ggf. der Marken. Auch die gewählten Strategien werden durch die Werte stark beeinflusst.

Bei neu gegründeten Unternehmen übernehmen die Mitarbeiter meist die Werte der Gründer - diese setzen oft auf eine starke Eigenverantwortung. Wenn das Unternehmen über die Jahre wächst und sich die Märkte eventuell verändern, bedarf es auch einer Anpassung der Unternehmenskultur an die neuen Gegebenheiten, andernfalls können solche Unternehmen sogar scheitern. Die Anpassung an den Fairness-Gedanken ist angesichts heutiger Gegebenheiten (vgl. Abb. 39) unerlässlich, um ein Unternehmen zukunftsfähig auszurichten. Dafür müssen u. U. auch liebgewonnene Regeln und Umgangsformen über Bord geworfen werden, die noch auf alten Werten basieren.

Corporate Purpose drückt den grundlegenden Wert/Sinn eines Unternehmens aus, also quasi den Grund seiner Existenz. Corporate Purpose beschreibt die grundlegenden Werte, die Eingang in das Leitbild finden, und fungiert somit als Schnittstelle zu den Strategien. Nach einer aktuellen Studie von Burson-Marsteller in 2015 erreichten diejenigen Unternehmen, die langfristig in positive Treiber des Unternehmensleitbilds investierten, durch erhöhte Marktakzeptanz einen um 17 % höheren Gewinn als andere Unternehmen.

Zu dem von Burson-Marsteller entwickelten Modell zählen die Kategorien Verantwortung, Führungskompetenz sowie Differenzierung und Umsetzung (http://burson-marsteller.de/ 2010/10/corporate-purpose-impact-study/, 26.11.2015). Die Bereiche Führungskompetenz (Transparenz, Ausgewogenheit...) und Verantwortung (Vernetzung, langfristige Orientierung...) sind für ein Unternehmen identitätsstiftend, hier wird die Verantwortung der Führungskräfte ganz deutlich. Die Bereiche Differenzierung (Leidenschaft, Originalität.) und Umsetzung (Verlässlichkeit, Konsistenz) sind vorrangig imagebildend, sie bestimmen also die Reputation des Unternehmens.

Eine solche Firmenkultur manifestiert sich dann meist ganz konkret in einem kundenorientierten und fairen Verhalten aller Mitarbeiter, auch untereinander. Gerade erfolgreiche Unternehmen haben klar definierte Wert- und Leitvorstellungen, die ihre Wirkung nach innen wie auch nach außen tragen. Griffige Leitbilder erklären den Kunden und anderen Stakeholdern, wofür das Unternehmen steht.

Ein schlüssiges Leitbild bildet somit die Grundlage und Voraussetzung zu einer konkreten Ausformulierung eines oder mehrerer Unternehmensziele oder Zielbündel (vgl. Abb. 45 und 47). Strategisches Handeln und strategisches Marketing ermöglichen das Erreichen solcher Ziele. Dafür benötigt man Zeit. Schon vor 250 Jahren formulierte der Dichter Ephraim Lessing: „Der Langsamste, der sein Ziel nicht aus den Augen verliert, geht immer noch geschwinder als der, der ohne Ziel umherirrt."

Ziele lassen sich sinnvollerweise zunächst nach ihrer Hierarchie, in strategische Ziele (übergeordnete Unternehmensziele) und operative Ziele (Handlungsziele) klassifizieren. Zu den strategischen Zielen gehören Organisationsgrundsätze und Oberziele, zu den operativen Zielen diverse Funktionsbereichsziele, u. a. auch ökonomische und psychografische Marketingziele (z. B. Kundenzufriedenheit, Gewinnsteigerung...). Die daraus abgeleiteten Zwischen- und Unterzielen kann man auch als operative und taktische Ziele bezeichnen (vgl. Abb. 47).

Stets zu beachten ist, dass (Teil-)Ziele in unterschiedlichen Relationen zueinander stehen können. Sie können neutral (indifferent) zueinander, kongruent bzw. komplementär sein oder aber in Konflikt zueinander stehen (konkurrierend oder antimonisch bzw. sich gegenseitig ausschließend). Es ist daher immer zu prüfen, ob die Teilziele tatsächlich zur Verwirklichung der Oberziele beitragen oder ggf. andere (negative) Wirkungen entfalten. Auch die Marketingziele führen kein Eigenleben, sondern dienen stets zur Realisierung der unternehmerischen Gesamtzielsetzungen.

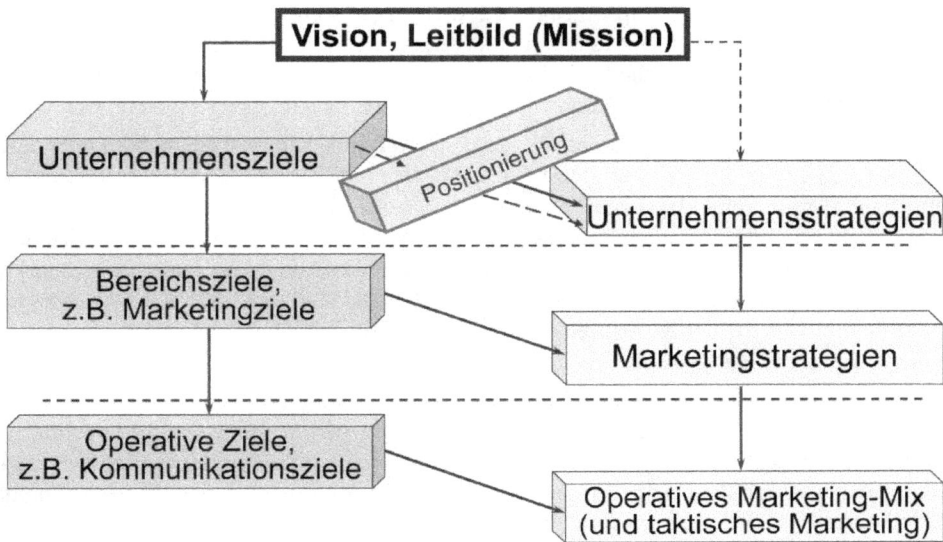

Abb. 47:   Von Zielen zu wirkungsvollen Strategien und Maßnahmen

Besonders wichtig ist eine möglichst konkrete Ausformulierung aller Ziele, damit deren Operationalität im Unternehmensalltag erleichtert wird und über den Grad der Zielerreichung jederzeit Klarheit besteht bzw. das bisher erreichte Ausmaß überprüfbar ist. Leider ist dies in der Praxis oft nicht leicht zu realisieren, da entweder Quantifizierungsprobleme bestehen oder eine Überprüfbarkeit der Ziele von den jeweils Verantwortlichen gar nicht erwünscht ist. Dabei wäre gerade dies ein sehr fairer Ansatz.

Ziele müssen immer konkret formuliert werden, so dass sie stets hinsichtlich ihres Erfüllungsgrads überprüfbar sind. Also sollte man sich an den sogenannten Smart-Kriterien (spezifisch, messbar, attraktiv, realisierbar und terminiert) oder den sogenannten 7-8 Z orientieren: Zielinhalt, Zielobjekt, Zielort (zusätzlich ggf. Zielmarkt, wenn sich diese unterscheiden), Zielgruppe, Zielausmaß, Zielperiode und Zielverantwortlicher.

Auf der Basis derart konkretisierter Zielvorgaben lässt sich der Erfolg des Agierens auf den Märkten im Sinne der Unternehmens- bzw. Marketingziele überprüfen. Mit Hilfe unterschiedlicher Controlling-Instrumente (z.B. Balanced Scorecard, Marktforschung, Markt- und Absatzzahlen...) lassen sich Zielerreichungsgrade, Abweichungen und ggf. auch unerwünschte Wirkungen erkennen, messen und ggf. auch erklären.

Der Unilever Deutschland Chef nannte in der WirtschaftsWoche als Unternehmensziele bis 2020, dass Unilever die Umweltbelastung aller seiner Produkte um die Hälfte senken wolle. Gleichzeitig solle sichergestellt werden, dass bis dahin alle Rohstoffe aus nachhaltiger Landwirtschaft stammen. Wenn sich die Umweltbelastungen genau quantifizieren ließen, wären dies durchaus überprüfbare Ziele.

Fatal ist allerdings, wenn sich im Falle von VW ein Vorstand sehr ehrgeizige Ziele bis 2018 zur Schadstoffreduzierung verkündet (dort als Strategie 2018 bezeichnet), die dann einige Fach-

und Führungskräfte zu den bekannten Manipulationen veranlassen, weil die Ziele anders nicht erreichbar waren. In diesem Fall versagte die niedergeschrieben Unternehmenskultur ihren Dienst. Der VW- Führung gelang es nicht, eine Verständigung auf gemeinsame und machbare Ziele zu erreichen. Eine ähnliche Situation hat es auch bei der Deutschen Bank gegeben, wo tolle, aber unrealistische Renditeversprechen zu Manipulationen im großen Stil führten.

Im Rahmen eines strategischen Controllings (vgl. Abb. 45) müssen die verkündeten Ziele und Strategien sowie die angewandten Instrumentarien auf ihre (ausreichende) Wirksamkeit überprüft und ggf. Vorschläge zum zukünftigen Einsatz effizienterer Instrumente gemacht werden. Mit Hilfe des Benchmarkings lässt sich beispielsweise der (Teil-)Vergleich zu anderen Branchenunternehmen (Konkurrenten) herstellen. Allerdings bedeutet Benchmarking nicht nur die Konkurrenz zu imitieren sondern hat stets das Ziel, am Ende des Prozesses eine bessere Position als die der Konkurrenz zu erreichen. Wer stets nur in die Fußstapfen anderer tritt, kann die vor einem gehenden nie überholen.

Das strategische Controlling liefert gleichzeitig viele Informationen für die Geschäftsleitung, die ihre verkündeten Ziele und gewählten Strategien an den Ergebnissen messen und ggf. optimieren kann (vgl. Abb. 45). Controlling Informationen erhöhen den Informationsgrad im Rahmen der strategischen Situationsanalyse (Strength, Weakness, Opportunities, Threats) und liefern im besten Fall schon eine brauchbare Stärken-Schwächen-Analyse für das eigene Unternehmen im Vergleich zur Konkurrenz, unter Berücksichtigung der Marktgegebenheiten und Kundenanforderungen.

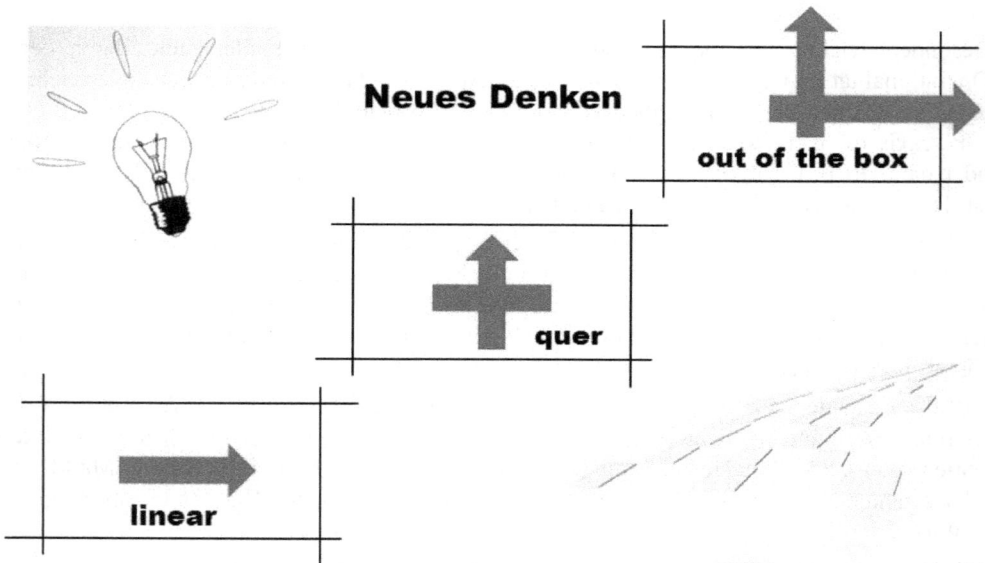

Abb. 48:   Neues Denken gefragt

Es entsteht aber nichts Neues oder gar Besonderes, wenn lediglich die Neuheiten oder besonderen Leistungen anderer kopiert werden - auch ein faires Unternehmen oder ein faires Produktangebot bedarf innovativer Strategie-Ansätze. Innovationsstrategien erfordern allerdings zumeist ein neues Denken. Oftmals reicht ein „querdenken" allein nicht aus, gerade heutzutage ist ein „Out of the Box"-Denken erforderlich, da erst dieses völlig neue Ansätze oder Geschäftssysteme ermöglicht (vgl. Abb. 48). Das Zukunftsinstitut formuliert dies als aktuellen Trend einer sogenannten Crazy Responsibility. Damit Zukunft gelingen könne, sei weniger Sicherheitsdenken und mehr Mut, weniger verkrustete Strukturen und mehr Freiheit, vonnöten. Unternehmensführungen sollten mehr ermöglichen und neue Räume öffnen, Chancen schaffen und Unterstützung bieten, damit sich Mitarbeiter in einer kollaborativen und zunehmend digitalen Umwelt weitgehend selbst organisieren könnten. Routinen und Gewohnheiten, Traditionelles und übertriebenes Sicherheitsdenken müssen über Bord geworfen werden, um neue Herausforderungen meistern zu können.

Unternehmensziele und -strategien sowie Geschäftsmodelle haben meist Verfallsdaten, denn die relevanten Rahmenbedingungen ändern sich permanent. Daher muss das Geschäftsmodell regelmäßig angepasst werden, insbesondere in der heutigen Zeit. Dies gelingt aber viel zu selten. Einmal angenommene Denkstrukturen und Vorstellungen (lineares Denken, vgl. Abb. 48), Gewohnheiten und Traditionen lassen sich nicht so leicht verändern, wenn man sich daran gewöhnt hat und bisher erfolgreich damit war. Kleine evolutionäre Anpassungen sind deshalb im traditionellen Geschäftsbetrieb meist realistischer als neue revolutionäre Ideen (Out-of-the-Box-Denken).

Das Verhaften in alten Geschäftskonzepten führt häufig in eine (Existenz-)Krise. Die Liste ehemals erfolgreicher und heute nicht mehr (selbständig) existierender Unternehmen ist umfangreich. Hertie, Quelle, Neckermann, Touropa, Grundig, Loewe, Praktiker oder Schlecker sind bekannte Beispiele dafür. Völlig neue Rahmenbedingungen zwingen Unternehmen häufig zu drastischen Veränderungen, wenn sie nicht untergehen möchten, wie dies IBM oder Nokia belegen. Dieses gilt auch für aktuelle gesellschaftliche Rahmenbedingungen und Herausforderungen, die eine gute Unternehmensspitze erkennen und strategisch nutzen muss, um den Fairness-Ansatz zu verwirklichen.

Strategien dienen grundsätzlich der Umsetzung bzw. Erreichung von Zielen. Nur wenn diese so konkret wie möglich ausformuliert sind, lassen sich auch erfolgsversprechende Strategien auswählen. Unternehmensstrategien dienen der Erreichung von Unternehmenszielen. Marketingstrategien dienen der Erreichung von Marketingzielen, die aus den Unternehmenszielen abgeleitet werden (vgl. Abb. 47). Allerdings ist es trotz einer genauen Zielsetzung meist auch sinnvoll, sich Optionen offen zu halten (vgl. Abb. 45). Lässt sich nämlich ein Ziel nicht wie vorgesehen realisieren, besteht dann die Chance, Alternativen zu wählen und damit auch erfolgreich zu sein. Solche Optionen ergeben sich nicht zufällig, sondern müssen gut vorbereitet werden, damit sie realisiert werden können. Dies geschieht, indem man Alternativen und deren Voraussetzungen prüft und sich entsprechende Kontakte, Kompetenzen und Fähigkeiten verschafft, um ggf. erfolgversprechende Optionen in einer ethisch sensiblen und fordernden Gesellschaft wahrnehmen zu können.

Die wichtigen strategischen Funktionen von Visionen und Zielen lassen sich am besten durch ein Zitat des französischen Schriftstellers Antoine de Saint-Exupéry veranschaulichen: „Wenn Du ein Schiff bauen willst, dann trommle nicht Männer zusammen, um Holz zu beschaffen, Aufträge zu vergeben und die Arbeit zu verteilen, sondern lehre sie die Sehnsucht nach dem weiten endlosen Meer", oder aber nach einem lohnenswerten und sinnstiftenden Ziel jenseits des großen Ozeans, wie dies Christoph Kolumbus gelang.

Denn wenn die Mannschaft weiß, wohin sie segeln will, (und nur dann) kann sie die Segel auch richtig setzen! Und der Kapitän (= die Unternehmensleitung) muss auch während der gesamten Überfahrt mit all ihren Widrigkeiten seine Seeleute (Mitarbeiter) bei der Stange halten. Dies formulierte der amerikanische Ingenieur Kettering klar: „Niemand hätte jemals den Ozean überquert, wenn er die Möglichkeit gehabt hätte, bei Sturm das Schiff zu verlassen." Nur Zielstrebigkeit, Beharrlichkeit und Ausdauer führen zum gewünschten Ziel, wie man dies auch am Beispiel eines Diamanten erkennen kann: denn auch ein Diamant ist eigentlich nur ein Stück Kohle, das mit langer Ausdauer etwas besonders wertvolles werden konnte.

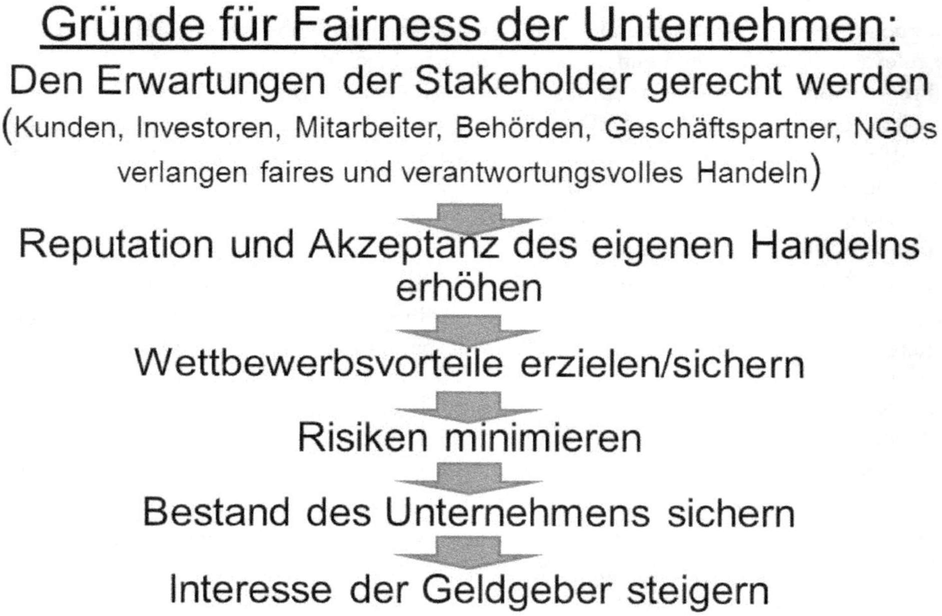

Gründe für Fairness der Unternehmen:
Den Erwartungen der Stakeholder gerecht werden
(Kunden, Investoren, Mitarbeiter, Behörden, Geschäftspartner, NGOs verlangen faires und verantwortungsvolles Handeln)

Reputation und Akzeptanz des eigenen Handelns erhöhen

Wettbewerbsvorteile erzielen/sichern

Risiken minimieren

Bestand des Unternehmens sichern

Interesse der Geldgeber steigern

Abb. 49:   Fairness zahlt sich vielfältig aus

Märkte sind heute vielfach gesättigt, Leistungen werden durch zunehmende Standardisierung austauschbar und funktional gleichwertiger - hinzu kommt die mediale Reizüberflutung. Grund genug, sich mit einem Fairness-Ansatz deutlich von den Wettbewerbern abzuheben und eine Fairness-Reputation aufzubauen (vgl. Abb. 49).

Damit Kunden ein Unternehmen und sein Angebot in der unübersichtlichen Vielfalt wahrnehmen können, müssen die Einzigartigkeit des eigenen Angebots, die wichtigsten Vorteile (Unterschiede) gegenüber der Konkurrenz, das oder die Alleinstellungsmerkmale (USP) verdeutlicht werden. Eine klare Position (vgl. Abb. 50) im Markt bzw. Positionierung in der Vorstellung der Kunden hilft jedem Unternehmen, sich der Austauschbarkeit seiner Angebote zu entziehen. Fairness ist sicherlich ein wesentlicher Positionierungsfaktor, der allerdings auch deutlich im Unternehmens- und Mitarbeiterverhalten zum Ausdruck kommen muss.

Gelegentlich hört man von einer sog. Positionierungsstrategie, doch dieser Begriff erscheint nicht passend, da Positionierung etwas ist, was auch ohne strategisches Handeln stattfinden kann und meist schon vorhanden ist. Wenn man ggf. eine Ist-Positionierung des Unternehmens oder seines Angebots in eine Wunschpositionierung (quasi als Ziel) verändern möchte, sind bestimmte Strategien anzuwenden. Also besteht die Positionierung (zumindest als Konzept) schon vor einer Strategiefestlegung. Wer sich nicht selbst positioniert, wird in der Vorstellung der Kunden positioniert, wie Imageanalysen deutlich belegen. Vielen Unternehmen ist nicht klar, dass ein bestimmtes Außenbild besteht, welches von einer (verklärten) Innensicht z.T. deutlich abweichen kann (Eigenbild vs. Fremdbild).

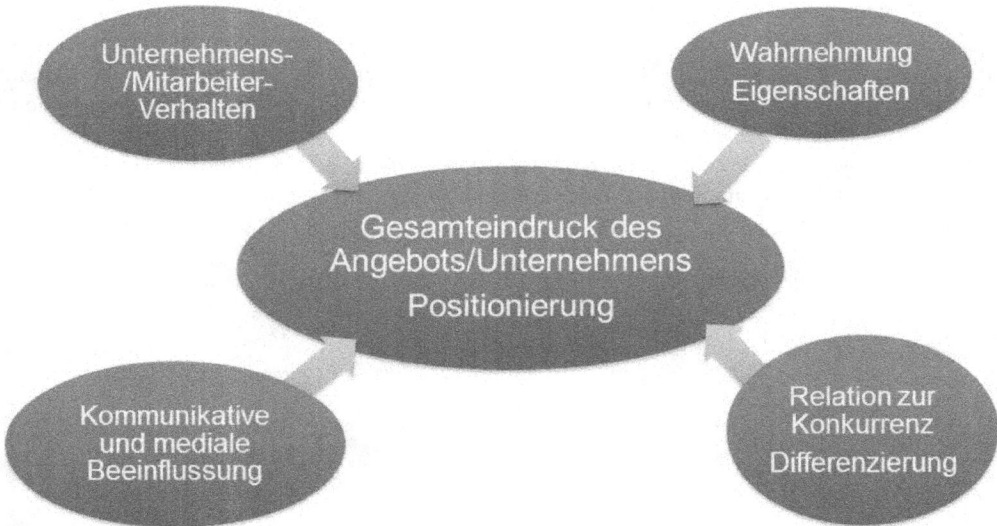

Abb. 50:   Positionierung in der Kunden-Vorstellung

Als Positionierungsprozess bezeichnet man das Bestreben, ein Unternehmen, eine Leistung oder Marke in der Außenwirkung so zu gestalten, dass es/sie im Bewusstsein der Zielkunden und Stakeholder einen besonderen, geschätzten und von den Wettbewerbern abgesetzten Platz einnimmt. Ein umfassendes faires Management bietet eine hervorragende Basis für eine solch geschätzte Alleinstellung (vgl. Abb. 43).

Kann ein Unternehmen wirklich die gleiche Vorstellung in den Köpfen aller potenziellen Kunden und weiterer Stakeholder erzeugen, unabhängig davon um welche Zielgruppe es sich handelt? Sind die Zielgruppen zu unterschiedlich, sollte evtl. eine separate Positionierung in jedem relevanten Markt (als strategische Geschäftseinheit für jede Zielgruppe) geprüft werden. Problematisch ist allerdings, dass ein potenzieller Kunde möglicherweise auch Kunde eines anders positionierten Angebots des Unternehmens werden könnte. Dann würden unterschiedliche Positionierungen Verwirrung stiften und das Gesamtbild des Unternehmens diffus erscheinen lassen. Also müssen die Vor- und Nachteile eines solchen Vorgehens sorgfältig abgewogen werden.

Meist erweist es sich als effektiver, eine stimmige Gesamt-Positionierung für das Unternehmen und seine Angebote anzustreben, zumindest für jede Marke. Je klarer sich das Image des eigenen Unternehmens von dem anderer abhebt, umso leichter lässt sich dies kommunizieren

und in der Vorstellung aller Kunden und anderer Stakeholder verankern. Ein unverwechsel-
bares Image oder sogar eine profilierte Marke sind stets von Vorteil. Eine stimmige Corporate Identity erzeugt das gewünschte Corporate Image in den Köpfen der Zielpersonen.

In der Praxis scheitert die Bildung einer eindeutigen und trennscharfen Positionierung oft an
der dafür notwendigen Spezialisierung. Diese würde nämlich bedeuten, althergebrachtes über
Bord zu werfen zu müssen, was dem ggf. angestrebten Spezialisten-Profil widerspricht. Das
gilt ebenso für das Thema Fairness.

Unternehmensleitungen, die Prioritäten setzen und sich spezialisieren, zeigen immer das klars-
te Profil. Aber Spezialisierung heißt auch stets Reduzierung: Davor scheuen viele Firmen
zurück. Um nicht womöglich eine Chance zu verpassen oder gar jemanden zu verprellen, will
man Angebote für jeden bieten. Nur, wenn diese Entscheider selbst vor einer Auswahl stehen,
werden sie sich auch nicht für ein kaum wahrnehmbares, diffuses Mittelmaß entscheiden.
Stattdessen präferieren sie preislich, qualitätsmäßig oder in bestimmter Weise profilierte oder
eben faire Angebote. Da niemand ein profillose Unternehmen oder Angebot schätzt, heißt das
vorrangige Ziel: Schaffung einer attraktiven Positionierung mit einem klarem und unverwech-
selbarem Profil auf Basis der vorhandenen Alleinstellung (vgl. Abb. 51).

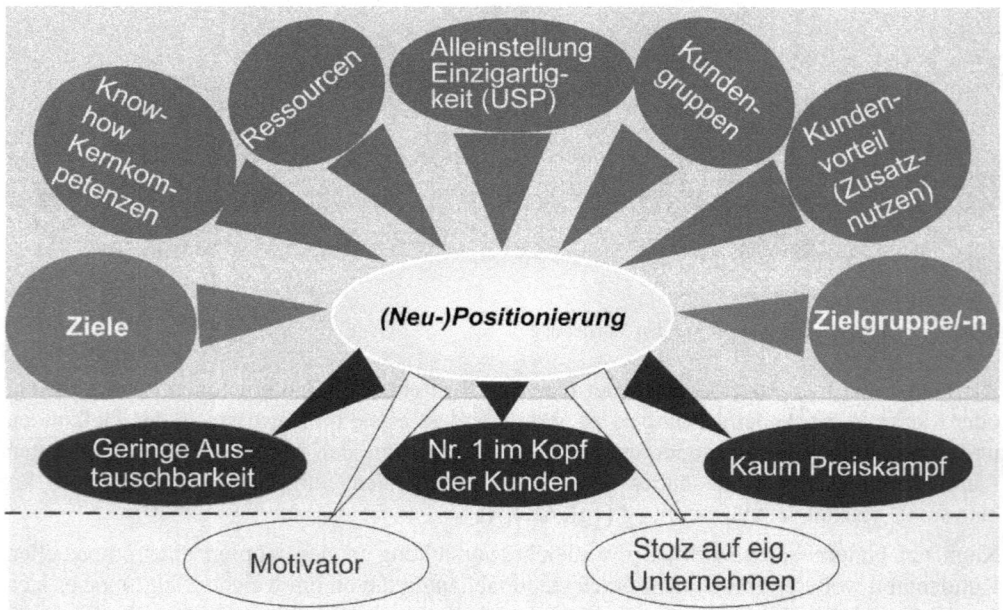

Abb. 51:   Voraussetzungen und Auswirkungen klarer (Neu-)Positionierung

Wird eine Positionierung oder ggf. auch Neupositionierung im Sinne von Fairness angestrebt, sind alle Potenziale und Ressourcen zu nutzen, um erkennbare Kernkompetenzen bzw.
Erfolgsfaktoren zu entwickeln und eine Alleinstellung zu erreichen, die an den Erwartungen
der Kundengruppen orientiert ist. So kann man zur Nr. 1 der Vorstellung seiner Kunden werden, also einen großen Wettbewerbsvorteil erzielen. Fairness bietet eine solche Allein-
stellungsmöglichkeit.

Entsprechend des Mottos des österreichischen Komponisten Anton Bruckner „Wer hohe Türme bauen will, muss lange beim Fundament verweilen", kann nur diejenige Unternehmensleitung, die über eine ausreichend gute und sichere Informationsbasis verfügt, dauerhaft erfolgversprechende unternehmerische Entscheidungen treffen. Basis für eine strategische Unternehmensführung bzw. ein strategisches Marketing ist eine strategisch ausgerichtete Markt- und Umweltforschung. Ein allgemein anerkanntes Instrumentarium zur Erfassung und Bewertung der strategisch relevanten Informationen und Daten ist die sogenannte SWOT-Analyse, auch andere Analysen kommen in Frage.

Die strategische Situationsanalyse (SWOT) erfasst und bewertet zunächst in zwei Teilanalysen unternehmerischer Stärken (strength) und Schwächen (weakness) sowie genereller Chancen (opportunities) und Risiken (threats), die sich aus dem Markt und dem Markt- bzw. Unternehmensumfeld ergeben (vgl. Abb. 52). Danach wird auf der Basis dieser beiden Teilanalysen eine Gesamtanalyse, die auch häufig als Portfolioanalyse bezeichnet wird, vorgenommen. Einer Ist-Situation wird darin ein Soll-Konzept gegenüber gestellt, das dem Unternehmen neue strategische Potenziale eröffnet.

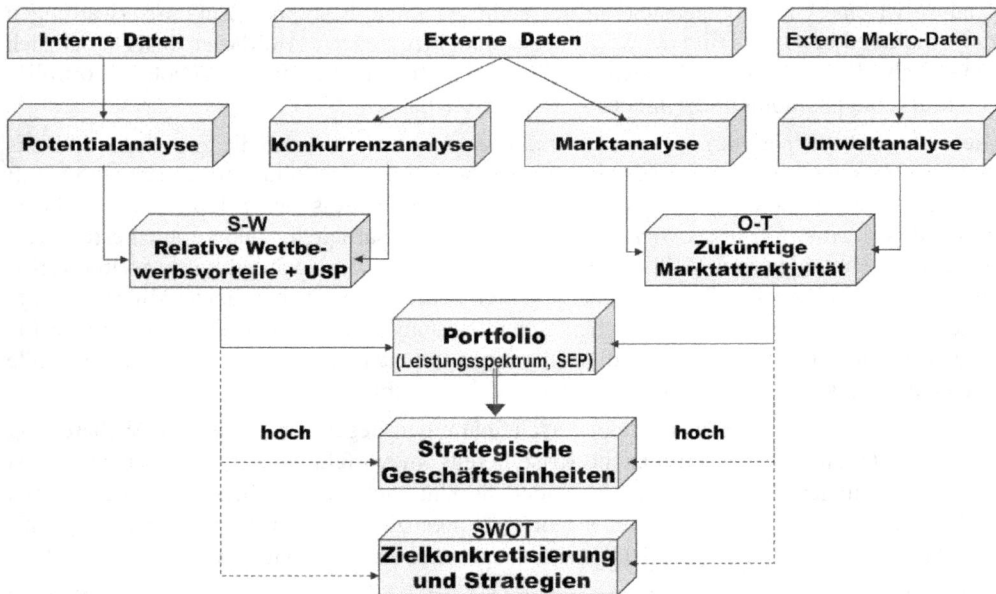

Abb. 52:   Strategische Situationsanalyse und ihre Implikationen

Zunächst werden die Ergebnisse der Ist- bzw. Potentialanalyse des eigenen Unternehmens mit seinen vorhandenen Ressourcen bzw. Kernkompetenzen mit den wichtigsten Wettbewerbern und deren Möglichkeiten verglichen (vgl. Abb. 52). Daraus lässt sich ein Vergleichsprofil der Stärken und Schwächen (S-W) mit dem oder den Hauptkonkurrenten erstellen. Auf Basis dieser Alleinstellungsmerkmale lassen sich je nach Unternehmensstruktur und -größe ggf. strategische Geschäftseinheiten (SGE) bilden, die dem eigenen Unternehmen sehr gute Zukunftspotenziale in der Kundenansprache bieten.

Die relevanten Motive, Wünsche oder Anlässe der Kunden (= zukünftige Marktanforderungen) sind im nächsten Schritt ebenso zu ergründen, wie auch die zukünftig relevanten Rahmenbedingungen für die Unternehmenstätigkeit. Sie sollten möglichst in Form einer Umfeld- bzw. Umweltanalyse erfasst werden. In der Umweltanalyse, häufig auch als PESTE-Analyse bezeichnet, werden u. a. zukünftige Einflüsse aus Umwelt, Wirtschaft und Technik, Gesellschaft und Politik eingeschätzt. Die von zukünftigen Einschätzungen und Erwartungen geprägte Chancen-Risiken-Analyse (O-T) für alle im gleichen Markt agierenden Unternehmen ist selbstverständlich weniger belastbar, als die unternehmensbezogene Stärken-Schwächen Analyse, die ausschließlich die Gegenwart oder die Vergangenheit beschreibt.

Mögliche Erkenntnisse über zukünftige Entwicklungen und Trends lassen sich daher meist viel schwerer in strategische Empfehlungen und insbesondere konkrete Unternehmensentscheidungen umsetzen. Neben den unterschiedlichen Erwartungen der Experten bedeutet auch die Gewichtung zukünftig relevanter Einflussfaktoren einen Unsicherheitsfaktor für die Unternehmensplanung.

Vor dem Hintergrund der beiden dargestellten Teilanalysen (interne Stärken-Schwächen/externe Chancen-Risiken) und der zusammengeführten SWOT- oder TOWS-Analyse ist eine Unternehmensleitung besser in der Lage, bestimmte Zukunftserwartungen zu formulieren bzw. mit Hilfe der Szenariotechnik einzugrenzen. Auf dieser Basis lassen sich strategische Entscheidungen hinsichtlich Geschäftstätigkeit, Leistungsangeboten (Portfolio) und Marketingpositionierung (Image, Marke...) treffen.

Die strategische Situationsanalyse (oder ähnliche Analysen) sind also die grundlegende Basis für jedes Unternehmen, sich mit seiner Leistungspalette (Portfolio) strategisch vorteilhaft gegenüber seinen potenziellen Kunden zu positionieren. Aus der SWOT- bzw. TOWS-Analyse (vgl. Abb. 52) lassen sich nicht nur USPs herausarbeiten, sondern auch erfolgsversprechende Strategien und Maßnahmen ableiten, die zu einem auch zukünftig wettbewerbsfähigen und von den Kunden geschätzten Unternehmensangebot beitragen. Mit Hilfe einer systematisch angewandten strategischen Situationsanalyse lassen sich also vorhandene Erfolgspositionen für jedes Unternehmen klar herausarbeiten und gleichzeitig wirkungsvolle Maßnahmen zur Stärkung der Alleinstellungsmerkmale ableiten.

Krisen sind eine unvermeidbare Begleiterscheinung der Gegenwart. Eine gute Vorbereitung im Unternehmen kann jedoch manche Krise bereits im Vorfeld entschärfen oder zumindest ihre Auswirkungen mindern. Je umfassender die Unternehmen mögliche kritische Themen im Blick haben, desto besser können sie sich auf potenzielle Krisen vorbereiten und spezifische Abwehrstrategien entwickeln (Krisenmanagement, Risikomanagement).

Dem sogenannten „Issues Management" (Issues = Themen, Aspekte, Angelegenheiten) kommt daher im Vorfeld einer Krise eine besondere Bedeutung zu. Ziel des Issues Managements ist es, frühzeitig solche Themen zu entdecken, die entweder im Sinne des Unternehmens oder der Marke positiv genutzt werden können oder die genauer beobachtet werden sollten, da sie sich gegebenenfalls kritisch auf das Unternehmen oder das Fortbestehen einer Marke auswirken können.

Somit ist eine aufmerksame Beobachtung und Analyse der Unternehmensumwelt (zum Beispiel der politischen, wirtschaftlichen und gesellschaftlichen Entwicklungen im Rahmen einer PESTE-Analyse) sowohl zur Initiierung positiver Thematisierungs- und Innovationsprozesse als auch zur Abwehr potenzieller Krisen sinnvoll. Issues Management ist mithin ein systematischer Managementprozess zur strategischen Ausrichtung der gesamten Unternehmenskommunikation unter Einbezug der Stakeholder.

Wie bereits dargelegt, dienen Strategien der Umsetzung unternehmerischer Ziele (vgl. Abb. 53), insbesondere der profitablen und langfristig erfolgreichen Ausrichtung eines Unternehmens. Vor allem in kleinen und mittleren Unternehmen (KMU) werden insbesondere zu Anfang ihrer Unternehmenstätigkeit häufig gar keine oder zumindest keine wirklich tragfähigen Strategien entwickelt. Meist werden diese erst zu einem späteren Zeitpunkt erarbeitet bzw. um die bisherigen Aktivitäten sozusagen „herumgestrickt". Oftmals werden bisher erfolgreiche Aktivitäten sehr kreativ in spätere Strategien eingebettet oder einfach zur Strategie erklärt. Dabei ist zu beachten, dass jede Strategie nur so gut sein kann, wie das richtungweisende Ziel.

Es gibt zwei Erklärungen für Unternehmensstrategien oder -strategiebündel: Entweder bezeichnet man diese als eine rational geplante Vorgehensweise mit Hilfe eines „Maßnahmenbündels" oder als Grundmuster von Entscheidungen und Handlungen im Unternehmen. In diesem zweiten Sinne finden sich Strategien selbstverständlich auch in KMU, die meist über sehr langfristige, familienorientierte Grundorientierungen verfügen.

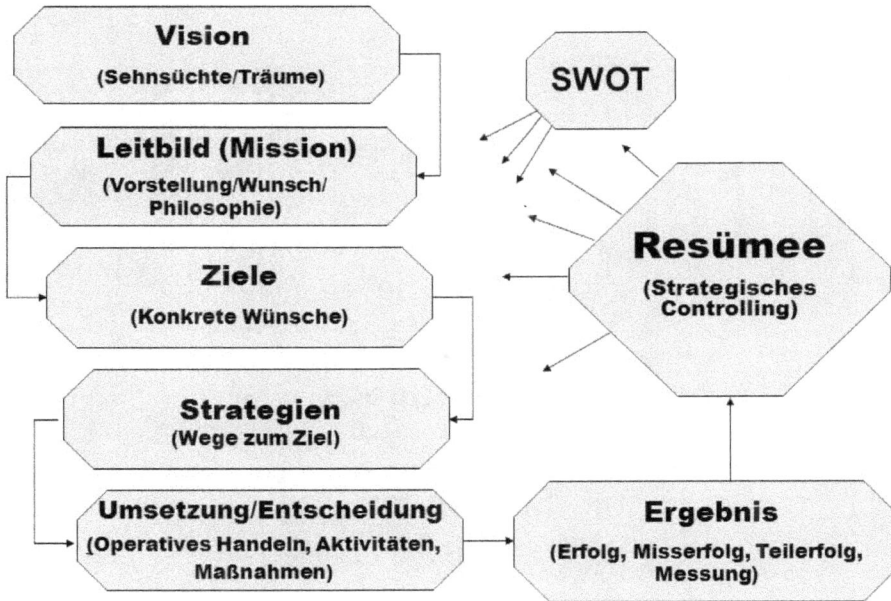

Abb. 53:   Strategien zur Umsetzung von Visionen und Erreichung von Zielen

Strategien zu verfolgen heißt gezielt und langfristig zu agieren, keine Strategie zu haben bedeutet meistens kurzfristig zu reagieren. Besser ist es für jedes langfristig planende Unternehmen, schon möglichst zu Anfang seiner Tätigkeit erfolgversprechende Strategien auszuwählen oder spezifisch für die eigene Organisation zu entwickeln und diese auch zielgerichtet zu verfolgen (vgl. Abb. 53). Mit strategischem Handeln ist ein Unternehmen ungleich erfolgreicher als eines, das nicht strategisch sondern kurzatmig oder sprunghaft handelt. Besonders erfolgreich sind Unternehmen, die nachhaltige oder faire Strategien verfolgen und dadurch gleichzeitig Mehrwert für das Unternehmen und die Gesellschaft, einen sogenannten „Shared Value", schaffen.

Allerdings ist es für jedes Unternehmen notwendig, im Lauf seiner weiteren Entwicklung je nach erreichter Marktposition seine Strategien zu verändern oder sogar völlig neue zu wählen. Es ist ebenfalls wichtig, nicht die gleichen Strategien wie die Konkurrenten zu wählen, um sich möglichst deutlich zu abzuheben. „Nischenstrategien" sind gerade für KMU erfolgversprechender als in direkte Konkurrenz zu Konzernen zu gehen.

Auch für langjährig erfolgreich tätige Unternehmen sind strategische (Neu-)Positionierungen möglich und sinnvoll, allerdings oftmals mit der Konsequenz verbunden, sich von alten Zöpfen (Leistungen und Angeboten) trennen zu müssen. Aus einer SWOT-Analyse gewonnen Strategien und ggf. daraus abgeleitete Teilstrategien (z. B. für Marketingaktivitäten) sollten die gewonnene oder angestrebte Marktposition und das aktuelle Leitbild des Unternehmens reflektieren (vgl. Abb. 45).

Noch 2013 bemängelte die U-Kommission, dass lediglich etwa 1000 der 42.000 größten europäischen Firmen CS strategisch betreibe. Und nicht einmal 10 % der größten Unternehmen lege regelmäßig Rechenschaft über seine CSR-Aktivitäten ab.

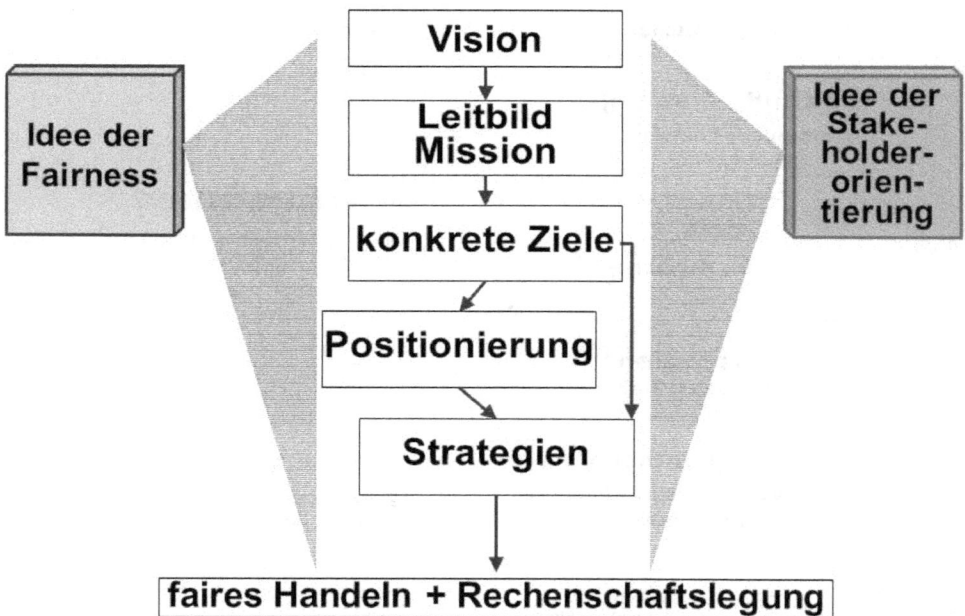

Abb. 54:   Strategischer Fairness Ansatz in der Unternehmensführung

Manche Unternehmensleitung mag sich die Frage stellen, ob Strategien (Militär-)Kunst oder Wissenschaft sind? Sie haben sicherlich von beidem etwas. Es bedarf auf jeden Fall einer exakten Daten-Basis, um ausgewählte Strategien dann sehr konsequent, quasi generalstabsmäßig in die Tat umzusetzen. Eine zögerliche Umsetzung der Strategien oder ein mehrmaliger Wechsel der Strategien kann ein Desaster für das Unternehmen sein. Aber nicht immer nur eine Strategie allein ist erfolgversprechend. Wissenschaftlich fundierte Strategiebaukästen enthalten unterschiedliche Strategieansätze. Diese lassen sich in drei große Kategorien mit jeweils mehreren Einzelstrategieoptionen einteilen,

- die Geschäftsfeldstrategien,
- die Geschäftssystemstrategien und
- die Marktteilnehmerstrategien.

Aus diesem Baukasten kann sich jedes Unternehmen diejenigen Strategien auswählen, die nach den Erkenntnissen aus der SWOT-Analyse (auf Basis der Portfoliostruktur, vgl. Abb. 52) die erfolgversprechendsten sind. Sie sind miteinander kombinierbar.

Im Sinne einer strikten Stakeholderorientierung sind Portfoliostrategien (z. B. Innovationen oder Desinvestitionen), Wettbewerbsstrategien (Qualitäts- oder Innovationsvorteile) oder Timingstrategien (z. B. Pionier) besonders relevant. In diese sowie die Kundenstrategien lassen sich erfolgreich alle geschilderten Fairnessansätze integrieren. Fairness muss ebenfalls in die Unternehmensstrategien eingebettet werden, soll sie von den Stakeholdern nicht nur als sog. „Green Washing" wahrgenommen werden.

Die Idee des Fairness-Ideals ist zunächst im gesamten normativen Bereich eines Unternehmens zu verankern, damit es seine Wirkung entfalten und in Strategien und operativem Handeln umsetzen kann. Gleichzeitig ist die Stakeholderorientierung mit ihrem Kooperationsansatz in allen normativen und strategischen Elementen des Managements zu verankern, damit die Ausrichtung auf das Thema „Fairness" auch in diesem Aspekt deutlich wird (vgl. Abb. 54).

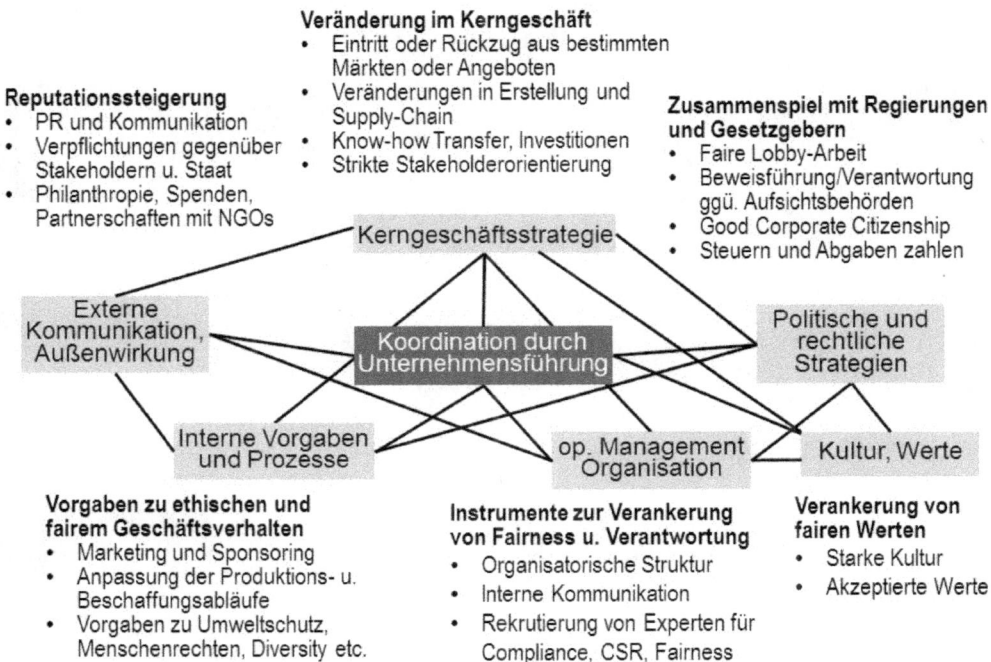

Abb. 55:   Fairness als kooperativer und aktiver Managementansatz

Fairness bedeutet dementsprechend Kooperation und Kommunikation mit den Stakeholdern, wo und wie immer dies möglich ist. Fairness bedeutet aber auch eine aktive Gestaltung oder Umgestaltung (Change Management) des normativen, strategischen und dann auch des operativen Gerüsts und Handelns eines Unternehmens (vgl. Abb. 55). Mit der praktischen Ausgestaltung des operativen fairen Managements und Marketings beschäftigen wir uns im folgenden Kapitel.

5   Management und faires Marketing

Bevor näher betrachtet wird, wie Fairness in den Unternehmen operativ eingebettet und sichergestellt werden kann, soll zunächst noch einmal die Ausgangslage für die Unternehmen verdeutlicht werden. Sie befinden sich zunehmend in einer Situation allseitiger Beobachtung, verbunden mit dem Anliegen der Gesellschaft nach umfassender Transparenz. Dazu stehen den Stakeholdergruppen mit investigativen Medien und den neuen Medien starke Verbündete zur Seite, die in einem bisher kaum dagewesenen Umfang unternehmerisches Handeln durchleuchten und in Frage stellen.

Abb. 56:   Unternehmen werden transparenter

Waren früher für Kunden und andere Stakeholder zunächst nur die jeweiligen Unternehmensangebote (Produkte, Dienstleistungen …) sichtbar, eröffneten die Unternehmen später auch einen Einblick in ihr strategisches Zielsystem mit Vision und Leitbild. Auch die Herstellung der Leistungen wurde zunehmend transparenter (vgl. Abb. 56).

Heute werden auch jene Unternehmensbereiche transparent, über die früher mit Hinweis auf die Konkurrenzsituation häufig Stillschweigen bewahrt wurde. Die genauen Produktionsbedingungen an allen Standorten sind heute ebenso publik, wie die Arbeitsbedingungen und die der Zulieferer in der Supply Chain. Dabei steht oft auch der Verbrauch der natürlichen Ressourcen im Mittelpunkt. Selbst Unternehmenswerte und -kultur bleiben nicht mehr im Dunkeln und müssen sich der öffentlichen Diskussion stellen (vgl. Abb. 56).

Unternehmensleitungen stellen sich entgegen aller Einsicht gelegentlich immer noch die Frage, ob es reicht „gut" zu erscheinen oder ob sie wirklich „gut" sein müssen. Fair zu handeln ist die einzig denkbare Antwort auf diese Frage. Denn Unternehmen, die nur vortäuschen, gut zu sein, müssen ständig auf der Hut sein, nicht aufzufallen (z. B. bei „Green Washing"). Setzt ein Unternehmen hingegen durch und durch auf Fairness, braucht es nichts zu fürchten, weil es nichts aufzudecken gibt. Nur auf der Basis von Fairness kann ein Unternehmen langfristige und vertrauensvolle Beziehungen zu den Kunden und allen anderen Stakeholdern aufbauen und pflegen sowie daraus einen ökonomischen Nutzen ziehen. Genau darum geht es immer noch zuallererst, denn ohne Gewinne können Unternehmen auch in Zukunft nicht existieren.

Der Einfluss der Öffentlichkeit und der Stakeholder auf die Unternehmensführung wird durch die hohe Transparenz allerdings immer größer und auch staatliche Institutionen verstärken den Druck durch stringentere Gesetzte, Vorschriften und Standards. Unternehmen befinden sich in der schon zuvor angesprochenen Sandwich-Position zwischen den Anforderungen diverser Stakeholder (vgl. Kap. 4, Abb. 39). Doch Unternehmen werden damit zurechtkommen, wenn Sie ihr Management und Marketing in fairer Weise ausgestalten.

Daher müssen wir nun einen genaueren Blick auf unternehmerisches Agieren in Form von Management und Marketing werfen. Warum werden Management und Marketing in einem Atemzug genannt? Sind dies nicht zwei unterschiedliche Paar Schuhe (oder sogar drei, wenn man den Vertrieb auch noch separat vom Marketing betrachtet)?

Marketing (i. S. von Absatzmarketing einschließlich Vertrieb) zielt auf die Gewinnung und Bindung von Kunden ab und als Beschaffungsmarketing auf die Gewinnung benötigter Ressourcen für die Unternehmenstätigkeit. Es geht um Finanzen, qualifizierte Mitarbeiter und Dienstleistungen sowie notwendige Grund- und Vorprodukte. Ohne die Bereitschaft der Kunden, seine Leistungen zu erwerben, kann kein Unternehmen die notwendigen Einnahmen für eine langfristige unternehmerische Tätigkeit erzielen. Finanziers in Form von Eigenkapital- oder Fremdkapitalgebern stellen nur die Mittel für den Start und ggf. später für rentable Erweiterungen der Unternehmenstätigkeit zur Verfügung. Alles andere ist über Einnahmen aus Verkäufen zu finanzieren, einschließlich der Verzinsung des eingesetzten Kapitals.

Grundsätzlich haben sich die Marketingaktivitäten seit der Nutzung des Begriffs in Mitteleuropa vor 60-70 Jahren nicht völlig verändert, sie sind nur vielfältiger und umfangreicher geworden. Nach dem zweiten Weltkrieg mangelte es an fast allem und somit war es zunächst wichtig für die Unternehmen, diese Mängel zu beheben. Daher wurde alles mit den wenigen vorhandenen Möglichkeiten erzeugt und angeboten, um zumindest die notwendigsten Kundenbedürfnisse zu befriedigen. Die Kunden suchten nach den passenden Angeboten und nahmen zum Teil lange Wege in Kauf, um die benötigten Produkte und Dienstleistungen zu erhalten. Es handelte sich zunächst um einen ausgeprägten Verkäufermarkt, der auch heute noch gelegentlich bei innovativen Leistungen anzutreffen ist (z. B. Produkte von Apple).

Damals ging es allerdings in erster Linie um eine Grundversorgung der Bevölkerung und damit um die Sicherstellung der eigenen Produktion/Erstellung. In diesem Zusammenhang spricht man auch von einer Produktionsorientierung (vgl. Abb. 57) der Anbieter. Die Qualität der angebotenen Leistungen war häufig relativ schlecht, da ein Mangel an Vorerzeugnissen,

Vorleistungen oder Roh- und Hilfsstoffen herrschte. Beim Marketing ging es damals vorrangig um die Preisfestlegung und das Verteilen durch die Unternehmen.

Nach dieser Anfangsphase, in der den Anbietern fast alles aus der Hand gerissen wurde, normalisierte sich die Situation und Qualitätsaspekte gewannen an Bedeutung. Die Anbieter achteten also zunehmend auf Leistungsqualität, Ausstattungsmerkmale und Verbesserungspotenziale. Diese Phase wird als Produkt- bzw. Leistungsorientierung (vgl. Abb. 57) der Unternehmen bezeichnet. Innovationen, Weiterentwicklungen und Differenzierungen gewannen an Bedeutung - ein nächster Schritt in Richtung Marketingorientierung.

In der weiteren Entwicklung boten immer mehr Unternehmen ihre Produkte und Dienstleistungen an, so dass es für die meisten Anbieter notwendig wurde, diese aktiv im Wettbewerb zu verkaufen. In dieser Phase der Verkaufsorientierung (vgl. Abb. 57) wurden die angebotenen Leistungen meist argumentativ gestützt verkauft, in dem die Unternehmen auf besondere Qualitäten, Ausstattungsmerkmale oder günstige Preise hinwiesen. Diese Phase gilt quasi als Nahtstelle einer Entwicklung vom Verkäufermarkt zum Käufermarkt. Die steigende Zahl der Anbieter als Konkurrenten erforderte es, sich mit den Angeboten deutlicher von der Konkurrenz abzuheben und die Kunden von den Vorzügen der eigenen Angebote zu überzeugen. Die Unternehmen mussten sich also zunehmend am Absatzmarkt orientieren.

Abb. 57:   Entwicklung des Marketing-Selbstverständnisses seit mehr als 60 Jahren

Die weitere Marktentwicklung führte mit ansteigender Konkurrenz zur Notwendigkeit, um die Kunden zu werben. In dieser Phase entstand die sogenannte Marketingorientierung (vgl. Abb. 57) der Unternehmen, die sich im Laufe der Zeit weiter verstärkte. Neue Marketinginstrumente wurden entwickelt und genutzt, wie z. B. differenzierte Werbeformen, Public Relations, Marktforschung, Finanzierungsangebote und neue Vertriebskanäle. Zunehmend wurden die Marketinginstrumente angesichts einer steigenden Wettbewerbsorientierung auch strategisch eingesetzt.

Je größer das Angebot wurde, desto komfortabler wurde die Situation der Kunden. Diese konnten zunehmend unter ähnlichen Angeboten wählen und dasjenige wählen, welches ihren eigenen Vorstellungen am besten entsprach. Damit Kunden nicht zu anderen Anbietern wechselten, versuchten die Unternehmen, die Kunden an sich zu binden, zunächst mittels langfristiger Verträge oder mengenmäßig gestaffelter Preise, um die Wechselkosten für die Kunden zu erhöhen. Weitere Leistungseigenschaften und bessere Kundenbindungsstrategien kamen hinzu. Sie sollten den Kundennutzen erhöhen. In dieser Phase ist von einer Kunden-nutzenorientierung die Rede (vgl. Abb. 57 und 58). Zum ersten Mal tauchten in dieser Phase auch Bio- oder Ökoangebote auf, um spezifischen Kundenwünschen Rechnung zu tragen. Man sprach seinerzeit gelegentlich von ersten Ansätzen einer Gesellschaftsorientierung.

Abb. 58:   Marketing entwickelt sich immer mehr zum fairen Unternehmensmanagement

Derzeit ist in vielen Marktsegmenten eine kritischere Bewertung der starken Kundenorientie-rung festzustellen, da diese oft die Gewinnerzielung der Unternehmen zu wenig berücksich-tigte. Kundenorientierung „rechnet" sich für Unternehmen nur dann, wenn dadurch Wettbe-werbsvorteile beziehungsweise höhere Gewinne erzielt werden können. Also gilt heute eher das Primat einer Wettbewerbsorientierung (vgl. Abb. 57) im Marketing, wenngleich dabei im Sinne einer zielgruppenspezifischen Differenzierung auch Aspekte einer Gesellschafts- oder besser Stakeholderorientierung (CSR, Fairness, Bio …) zu erkennen sind.

Um 1970 stellte Leslie M. Dawson erstmals das „Human Concept of Marketing" (vgl. Abb. 59) vor, welches auch als aufgeklärtes oder gesellschaftsfreundliches Marketing bezeichnet wird. Grundlegende Forderung dieses Human Concept ist eine stärkere Fokussierung der Zielsysteme von Unternehmen und somit des Absatzmarketingkonzepts auf gesellschaftliche und humanitäre Erfordernisse. Dawson sah schon damals die Überlebensfähigkeit eines Unternehmens nur dann langfristig als gesichert an, wenn es ihm gelänge, sowohl die Interessen der Arbeitnehmer, Kapitalgeber, Kunden und Lieferanten als auch die der sozialen, politischen und ökonomischen Umwelt zu berücksichtigen und entsprechenden Entwicklungen in der Gesellschaft Rechnung zu tragen.

Mit diesem Konzept wurde der Weg geebnet zum ökologischen Marketing (kurz: Ökomarketing), welches später zum nachhaltigen Marketing erweitert wurde. Man spricht auch von einer Fokussierung oder Vertiefung des Marketings, die ihre Fortsetzung im neuen Ansatz eines fairen Marketings findet (vgl. Abb. 59). Faires Marketing basiert auf dem Ansatz des „Creating Shared Value", also aus eigenem Antrieb sowohl Mehrwert für das Unternehmen als auch für die Kunden und die Gesellschaft zu schaffen.

Somit hat sich das Selbstverständnis bzw. die Philosophie des Marketings im Laufe der Jahre deutlich verändert. Es entwickelte sich von einem Instrumentarium und seinen Erweiterungen inzwischen zum bestimmenden Element einer ganzheitlichen und stakeholderorientierten Unternehmensführung.

Klassisches Marketing

Human Concept of Marketing
Ökologisches Marketing
Nachhaltiges Marketing
Faires Marketing

Vertiefung (Deepening)

Abb. 59:   Vom klassischen Marketing zum fairen Marketing

Die in der Marketingthematik führende American Marketing Association (AMA) vertritt seit einigen Jahren eine umfassendere Sichtweise des Marketings, die inzwischen dem Führungsanspruch des Marketings im Unternehmen gerecht wird. Demnach ist Marketing (www.marketingpower.com - eigene Übersetzung)

- eine Führungsfunktion,
- ein Prozessinstrumentarium
- zur Schaffung, Kommunikation und Lieferung von Werten für die Kunden/Abnehmer
- zum Management (bzw. zur Pflege) von Kundenbeziehungen
- zum Vorteil der (marketingtreibenden) Organisation und ihrer Stakeholder

Dieser Sicht schließt sich der Autor (ebenso wie Meffert u. a.) an, da Marketing die Führung von kundenorientierten Unternehmen ganz wesentlich bestimmt bzw. sogar die klassische Managementfunktion durch eine ganzheitliche Kunden- und Stakeholderorientierung ersetzt. Nur mittels strategisch und fair ausgerichtetem Handeln (vgl. Kap. 4) lässt sich im Wettbewerb um die Kunden dauerhaft der Erfolg eines Unternehmens sicherstellen.

Faires Marketing bedeutet die konsequente Ausrichtung des gesamten Unternehmens auf die Erwartungen der Kunden und anderer Stakeholder unter Berücksichtigung gesellschaftlicher Anliegen. Faires Marketing ist eine auf Fairplay ausgerichtete Unternehmensphilosophie und Führungsaufgabe. Es bedient sich normativer und strategischer Elemente sowie operativer Instrumentarien, um den Kundenwünschen unter Beachtung eigener Gewinne/Vorteile Rechnung zu tragen und die Austauschprozesse mit allen Stakeholdern zu gestalten. Faires Marketing sichert eine Bereitstellung der gewünschten Werte für die Kunden sowie die Pflege der Kunden- und Stakeholderbeziehungen, um langfristig wettbewerbsfähig und erfolgreich zu sein.

Ein faires Unternehmen muss stets sicherstellen, dass die unternehmerische Kommunikation mit seinem tatsächlichen gesellschaftlichen Engagement übereinstimmt, also eine sogenannte Leistungs-Wahrnehmungs-Übereinstimmung (Performance-Perception-Fit) besteht. Nur so kann es im Wettbewerb um seinen „guten Ruf" bzw. die Reputation glaubwürdig sein und gleichzeitig der Vermutung eines Greenwashings mit den daraus resultierenden negativen Effekten entgegenwirken.

Faires, stakeholderorientiertes Marketing wird nicht nur auf die Kunden gerichtet sondern auch auf die Beschaffungsseite und auf alle gesellschaftlich relevanten Gruppen. Diese Vorgehensweise lässt sich auch als 360°-Marketing bezeichnen. Auf diese Weise pflegt ein Unternehmen Interaktionen mit allen wichtigen Stakeholder-Gruppen. Beim strategischen Marketing kommt es allerdings auf eine genaue Analyse der Zielgruppen und aller wesentlichen Umwelteinflüsse auf das Unternehmen an (Issues Management). Die fest verankerten fairen Unternehmenswerte gelten dabei selbstverständlich auch für alle Marketing- und Kommunikationsaktivitäten sowie den direkten Kundenkontakt.

Operatives faires Marketing nutzt die acht Marketing-Instrumentalbereiche („8 P") mit Fokus auf Kunden und Stakeholder. Konkret bedeutet Fairness bei der

Leistungspolitik:
- kundenorientierte Leistungsentwicklung
- nachhaltige Produktgestaltung (Design, Haltbarkeit ...)
- Ökologisch effiziente und ressourcenschonende Produktion/Erstellung
- Qualitätsmanagement/-verbesserung
- kundenorientiertes und faires Innovationsmanagement/Vorschlagswesen
- ressourcenschonende bzw. recyclingfähige Verpackungen
- faire Markenpolitik

- Fairness-, Umwelt-, Öko-, Bio- oder Güte-Siegel
- Fairness-, Umwelt-, Öko-Zertifizierungen
- Nachhaltigkeits-Rankings
- Fairness-, Umwelt-, Öko- oder Nachhaltigkeits-Awards
- erweiterte Garantien
- Faires Beschwerde- und Reklamationsmanagement

Dienstleistungs-Prozesspolitik:

- qualitätsbetonte und professionelle Prozesse
- Optimierung der Dienstleistungsprozesse/Effizienzsteigerung
- kundenfreundliche Interaktionsprozesse und -kanäle

Personalpolitik:

- offener und ehrlicher Führungsstil
- offene interne Kommunikation
- Schaffung einer allseits akzeptierten Wertebasis
- Schaffung einer Vertrauenskultur
- Verbesserungsmanagement
- Diversity Management
- Anti-Diskriminierung
- Motivation
- Corporate Volunteering
- Kunden-optimierte Aus- und Weiterbildung der Mitarbeiter

Distributionspolitik:

- Direktvertrieb zur besseren Kundenorientierung (wenn möglich)
- Auswahl verlässlicher Mittler und Unterstützung bei der Kundenorientierung
- neue Kooperationsformen
- Gestaltung der Vertriebslogistik unter ökologischen und sozialen Gesichtspunkten

Ausstattungspolitik:

- kundenorientierte und bequeme Gestaltung der Vertriebs- und Dienstleistungsräumlichkeiten
- Barrierefreiheit für Kunden und Mitarbeiter
- barrierefreie Gestaltung der elektronischen Kanäle

Preis-/Konditionenpolitik:

- faire Preise in Höhe und Struktur
- Preisdifferenzierung oder Rabatte unter sozialen Aspekten
- Vermeidung zu langer Vertragslaufzeiten
- Probenutzung
- Teilzahlungsmöglichkeit
- faire und transparente Finanzierungsangebote
- vielfältige Zahlungsarten
- faire Vertrags- und Geschäftsbedingungen
- faire Lieferbedingungen

Kommunikationspolitik:

- ehrliche Werbung
- ökologisch vertretbare Werbematerialien und Werbegeschenke
- Sponsoring unter sozialen und fairen Aspekten: Kultursponsoring, Ökosponsoring, Sozialsponsoring, Nachwuchs-Sponsoring im Sport
- Verzicht auf unterschwellige Werbung (Below-the-Line)
- faire CI-Politik

Meinungs- und Reputationspolitik:

- offene Pressearbeit
- ehrliche und offene Informationen in den sozialen Medien
- transparente Berichterstattung/Rechenschaftslegung: Umwelt-, Sozial- oder Nachhaltigkeitsberichte
- Compliance
- Spenden (Corporate Giving) und Stiftungsgründung (Corporate Foundation)
- Freiwilligenprojekte (Corporate Volunteering)
- Unterstützung von sozialen Initiativen
- Kunden-Integration (vorzugsweise über Soziale Medien): Produktverbesserung, Innovationen, Tests, Wettbewerbe
- Tage der offenen Tür

In der sinnstiftenden Unternehmensvision, zumindest aber im Leitbild, sollten die Kunden- und Stakeholderorientierung des Unternehmens deutlich werden, ebenso wie eine auf Fairness ausgerichtete Grundhaltung. Diese muss ebenfalls im operativen Management verankert werden, damit Fairness zum Maßstab allen unternehmerischen Handelns wird.

International betrachtet wird der Begriff Management mit unterschiedlichen Inhalten belegt. So wird die Bezeichnung Manager in den USA bereits für Mitarbeiter unterer und mittlerer Führungsebenen gebraucht, die nur über eine geringe Organisationsverantwortung verfügen. In deutschen Sprachraum hingegen ist der Begriff eher mit Führungsverantwortung verbunden, die ggf. im mittleren Management, tendenziell aber eher im gehobenen Management angesiedelt ist. Auf der obersten Ebene findet sich das sogenannte Top-Management (General Management).

Diese unterschiedlichen Interpretationen machen deutlich, dass der Begriff Management nicht eindeutig belegt ist. In Unternehmen finden sich spezielle Ausprägungen, wie das Innovationsmanagement, Wissensmanagement, Ressourcenmanagement, Informationsmanagement, Marketingmanagement, Risiko- oder Change-Management u. v. m.

Bereits vor etwa 100 Jahren postulierte Henri Fayol einen auch heute noch durchaus relevanten Ansatz von Management. Er unterschied beim Unternehmensmanagement technische, kommerzielle, finanzwirtschaftliche sowie sicherheitsbezogene oder administrative Vorgänge und Maßnahmen. So verband er mit dem Managementbegriff vor allem die Planung, Organisation, Anordnung, Koordination und Kontrolle aller unternehmerischen Aktivitäten.

Ende des letzten Jahrhunderts beschrieb Peter Drucker im Wesentlichen sechs elementare Aufgaben des praktischen Managements:

- Zielsetzung
- Organisation

- Bewertung
- Kommunikation
- Motivation sowie
- Entwicklung und Förderung von Menschen

Dies sind die wichtigen Aspekte eines sog. operativen Managements in allen Arten von Institutionen. Mit den Begriffen Zielsetzung und Bewertung (Controlling) werden auch Aspekte des im vorigen Kapitel beschriebenen strategischen Managements angesprochen. Drucker beschäftigte sich zeitlebens vorrangig mit Themenstellungen des praktischen Managements, so zum Beispiel mit der sog. Corporate Governance und der Effektivität des Managements. Kommunikation, Motivation und Förderung sind Elemente des um Personalaspekte erweiterten Marketings.

Drucker ist der Auffassung, dass Management ein selbstständiges und tiefgründiges Denken erfordert. Es geht vor allem darum, sich nicht von Oberflächlichem verleiten zu lassen, sondern die Ursachen und Rahmenbedingungen der Problemstellungen vom Kern her zu verstehen. Innere Unabhängigkeit, historisches Wissen und vor allem gesunder Menschenverstand seien die wichtigsten Managereigenschaften. Dies ist auch aus Sicht des Autors die richtige Basis für ein Faires Management in Unternehmen: Es sind zeitlose Prinzipien und Werte zu beachten, wie wirklichen Kundennutzen, Klarheit im eigenen Wissen sowie Authentizität und Ehrlichkeit in der Führung.

Vielleicht hat Drucker erstmals aufgezeigt, dass Management erlernt werden kann. Manager ist seiner Auffassung nach ein Beruf, keine Berufung. Und stets machte er deutlich, dass Manager eine soziale Verantwortung haben und Management eine gesamtgesellschaftliche Dimension hat, sowohl in Unternehmen als auch in Institutionen und Verwaltungen.

Bezieht man Management auf die üblichen Funktionsbereiche eines Unternehmens, wie Beschaffung, Finanzierung, Produktion oder Marketing/Vertrieb, stehen häufig Organisationsaspekte und Entscheidungsfindungen im Vordergrund. Wo Menschen geführt werden, bedarf es aber auch einer entsprechenden Motivations- und Durchsetzungsfähigkeit. Erfolgsorientiertes operatives Management muss eine effiziente und effektive Organisation aller Funktionsbereiche eines Unternehmens umfassen.

Management unterliegt einem Wandel entsprechend der jeweiligen Wissens- und Erkenntnisstände, der gesellschaftlichen Werteveränderungen und neuer technischer Errungenschaften (damit ist nicht gemeint, wechselnden Moden bzw. Trends hinterherzulaufen). Management verändert sich mit der Größe einer Organisation sowie deren Handlungsgebiet (regional, national, international). Dennoch gibt es Grundprinzipien erfolgreichen Managements, die immer und überall gelten sollten.

Als Agilität wird die Fähigkeit eines Unternehmens bezeichnet, flexibel und aktiv auf Veränderungen im Markt und dem Marktumfeld zu reagieren. Erfolgsentscheidend ist es, auf zukünftige Herausforderungen zügig reagieren zu können und sich in Zeiten des Wandels an sich verändernde Kundenwünsche anzupassen. Unternehmen müssen also konsistent für ihre Werte stehen, ohne in der Vergangenheit verhaftet zu bleiben.

2015 veröffentlichte die internationale Markenberatung Landor die „Global Agile Brand Study". Landor untersuchte 50.000 Marken und analysierte 800.000 Verbrauchereinschätzungen aus 51 Ländern über einen Zeitraum von mehr als 20 Jahren. In die Studie flossen zudem Finanzergebnisse und Geschäftsentscheidungen der Unternehmen ein (http://landor. com/news/samsung-ranks-no-1-and-apple-ranks-no-6-in-landors-inaugural-global-agile- brand-study-the-only-list-to-define-and-rank-brands-by-agility; 14.1.2016).

Diese Untersuchung ermittelte sechs wichtige Kriterien (vgl. Abb. 60), die dazu beitragen, dass Unternehmen über Generationen hinweg erfolgreich sind:

- Prinzipientreue
- Anpassungsfähigkeit
- Offenheit
- verantwortungsvolles Handeln
- Globalität
- Multikanal-Kommunikation

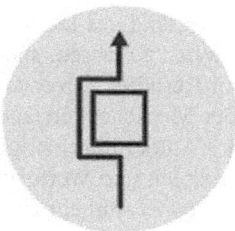
Adaptive

Principled

Open

Responsible

Global

Multichannel

Abb. 60:   Sechs Hauptkriterien agiler Unternehmen (http://landor.com/news/samsung-ranks-no-1-and-apple-
            ranks-no-6-in-landors-inaugural-global-agile-brand-study-the-only-list-to-define-and-rank-brands-by-
            agility; 14.1.2016)

Zudem wurden die zehn agilsten Unternehmen bzw. Marken des Jahrhunderts gekürt: Platz eins belegt Samsung, gefolgt von Android, Wikipedia, Google, Dyson, Apple, YouTube, Microsoft, Ikea und Disney. Landor fand heraus, dass die stärksten Markenunternehmen von der Balance zweier Haupttreiber profitierten: Führen (stets auf der Höhe der Zeit und visio- när sein) sowie Wahrhaftigkeit (authentisch und Branchenbester sein). Alle Unternehmen sind in hohem Maße marketinggetrieben, hier wird die enge Verbindung von Marketing und Management deutlich. Sinnstiftende Marken („mindful brands" oder „meaningful brands") genießen das besondere Verbrauchervertrauen und sind wirtschaftlich überdurchschnittlich erfolgreich.

Doch nur jede Vierte der Marken verbessert in der Wahrnehmung der Verbraucher spürbar Lebensqualität und Wohlbefinden, dies ergab eine Studie von Havas Media in 2015. Die „Meaningful Brands Studie" ist die weltweit erste Analyse, die das persönliche Wohlbefinden der Konsumenten mit der Stärke einer Marke auf kommerzieller Ebene und ihrem gesellschaftlichen Engagement verbindet. Befragt wurden dazu 134.000 Konsumenten in 23 Ländern (www.havasmedia.de/organic-marketing/meaningful-brands, 15.1.2016).

In Europa könnten danach knapp 93 % (weltweit 73%) der Marken von heute auf morgen verschwinden und fast allen Menschen wäre es egal: Marken leiden unter einem dramatischen Bedeutungsverlust. Denn 70 % der Deutschen erwarten von den Markenunternehmen mehr: Sie sollten sich aktiv an der Lösung sozialer und ökologischer Probleme beteiligen. Markenartikelunternehmen, die das Wohlbefinden des einzelnen Menschen und der Gesellschaften erhöhen, sind hingegen sinnstiftender (www.LOHAS-magazin.de/wirtschaft/marketing/3578-mindful-brands.html, 15.1.2016).

Nach der Studie der Havas Media Gruppe konzentrieren sich Meaningful Brands in erster Linie auf den Menschen und dann auf den Konsumenten. Sie erhöhen das Wohlbefinden des Einzelnen, der Gemeinschaft und der Umwelt und helfen den Menschen, eigene Fähigkeiten, die Familie, die Gemeinschaften und den Planeten zu verbessern. Sinnstiftende Marken sind nachhaltig und schaffen tiefgründige Beziehungen zu den Menschen. Die Studie umfasst auch einen sog. „Meaningful Brand Index" (MBI), der einen direkten Zusammenhang zwischen dem erzielten MBI einer Marke und der Bindung des Verbrauchers zur Marke herstellt (www.havasmedia.de/organic-marketing/meaningful-brands, 15.1.2016).

Folgende Marken führen in Deutschland die Rangliste agiler Unternehmen der Studie an:

- Ratiopharm
- Samsung
- Nivea
- Amazon
- Ravensburger
- Dr. Oetker
- Volkswagen
- IKEA
- Ebay
- Wikipedia

Als Branchen insgesamt führen in Deutschland nach der Studie in 2015:

- Einzelhandel
- Gesundheitswesen
- Transport/Verkehrsmittel
- Ernährung
- Automobil

Es wird deutlich, dass Unternehmen ihren Kunden genau zuhören und deren Interessen und Wünsche analysieren müssen. Damit ist eine umfassende Kundenorientierung (unter Berücksichtigung aller Stakeholder-Interessen) zum wichtigsten Maßstab unternehmerischen Managementhandelns geworden. Und Marketing hat ein zukunftsorientiertes unternehmerisches

Konzept dazu geliefert. Nur ein ganzheitlich fairer Managementansatz mit Fokussierung auf tatsächliche Kundenbedürfnisse unter Beachtung anderer Stakeholder-Interessen bringt einen langfristigen Unternehmenserfolg. Gern wird daher auch vom „kundengetriebenen Unternehmen" bzw. einer „Customer Driven Company" gesprochen (CDC, vgl. Abb. 61). Besser wäre es jedoch, den Begriff zu einer Stakeholder Driven Company (SDC) zu erweitern, denn Kunden sind zwar eindeutig die wichtigsten Stakeholder, aber auch andere haben eine bedeutende Funktion für die Unternehmen erlangt. Hier sei auf das bereits in Kap. 4 angesprochene Issues Management verwiesen, das auf einer guten Kooperation mit den Stakeholdern basieren muss.

Abb. 61:   Customer Driven Company trägt ganzheitlich den Kundenwünschen Rechnung

Will ein Unternehmen kundenorientiert handeln, muss es schon in Vision und Leitbild die Grundlagen dafür legen, wie in Kap. 4 dargestellt wurde. In der Regel findet sich dort auch eine Aussage zur Stakeholderorientierung. Bei der Entwicklung von Kundenstrategien sind zunächst die Wünsche und Vorstellungen der (potenziellen) Kunden zu ergründen, um dann die Kundenerwartungen durch operatives Unternehmenshandeln möglichst umfassend zu befriedigen. Zu diesen Erwartungen zählen auch ein faires, ökologisch nachhaltiges und gesellschaftlich akzeptiertes Leistungsangebot, ein nachhaltiger Produktionsprozess basierend auf moralischer Verantwortung sowie ein fairer Umgang mit allen Menschen und der natürlichen Umwelt.

Unternehmensmanagement umfasst also nicht nur das bisher meist in den Vordergrund gestellte Wertmanagement, das vorrangig den Shareholdern und anderen Kapitalgebern zugutekam, sondern ein Wertemanagement, das allen Stakeholdern, der Gesellschaft und der Natur zugutekommt, da es gesellschaftlich akzeptierte Werte reflektiert und für das Unternehmen Werte schafft.

Seit 2006 befragt die Wertekommission regelmäßig hunderte von Fach- und Führungskräfte zu ihrem Werteverständnis, zuletzt im Jahr 2015 (www.wertekommission.de/wp-content/uploads/2015/08/Wertekommission_Studie_2015.pdf, 15.1.2016). Nach der aktuellen Führungskräftebefragung riskieren Chefs die Motivation ihrer Mitarbeiter, wenn sie ethische Werte lediglich verkünden aber nicht dafür sorgen, dass diese auch im operativen Handeln eingehalten werden. Bei steigender Bedeutung von verantwortungsvoller Führung („Responsible Leadership") sind Vertrauen (30,7 %) und Verantwortung (29,5 %) in den Augen der meisten Führungskräfte in Deutschland die wichtigsten Werte, gefolgt von Integrität (24,9 %) an dritter Stelle. Respekt scheint mit 7,5 % im Vergleich der vorgegebenen Begriffe weniger wichtig zu sein, ebenso wie Nachhaltigkeit (5 %) und Mut (2,5 %). Integrität stand 2014 noch an erster Stelle (vgl. Abb. 62).

Wichtigste Wertebegriffe deutscher Führungskräfte 2006-2015:

	2006	2010	2013	2014	2015
1	Verantwortung	Vertrauen	Vertrauen	Integrität	Vertrauen
2	Vertrauen	Verantwortung	Integrität	Vertrauen	Verantwortung
3	Respekt	Integrität	Verantwortung	Verantwortung	Integrität
4	Integrität	Respekt	Respekt	Respekt	Respekt
5	Nachhaltigkeit	Nachhaltigkeit	Nachhaltigkeit	Nachhaltigkeit	Nachhaltigkeit
6	Mut	Mut	Mut	Mut	Mut

Werterelevante Handlungsfelder in Unternehmen:

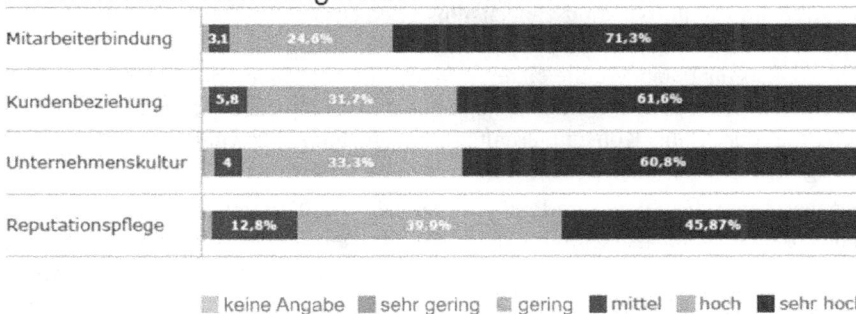

	keine Angabe	sehr gering	gering	mittel	hoch	sehr hoch
Mitarbeiterbindung		3,1	24,6%			71,3%
Kundenbeziehung		5,8	31,7%			61,6%
Unternehmenskultur		4	33,3%			60,8%
Reputationspflege		12,8%	39,9%			45,87%

keine Angabe   sehr gering   gering   mittel   hoch   sehr hoch

Abb. 62:   Zentrale Wertebegriffe deutscher Führungskräfte sowie werterelevante Handlungsfelder in Unternehmen (www.wertekommission.de/wp-content/uploads/2015/08/ Wertekommission_Studie_2015.pdf und www.wertekommission.de/wp-content/uploads/ 2015/03/Fuehrungskraeftebefragung_2013.pdf, 15.1.2016)

Werterelevante Handlungsfelder sehen Führungskräfte in Unternehmen als erfolgsfördernd an. Als besonders werterelevant betrachteten sie in 2013 (www.wertekommission.de/wp-content/uploads/2015/03/Fuehrungskraeftebefragung_2013.pdf, 15.1.2016) die Mitarbeiterbindung. Sie erschien ihnen noch wichtiger als die Kundenbindung und die Unternehmenskultur, mit etwas Abstand folgte die Reputationspflege der Unternehmen (vgl. Abb. 62).

2012 wurden die Führungskräfte auch nach der Diskrepanz zwischen manifestierten Unternehmenswerten und geschäftlichen Zielvorgaben befragt. Fast die Hälfte empfand diese Kluft als hoch (34 %) oder sehr hoch (12 %), ein gutes Drittel noch als mittelhoch. Nicht einmal jede sechste Führungskraft sah keine oder kaum eine Diskrepanz (www.wertekommission.de/wp-content/uploads/2015/02/Fuehrungskraeftebefragung_2012.pdf, 15.1.2016). Dies ist ein ernüchterndes Ergebnis für das Management in deutschen Unternehmen. Eine operative Umsetzung manifestierter Werte erscheint danach mehr als zweifelhaft. Offensichtlich besteht noch erheblicher Nachholbedarf auf dem Weg zu einem fairen und stakeholderorientierten Unternehmen.

Nicht alle Kunden (außer den klassischen „Ökos") erwarten von Unternehmen ein vollumfassendes moralisches Handeln oder Produkte, die höchsten ökologischen Anforderungen genügen. Dies gilt auch dann, wenn ein solches Agieren die Produkte oder Dienstleistungen (nennenswert) verteuern. Doch viele Kunden würden Angebote, die sie als fair betrachten, anderen jederzeit vorziehen, wenn es keinen oder nur einen geringen Preisunterschied gäbe. Fair handelnde Unternehmen haben also zumindest dann einen klaren Differenzierungs- und Wettbewerbsvorteil, wenn die Kosten nicht zu hoch sind. Die Relevanz fairen Handelns für Unternehmen bringt demnach deutliche Chancen bei bestimmten Zielgruppen.

Bereits im Jahr 2005 ließ die damalige Centrale Marketingorganisation der Agrarwirtschaft durch Sinus Sociovision eine Analyse der strategischen Zielgruppen für ökologische Lebensmittel in Deutschland vornehmen. Diese fanden vier Ernährungstypen, nämlich „Öko-Moral", „Fresh & Natural", „Gourmet-Genuss" und „Traditional Food". Diese gehören den vier Sinus-Leitmilieus der Etablierten, Postmateriellen, Modern Performer und Bürgerlichen Mitte an. Wellness, Gesundheit und Selbstverwirklichung waren ebenfalls wichtige Aspekte ihrer Lebenswelten. Für diese Zielgruppen musste schon damals der individuelle Nutzen der Bio-Lebensmittel deutlich sichtbar und erlebbar gemacht werden.

Die genannten Grundpräferenzen decken sich mit der etwas später identifizierten größeren Zielgruppe, die vom Zukunftsinstitut zunächst als „Ecotists" (Neo-Ökologie), später dann als sog. LOHAS bezeichnet wurden. LOHAS steht als Abkürzung für „Lifestyles of Health and Sustainability", also für Personen, die einen gesundheitsbezogenen und nachhaltigen Lebensstil pflegen. Es handelt sich um eine Konsumentenzielgruppe mit überdurchschnittlichem Einkommen, die durch ihr Konsumverhalten und gezielte Auswahl von Produkten und Dienstleistungen die Gesundheit und die Nachhaltigkeit fördern will.

In den USA beschrieb der Soziologe Paul Ray im Jahr 2000 erstmals das Phänomen dieser Konsumtypen, damals noch als „Cultural Creatives". In Deutschland machte der Zukunftsforscher Matthias Horx 2007 die Zielgruppe der LOHAS populär, wenngleich es auch Zweifel an seiner Verknüpfung von bewusstem, meist hochwertigem Konsum mit der Nachhaltigkeit gab. Andere sahen einen gut vernetzten, globalen Trend, der durch bewussten Konsum einerseits und Verzicht andererseits Druck auf die Industrie und Dienstleister ausüben könnte.

Das Zukunftsinstitut (Horx) fasste 2007 in einer Studie die wesentlichen Fakten zur Zielgruppe zusammen und definierte den hybriden Lifestyle des „sowohl-als-auch" wie folgt (nach Greenstyle Report 2007 von Burda):

- Technikaffinität und intensiver Naturbezug
- Gesundheit und Genuss
- Individuell ohne elitär zu sein

- Anspruchsvoll ohne Statusluxus
- Modern und wertebewusst
- Selbstbezogen und gemeinsinnorientiert
- Wirklichkeitsbezug und Spiritualität

... versehen mit folgenden Werteaffinitäten:
- Qualität statt Discount
- Authentizität statt Spaßgesellschaft
- Spiritualität statt Glaube
- Partizipation statt Repräsentation
- Ankunft statt Steigerung
- Werte statt Ironie

Insgesamt sollten in 2007 5,6 % der deutschen Gesamtbevölkerung dieser Definition entsprechen. Dies bedeutete ein Potential von 3,67 Mio. Menschen mit damals ansteigender Tendenz, anteilig etwa 60 % Frauen und 40 % Männer. LOHAS sind tendenziell etwas älter als der Durchschnitt der deutschen Bevölkerung und haben überproportional häufig studiert oder zumindest eine Hochschulreife erworben. Nach Angaben der GfK hatte sich die Kerngruppe der LOHAS bis 2009 auf 12,5 % mehr als verdoppelt. Sie wird durch eine ebenso große Personenanzahl aus der LOHAS Randgruppe ergänzt, so dass die oben beschriebenen Einstellungen im Wesentlichen von 25 % der Deutschen geteilt wurden. Dieser Personenkreis dürfte sich seitdem noch leicht erhöht haben, man geht inzwischen von ca. 12,5 Mio. LOHAS in Deutschland und einer gleich großen Randgruppe aus.

Das Gesundheitsbewusstsein nimmt im Leben der LOHAS einen besonderen Platz ein. Sie fühlen sich für ihre Gesundheit verantwortlich, suchen aktiv nach Gesundheits-Informationen und ergreifen ganz bewusst präventive Maßnahmen, dadurch stützten sie den Wellnessboom der letzten Jahre. Sie konsumieren gesunde Nahrungsmittel einschließlich Functional Food und wählen oft Naturkosmetik. Vom Gesundheitsbewusstsein der LOHAS profitieren auch der Reise- und der Fitnessmarkt.

Der hohe CO2-Ausstoß bei (Fern-)Reisen, z. B. verursacht durch das Fliegen, erzeugt bei den LOHAS zwar ein schlechtes Gewissen: Doch sie sind pragmatisch und spenden an Klimaschutz-Projekte (Anbieter wie www.atmosfair.de), um sich quasi freizukaufen („klimaneutral" fliegen). Bei PKWs treffen Elektro-, Hybrid- und andere sparsame Antriebe das Interesse der LOHAS, die gleichzeitig ein attraktives Design schätzen. Auch Bio-Hotels (mit Bio-Menüs, versorgt durch Solarenergie etc.) liegen bei LOHAS im Trend. Sie bevorzugen eine Hotellerie und Gastronomie, die ganz oder überwiegend von regionalen Anbietern beliefert wird.

Ressourcenschonung, energieeffizientes Wohnen oder der Einsatz natürlicher Baustoffe interessiert die LOHAS besonders. Sie sind anspruchsvoll und legen großen Wert auf ansprechendes Design, dies jedoch idealerweise mit Bezug zur Nachhaltigkeit (greenstyle). Auch beim Thema Mode schätzen sie biologisch-ökologische Angebote. Passende Medien- und Anlageangebote profitieren ebenfalls von der ökologischen Einstellung der LOHAS. Faires unternehmerisches Handeln könnte sich also zum langfristigen und einträglichen Vorteil bei diesen besonders sensibilisierten Kundengruppen erweisen, die über eine hohe Kaufkraft verfügen.

LOHAS wohnen häufig in Städten, vorrangig in Süddeutschland. Die meisten waren in den Sinus-Leitmilieus nach alter Einteilung bis 2010 zu finden: Postmaterielle (38 %), Etablierte (18 %) und Moderne Performer (14 %). Das größte Milieu, die „Bürgerliche Mitte", hegte zwar grundsätzlich Sympathien für LOHAS-Themen, stand dem „harten Kern der LOHAS" jedoch skeptisch gegenüber. Die „Bürgerliche Mitte" konsumiere durchaus ökologisch, mache aber kein großes Aufheben darum, sei aber sensibel gegenüber Greenwashing.

Die Sinus-Milieus® in Deutschland 2015

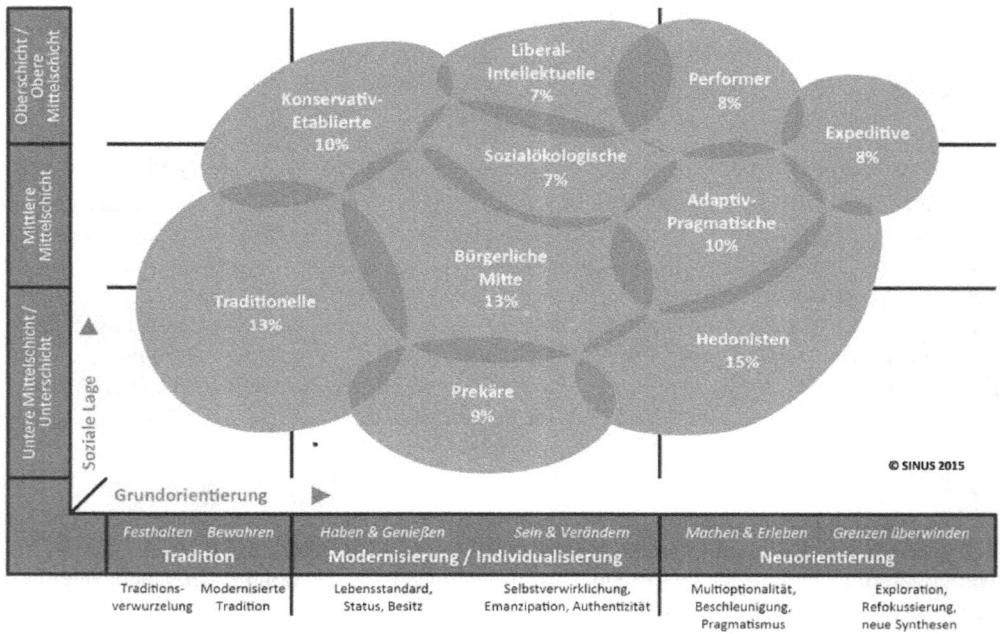

Abb. 63:   Deutsche Bevölkerungsmilieus nach Sinus 2015 (www.sinus-institut.de/sinus-loesungen/sinus-milieus-deutschland, 18.1.2016)

Im Ende 2010 überarbeiteten und 2015 aktualisierten Milieu-Schema von Sinus sind die LOHAS im „liberal-intellektuellen Milieu", im „Milieu der Performer", im „sozio-öko-logischen Milieu", im „adaptiv-pragmatischen Milieu", „im expeditiven Milieu" sowie in kleinen Teilen der „bürgerlichen Mitte" zu finden (vgl. Abb. 63). Marktforscher differenzieren inzwischen fünf LOHAS-Typen, darunter u. a. die sog. „Lifestyle of Voluntary Simplicity" (LOVOS).

Im sozio-ökologischen Milieu (ca. 5 Mio. Deutsche) ist vor allem der Kern der sog. „Ökos" verortet. Diese sind durch ein ausgeprägtes ökologisches und soziales Gewissen, normative Vorstellungen vom „richtigen" Leben, Achtsamkeit und Multikulturalismus sowie Kritik an der Wachstums- und Konsumgesellschaft gekennzeichnet. Hier finden sich auch die meisten Globalisierung-Skeptiker.

Sinus-Milieus werden seit mehr als 35 Jahren wissenschaftlich erforscht. Die Zielgruppenbe-stimmung orientiert sich an der Lebensweltanalyse der Gesellschaften in ca. 30 Ländern. Sie fassen Menschen in Gruppen zusammen, die sich in Lebensauffassung und Lebensweise ähneln. Grundlegende Wertorientierungen fließen ebenso in die Analysen ein wie Alltagsein-stellungen zu Arbeit, Familie und Freizeit, Geld und Konsum. Als wissenschaftlich fundier-tes Modell bildet es Veränderungen in der Gesellschaft mit jeweils aktuellen Wertorientie-rungen und Lebensstilen ab (www.sinus-institut.de/fileadmin/user_data/sinus-institut/Bil-der/sinus-mileus-2015/2015-09-25_Informationen_zu_den_Sinus-Milieus.pdf., 18.1.2016).

Das Modell der Sinus-Milieus bietet den Anwendern in Unternehmen oder Organisationen mehr Informationen über potenzielle Zielgruppen und ist eine besonders gute Entschei-dungshilfe für die Zielgruppenanalyse und -ansprache. Es ist nutzbar für normatives und strategisches Marketing, für die Leistungsentwicklung oder die Kommunikation. Auf Basis einer klaren Zielgruppenanalyse lassen sich alle Unternehmensaktivitäten auf die Wünsche und Bedürfnisse der Zielgruppen ausrichten (vgl. Abb.64). So kann ein Unternehmen Kun-den und andere Stakeholder nicht nur rational und emotional überzeugen, es kann auch dem erwarteten Anspruch an ein faires Management und Marketing gerecht werden.

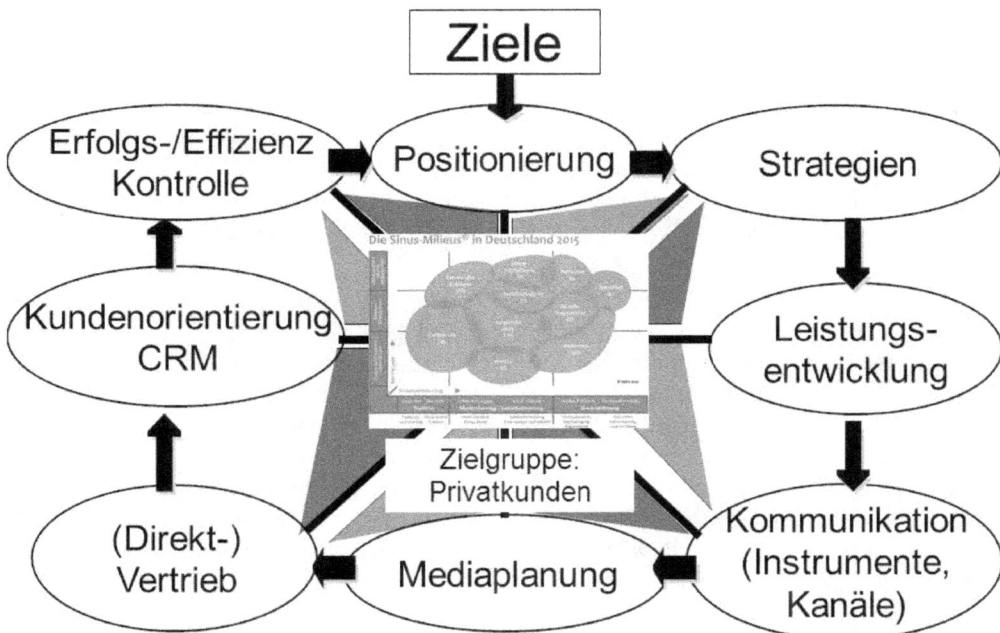

Abb. 64:   Zielgruppe bestimmt gesamte Marketingplanung eines Unternehmens

Nach der Otto Group Trendstudie interessierten sich bereits 2009 fast 90 % der Deutschen für das Thema ethischer Konsum, 82 % gaben auch nach der Wirtschaftskrise genauso viel oder mehr Geld für ethisch vertretbare Erzeugnisse aus. Zwei Drittel der Befragten kauften danach gelegentlich oder häufig ethische Produkte und fast genauso viele wollten zukünftig noch stärker entsprechende Angebote nutzen. Jeder zweite Deutsche würde nach Marktforschungsinformationen beim Einkauf auf verantwortungsvolle Unternehmen achten und jeder vierte bei der Wahl seiner Einkaufstätte auf das vorhandene ökologische Engagement.

Doch inzwischen gibt es auch Zweifel an diesen Werten, da viele Menschen in Sachen Nachhaltigkeit ein doch eher verklärtes Selbstbild haben. Da es „in" ist, ökologisch bzw. nachhaltig zu kaufen, spiegelt sich dies zwar in Umfragen wieder, doch oft nicht in entsprechendem Einkaufsverhalten. Nach Erhebungen von T. Devinney in acht Ländern neigen die Menschen dazu, den Einfluss ethischer Grundsätze auf ihre Einkäufe deutlich zu überschätzen. So siegt häufig immer noch der Preis über das gute Gewissen.

Die jährlich von der Forschungsgemeinschaft Urlaub und Reisen e. V. (FUR) erstellte ReiseAnalyse zeigte schon im Jahr 2014 auf, das maximal 22 % der Reisenden auf Nachhaltigkeit achteten. 55 % der Befragten sagten aus, dass sie ihre Urlaubsreise gerne nachhaltiger gestalten würden, wenn damit keine zusätzlichen Kosten verbunden wären. Weitere 49 % waren nicht bereit, ihre Urlaubswünsche für Nachhaltigkeitsaspekte einzuschränken.

Burda Media hat mit der Markt-Media-Studie „Typologie der Wünsche" (www.TdW.de) über 40 Jahre (bis 2013) eine wichtige Informationsgrundlage über Kundeneinstellungen in Deutschland erhoben und herausgegeben. Auch die „Typologie der Wünsche 2013" (IMUK Konsumforschung) lässt den Schluss zu, dass die meisten Verbraucher nicht vom Umweltbewusstsein getrieben werden, wenn sie ökologische Leistungen erwerben, sondern eher vom Wunsch nach erhöhter Wirtschaftlichkeit bzw. dem Energieeinsparungspotenzial. Das gute Gewissen spielt ebenfalls eine gewisse Rolle.

Immerhin ein knappes Viertel der deutschen Bevölkerung ist an Produkten oder Themen im Zusammenhang mit Umweltschutz und Klimawandel tatsächlich interessiert, weitere 50 % sind unentschieden und 26 % überhaupt nicht interessiert. So verwundert es kaum, dass nur 20 % der Deutschen bereit sind, für umweltfreundliche Leistungen mehr auszugeben und 29 % dies ablehnen. 29 % der Bevölkerung wollen bewusster mit den natürlichen Ressourcen umgehen.

Der festzustellende Anstieg beim Wunsch nach einem „Konsum mit gutem Gewissen" hat offensichtlich nur wenig mit dem Anspruch der siebziger- und achtziger Jahre des letzten Jahrhunderts zu tun. Seinerzeit ging der Anspruch nach Ökologie und Nachhaltigkeit oft mit Konsumkritik und einer wirtschaftskritischen Einstellung einher. Heutzutage sind diejenigen, die ausgeprägt auf Nachhaltigkeit und Fairness Wert legen, eher älter (über 40) und haben in der Regel einen recht hohen sozialen Status. Diese Menschen treten für soziale Gerechtigkeit ein, sind gleichzeitig innovationsoffen und konsumfreudig. So ist der aktuelle Trend zu mehr Fairness und Nachhaltigkeit wohl nicht ideologisch, sondern ist eher pragmatisch motiviert. Es besteht die Überzeugung, dass sich wirtschaftlicher Erfolg mit Nachhaltigkeit, Fairness und sozialen Anliegen vereinbaren lässt.

Die vorgestellten Erkenntnisse verdeutlichen, dass Unternehmen offensichtlich keine Getriebenen ethisch korrekter Kunden sein müssen, wie dies oftmals zu hören ist. Immer mehr fair eingestellte Unternehmen setzen aus eigener Überzeugung auf mehr Umweltverträglichkeit, soziales Engagement oder faire Arbeitsbedingungen, um langfristig zufriedene Mitarbeiter und Kunden zu haben. Sehr viele Unternehmen setzen dabei inzwischen auf Fairnesstrainings, sog. Ethikleitlinien oder Ethikkommissionen. Dieses Verhalten hat aber oftmals nicht viel mit moralischem Handeln zu tun, sondern eher mit wirtschaftlichem Kalkül und Risikovermeidung.

Fair handelnde Unternehmen setzen dabei auch auf Ressourceneffizienz und Energieeinsparung, auf ein Innovationsmanagement oder ein systematisches Beschwerde- und Reklamationsmanagement. Auch unternehmensintern setzen diese Betriebe auf ein Vorschlagswesen und schützen sogenannte „Whistleblower".

Inzwischen stehen bei Unternehmensleitungen auch junge Menschen der sogenannten „Generation Y" im Fokus des Interesses. Dies zum einen als Kunden, vor allem aber als Managementnachwuchs. Diese Gruppe wurde nach 1982 noch im letzten Jahrhundert geboren und ist davon überzeugt, dass die Wirtschaft einen Neuanfang braucht, sowohl hinsichtlich der Aufmerksamkeit für Menschen als auch hinsichtlich ihre Angebote. Die Generation Y ist sehr selbstbewusst und rechnet sich gute Karrierechancen aus, obwohl sie überwiegend in der Region und in einer geregelten 40-Stunden-Woche arbeiten möchte. Die meisten Vertreter erwarten von den Unternehmen ein deutlich höheres Umweltengagement, den Einsatz für Gesundheitsbelange und die Einhaltung der Menschen- und Bürgerrechte. Andererseits erscheint diese Generation als sehr ich-bezogen (u. a. Selfness-Trend).

	Baby Boomer	Generation X	Generation Y	Generation Z
Geboren	Ab 1950	Ab 1965	Ab 1980	Ab 1995
Grundhaltung	Idealismus	Skepizismus	Optimismus	Realismus
Hauptmerkmal	Selbsterfüllung	Perpektiven-losigkeit	Leistungs-bereitschaft	„Flatterhaftigkeit"
Bezug	(lokale) Gemeinschaft	(lokale) Gemeinschaft	(internationale) Gesellschaft	(globale) Gesellschaft
Rolle	Kollektivismus	Individualismus	Kollektivismus	Individualismus
Aktivitätsniveau	Mittel	Niedrig	Mittel	Hoch
Informiertheit	Mittel	Wenig	Mittel	Stark
Qualifikation	Lernen für das Unternehmen	Wenig lernen	Bezahltes Lernen	Für sich lernen
Ausrichtung	Nur Beruf	Privat (trotz Beruf)	Beruf, verbunden mit Privat	Privat (und Beruf getrennt)

Abb. 65:   Generationen aus der Sicht der Personalführung und des Marketings
(Quelle: Scholz, Christian, www.hrweb.at/wp-content/uploads/2014/02/GenZ2.png, 20.1.2016)

Trotz aller Gemeinsamkeiten besteht die Generation Y aus Individuen, die persönliche und berufliche Biografien und Sozialisationen aufweisen. Ungeachtet der Gefahr einer gewissen Verallgemeinerung wird versucht, diese Menschengruppe zu beschreiben. Im Englischen wird der Buchstabe in „Y" als „why" ausgesprochen, das soll verdeutlichen, dass diese Generation sich und ihre Umwelt stärker als andere hinterfragt (vgl. Abb. 65).

Nach einer Studie von Deloitte (Deloitte Millennial Survey 2016) motiviert 90 % der Befragten der Generation Y in Deutschland die Sinnhaftigkeit ihrer Arbeit am stärksten, bei ihrem Unternehmen zu bleiben. Das Gehalt ist hingegen lediglich für 76 % ausschlaggebend. Ein Drittel plant den Wechsel des Arbeitgebers, u. a. wegen fehlender Förderung von Führungskompetenzen, die einen beruflichen Aufstieg verhindert.

Ein Drittel der jungen Generation Y bewertet die eigenen Moralvorstellungen als ausschlaggebend für Entscheidungen am Arbeitsplatz. Das Einhalten der Unternehmensrichtlinien spielt nur zu 25 % eine Rolle. Das Vertrauen in den positiven Beitrag von Unternehmen auf die Gesellschaft sank um 4 % auf 57 % bei den befragten Deutschen. Das Misstrauen bleibt in Deutschland im internationalen Vergleich überdurchschnittlich hoch, denn weltweit sind 73 % der jungen Menschen vom positiven Beitrag der Unternehmen überzeugt (www2.deloitte. com/de/de/pages/presse/contents/millennial-survey-2016.html, 18.1.2016).

Inzwischen taucht schon der nächste Begriff auf, die sog. „Generation Z". Als Generation Z werden jene Menschen bezeichnet, die nach 1995, also um die Jahrtausendwende geboren wurden und zur Gruppe der gut ausgebildeten, urbanen, modernen und finanziell gut ausgestatteten jungen Menschen gehören, die in der digitalen Welt aufgewachsen ist. Diese Menschen wollen Mitsprache, allerdings weniger Mitverantwortung, Lebenslustmaximierung steht im Vordergrund. Bindungen bestehen nicht mehr zu Unternehmen oder Personen, sondern lediglich zu Projekten und das möglichst digital. Das Engagement für den Beruf hat seine Grenzen, denn die Generation Z lebt nicht nur für den Job. Für die Unternehmensführungen bedeutet dies, dass es noch mehr als bisher darum geht, bei den Mitarbeitern differenziert vorzugehen. Was bei früheren Mitarbeiter-Generationen noch hingenommen wurde, wird die individualistische Generation Z immer weniger akzeptieren (vgl. Abb. 65).

Die Offenheit für Innovationen ist offensichtlich in den jüngeren (Mitarbeiter-)Generationen wieder stärker vorhanden. Angesichts gewisser Markt-Sättigungstendenzen sind Innovationen und ein systematisches Innovationsmanagement unabdingbar. Um weiterhin erfolgreich agieren zu können, müssen die Unternehmen den gesellschaftlichen und Umweltherausforderungen sowie dem zunehmenden Wettbewerb besondere Aufmerksamkeit schenken. Immerhin sieben deutsche Unternehmen zählen nach einer Erhebung der Boston Consulting Group zu den 35 innovativsten Firmen weltweit: BMW (Platz 7), Daimler (10), Bayer (11), Allianz (25), BASF (Platz 29), Siemens (30) und VW (35) (www.bcgperspectives.com/content/articles/growth-lean-manufacturing-innovation-in-2015/, 3.2.2016).

Nach Schumpeter sollte eine Innovation immer revolutionierend neu sein, allerdings erfüllen immer weniger Innovationen dieses Kriterium. Stattdessen gibt es oft nur noch Quasi- oder sogar Scheininnovationen, die den Kunden lediglich Neuartigkeit vorgaukeln. Dies ist aber nicht der Sinn von kundenorientierten oder Prozess-Innovationen als Marketinginstrument.

Daher ist eine aufmerksame Beobachtung von politischen, wirtschaftlichen, technischen und gesellschaftlichen Entwicklungen unabdingbar (PESTE- oder Umfeldanalyse). Dies gilt sowohl zur Initiierung der Innovations- als auch der Thematisierungsprozesse (im Sinne eines Agenda Settings) in der Kommunikation. Das Auffinden neuer Innovationsfelder kann auch als Teil des bereits erwähnten Issues Managements angesehen werden. Issues Management ist vorrangig ein systematischer Prozess zur strategischen Ausrichtung der Kommunikation, um strategierelevante und kritische Themen. Gleichzeitig gilt es, die mit diesen Themen verbundenen relevanten Anspruchsgruppen systematisch zu erkennen, zu bewerten und zu bearbeiten. So lassen sich quasi als „Abfallprodukt" oft neue Innovationsfelder finden.

Innovationsstrategien haben vor allem folgende Stoßrichtung:

- Ablösung nicht mehr marktgerechter Leistungen (Eliminierung)
- Schaffung zusätzlicher Nachfrage
- Verbesserung der Portfoliostruktur des eigenen Angebots

- Schaffung einer zumindest temporären Alleinstellung im Markt
- Verbesserung bzw. Erhalt des Unternehmensimages/der Reputation
- Stärkung der Marke(n) und Erhaltung deren Aktualität
- Erschließung neuer Märkte oder Marktsegmente (Diversifikation)
- Erschließung neuer Beschaffungsmärkte (Netzwerkpartner, Lieferanten ...)
- Optimierung der Organisation auf dem Weg zur Customer Driven Company (vgl. Abb. 60).

Merkmale einer gelebten Innovationskultur in Unternehmen sind i. d. R.:
- Vertrauen gegenüber Mitarbeitern
- Verankerung in der Unternehmenskultur
- Förderung innovativer Mitarbeiter (Diversity)
- Vorschlagswesen
- Toleranz gegenüber Fehlern
- Erzeugen von Veränderungsbereitschaft
- Verbesserung des Kommunikationsverhaltens
- Kooperative Arbeits- und Führungskonzepte
- Umfassende Aus- und Weiterbildung der Mitarbeiter
- Richtige Nutzung effizienter Methoden
- Offenheit gegenüber Hinweisen/Anregungen der Stakeholder
- Aktives Beschwerde- und Reklamationsmanagement
- Qualitätsmanagement und Verbesserungsmanagement

Innovationsmanagement bedeutet also eine wirtschaftlichen Kriterien folgende systematische Vorbereitung, Planung, Steuerung und letztendlich auch Kontrolle (strategisches Controlling) von Innovationen in einem Unternehmen. Eine neuartige Kombination von bereits Bekanntem kann dann als Innovation angesehen werden, wenn diese einer Ziel- oder Anwendergruppe bisher noch unbekannt ist, sie ist daher als Teil des Innovationsmanagements zu betrachten.

Innovationsmanagement zielt somit auf eine erfolgreiche Verwertung von Ideen bzw. Neuerungen (Felder der erfolgreichen Nutzenstiftung s. Abb. 66). Wichtige Basis zur Stärkung der Innovationskraft eines Unternehmens ist ein fairer und partizipativer Führungsstil, der den Mitarbeitern eine weitgehende Teilhabe an Unternehmensentscheidungen ermöglicht. Innovationsstrategien können sich auf Produkte, Dienstleistungen, Unternehmensprozesse, Organisationsstrukturen etc. beziehen. Während Leistungsinnovationen darauf abzielen, die artikulierten und nicht artikulierten Bedürfnisse bzw. Wünsche/Vorstellungen der Kunden besser zu befriedigen, sind Prozessinnovationen meist auf Verbesserung von (ökonomischer und ökologischer) Effektivität und Effizienz von (internen) Abläufen oder Verfahren ausgerichtet. Solche Verbesserungen könnten auch die Supply Chain betreffen, wenn z. B. Lieferanten unter Fairnessgesichtspunkten ausgewählt und bewertet werden. Auch innovative (faire) Geschäftsmodelle lassen sich so finden, die besonders zukunftsträchtig erscheinen.

Gute Innovationen stiften Nutzen in mindestens einem Bereich

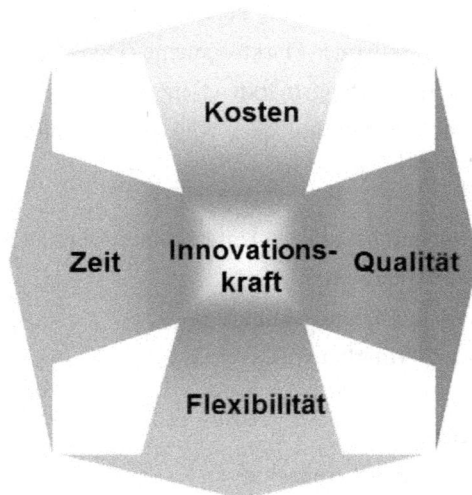

Abb. 66:   Nutzenstiftende Dimensionen von Innovationen

Das Management von Innovationen wird von vielen Einflüssen mitbestimmt, zum Beispiel von

- spezifischen Eigenschaften und Prozessen
- traditionellen Strukturen und Verhaltensmustern in der Branche
- den jeweiligen Marktsegmenten
- der jeweiligen Kundenstruktur
- den jeweiligen Stakeholdern
- Rechtsrahmen und Schutzmöglichkeiten
- Kooperationsbereitschaft entlang der Wertschöpfungskette
- Kooperationen mit wissenschaftlichen Institutionen
- Kooperationsmöglichkeiten mit Meinungs- und Trendforschungsinstituten

Innovationen erwachsen also nur in einem Unternehmensklima, welches von Fairness, Offenheit, Vertrauen und Eigenverantwortlichkeit geprägt ist. Innovationsmanagement braucht „einen langen Atem" und muss breit im Unternehmen verankert sein. Der Wirkungsgrad von Innovationen kann durchaus unterschiedlich sein. Besonders gute Innovationen zeichnen sich dadurch aus, dass sie möglichst einfach und zeitgerecht sind (z.B. hinsichtlich gesellschaftlicher Erwartungen). Etwas Neues sollte überraschend sein, wichtig aus der Sicht der Kunden und diese ebenso wie die eigenen Mitarbeiter begeistern (vgl. Abb. 67). Erfolgreiche Innovationen bieten die ökonomische Basis für Veränderungen zur Fairness im Unternehmen.

Eigenschaften „guter" Innovationen:

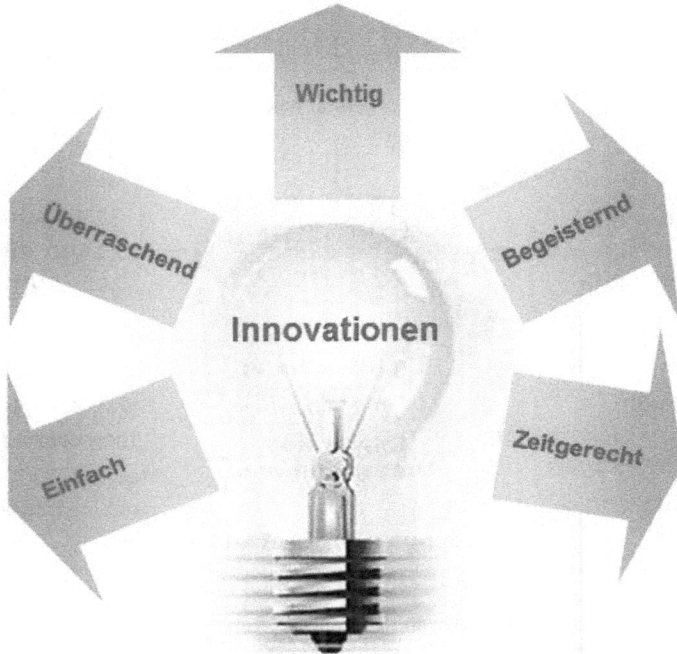

Abb. 67:   Wirkungen erfolgreicher Innovationen

Innovationen in Nachhaltigkeit und Fairness werden vielleicht bei den Mitarbeitern und Kunden keine Begeisterungsstürme auslösen, doch sollte jedes faire Unternehmen auf den Paradigmenwechsel setzen. Denn faire Unternehmen vermeiden auf jeden Fall Enttäuschung und Abwanderung sowohl ihrer Kunden als auch ihrer Mitarbeiter. Im Rahmen der Innovationsprozesse bzw. eines Veränderungsmanagements sollte auch stets der Stand der Dinge überprüft werden, damit gegebenenfalls nachjustiert werden kann. Am besten werden Veränderungen zu einer fairen Organisation und einem fairen Leistungsangebot akzeptiert, wenn alle Mitarbeiter, Kunden und sonstigen Stakeholder auf dem Weg mitgenommen werden. Die richtige Kommunikation nach innen und außen ist dabei der wichtigste Faktor.

Als besonders wichtiger Bereich der Kommunikationspolitik soll daher die Corporate Identity-Politik hervorgehoben werden. Die Corporate Identity (CI) bildet die Philosophie des Unternehmens sowie dessen Leistungsangebot und die Arbeitsweise ab. Daher wird faires Verhalten auch zu einem integralen Bestandteil einer fairen CI: Die Fairnesselemente bestimmen die CI ebenso wie die Beziehungen zu allen Stakeholdern (vgl. Abb. 68). Integrität, Transparenz und Nachhaltigkeit sind wesentliche Bestandteile der Unternehmensreputation (Corporate Reputation), sie bestimmen das Erscheinungsbild in der Öffentlichkeit.

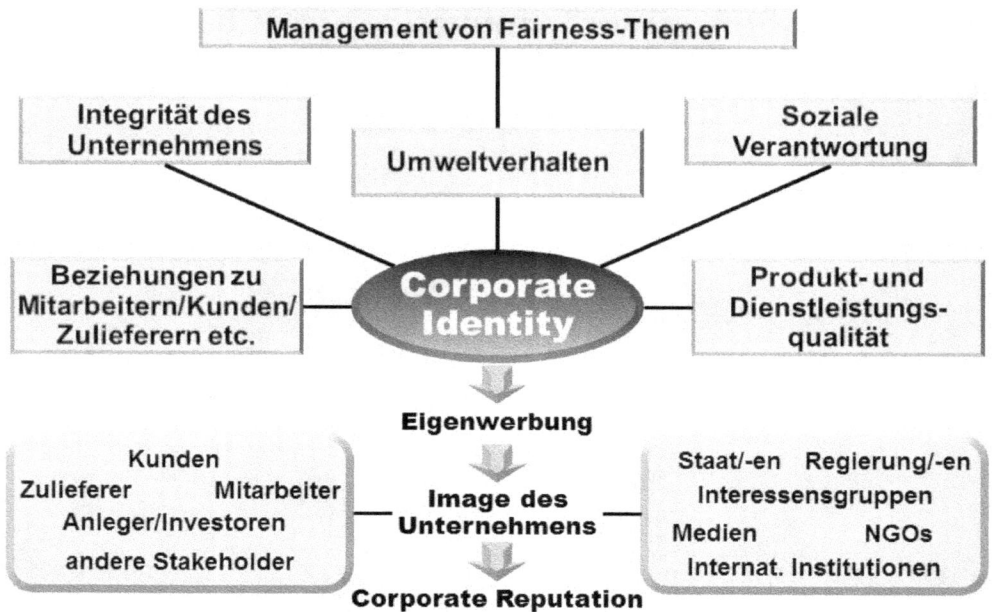

Abb. 68:   Wichtige Bausteine zur fairen Corporate Identity

In der Corporate Identity (CI) und ihren Teilbereichen kommt das Leitbild mit Corporate Mission und Corporate Culture zum Ausdruck (vgl. Abbildung 68). Im Leitbild werden die Unternehmenswerte (Corporate Values) und die Unternehmenskultur (Corporate Culture) verankert und bilden damit den Kristallisationspunkt der CI. Die wichtigsten Teilbereiche der CI sind das Corporate Design (CD), die Corporate Communications (CC) und das Corporate Behavior (CB), auch dem Bereich der Corporate Acoustics (CA) kommt eine steigende Bedeutung zu. Kernelemente der CI sind CC und CB, denn sie sind am stärksten identitätsstiftend. CD und CA können diese Identität nach außen transportieren und stärken, aber eher gering beeinflussen. Will ein Unternehmen ein faires Image in der Vorstellung seiner Kunden und Stakeholder erzeugen, muss es alle Elemente gestalten.

Das Corporate Design (CD) ist die visuell-formale Gestaltung der Unternehmens- bzw. Anbieterpersönlichkeit, die ihre Ausprägung in Firmen- oder Markennamen, Logos, Zeichen, Farbgebung, Schrift, Gestaltung und Design findet. Das CD zeigt sich z. B. in Briefbögen, Anbieterbroschüren/-katalogen, Stil, ergänzenden Produkten, Gebäuden, Fahrzeugen oder in einer Dienst-Bekleidung.

In Corporate Communications (CC) kommt die Art und Weise interner und externer Kommunikation zum Ausdruck (vgl. Abb. 69). Die Kommunikation kann persönlich oder unpersönlich, schriftlich, digital oder elektronisch sein. An der Art interner Kommunikation werden der Umgang mit Mitarbeitern, das Führungsverhalten, die Organisationsgrundsätze oder die Offenheit deutlich. Bei international zusammengesetzten Mitarbeiterschaften ist eine durchgängig einheitliche Kommunikation nicht leicht sicher zu stellen. Die externe Kommunikation äußert sich in öffentlichen Verlautbarungen (PR), Werbebotschaften und -slogans

(Corporate Advertising), Geschäftsberichten, Umwelt- und Sozialberichten, Geschäftsbriefen, Beschwerdemanagement etc.

Corporate Behaviour (CB) hat ebenfalls eine interne und eine externe Komponente. Sie ist genauso stark durch unterschiedliche Kulturen geprägt wie die CC. In ihr wird das Organisationsverhalten auf dem Absatzmarkt aber auch dem Beschaffungsmarkt (Arbeits- oder Finanzmarkt) verkörpert, z. B. im Umgang mit Kunden und Mittlern (Leitbild), aber auch intern mit den eigenen Mitarbeitern, die ihrerseits entsprechend geprägt extern agieren. Intern sind u. a. Werte, Normen, Verhaltensregeln, Führungsstil, Hierarchien, Offenheit, Kunden- oder Innovationsorientierung von großer Bedeutung (abgeleitet aus Unternehmenskultur, vgl. Abb. 69).

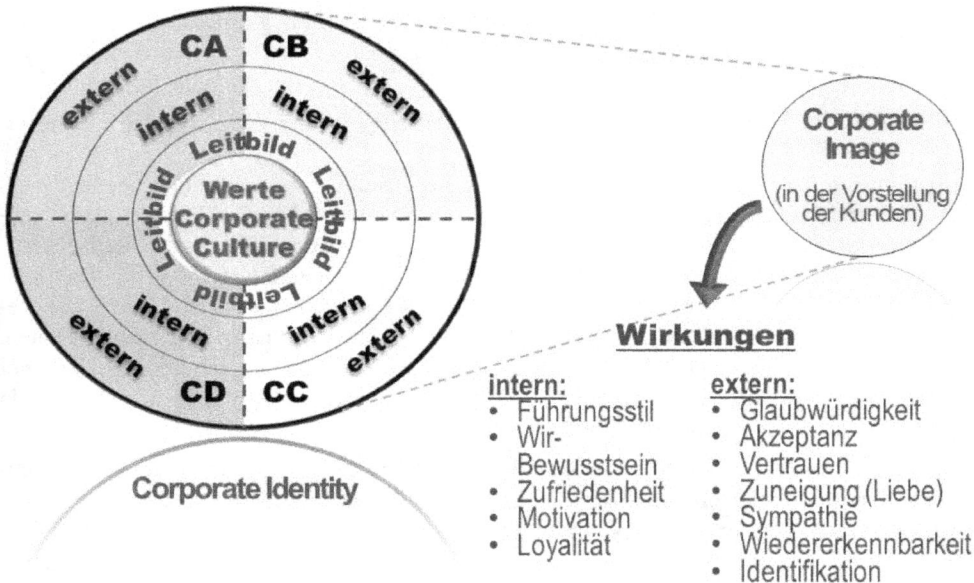

CA | CB extern intern | intern extern
Leitbild
Werte Corporate Culture
Leitbild
extern intern | intern extern
CD | CC

Corporate Identity

Corporate Image (in der Vorstellung der Kunden)

Wirkungen

intern:
- Führungsstil
- Wir-Bewusstsein
- Zufriedenheit
- Motivation
- Loyalität

extern:
- Glaubwürdigkeit
- Akzeptanz
- Vertrauen
- Zuneigung (Liebe)
- Sympathie
- Wiedererkennbarkeit
- Identifikation

Abb. 69:   Corporate Identity erzeugt wirkungsvolles Corporate Image

Auf akustischer Ebene erhalten Corporate Acoustics (CA) als Ausdruck der Organisation-/Unternehmenspersönlichkeit zunehmende Bedeutung. Musik und Klänge/Töne erregen Aufmerksamkeit, schaffen Emotionen und transportieren damit die gewünschten Botschaften. Dies haben Unternehmen wie Beck's Bier, Coca Cola oder Langnese längst erkannt und setzen auf Musik, um Freiheit oder exotische Atmosphäre als Erlebniswelt zu kommunizieren. Die Telekom setzt nicht nur auf die optische T-Marke sondern kommuniziert zusätzlich fünf helle Klaviertöne als akustische Erkennungsmarke, die sich stark einprägt und Teil der eingetragenen Marke ist.

Der Corporate Identity-Politik als Marketinginstrument fällt die strategische Aufgabe zu, die Teilbereiche (CD, CC, CB, CA) aufeinander abzustimmen und zu integrieren. So lässt sich ein Unternehmen mit Hilfe der CI eindeutig positionieren, damit sich auch alle Mitarbeiter (interne Stakeholder) leicht mit diesem identifizieren können. Die CI erzeugt als Corporate

Image auch eine starke Außenwirkung auf externe Stakeholder (Kunden, Absatzmittler, Lieferanten, Meinungsführer etc.) und die Öffentlichkeit (vgl. Abb. 69), insbesondere im Hinblick auf Vertrauen, Glaubwürdigkeit, Reputation, Akzeptanz oder Zustimmung sowie der Positionierung. Ist das Image positiv, werden auch Kunden, Lieferanten oder Partner eine positive Einstellung zum Anbieter und dessen Leistungen haben. Wirkt die Identität hingegen uneinheitlich oder gar negativ, wird dies auch ein entsprechendes Bild in der Öffentlichkeit erzeugen. Damit kommt der CI-Politik eine zentrale Bedeutung im strategischen Marketing der Unternehmen zu, insbesondere wenn das Bild in der Öffentlichkeit in Richtung Fairness verändert werden soll.

Faire Unternehmen stehen in der Verantwortung für saubere Herstellungsprozesse, Klimaschutz und Sozialstandards an den einzelnen, u. U. weltweit verteilten Produktionsstandorten - und das nicht nur in den eigenen Standorten, sondern auch denen der Zulieferbetriebe und deren Lieferanten und Sublieferanten. Fairness und moralische Korrektheit werden zum Akzeptanzmesser und oftmals zum Kaufargument. Daher bedienen sich faire Unternehmen akzeptierter internationaler Gütesiegel und Standards, um ihr Engagement nach außen zu verdeutlichen, denn viele Kunden vermissen eine sichtbare Kennzeichnung solcher Angebote, wie Umfragen belegen.

Am wirkungsvollsten ist es jedoch, wenn die Marke(n) selbst die Information über Fairness nach außen transportieren. Im Fokus stehen dabei so genanntem Mindful Brands oder Meaningful Brands, die sinnstiftend wirken. Diese können in ganz besonderer Weise die Reputation eines Unternehmens positiv beeinflussen. Der Begriff Reputation umfasst die Wahrnehmungen, Meinungen und Erwartungen aller wichtigen Unternehmens-Stakeholder. Die Reputation ist ein sehr bedeutender Vermögenswert eines Unternehmens, insbesondere dann, wenn den Kunden und anderen Stakeholdern die Beurteilung des Unternehmens sowie seiner Produkte und Dienstleistungen nicht leicht fällt. Reputation und Vertrauen beeinflussen in starkem Umfang die Kaufentscheidung.

Seit einiger Zeit bahnt sich ein ungewöhnlicher Wandel in der Beziehung zwischen ehrgeizigen und verantwortungsvollen Markenunternehmen und deren Kunden an. Unternehmen, die sich langfristig sinnvollen Zielen verschreiben und sich auf den Weg in eine fairere, nachhaltigere Zukunft gemacht haben, verlangen von ihren Kunden, dass diese ebenfalls dazu beitragen (Schaffen authentischer Erlebnisse). Auf diese Weise wollen sie sich die Anerkennung der moralisch besonders anspruchsvollen Kunden sichern. Verbraucher werden sich jedoch auf diese Art nur für solche Marken einsetzen, die sie hinsichtlich ihrer Fairness vollkommen überzeugen.

Solche Entwicklungen haben als gemeinsames Element die Suche nach Authentizität in der Nachhaltigkeit bzw. Fairness. Gemeinsames Erleben und Handeln sind dabei bevorzugter Trend. Sogenanntes „Greenwashing", also das Vorgaukeln scheinbarer Umweltverträglichkeit, ist in unserer digitalisierten und vernetzten Informationsgesellschaft für die Unternehmen sehr gefährlich geworden. Die digitalen Medien sind auch zum wichtigsten Risikofaktor für die Reputation geworden (vgl. Abb. 70). In den Sozialen Medien ist ein Shitstorm schnell losgetreten und manchmal nicht aufzuhalten. Oftmals sind es nur Gerüchte oder Verleumdungen, die aber gravierende Auswirkungen haben können.

Wer meint, es reiche mit Hochglanzbroschüren und oberflächlichen Kampagnen für ein gutes Image zu sorgen, wird schnell an Glaubwürdigkeit verlieren und Vertrauen verspielen. Wer leere Versprechungen macht, wird in Zeiten des Internets und des Booms sozialer Netzwerke schnell entlarvt und unmittelbar mit einem Reputationsschaden bestraft (vgl. Abb. 70). Reputation wächst nur da, wo Kommunikation und Handeln im Einklang stehen. Schon der ehemalige Bundespräsident Johannes Rau hat es auf die einfache Formel gebracht: „Tue, was Du sagst, und sage, was Du tust!"

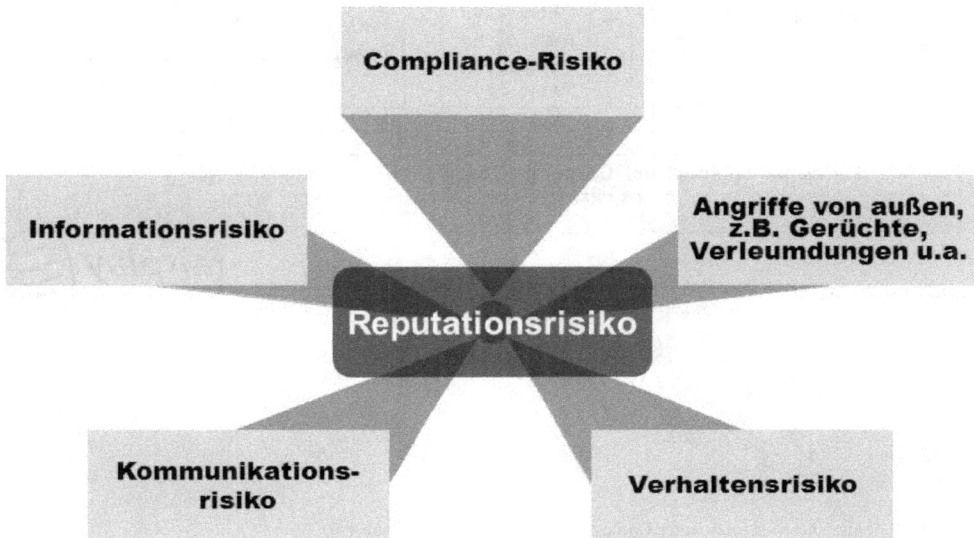

Abb. 70:   Reputationsrisiken erkennen und vermeiden

Dennoch sollte sich kein Unternehmen auf dem Weg zu mehr Nachhaltigkeit und Fairness aufhalten lassen. Der Weg ist steinig und verlangt operativ zunächst die Einhaltung möglichst vieler internationaler Standards, die breit akzeptiert sind. Bewährte Management-Systeme wie beispielsweise die ISO Normen EN 9000, ISO 26000, ISO 14000, EMAS oder der Sozialstandard SA 8000 helfen bei der Verankerung der unterschiedlichen Fairnessbereiche im Unternehmen. Werkzeuge, wie die Ökoeffizienzanalyse, der Öko- oder CO_2-Fußabdruck, die Lebenszyklusanalysen oder der Sustainability Value Ansatz, erleichtern die operative Umsetzung im Tagesgeschäft. Auch Selbstverpflichtungen und Brancheninitiativen eignen sich zur Verankerung fairer Verhaltensweisen im Tagesgeschäft und verhindern ggf., dass veränderte Verhaltensweisen zum unerwünschten Wettbewerbsfaktor werden.

Last but not least sollten die Unternehmen frühzeitig für eine möglichst große Transparenz sorgen und über ihre Aktivitäten berichten (vgl. Abb. 71). Dazu eignen sich Sozial-, Umwelt- oder Nachhaltigkeitsberichte, Lage- oder Geschäftsberichte, wenn sie entsprechende Bewertungskriterien darlegen, wie diese beispielsweise die Global Reporting Initiative (GRI) bietet. Eine Vielzahl bekannter und weniger bekannter Siegel, Signets oder Label eignen sich zur Information der Kunden über die Unternehmensaktivitäten. Besonders glaubhaft sind solche Siegel, die extern überprüft und von NGOs unterstützt werden. Eine professionelle Krisenkommunikation ist notfalls für den Erhalt von Unternehmens- und Produktmarken von zentraler Bedeutung und muss rechtzeitig vorbereitet werden (z. B. Issues Management).

Elemente fairen Managements

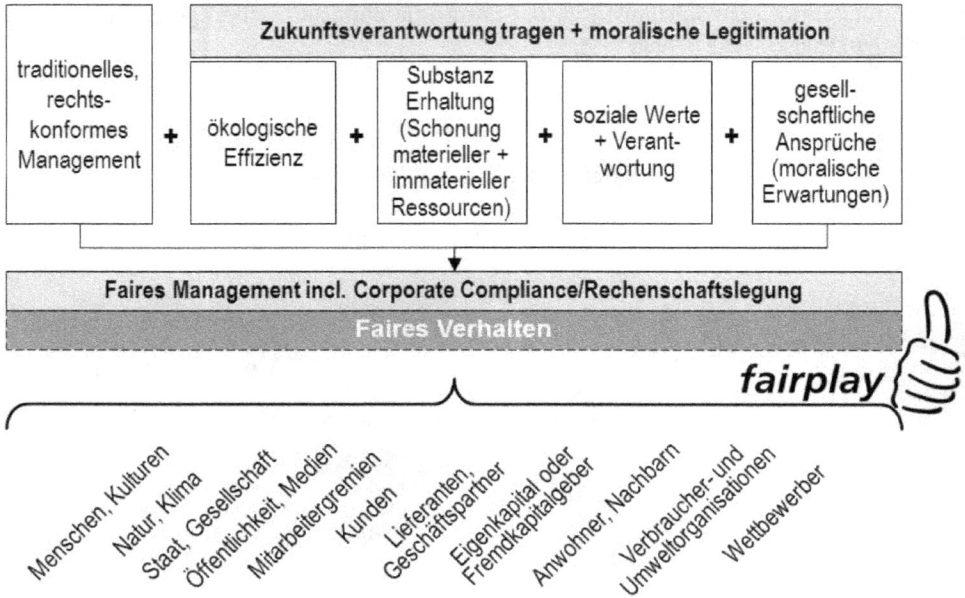

| traditionelles, rechts- konformes Management | + | ökologische Effizienz | + | Substanz Erhaltung (Schonung materieller + immaterieller Ressourcen) | + | soziale Werte + Verant- wortung | + | gesell- schaftliche Ansprüche (moralische Erwartungen) |

Zukunftsverantwortung tragen + moralische Legitimation

Faires Management incl. Corporate Compliance/Rechenschaftslegung

Faires Verhalten

fairplay

Menschen, Kulturen — Natur, Klima — Staat, Gesellschaft — Öffentlichkeit, Medien — Mitarbeitergremien — Kunden — Lieferanten, Geschäftspartner — Eigenkapital oder Fremdkapitalgeber — Anwohner, Nachbarn — Verbraucher- und Umweltorganisationen — Wettbewerber

Abb. 71:   Faires Management unter Einbezug aller relevanten Stakeholder

Faires Management verlangt zunächst eine strategische Verankerung im normativen Management, um dann strategisch umgesetzt zu werden. Im operativen Management bzw. Marketing werden Mittel und Wege gesucht, die Zielsetzungen in der gewünschten Art und Weise zu erreichen. Dabei helfen verlässliche Unternehmenswerte und eine starke Unternehmenskultur, die von allen Führungskräften vorgelebt wird. Zentraler Faktor des fairen Managements ist die Kooperation und Interaktion mit allen wichtigen Stakeholdern des Unternehmens (vgl. Abb. 71). Nur so lässt sich die notwendige Akzeptanz in der Öffentlichkeit gewinnen. In den beiden folgenden Kapiteln geht es anhand von Beispielen und Anregungen um die Beziehungen zu den Stakeholdern.

6 Globalverantwortung des Managements

Neben Fragen nach einer sinnvollen Strategie und einem planvollen operativen Managements stellen Bürger noch andere konkrete Fragen in Bezug auf die gesellschaftliche Verantwortung von Unternehmen: Was unternehmen Reedereien, um ihre CO2-Bilanz deutlich zu verbessern? Unter welchen Bedingungen arbeiten Frauen in den Textilfabriken von Bangladesch, in denen C & A, H & M und KiK u. a. ihre Kleidung nähen lassen? Wie gedenken die Deutsche Bank und VW das Vertrauen ihrer Kunden wiederzugewinnen? Werden die Banken und Versicherungen auch zukünftig noch klimaschädliche Energie und Landraubbau finanzieren? Müssen Kinder weiterhin Kobalt für Mobiltelefone fördern?

Einige Unternehmen sind in den Fokus der Öffentlichkeit geraten, weil sie ihre gesellschaftliche Verantwortung durch Korruption, Kinderarbeit oder ungebremsten Ressourcenverbrauch missachten. Sie werden von NGOs, Regierungen, Medien und Bürgerinitiativen unter Druck gesetzt und erleiden herbe Umsatz- und Reputationsverluste. So die Erdölfirma Shell durch den Boykott vieler Konsumenten, nachdem sie die Ölplattform Brent Spar im Atlantik versenkt hatte. Oder der Sportartikelhersteller Nike, den Bürgerorganisationen zur Rechenschaft zogen und Nokia, das nach Schließen der Produktion in Deutschland boykottiert wurde. Auch wenn manche dieser Effekte nicht dauerhaft sind, bleibt oft ein Makel hängen.

Die Forderungen und Erwartungen der Menschen an die Verantwortlichen in der Wirtschaft und die Unternehmen sind vielfältig und situationsbezogen sehr spezifisch. Sind die Erwartungen auch vielfältig, so wollen doch alle Menschen - egal in welcher Position oder Situation - dasselbe: stets fair behandelt werden. Dies erfordert eine entsprechende Einstellung der Unternehmensführungen und ein faires Management.

Der in 2003 gegründete Ethikverband der Deutschen Wirtschaft e. V. (EVW) ist ein eingetragener Verein, der Unternehmer und Manager dabei unterstützt, wirtschaftliche Ziele mit ethischen Werten zu verbinden und einen fairen und verbindlichen Umgang miteinander zu pflegen (www.ethikverband.de, 21.1.2016). Der EVW hat gemeinsam mit der TÜV Nord Gruppe ein Zertifizierungsprogramm entwickelt, welches das tatsächliche Verhalten und die Verträglichkeit der Handlungen mit den Unternehmenswerten, Strukturen und Prozessen bewertet. Auch plante der Verband jährlich eine Auszeichnung für vorbildliche Betriebe, einen sog. „Ethik-Award". Beide Projekte sind wohl mangels Interesse nicht verwirklicht worden, aber mit „Philosophy meets Economy" (PME) trägt der EVW den Diskurs um die unterschiedlichen Konzepte von Ethik ins unternehmerische Denken.

Eine faire Unternehmensstrategie, die neben Gewinnstreben auch ökologische und gesellschaftliche Fairness-Erfordernisse erfüllen will, muss neben der Motivation und Förderung von Mitarbeitern sowie einem kontinuierlichen Stakeholder-Dialog einen verantwortungsbewussten Umgang mit den natürlichen Ressourcen und der Umwelt pflegen. Dazu gehört es, ein Umweltmanagementsystem zu entwickeln, dies kontinuierlich zu verbessern und die Umwelt- und Produktqualität in kundengerechte Angebote zu integrieren.

Die Basis für kundenorientierte Angebote ist ein optimaler Organisationsprozess innerhalb des Unternehmens einschließlich des Beschaffungsprozesses in der Supply Chain, der mit dem Begriff des fairen Managements umschrieben werden kann. Dabei wird die Kooperation mit allen Partnern und Stakeholdern gesucht. Doch nicht immer gibt es eindeutig identifizierbare Stakeholder, die entsprechende gesellschaftlich relevante Ansprüche vertreten.

Wir richten zunächst unser Augenmerk in diesem Kapitel auf die Globalverantwortung der Unternehmen bzw. der Unternehmensführungen. Diese lässt sich über den Begriff der Stakeholder nur schwer erfassen, obwohl es durchaus nennenswerte Verfechter unter diesen gibt, angefangen von nationalen und internationalen Institutionen bis hin zu internationalen oder nationalen NGOs, Verbänden und Vereinen. Diese betrachten wir gesondert als Unternehmens-Stakeholder in Kap. 7 (vgl. Abb. 72). Auf jeden Fall greift an dieser Stelle der Ansatz des „Shared Value", nämlich gleichzeitig Mehrwerte für die Unternehmen und die Gesellschaft(-en) zu schaffen.

Fairness sollte gegenüber der gesamten Zivilisation, den Menschenrechten, den vielfältigen Kulturen (einschl. Weltkulturerbe…) oder der Natur (Ressourcen, biologische Vielfalt, Klima…) in nachhaltiger Weise gelten:

- Natur (Luft, Wasser, Boden, Biodiversität)
- Klima
- Ressourcen
- Grund-/Menschenrechte
- Eigene und fremde Zivilisationen und Kulturen
- Eigene und fremde Gesellschaften

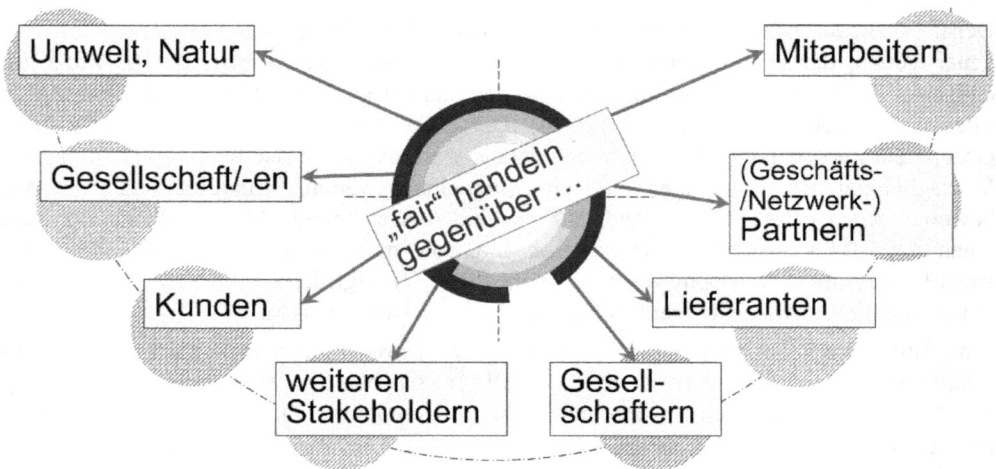

Abb. 72:   Faires Handeln gegenüber Umwelt, Natur, Kima, Gesellschaften etc.

Jedes Unternehmen, welches den Anspruch erhebt, fair mit der natürlichen Umwelt umzuge-hen und diese auch für nachfolgende Generationen zu erhalten, sollte die gesamten Unter-nehmensprozesse detailliert überprüfen. Im Zentrum steht die Frage, in wie weit durch die unternehmerische Tätigkeit Beeinträchtigungen erfolgen, wie diese zu vermeiden und ggf. umzukehren sind. Gleiches gilt für den Schutz der Menschen und ihrer Grundrechte sowie für alle Zivilisationen, Kulturen bzw. Gesellschaften.

Die Herausforderungen für das Unternehmensmanagement sind hier: Green Technology, Green Design, Green Building, Green Logistics, Green Energy und die Reduzierung des Strom- und Energieverbrauchs. Hinzu kommt die Schonung aller nicht erneuerbaren Res-sourcen, zumindest deren effiziente Nutzung. Die Achtung der Menschenrechte, die Wahrung der menschlichen Würde, der Respekt vor unterschiedlichen Kulturen und Zivilisationen sind weitere zentrale Anliegen, die faire Unternehmen bzw. fair handelnde Personen bei ihrer unternehmerischen Tätigkeit leben müssen, um eine faire Reputation zu erreichen und zu erhalten.

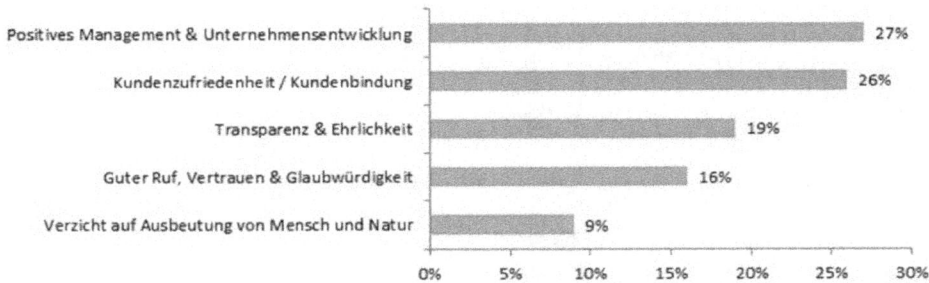

Fairness-Barometer 2011: Beitrag von Fairness zum Unternehmenserfolg
Wodurch trägt Fairness grundsätzlich zum Erfolg eines Unternehmens bei?

Positives Management & Unternehmensentwicklung — 27%
Kundenzufriedenheit / Kundenbindung — 26%
Transparenz & Ehrlichkeit — 19%
Guter Ruf, Vertrauen & Glaubwürdigkeit — 16%
Verzicht auf Ausbeutung von Mensch und Natur — 9%

Panelbiz GmbH für Fairness-Stiftung: 1000 Befragte in der 11. KW 2011
Grundlage Prozentangabe: 75% der Befragten, die Fairness als Beitrag für Unternehmenserfolg ansehen

www.fairness-stiftung.de
© Fairness-Stiftung 2011

Abb. 73:   Fairness trägt zum Unternehmenserfolg bei („Fairness-Stiftung" www.fairness-barometer.de, 22.12.2014)

Viele Unternehmen leisten sich heute Ethik- oder CSR-Beauftragte und publizieren aufwän-dig gestaltete CSR- oder Nachhaltigkeitsberichte. Das Spektrum des gesellschaftlichen En-gagements reicht vom Sponsoring für Kultur- und Sportevents über das Pflanzen von Bäu-men für den Klimaschutz, Spenden und Wohltätigkeitsgalas bis hin zu Projekten für Straßen-kinder. Kritiker halten solche Maßnahmen nur für punktuelle Aktivitäten, die zwar das staatsbürgerschaftliche Engagement der Unternehmen zeigen, aber häufig nicht ihr Kernge-schäft berühren. Galt es früher als unfein, soziales Engagement mit der Unternehmenstätig-keit zu verbinden, wird heute ein unternehmerisches Engagement in Verbindung mit der Unternehmenstätigkeit geradezu erwartet.

Das Fairness-Barometer 2011 der Fairness-Stiftung belegt, dass Fairness zum Unterneh-menserfolg beitragen kann (vgl. Abb. 73). Nach Ansicht der befragten Deutschen bestimmen den Erfolg der Unternehmen ein positives Management und Kundenzufriedenheit am stärksten. Transparenz und Ehrlichkeit, ein guter Ruf und Glaubwürdigkeit sowie der Verzicht auf die Ausbeutung von Mensch und Natur haben ebenfalls einen positiven Einfluss.

Wenn das gesellschaftliche Engagement mehr als ein geschicktes Marketinginstrument sein und nicht nur der Imagepolitur und dem Reputationsmanagement dienen soll, muss ein glaubwürdiges Engagement (im Sinne von Fairness) nach Ansicht des Bundesministeriums für Umwelt, Naturschutz, Bau und Reaktorsicherheit (BMUB) folgende Handlungsfelder umfassen:

- den betrieblichen Umweltschutz,
- die Berücksichtigung von Arbeitnehmerinteressen,
- die Beachtung des Umweltschutzes,
- die Beachtung menschenwürdiger Arbeitsbedingungen in der Zulieferkette,
- eine integrierte Produktpolitik,
- den Verbraucherschutz.

Fairness-Barometer 2011: Glaubwürdigkeit von Fairness-Zuschreibung

In ihrer Außendarstellung werben Unternehmen inzwischen öfter mit der Aussage, dass sie fair seien. Unter welchen Bedingungen finden Sie solche Aussagen glaubwürdig?

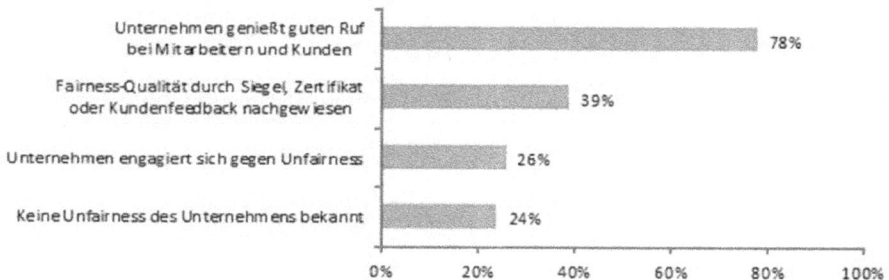

© Fairness-Stiftung 2011 l 1000 Befragte in der 11. KW 2011 l Grundgesamtheit: Wahlberechtigte Bevölkerung in Deutschland

Abb. 74:   Glaubwürdige Aussagen der Unternehmen zur Fairness („Fairness-Stiftung" www.fairness -
             barometer.de, 22.12.2014)

Es geht also nicht nur darum, dass ein Unternehmen Gewinne erwirtschaftet, sondern vor allem darum, unter welchen Bedingungen diese Gewinne zustande kommen. Basis ist üblicherweise ein professionelles Wertemanagement, das eine klare Orientierung ermöglicht. Das tagtägliche Vorleben fairer Geschäftsmoral durch die Unternehmensspitze ist in der Unternehmenspraxis von entscheidender Bedeutung. Als besonders glaubwürdig schätzen die Menschen in Deutschland den guten Ruf der Unternehmen bei Mitarbeitern und Kunden ein (vgl. Abb. 74). Glaubwürdig erscheint auch die Kennzeichnung der Fairness-Qualität durch Siegel, Zertifikate und Kundenfeedback sowie unternehmerisches Engagement gegen unfaire Methoden (www.fairness-barometer.de, 22.12.2014).

Die in Kap. 2 angesprochene Fairness-Stiftung ist seit 2000 als gemeinnützige Organisation tätig. Insbesondere tritt die Stiftung ein (www.fairness-stiftung.de/FactSheet.htm, 21.1.2016)

- für Fairness in Wirtschaft und Gesellschaft, in Politik und Kultur, Sport und Medien
- für Fairness-Professionalität in der Führungs- und Unternehmenskultur
- für eine kompetente und faire Bewältigung sowie Prävention sozialer und personaler Risiken in Unternehmen und Organisationen
- gegen unfaire Attacken und gegen Bedingungen, die Unfairness in Unternehmen und Organisationen begünstigen sowie
- gegen unfaire Praktiken, zu denen illegale, illegitime, irreguläre und unethische Vorgehensweisen in Unternehmen bzw. Organisationen zählen

Sie will Menschen in Verantwortungsfunktionen beraten und begleiten, um deren Fairness-Potenzial dauerhaft entfalten zu helfen, und mittels Fort- und Weiterbildung professionelle Fairness-Kompetenz zu fördern sowie alle an Fairness orientierte Persönlichkeiten und Profis miteinander zu vernetzen.

Seit dem Jahr 2010 zeichnet die Fairness-Stiftung Organisationen oder Gruppen des 21. Jahrhunderts aus, die entschlossen, tatkräftig und wirksam in ausgesuchten Themenfeldern Fairness-Praxis initiieren und fördern. Mittels dieser Auszeichnung soll die Fairness-Qualität in den für den Einzelnen sowie für die Gesellschaft relevanten Anwendungsbereichen angeregt, gesteigert und weiterentwickelt werden. Die Fairness-Initiativpreise gingen seitdem an folgende Organisationen (www.fairness-stiftung.de/Fairness-Initiativpreis.htm, 21.1.2016)

2010:   abgeordnetenwatch.de, foodwatch.de, irrsinnig-menschlich.de

2011:   LobbyControl

2012:   Finance Watch

2013:   Joblinge e.V.

2014:   AG Beipackzettel

2015:   Digitale Helden

Im Sinne der sogenannten Fairness-Charta werden Organisationen mit dem Fairness-Initiativpreis für ihr exemplarisches Handeln ausgezeichnet. In dieser Charta geht es um (www.fairness-stiftung.de/Fairness-Initiativpreis.htm, 21.1.2016):

1. Rücksichtnahme und Respekt gegenüber den Belangen und Bedürfnissen von Mensch und Natur,

2. Transparenz und Verständlichkeit von gesellschaftlich relevanten Entscheidungen und Handlungen, von Produkten und Dienstleistungen,

3. aktive Toleranz in Bezug auf kulturelle und soziale Eigenarten, sofern sie nicht die eigene oder fremde Würde herabsetzen und Intoleranz zulassen,

4. lebens- und demokratiefördernden Umgang mit Menschen durch Organisationen und Medien sowie schließlich um

5. die soziale, kulturelle, ökologische und personelle Verträglichkeit von Vorgehensweisen, Strukturen und Regeln.

Neben der bekannten Fairness-Stiftung und der Fairtrade-Organisation gibt es inzwischen eine ganze Reihe Initiativen, die sich das Motto der Fairness auf die Fahnen geschrieben haben: ob Forum Fairer Handel, Pro Fairness gegen Mobbing, fair-fisch, öko-fair oder Vorfahrt für Fairness. Deren Vorstellungen sind allerdings nicht immer ganz klar und eine externe Kontrolle der zum Teil privaten Initiativen ist ebenfalls nicht gegeben (vgl. Abb. 75). Mit der Fair Trade Organisation beschäftigt sich Kapitel 6.2 näher.

Im weiteren Kapitel 6 finden sich, ebenso wie später in Kapitel 7, positive und negative Beispiele zu fairem Verhalten aus den Unternehmen, Branchen, Fairness-Initiativen der Wirtschaft. Sie sollen anregen, die Übertragbarkeit auf das eigene unternehmerische Handeln zu prüfen oder das bisherige Handeln zu hinterfragen.

Abb. 75:   Faire Initiativen in Deutschland (Homepages der Organisationen - s. Quellenverzeichnis)

6.1   Natur, Ressourcen und Klima

Durch die Explosion der BP-Öl-Bohrinsel „Deepwater Horizon" 2010 kam es zum Öko-Gau für den Golf von Mexiko. Nach diesem spektakulären Vorfall flossen hunderte Millionen von Litern Erdöl aus dem Bohrloch ins Meer und führten zu einer Ölpest ungeahnten Ausmaßes, die selbst die der vielen Tankerunglücke übertraf. 1989 lief beispielsweise das Schiff „Exxon Valdez" vor Alaska auf Grund: 37.000 t Öl ergossen sich ins Meer, 400.000 Vögel und Säugetiere starben in der Folge. Das Öl der Deepwater Horizon verseuchte das Mississippi-Delta sowie das dort befindliche Wildschutzgebiet Pass à l'outre. Experten schätzen, dass diese Katastrophe das Ausmaß des Tankerunglücks der Exxon Valdez noch übertroffen hat. Mitte 2015 einigte sich BP endlich mit der US-Regierung auf Schadensersatzzahlungen in Höhe von 18,7 Mrd. \$, den höchsten Wert in der US-Geschichte. Exxon kam seinerzeit mit Strafzahlungen, Entschädigungen und Reinigungskosten von deutlich weniger als 10 Mrd. \$ davon.

Das Wetter spielt verrückt: Taifune verwüsten die Philippinen, Hurrikans richten immer wieder große Schäden in den USA an und die anhaltende Erderwärmung führt zu unzähligen Überschwemmungen weltweit. Der Klimagipfel in Paris im Dezember 2015 ist vielleicht ein hoffnungsvolles Signal an die ganze Welt: Die Erderwärmung soll im Vergleich zur vorindustriellen Zeit auf unter 2° C begrenzt werden, möglichst sogar auf 1,5° C. Ab 2050 soll der Netto-Ausstoß der Treibhausgase auf null reduziert werden, somit dürften dann Kohle, Öl und Gas nicht mehr zur Energieversorgung genutzt werden. Demnach dürfen wegen der langen Laufzeiten ab sofort keine neuen Kraftwerke mehr gebaut werden, die fossile Brennstoffe nutzen.

Allerdings wird das Abkommen erst völkerrechtlich verbindlich wenn mindestens 55 % der 196 Unterzeichner-Staaten, die zusammen 55 % der Treibhausgase ausstoßen, dieses Abkommen ratifiziert haben. Die Staaten müssen Transparenz über den Ausstoß der Klimagase und ihre Klimaschutzaktivitäten schaffen, doch gibt es keine Strafen bei Nichterfüllung der Vereinbarung. Es wurde vielfach die Forderung erhoben, dass Banken und Versicherungen nun ihre Gelder aus Kohle- und Ölkonzernen abziehen und zukünftig auf Investitionen in fossile Energien gänzlich verzichten sollten.

Natur und Klima stehen seit vielen Jahren im Zentrum der gesellschaftlichen Diskussion, also sollte dieser Aspekt auch höchste Priorität in der Politik fairer Unternehmen erhalten. Die Nutzungsintensität der Natur bzw. der natürlichen Ressourcen steht für diese meist im Vordergrund der Betrachtung. Generell geht es um die Aspekte Luft (Atmosphäre), Böden (Pedosphäre), Gestein/Erze (Lithosphäre), Flora & Fauna (Biosphäre) und Wasser (Hydrosphäre). Hinzukommt im unternehmerischen Alltag die Aspekte einer Ressourceneffizienz (Material-/Energieeffizienz, sparsamer Einsatz natürlicher Ressourcen) und immer mehr das Thema Ressourcenschonung (erneuerbare Energien, Verzicht auf bestimmte Rohstoffe). Die Bundesregierung machte Ressourceneffizienz erstmals zum zentralen Thema des G7-Gipfels im Juni 2015.

Für Unternehmen ist es jedoch nicht immer einfach, sich für Umweltthemen im erforderlichen Umfang zu engagieren, da es zu Zielkonflikten kommen kann. Am Beispiel des Öko-Instituts (vgl. Abb. 76) einer Wasseraufbereitung wird deutlich, dass diese gleichzeitig einen erhöhten Energiebedarf mit sich bringt und somit zur Klimaschädigung beitragen kann. Unternehmen müssen also zunächst prioritäre Ziele festlegen, bevor dann möglichst fair gehandelt werden kann.

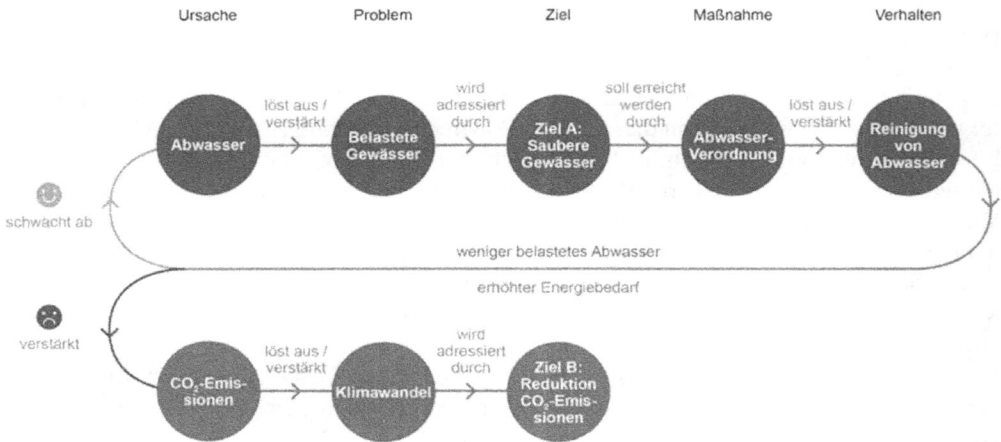

Abb. 76:   Kohärenz und Konflikte zwischen umweltpolitischen Zielen (Quelle: Öko-Institut 2015, www.flickr.com/photos/oekoinstitut/16271043615/in/album-72157654564553766)

Im Fokus der Unternehmen steht bereits seit längerem die Nutzung von Wasser (z. B. Intensität der Wassernutzung, Gewinnung neuen Trinkwassers, Wasserreinhaltung oder Reinigung/Klärung des Abwassers) und reiner Luft (Filter). Aber auch die Nutzung anderer Ressourcen, beispielsweise Holz, Ackerböden, Erze und weitere Rohstoffe, wie die sogenannter „seltenen Erden" und Energieträger aller Art (Kohle, Öl, Gas …) erhalten die Aufmerksamkeit verantwortlicher Unternehmen. Der Aspekt eines weitestgehenden Recyclings intensiv genutzter Rohstoffe ist seit längerem von großer Bedeutung in der Wirtschaft.

Bereits seit 1990 gibt es diverse Recyclinginitiativen der deutschen und europäischen Wirtschaft. Das Duale System Deutschlands (DSD), der „Grüne Punkt", wurde gegründet, um Verpackungsmaterialien zu reduzieren und deren Recycling so zu organisieren, dass neue Wertstoffe gewonnen werden. Alle Unternehmen, die Verpackungen in Verkehr bringen, müssen sich seit 1996 nach der Verpackungsverordnung am Grünen Punkt oder einem vergleichbaren System beteiligen. Für Verpackungen aus Papier, Glas, Weißblech, Aluminium, Kunststoff und Verbundstoffen, die in privaten Haushalten anfallen, gibt es verbindliche Quoten für die stoffliche Verwertung. Diese liegen bei 36 % für Kunststoff-, 60 % für Aluminium- und Verbundverpackungen, 70 % für Weißblech- und Papier- sowie für Glasverpackungen bei 75 %. Neben dem Recycling ist auch das Verbrennen von Abfällen zur Energiegewinnung erlaubt.

Diverse Branchen erkannten damals die Notwendigkeit, sich ihrer Umweltverantwortung zu stellen. Sie beschlossen freiwillige Regeln oder Selbstverpflichtungen oder gründeten Recycling- oder Kreislauforganisationen für ihre Erzeugnisse. Der Markenverband beschloss beispielsweise im Jahr 1992 die Bonner Resolution „Die Umweltverantwortung des Markenartikels in der europäischen Wettbewerbsgesellschaft", der Fachverband der Faltschachtel-Industrie verabschiedete zur gleichen Zeit Umwelt-Leitsätze des Verbandes und seiner Mitgliedsfirmen. Viele andere Branchen folgten diesen Beispielen.

Seit Ende der 1980er Jahre gründeten sich auch diverse Branchen-Initiativen im Bereich der Transportverpackungen. Dazu zählten u. a. RESY, REPASACK, GROW, KBS, RRD oder EPSY, von denen einige nicht mehr existieren oder in größeren aufgegangen sind. Außerhalb des Verpackungssektors gründeten sich Branchenorganisationen, wie die Fenster Recycling Initiative FREI.

Hinter der RESY Organisation für Wertstoffentsorgung GmbH stehen als Gesellschafter die Vereinigung zur Förderung der Interessen der Hersteller von Wellpappenrohpapier aus Alt-papier e.V., der Verband der Wellpappen-Industrie e.V. (VDW) und die Reclay Vfw GmbH. RESY garantiert die Entsorgung und stoffliche Wiederverwertung aller mit dem RESY-Symbol (vgl. Abb. 77) gekennzeichneten Transport- und Umverpackungen aus Papier und Pappe. Dadurch werden die Vorgaben der Verpackungsverordnung für Transportverpackun-gen erfüllt (www.resy.de, 23.1.2016).

Das REPASACK-System (vgl. Abb. 77) garantiert eine ordnungsgemäße Rücknahme und Verwertung gebrauchter Papiersäcke aus Gewerbe und Industrie entsprechend der Verpa-ckungsverordnung. Dies umfasst auch die Reinigung und Aufbereitung des Materials sowie die Entsorgung der bei der Reinigung anfallenden Stoffe.

Abb. 77:   Beispiele für Branchen-Recycling-Initiativen (Homepages der Organisationen lt. Quellenverzeichnis)

Um den Anforderungen an die Verpackungsverordnung Rechnung zu tragen wurde 1991 GROW International (Group Recycling of Wood) in Deutschland gegründet. Sie ist heute eine internationale Recycling-Organisation für Transportverpackungen aus Holz für die Län-der Deutschland, Frankreich, Portugal und Spanien (vgl. Abb. 77).

Für die Rücknahme gebrauchter Stahlverpackungen aus Industrie und Gewerbe gründete die Metallverpackungsindustrie gemeinsam mit der Stahlrecyclingwirtschaft und der Stahlindustrie bereits 1993 ein Rücknahmesystem, die Kreislaufsystem Blechverpackungen Stahl GmbH (KBS, vgl. Abb. 77). Die Branche hat damit der durchgängigen Produktverantwortung von der Herstellung bis zur stofflichen Verwertung ihrer Verpackungen Rechnung getragen.

Die Entsorgungs- und Beratungsgesellschaft für die Deutsche Recyclingwirtschaft mbH & Co KG (GEBR) entsorgt und verwertet Abfälle und Werkstoffe mehrerer Wirtschaftsbereiche: Altautos, Bauschutt, Batterien, CD-ROM, DVD, Emballagen, Elektronikschrott, Farbdosen, Folien, Katalysatoren, Klebstoffe, Kunststoffe, Metalle, Papier, Textilien, Umreifungsbänder, Verbundstoffe etc. (www.gebr-entsorgung.de/bereiche/index.html, 23.1.2016).

Die Initiative Pro Recyclingpapier (IPR) gründete sich im Jahr 2000 als eine Wirtschaftsallianz 25 namhafter Unternehmen. IPR unterhält ein Informationsbüro als Kompetenzzentrum und Anlaufstelle für Fragen zu Recyclingpapier. Sie berät Unternehmen, Behörden und Verbraucher und begleitet diese bei ihren Umstellungsprozessen (papiernetz.de/die-initiative, 23.2.2015). Ende 2015 haben sich 80 Vorstände bzw. Geschäftsführer namhafter Unternehmen der aktuellen Kampagne „CEOs pro Recyclingpapier" angeschlossen und Ziele für eine Umstellung vom herkömmlichen Frischfaserpapier auf Papier mit dem Blauen Engel definiert und kommuniziert. Partner der Initiative Pro Recyclingpapier sind u. a. das Umweltbundesamt, die Deutsche Bundesstiftung Umwelt, der Deutsche Städtetag, der Bundesverband der Verbraucherzentralen und der Naturschutzbund Deutschland (NABU).

Solche Branchen-Initiativen sind z. T. sehr erfolgreich, so werden im Wellpappenbereich wie auch in der Papierwirtschaft inzwischen mehr als 90 % recycelt. Bei den PET-Verpackungen werden etwa 50% stofflich (Polyethylenterephthalat) und knapp 50 % energetisch verwertet. Die EU-Kommission will erreichen, dass bis 2030 65 % der Siedlungsabfälle und 75 % aller Verpackungsabfälle recycelt werden. Dazu fördert sie Kreislaufwirtschaft, Produktdesign, Langlebigkeit, Reparaturfähigkeit und Recyclingfähigkeit der Produkte.

Der Streit, ob Einwegflaschen aus Plastik (leichter, weniger Transportvolumina) wieder befüllbaren Mehrwegflaschen (bis zu 50-fach nutzbar) ökologisch wirklich unterlegen sind, geht bis heute weiter. Anfang 2016 prangerte die Deutsche Umwelthilfe (DUH) die Lidl-Kampagne „Jede Flasche zählt" als „Greenwashing" an und forderte die Konsumenten zu einem Boykott der Einwegflaschen auf. Sachlich und juristisch ist dieser Streit kaum beizulegen. Dennoch sollte sich jedes Unternehmen fragen, ob sich im Produktlebenszyklus nicht mehr Müll vermeiden lässt. Hinweise gibt eine Grafik der Öko-Instituts (vgl. Abb. 78). Denn nach Prognosen der Weltbank sollen im Jahr 2025 weltweit mehr als 10.000 t Müll pro Tag anfallen.

R'cycle! ist eine Kooperation zwischen Unilever, dm und dem Re-/Upcycling-Unternehmen TerraCycle. Unter dem Motto „Wertstoffe wertschätzen" haben dm-Kunden bis Anfang 2016 ca. 136.000 leere Deo-Dosen zu den dm-eigenen Recyclingstationen gebracht. Das recycelte Aluminium wird zu Rohren verarbeitet, die für die Herstellung von bisher fast 350 handgefertigten NICOLAI Kinderfahrrädern genutzt wurden. R'cycle! wurde als eine von zehn Initiativen für die Kategorie Kommunikation der GreenTec Awards 2016 nominiert.

Der Dachverband FairWertung e. V. hat als Zusammenschluss gemeinnütziger Altkleidersammler Standards für Kleidersammler entwickelt. Gemeinnützige Altkleidersammler dürfen mit dem Namen und Zeichen FairWertung für ihre Kleidersammlungen werben, wenn sie die Standards einhalten (www.fairwertung.de/dachverband/index.html, 30.6.2016). Seit 2013 bietet auch der Fachverband Textilrecycling ein solches Qualitätssiegel an (vgl. Ab. 77).

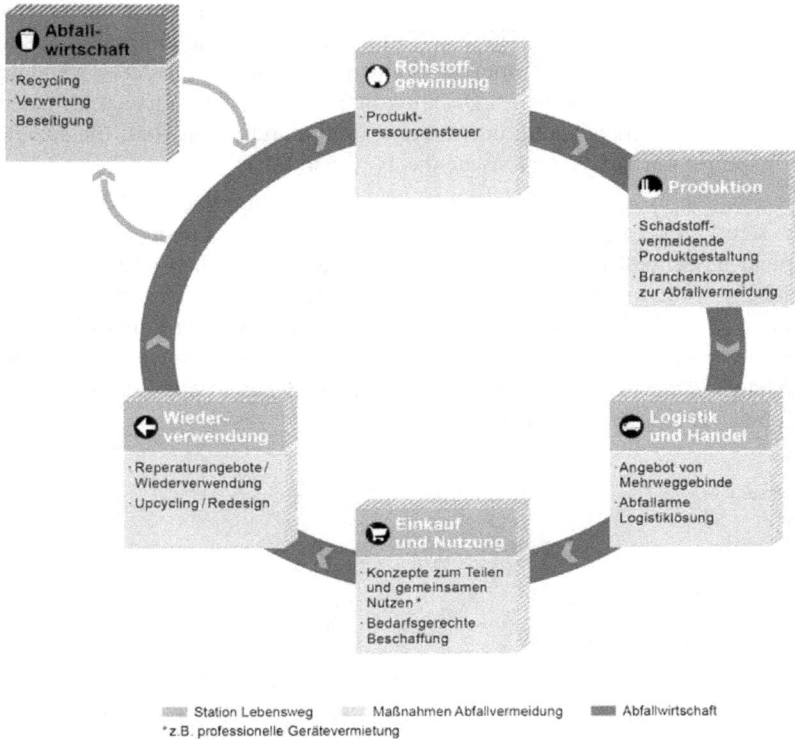

Abb. 78:   Abfallvermeidungsmöglichkeiten entlang des Produkt-Lebenswegs (Ökoinstitut 2013;
            www.flickr.com/photos/oekoinstitut/8577394144/in/album-72157654564553766)

Das Thema Recycling inspiriert inzwischen auch Unternehmer, ihr Geschäftsmodell darauf auszurichten. Der niederländische Jeans-Hersteller G-Star lässt Plastikmüll von Stränden zu Kunststoffgarn recyceln und daraus Jeans und Shirts fertigen, er wirbt mit dem Slogan „Glückliches Leben, glückliche Menschen, glückliche Ozeane". Die Stiftung Warentest ging diesen Initiativen nach (test 4-2015, S. 84 f., www.test.de/recyclingmode) und kommt zum Schluss, dass die Ökobilanz von Recyclingfasern oftmals besser als die von frischen Fasern sei.

Das US-Unternehmen Patagonia stellt bereits seit 1993 Fleece-Jacken aus recycelten PET-Flaschen her. Heute wird 29 % des Sortiments mit Anteilen aus recyceltem Polyester gefertigt. Das Unternehmen wirbt damit, dass jeder unzufriedene Kunden seine Produkte dem Händler zurückbringen oder sich an Patagonia wenden könne. Die Firma werde sie reparieren, umtauschen oder den Kaufpreis erstatten. Schäden durch Abnutzung und Verschleiß würden gegen eine angemessene Gebühr repariert.

Selbst das Handelsunternehmen H&M bot 2014 die ersten fünf Modeserien mit recycelter Baumwolle an. Seit 2013 nimmt H&M ausgediente Kleidung in den Filialen an und belohnt dies mit Rabatten beim Neukauf. Das Recycling von Altkleidern ist bei Fasermischungen schwierig.

Upcycling ist das Nischen-Geschäftsmodell der Stunde, denn so entstehen aus alten Kleidern und Stoffresten neue Produkte. Die Berliner Firma „WaterToWine Corporate Fashion" hat sich auf Merchandisingartikel für Firmen spezialisiert. Durch die Wiederverwendung ungebrauchter Materialien und durchdachtes Design können interessierte Firmen ihr nachhaltiges Handeln dokumentieren. Gleichzeitig unterstützen diese durch ihren Kauf die soziale Arbeit der Berliner Stadtmission, die WaterToWine die Textilien liefert.

Während der Fashion Week 2016 in Berlin geriet das Thema Nachhaltigkeit verstärkt ins Bewusstsein. Deutlich wurde, dass sich modische Avantgarde und ökologisch erzeugte Kleidung nicht mehr ausschließen. Bei Textilien sind allerdings Angaben wie „bio", „öko" oder „organic" nicht geschützt. Eine Vielzahl von Siegeln berücksichtigen sehr unterschiedliche Kriterien. EcoTopTen vergleicht in einer Übersicht, ob das jeweilige Label die Kriterien für eine ökologische Produktion, Sozialstandards bei der Verarbeitung sowie die Schadstofffreiheit der Kleidungsstücke berücksichtigt (www.ecotopten.de/sites/default/files/ecotopten_textilien_labeluebersicht_0.pdf., 26.1.2016).

Abb. 79:   Umweltrisiken und soziale Problembereiche bei der Textilherstellung (Ökotest 2013, www.flickr.com/photos/oekoinstitut/9074939146/in/set-72157634192030384)

Die Textilherstellung weist nach Ansicht des Öko-Instituts e. V. viele umweltsensible Bereiche auf und birgt in einigen Herstellungsstufen erhebliche soziale Problemfelder. Dabei geht es u. a. um Ressourcenverbrauch, Gesundheits- und Umweltrisiken sowie schlechte Arbeitsbedingungen. Diese wurden bereits 2013 in einer Grafik des Öko-Instituts dargestellt (vgl. Abb. 79).

Energieeffizienz, intelligentes Recycling, Upcycling und die Schonung nicht regenerierbarer Ressourcen steht zunehmend im Zentrum diverser unternehmerischer Aktivitäten (vgl. Abb. 71) und gesellschaftlicher Diskussion. Das Bundesumweltministerium (BMUB) und der Deutsche Industrie- und Handelskammertag e. V. (DIHK) zeichnen aus diesem Grund hervorragende und beispielgebende Unternehmen und Organisationen in Deutschland aus. Die Auszeichnung „EMAS-Umweltmanagement 2016" wird an Unternehmen und Organisationen vergeben, die ihr Umweltmanagementsystem in innovativer Weise eingeführt oder weiter entwickelt haben (www.emas.de/aktuelles/2015/17-12-15-auszeichnung-um-2016, 26.1.2016).

Ausgezeichnet werden jeweils die Besten in den vier Kategorien, Bewertungskriterien sind:

- Integration ökologischer, wirtschaftlicher und sozialer Aspekte in der Organisationspolitik und ggf. im Geschäftsmodell

- Innovative Maßnahmen zur Verbesserung der Umweltleistung

- Besondere Methoden der Öffentlichkeitsarbeit, der Beteiligung der Beschäftigten und weiterer Stakeholder

- Replikationspotenziale der umgesetzten Maßnahmen (www.emas.de/aktuelles/2015/ 17-12-15-auszeichnung-um-2016, 26.1.2016)

Im jährlichen Wechsel mit dem Wettbewerb „EMAS-Umweltmanagement" ehrt das BMUB diejenigen Unternehmen und Organisationen, die sich für den europäischen EMAS-Award bewerben (zuletzt in 2015).

Die Managementberatung Oliver Wyman stellte Anfang 2014 die Studie „From Green To Sustainable" vor. Nach ihren Erkenntnissen könnten insbesondere Unternehmen der Branchen Handel, Industrie, Energie, Wertstoffmanagement, Transport und Logistik OECD-weit ihre Geschäftsergebnisse um insgesamt 588 Mrd. € pro Jahr verbessern und gleichzeitig die CO_2-Emissionen jährlich um 2,5 Mrd. t reduzieren. Ganzheitliche Fairness- und Nachhaltigkeitsstrategien eröffnen fair handelnden Unternehmen demnach große Chancen und schaffen gleichzeitig Mehrwerte für die Gesellschaft.

Eine Studie der Münchner Managementberatung Biesalski & Company für die Wirtschafts-Woche in 2012 untersuchte den wirtschaftlichen Erfolg verantwortungsvoller Unternehmensausrichtung. Im Durchschnitt trägt nach dieser Studie ein faires Management mit etwa fünf Prozent zum Umsatz bei.

Dass Energiesparen nicht nur der Umwelt dient, beweist auch die Deutsche Bank. Diese spart beispielsweise schon seit Jahren an ihrem Firmensitz in Frankfurt bis zu 55% der Strom- und 45% der Wasserkosten ein, weil sie das Firmenhochhaus für 200 Mio. Euro energetisch sanieren und ökologisch modernisieren ließ. Auch Bosch sparte durch diverse Energiesparmaßnahmen zwischen 2007 und 2014 530 Mio. € an Energiekosten ein und reduzierte gleichzeitig den CO_2-Ausstoß um mehr als 20 % in diesem Zeitraum. Dies ist ein klassisches Beispiel für die Schaffung gemeinsamer Werte (Shared Value).

Bei vielen Unternehmen steht die Energienutzung im Vordergrund ihrer Bemühungen. Die Einsparung von Strom und anderer Energien und die Nutzung von sog. Green Energy (regenerierbare Energien) findet breiten Konsens, wenn auch in unterschiedlichem Umfang. Nicht nur Kunden, sondern auch Investoren und andere Stakeholder legen zunehmend mehr Wert auf Fairness einschließlich Nachhaltigkeit bei ihren Investitionsentscheidungen.

Viele Unternehmen gehen den Weg zu mehr Nachhaltigkeit z. B. mittels Reduzierung der Energienutzung und des Kohlendioxidausstoßes. So kündigte REWE an, den CO_2-Ausstoß je Quadratmeter Verkaufsfläche bis 2015 um 30% zu reduzieren, eine Bestätigung steht noch aus. Grundsätzlich sollten alle Schritte zur Fairness gewürdigt werden, am ehesten diejenigen, die bereits vollzogen wurden (z. B. Darstellung der Sonnenenergiegewinnung bei RE-WE).

Seit 2012 sind EDEKA und der WWF Partner für Nachhaltigkeit. Die Partnerschaft basiert auf dem gemeinsamen Wunsch, Umwelt und Ressourcen zu schützen und für kommende Generationen zu bewahren. Gemeinsames Ziel ist es, den ökologischen Fußabdruck von EDEKA mittels eines sparsameren Umgangs mit Energie und Wasser oder ein größeres Angebot an umweltverträglicher hergestellten Produkten deutlich zu reduzieren. Der WWF unterstützt EDEKA beratend. Dabei setzen die Partner vorrangig auf folgende Themen:

- Fisch und Meeresfrüchte
- Holz/Papier/Papiertücher
- Palmöl
- Soja
- Süßwasser
- Klima
- Verpackungen (www.edeka.de/nachhaltigkeit/unsere-wwf-partnerschaft/die-kooperation/index.jsp, 26.1.2016).

Gemäß der erwähnten Oliver Wyman Analyse kann der Einzelhandel mittels umfassender Nachhaltigkeitsprogramme und Produktverbesserungen neue Konsumentengruppen erschließen und auf diese Weise pro Jahr zusätzlich 53 Mrd. € Gewinn erzielen. Prozessoptimierungen in der Supply Chain und Produktion sowie energetische Aufrüstungen in den Ladengeschäften können den Gewinn um weitere 18 Mrd. € erhöhen.

Manchmal benötigen Unternehmen allerdings auch etwas Druck: Ende 2011 verkündete der NABU-Naturschutzbund Deutschland, dass TUI Cruises und Aida die „Umwelt-Dinosaurier 2011" seien, quasi stellvertretend für die ganze Kreuzfahrt-Branche. Der NABU bezeichnete die Kreuzfahrtschiffe aller Reedereien als Dreckschleudern und Umweltbelaster, da die Hochseeschiffe zumeist mit dem umweltschädlichen Schweröl betrieben würden und wie alle großen Schiffe einen sehr hohen $CO2$-Ausstoß aufwiesen. Inzwischen wurden die zugelassenen Abgaswerte der Internationale Maritime Organization (IMO) deutlich gesenkt.

Nach Angaben des Kreuzfahrtverbandes Clia Deutschland hätten inzwischen viele Reedereien mit dem Einbau von Abgasnachbehandlungssystemen begonnen, wie beispielsweise TUI Cruises mit dem Hybrid-Scrubber. Einige Reedereien setzten auf umweltfreundliche Treibstoffe: Die Costa-Gruppe plant neue Schiffe mit einem Dual-Fuel-Motor für Flüssiggas auszurüsten. Bei Kreuzfahrtschiffen gebe es auch sog. An-Bord-Maßnahmen zum Umweltschutz, wie Abwasseraufbereitung, Energiesparlampen für den Hotelbetrieb oder Mülltrennung.

TUI Cruises will zusätzlich das Thema Stromversorgung in den Häfen lösen. Bislang müssen die Kreuzfahrtschiffe in den Häfen die Motoren zur Stromproduktion laufen lassen, was zu einer erheblichen Luftverschmutzung und zu Protesten der Anwohner führt. TUI Cruises testet seit 2013 eine sog. Barge (Flüssiggas-Generator), um im Hafen unabhängig vom Schweröl zu sein. Sie schwimmt neben dem Kreuzfahrtschiff und versorgt dieses mit Strom. Die Nutzung der E-Power Barge soll die $CO2$-Emissionen z. B. in Hamburg um 25 % senken.

Entschwefelung und Rußfilter sind derzeit auf großen Schiffen noch nicht einsetzbar, da sie noch nicht serienreif sind. Schadstoffärmerer Marinediesel wäre zwar anstelle des Schweröls nutzbar, doch wird dieser wegen deutlich höherer Kosten kaum eingesetzt, insbesondere nicht bei der viel größeren Anzahl von Fracht- und Containerschiffen. Die serienreife Entwicklung eines Riesensegels (das derzeit getestet wird) spezielle Rumpfformen oder Schiffanstriche könnten Abhilfe schaffen, ebenso langsamere Geschwindigkeiten.

Die modernen Kreuzfahrtschiffe scheinen weltweit noch relativ sauber zu sein, insbesondere im Vergleich zu den Fracht- und Containerschiffen. Veraltete Technik und schmutzige Treibstoffe sind die Hauptverursacher der erheblichen Umweltbelastungen durch Kohlendioxid, Schwefeldioxid, Stickoxid und Partikel-Emissionen. Inzwischen gibt es leicht niedrigere Schwefelgrenzwerte für Schweröl auf einem Niveau, das immer noch 3500x höher ist als bei Diesel. Erst ab 2025 soll es besser werden.

Viele deutsche Unternehmen leisten bereits wichtige Beiträge zum Klimaschutz bei der Entwicklung innovativer Technologien und neuer ressourcensparender Produkte oder bei der Einsparung von Energie. So verringert z. B. Miele den Waschmittelverbrauch bei seinen Waschmaschinen mit dem sog. AutoDos-Modul um bis zu 30%, Siemens senkt mit seinem i-Dos den jährlichen Wasserverbrauch einer Waschmaschine um bis zu 7.000 Liter.

Ein weiteres Beispiel ist der Schuhhersteller Gallus, der eine eigene Kollektion „Gallus earth" herausgebracht hat, bei deren Herstellung vegetabil gegerbtes Leder, lösungsfreie Klebstoffe, natürliche Druckfarben und Baumwollsenkel Verwendung finden. Ein Beispiel für die Senkung von Schadstoffen, die ebenfalls erhebliche Umweltprobleme verursachen können.

Nachhaltigkeit sollte für ein Unternehmen nicht bedeuten, für eine umweltbewusste Zielgruppe eine Kollektion Öko-Produkten anzubieten und alles andere auf herkömmliche Weise herzustellen, sondern den kompletten Herstellungsprozess so weit als möglich fair und ressourcenschonend zu gestalten.

Die Verknappung von Ressourcen manifestiert sich auf unterschiedliche Weise: Rohstoffvorräte schwinden, Ökosysteme sind überlastet, neue Wege der Produktion werden gesucht. Daraus ergibt sich ein Spannungsfeld für Unternehmen, die Kundenwünschen, steigenden Energiepreisen und gesellschaftlichen Ansprüchen Rechnung tragen wollen. Die Herausforderung lautet, ressourceneffizient bei gleichzeitiger Versorgung mit den notwendigen Gütern zu wirtschaften, um den individuellen Kunden-Bedürfnissen zu entsprechen.

Ein Hersteller von Ventilatoren könnte vielen Unternehmen dabei helfen. „ebmpapst" fragt in seinen Zeitschriftenanzeigen: „Wäre es nicht schön, wenn es eine Formel gäbe, die unternehmerische Verantwortung mit unternehmerischem Erfolg verbindet?" Die Antwort liefert das Unternehmen sogleich dazu, indem es seine EC-Ventilatoren anpreist, die den CO_2-Ausstoß um 30 % und die Betriebskosten um 41 % senken, als Schritt zur nachhaltigen Produktion.

Green Design wird als Modewort gebraucht, mit dem sich viele solcher Artikel beschreiben lassen, ebenso wie recycelbare Sofas, Möbel aus heimischen Hölzern oder Lampen aus Altglas. Gewachste Bio-Möbel und mit Naturfarben gefärbte Textilien gibt es in Deutschland bereits seit den 80er Jahren, lange bevor jemand den Begriff des Green Designs kannte. Alte Werte und Produkte erleben derzeit ein Revival (nicht nur in Retro-Produkten), ebenso wie die regionale Herkunft oder ein regionaler Bezug der Produkte.

Wirklich ökologisch wird ein Gegenstand aber erst dann, wenn er lange genutzt werden kann und nicht als ein Modeartikel gesehen wird, der schon nach kurzer Zeit wieder entsorgt wird.

Green Design sollte deshalb möglichst zeitlos und besonders langlebig sein, so dass man es auch nach Jahren noch gerne ansehen und nutzen kann.

Beim Green Design handelt sich oft um Methoden und Inhalte bionischer Forschung sowie die Betrachtung der Natur als Modell für die Produktentwicklung. Während der Evolution hat die Natur eine eigene Logik des besten Designs und der besten Funktionsweise herausgebildet, neue Systeme entwickelt und stetig optimiert - diese gilt es als Inspiration zu nutzen.

Die Natur und ihre natürlichen Organisationsprinzipien sind heute Vorbilder für die gestalterische Arbeit vieler Designer. Sie wird zum Vorbild beim effizienten Einsatz von Material und Energie. Ihre selbst organisierenden und selbst erhaltenden Prinzipien, die vielgestaltigen, symbiotischen Ökosysteme und Mechanismen können in neue Materialien, Systeme oder biomimetische Designs einfließen und viele Erzeugnisse oder Branchen revolutionieren.

Die Ökodesign-Richtlinie bildet den europäischen Rechtsrahmen für die Festlegung von Anforderungen an die umweltgerechte Gestaltung energieverbrauchsrelevanter Produkte. Die nationale Umsetzung in Deutschland erfolgte 2011 durch das „Energieverbrauchsrelevante Produkte-Gesetz" (EVPG). Die Richtlinie sieht vor, Mindesteffizienzanforderungen für verschiedene Produktgruppen im Rahmen einzelner Durchführungsmaßnahmen festzulegen, um besonders ineffiziente Geräte schrittweise vom EU-Binnenmarkt auszuschließen. Sie sieht auch die Möglichkeit vor, dass sich die Industrie freiwillig zu Mindesteffizienzstandards verpflichtet (www.bmub.bund.de/themen/wirtschaft-produkte-ressourcen/produkte-und-umwelt/oeko-design/oeko-design-richtlinie/9.1.2016). Das BMUB vergibt seit 2012 den Bundespreis „ecodesign" für nachhaltige und ästhetisch herausragend gestaltete Leistungen und Konzepte.

Besonders die Industrie ist gefordert, mehr Verfahren, Produkte und Anwendungen zu entwickeln, die nachhaltig, energiesparend und umweltverträglich sind. Viele deutsche Unternehmen leisten bereits durch die Entwicklung innovativer Technologien und neuer Erzeugnisse einen wichtigen Beitrag, nicht nur zum Klimaschutz. Hier wird häufig der Begriff der Green Technology benutzt. Die Firma LEONI fasst z. B. alle ihre Bestrebungen, sowohl die Wertschöpfungskette unter ökologischen Gesichtspunkten zu verbessern als auch Produkte für den Einsatz in Umwelttechnologien zu liefern, unter einem „Green Technology Dach" zusammen.

Unter dem Begriff der Green Technology sind alle Produkte, Systemlösungen und Services zu verstehen, die es den Unternehmen und ihren Kunden ermöglichen, energieeffizienter und ressourcenschonender zu wirtschaften, Emissionen zu reduzieren und damit die Umweltbelastung zu senken. Sie zielt also auf die Interessen der Umwelt ab und damit auch auf die vieler Kunden. Nachdem bereits viele Produkte umweltfreundlicher wurden, stehen nun die Produktionsprozesse der Industrie auf dem Prüfstand. Es werden z. T. große Summen investiert, um eine saubere und ressourcenschonende Produktion sicherzustellen.

Die gelegentlich geäußerte Vermutung, einzelne Hersteller könnten die Lebensdauer ihrer Produkte gezielt mittels eingebauter Sollbruchstellen verkürzen (Obsoleszenz) haben sich nach Untersuchungen des UBA (2016) und der Stiftung Warentest (2013) nicht bestätigt.

Die Unternehmensinitiative „Blue Competence" des VDMA bietet interessierten Unternehmen der Branche Unterstützung beim Einsatz innovativer Technik, die zu Energieeinsparungen bei Antrieben, Pumpen oder Produktionsprozessen führen. Blue Competence definiert belastbare Nachhaltigkeitskriterien und -standards, die jedes Mitglieds-Unternehmen erfüllen soll (www.bluecompetence.net, 11.1.2016). Eine weitere Initiative sind die „Klimaschutz-Unternehmen", die sich zu einem branchenübergreifenden Netzwerk zur Nutzungsoptimierung von Energie und zum Klimaschutz zusammengeschlossen haben (www.klimaschutz-unternehmen.de, 11.1.2016).

Auch bei fairen Geschäftsmodellen stellt sich immer wieder die Frage, wie sich die Reduzierung von Emissionen mit überschaubarem Aufwand erfassen und messen lässt. Jede Investitionsentscheidung muss mittels (strategischen) Controllings erfassbar und bewertbar sein. Selbstverständlich sollten in eine solche Bewertung auch Reputationsverbesserungen, Mitarbeiterzufriedenheit und eine verbesserte Wettbewerbsfähigkeit einfließen.

Die Erhebung von CO2-Emissionen ist sehr aufwendig, da fast alle Unternehmensaktivitäten davon betroffen sind. Eine einfachere mittelbare Messung mittels Verrechnungsfaktoren beruht auf Durchschnittswerten und standardisierten Annahmen. Während es für die produktionsbezogenen Emissionen anerkannte Messmethoden gibt, lassen sich andere Immissionen nur sehr schwer erfassen und stoßen gelegentlich an die Grenzen des Datenschutzes (Nutzung der Computer, Telefone oder von Papier). Dennoch benötigen Unternehmen verlässliche Informationen zu allen Treibhausgasemissionen, um die Klimaauswirkungen insgesamt einschätzen und reduzieren zu können.

Die Bewertung verschiedener Emissionen und ihrer Nebenwirkungen (zum Beispiel Emissionen anderer gefährlicher Stoffe) stellt die Unternehmen oft vor Probleme. Schwierig wird es, Daten von Lieferanten und Subunternehmen zu bekommen, um diese gegebenenfalls in ein Gesamtmodell zu integrieren und zu bilanzieren.

Gesellschaftlich gefordert wird die Messung der CO2 Emissionen, um den sogenannten CO2-Fußabdruck (Carbon Footprint) oder eine Klimabilanz von Produkten oder Dienstleistungen zu berechnen. Beim CO2-Fußabdruck handelt es sich um einen eindimensionalen Ansatz der Ökobilanzierung, der 1994 von William Rees und Mathis Wackernagel entwickelt wurde. Er gibt die Menge an CO2-Emissionen an, die ein Produkt (oder ein Mensch) in einer bestimmten Zeit verursacht. Bei einem großen Fußabdruck werden überdurchschnittlich viele Emissionen verursacht, bei einem kleinen hingegen klimafreundlich wenig. Der Product Carbon Footprint misst die Menge der Treibhausgasemissionen über den gesamten Lebenszyklus eines Produkts oder Dienstleistungsangebots in einer definierten Anwendung.

Jedoch sind die Verfahren nicht einheitlich. Daher veröffentlichten das World Resources Institute (WRI) und der World Business Council for Sustainable Development (WBCSD) 2011 das „GHG Protocol: Product Life Cycle Accounting and Reporting Standard". Es stellt verbindliche Anforderungen zur Berechnung und Kommunikation zusammen. Zusätzlich wurde bei der internationalen Normungsorganisation ISO an einer Standardisierung der Berechnung der CO2-Fußabdrücke gearbeitet. Vorläufiges Ergebnis dieses Prozesses ist die 2013 verabschiedete technische Regel „Treibhausgase - Carbon Footprint von Produkten - Anforderungen an und Leitlinien für Quantifizierung und Kommunikation" (ISO/TS 14067:2013).

Aufgrund bislang fehlender international verbindlicher Methodenvorschriften hatten BMUB und Umweltbundesamt frühzeitig das Öko-Institut beauftragt, Vorschläge für eine belastbare Methodik zu entwickeln. Die Ergebnisse sind im Ende 2009 veröffentlichten Memorandum zum Product Carbon Footprint (www.bmub.bund.de/themen/wirtschaft-produkte-ressourcen/produkte-und-umwelt/wirtschaft-produkte-und-umwelt-download/artikel/memorandum-span-langenproduct-carbon-footprintspan/?tx_ttnews%5BbackPid%5D=431, 9.1.2016) festgehalten. Es enthält Grundsätze, die bei der Erstellung von Klimabilanzen für Produkte und deren Kommunikation beachtet werden sollten, es hat lediglich Empfehlungscharakter.

Im Herbst 2012 veröffentlichte das Öko-Institut e. V. gemeinsam mit dem Deutschem Tief-kühlinstitut e.V. eine Klimabilanz-Studie für Tiefkühlprodukte, die zutage förderte, dass tiefgekühlte Produkte in Bezug auf CO2-Emissionen vergleichbar mit Produkten aus der Dose oder dem Glas sowie selbst zubereiteten Lebensmitteln sind.

Der Branchenverband will nun kleineren Unternehmen Orientierung bei der Durchführung von Klimabilanz-Analysen geben. Er plant, einheitliche Rahmenbedingungen und Bilanzie-rungsregeln (Category Rules) für die Tiefkühlwirtschaft zu erarbeiten. Denn nur auf Grundla-ge einer wissenschaftlich fundierten Methodik könnten Klimaeinflüsse und Nachhaltigkeits-bemühungen der Unternehmen transparent verglichen und glaubhaft kommuniziert werden.

Der umfassendere „Ökologische Fußabdruck" steht für den gesamten Ressourcenverbrauch. Er sagt aus, wieviel Biokapazität gemessen in Hektar bereitgestellt werden muss, um die Ressourcen für eine Nation, ein Unternehmen oder eine Person bereitzustellen und ihre Ab-fälle aufzunehmen. Damit ist der ökologische Fußabdruck ein Indikator für Nachhaltigkeit. Mehrere Organisationen haben unterschiedliche Kalkulatoren für die Berechnung des ökolo-gischen Fußabdrucks entwickelt.

Der Begriff „Ökologischer Rucksack" (auch „unsichtbarer Rucksack") wurde im Jahr 1994 von Friedrich Schmidt-Bleek entwickelt, um sein MIPS-Konzept (Material-Input pro Einheit Service) zu erläutern. Diesem Konzept liegt der Gedanke zu Grunde, dass Güter meistens für Dienstleistungen eingesetzt werden. Daher müsse der „Rucksack" auch für diese Dienstleis-tungen berechnet werden. MIPS sei das bisher einzige Maß dafür, den Nutzen aus einer be-stimmten Menge Ressourcen zu erfassen. Mit diesem Indikator lassen sich Sharing-Konzepte wie z. B. Car-Sharing genauso bewerten wie regionale Kreisläufe, Energie- und Verkehrssys-teme oder die Nutzung von Recyclingmaterial.

Schmidt-Bleek nennt folgende Beispiele für den ökologischen Rucksack: Jede verfeuerte Tonne Steinkohle trägt zusätzlich 5 t Abraum und Wasser sowie ca. 3,3 t CO2-Emissionen, die im Verbrennungsprozess entstehen. Der ökologische Rucksack ist also knapp 8,5-mal, der von Braunkohle sogar 10-mal so schwer wie die Kohle selbst. Zur Herstellung eines Compu-ters würden 14 t Natur in Gang gebracht und verändert wurden, die noch um Energien zu ergänzen sind. Nach seinen Berechnungen schleppt jedes Kilogramm Industrieprodukte im Durchschnitt etwa 30 kg Natur mit. Das bedeute, dass derzeit weniger als 10 % der in der Natur bewegten Materialien letztlich in nutzbringende Industrieprodukte verwandelt würden (www.nachhaltigkeit.info/artikel/schmidt_bleek_mips_konzept_971.htm, 9.1.2016).

Das Thema Luftreinhaltung ist nicht allein beschränkt auf den Ausstoß von Kohlendioxiden (CO2), sondern umfasst auch Stickoxide (NOx) und Feinstaub, die vor allem durch die Ver-brennungsmotoren der Fahrzeuge verursacht werden. Die Fahrzeugindustrie ist gefordert, verlässliche und aussagekräftige Messverfahren zu entwickeln bzw. einzusetzen und Moto-ren mit deutlich geringeren Abgasen zu entwickeln.

Um u. a. den Ausstoß von Kohlendioxid zu reduzieren wurde im Frühjahr 2011 das interdis-ziplinäre Netzwerk intelligente Mobilität (NiMo) e. V. gegründet. Es soll die Weiterentwick-lung und Verbreitung intelligenter Mobilität voranzubringen und ihre öffentliche Akzeptanz fördern. Ziel der Initiative ist es, durch interdisziplinäres Zusammenwirken verschiedener Akteure aus den Bereichen Fuhrpark und Reisen die Idee der intelligenten Mobilität weiter-zuentwickeln und im betrieblichen Alltag zu verankern. Damit sollen die Kosten und der CO2-Ausstoß gesenkt werden, bei gleichzeitiger Steigerung der Attraktivität für die Mitar-beiter (www.nimo.eu/ueber-nimo, 2.8. 2015).

Ein weiteres Ziel des Netzwerks ist die Schaffung einer interdisziplinären Plattform zur Weiterentwicklung, Verbreitung und Förderung der öffentlichen Akzeptanz von praxisgerechten Lösungen für eine intelligente und zukunftsorientierte Mobilität. Dabei steht die ganzheitliche Betrachtung zukünftiger ökonomischer, ökologischer und sozialer Herausforderungen im Fokus. Zukunftsorientierte Mobilität basiert nach Ansicht von NiMo auf einem optimalen Mobilitätsmix, der sinnvollen Ausgestaltung mobilitätsrelevanter Prozesse und Richtlinien, der effizienten Prozessunterstützung durch Software und Dienstleistungen sowie dem zielgerichteten Veränderungsmanagement zur Erreichung eines intelligenten Mobilitätsverhaltens.

Das neue Netzwerk hat es sich zur Aufgabe gemacht, den Dialog zwischen Gesellschaft, Politik, Wirtschaft, Hochschulen und Forschung zu fördern, interdisziplinäre Projekte zu unterstützen und zu publizieren, die Kompetenz der Netzwerkpartner zur Verfügung zu stellen und öffentlichkeitswirksame Informationsveranstaltungen durchzuführen.

Allein durch die Logistik werden weltweit mehr als 5,5 % der CO2-Emissionen verursacht. Sie kann also einen wertvollen Beitrag zur Erreichung der Klimaschutzziele der Bundesregierung leisten. „Grüne Logistik" (Green Logistics) bedeutet die Ausrichtung an den Zielen Ressourcenschonung und Umweltverträglichkeit, Nachhaltigkeit und Fairness. „Ökologisch nachhaltige Logistik" kann als kollaborative und ganzheitliche Transformation und Erweiterung strategischer Logistik betrachtet werden. Sie umfasst umweltgerechte, nachhaltige, ressourceneffiziente und faire Logistik-Netzwerkstrukturen, -Prozesse und -Systeme in Unternehmen und Netzwerken zur Sicherung des Ressourcennachschubs sowie der Distributions- und Supply Chains.

Abb. 80: Beispiele für Klimakompensationen (Homepages der Organisationen, s. Quellenverzeichnis)

Bei allen Unternehmen beeinflussen Reisen zu Kundenterminen, Meetings, Tagungen, Kongressen oder Messen die Ökobilanz, da das Klima mehr oder minder stark belastet wird. „Green Travel" oder nachhaltiges Geschäftsreise-Management ist die Antwort. Die TÜV Rheinland Akademie berät in einem Pilotprojekt seit 2010 u. a. kleine und mittelständische Unternehmen aus Berlin, die Dienstleistungen und Produkte für Geschäftsreisende anbieten. Die Unternehmen nutzen inzwischen CO2-Rechner zur Optimierung des Personentransports und kompensieren die anfallende CO2-Belastung über die Unterstützung eines Klimaschutzprojektes. Dazu haben sich spezielle Organisationen, wie atmosfair gGmbH, Klima ohne Grenzen gGmbH, ForestFinest Consulting GmbH oder myclimate Deutschland gGmbH gegründet (vgl. Abb. 80). Einige Unternehmen haben bereits den klassischen Fuhrpark durch Elektro-Fahrzeuge, Fahrräder oder Bahn-Jahreskarten ersetzt.

Erste Unternehmen wollen durch Nutzung des Car-Sharings Kohlendioxid-Emissionen reduzieren. Inzwischen nutzen mehr als 1 Mio. Fahrberechtigte (Stichtag 1. Januar 2015) die Angebote der rund 150 deutschen CarSharing-Anbieter. Die Anzahl der CarSharing-Stationen in Deutschland stieg auf ca. 5000 (500 Städte) an. In Frankreich haben sich inzwischen mehrere Plattformen gegründet, die Flight Sharing anbieten: Wingly, Coavmi und Off we fly. Wingly bietet seit 2016 als erste ihre Dienste in Deutschland an.

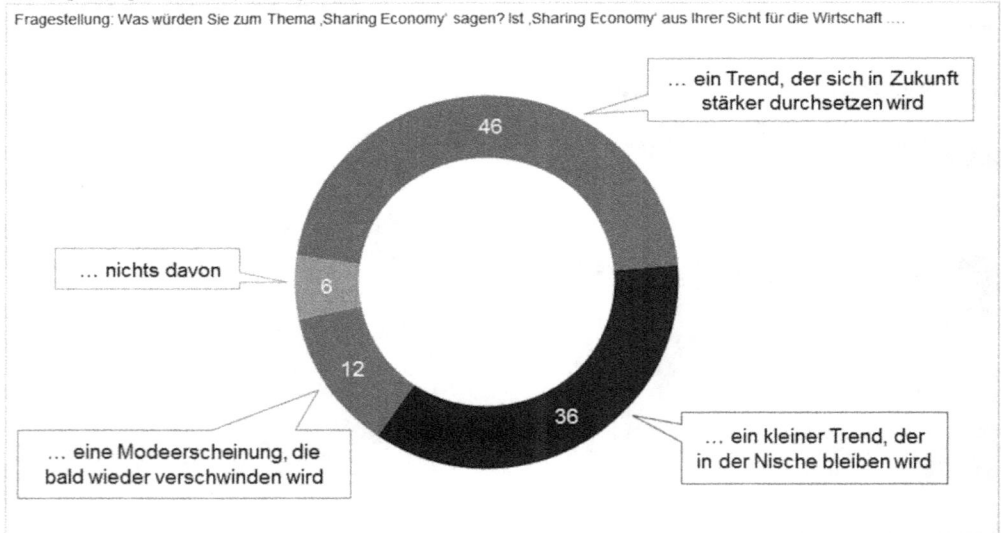

Einschätzung für die Wirtschaft
Antwortvorgaben, Angaben in Prozent (auf 100% gerundet)

Fragestellung: Was würden Sie zum Thema ‚Sharing Economy' sagen? Ist ‚Sharing Economy' aus Ihrer Sicht für die Wirtschaft ....

... ein Trend, der sich in Zukunft stärker durchsetzen wird

46

... nichts davon
6

12

36

... eine Modeerscheinung, die bald wieder verschwinden wird

... ein kleiner Trend, der in der Nische bleiben wird

Quelle: Telefonstudie im Auftrag des GfK Vereins, September/Oktober 2015, N=601 Personen

Abb. 81:   Zukunftserwartung zur „Sharing Economy" aus Sicht der Wirtschaft (GfK Verein: www.gfk-
             verein.org/compact/fokusthemen/sharing-economy-die-sicht-des-marketing?utm_ source=ein-neues-
             gfk-compact-fokusthema-zu-sharing-economy-die-sicht-des-marketing-wartet---a-
             new&utm_medium=email&utm_content=html&utm_name=e-mail-service-gfk-compact, 15.11.2016)

Es bilden sich in unserer Gesellschaft immer mehr „hybride Gemeinschaften", die meist nur wenig mit den traditionellen persönlichen Beziehungen tun haben. Sie vernetzen sich online, überwiegend über soziale Medien, aber auch offline und tauschen sich intensiv aus. Dies führt einerseits zu einem Einfluss solcher Stakeholder-Gemeinschaften auf die Unternehmenstätigkeit. Andererseits koordinieren sich Einzelpersonen oder Teams mithilfe der technologischen Vernetzung, um neue Formen der Kollaboration und virtuelle Gemeinschaften zu bilden.

War in den letzten Jahrzehnten ein Trend zur Individualisierung festzustellen, wächst jetzt offensichtlich wieder die Sehnsucht nach kollektiven Erlebnissen und Events. Angesichts der hohen Eigenverantwortung, der Freiheit, der Mobilität und dem Leistungsdruck fühlt sich Gemeinsames offensichtlich besonders gut an. Gruppen bieten Geborgenheit, sie stehen wieder höher im Kurs als pure Individualität und Ungebundenheit. Dieser Trend nach Gemeinsamkeit und die Einstellung, nicht mehr alles selbst besitzen zu müssen, sind wesentliche Basis für die wachsenden Initiativen der Sharing-Economy. Sehr viele Wirtschaftsvertreter erwarten in den nächsten Jahren eine Verstärkung des Trends (vgl. Abb. 81).

Timesharing Urlaub in Hotels oder Apartment-Anlagen ist schon seit vielen Jahren im Trend. Eine neue Dimension entstand 2008 durch die Gründung von Airbnb in Kalifornien. Inzwischen nutzen auch in Deutschland Zigtausende „Couchsurfing". Der Einspareffekt von Kohlendioxid wurde bisher noch nicht berechnet.

Dies tun jedoch inzwischen viele Hotels in Deutschland und den Nachbarländern. Zahlreiche Organisationen der Tourismuswirtschaft wollen gemeinsam einen erfolgreichen Weg zum nachhaltigen Tourismus beschreiten. Deshalb haben sie sich im Viabono Trägerverein e.V. zusammengeschlossen   (www.viabono.de/PhilosophieService/ViabonoTr%c3%a4gerverein
.aspx 12.12.14):

- Allgemeiner Deutscher Automobil-Club e. V. (ADAC)
- Bruderhilfe e. V. (BAVC) Automobil- und Verkehrssicherheitsclub
- Bundesverband der Campingwirtschaft in Deutschland e. V. (BVCD)
- Bundesverband forum anders reisen e. V. (far)
- Bundesverband Kanu e. V. (BV Kanu)
- Deutscher Heilbäderverband e. V. (DHV)
- Deutscher Hotel- und Gaststättenverband e. V. (DEHOGA)
- Deutscher Landkreistag (DLT)
- Deutscher Naturschutzring e. V. (DNR)
- Deutscher Städte- und Gemeindebund (DStGB)
- Deutscher Tourismusverband e. V. (DTV)
- Deutsches Jugendherbergswerk e. V. (DJH)
- Deutscher Wanderverband e. V. (DWV)
- LKN-Nationalparkverwaltung Schleswig-Holsteinisches Wattenmeer
- NaturFreunde Deutschlands e. V. (NFD)
- Naturschutzbund Deutschland e. V. (NABU)
- Ökologischer Tourismus in Europa e. V. (Ö.T.E.)
- Verkehrsclub Deutschland e. V. (VCD)

Unterstützer der Initiative sind:
- Bundesministerium für Umwelt, Naturschutz und Reaktorsicherheit (BMUB)
- Bundesministerium für Wirtschaft (BMWi)
- Umweltbundesamt (UBA)
- Bundesamt für Naturschutz (BfN)

Der Viabono Trägerverein e. V. leistet mittels des Viabono Zertifikats einen wirksamen Beitrag zur Förderung eines nachhaltigen Tourismus in Deutschland. Die Teilnehmer an der Initiative Klima-Hotels optimieren ihre CO_2-Emissionen ökologisch und ökonomisch, indem sie ihren CO_2-Fußabdruck ermitteln und den unvermeidlichen Rest des CO_2-Ausstoßes durch zertifizierte Projekte kompensieren. Klima-Hotels sind sich ihrer Verantwortung gegenüber den Mitmenschen, der Umwelt und nachfolgenden Generationen bewusst und wollen ökonomische, ökologische und soziale Qualität in Einklang bringen. Dabei wollen sie sein:

1. Fair zu Kindern und allen nachfolgenden Generationen, indem klimaneutrale Übernachtungen angeboten sowie regenerative Energien eingesetzt werden.

2. Fair zur Region, indem hochwertige und natürlich geschmacksintensive Lebensmittel vor Ort eingekauft werden, um abwechslungsreiche Küche zu bieten, Arbeitsplätze in der Region zu erhalten sowie durch kurze Transportwege den Verkehr zu vermindern. Beim Warenbezug wird genau darauf geachtet, umweltfreundlich hergestellte und in der Anwendung umweltschonende Produkte mit einem Bio- oder Umweltlabel vorzuziehen.

3. Fair zu den Menschen auf der Welt, indem sie Kaffee und Tee aus fairem Handel einkaufen, um langfristige Arbeitsplätze, Schulungen und Weiterbildungen und somit eine Verbesserung der Lebensbedingungen in Panama und anderswo zu erreichen.

4. Fair zu den Mitarbeitern mittels Einhaltung vereinbarter Tariflöhne, qualifizierter Ausbildung und regelmäßiger Fortbildungen. Klima-Hotels fördern jene, die es auf dem Arbeitsmarkt schwerhaben: Ältere Mitarbeiter und Personen mit Handicap oder Migrationshintergrund. Das Thema Work-Life-Balance ist ein besonderes Anliegen, wozu auch die Würdigung von Leistungen, vertretbare Arbeitszeiten und ein angenehmes Arbeitsumfeld zählen (www.klima-hotels.de/language/de-DE/%c3%9cberuns/Philosophie.aspx, 2.12.2015)

Der WWF forderte zuletzt wieder Anfang 2016 die Reiseveranstalter auf, ihre Reisen klimafreundlicher zu gestalten, um ihrer unternehmerische Verantwortung hinsichtlich ihrer verursachten Treibhausgasemissionen nachzukommen. Airlines und Kreuzfahrtreedereien müssten mit möglichst CO_2-effizienten Flotten operieren. Da Reisen immer einen deutlichen Klimafußabdruck hinterließen, müssten notwendige Kompensationskosten für CO_2 direkt in die Reisen eingepreist werden.

In Hotels und in anderen Gebäuden werden zunehmend Kriterien berücksichtigt, die sich unter dem Begriff „Green Buildings" fassen lassen. Green Buildings verfügen über eine deutlich bessere Ressourceneffizienz in den Bereichen Energie, Wasser und Materialien. Gleichzeitig werden damit schädliche Auswirkungen auf die Gesundheit der Menschen und die Umwelt reduziert. Schon bei Planung und Konstruktion wird ein besonderer Fokus auf ressourcenschonendes Bauen gelegt, dies gilt auch für spätere Verbesserungen, Erweiterungen und Sanierungen. Im weiteren Lebenszyklus eines Gebäudes gehören auch Betrieb, Wartung und der ggf. spätere Abriss zu dieser ganzheitlichen Betrachtungsweise.

Die Begriffe Niedrigenergiehaus, Niedrigemissionshaus oder High Performance Building sowie „Nachhaltiges Gebäude" sind nicht eindeutig definiert. Die beiden letztgenannten beziehen auch die Performance eines Gebäudes ein, „nachhaltige Gebäude" erfassen alle relevanten Nachhaltigkeitsdimensionen. Das BMVI hat den Leitfaden „Nachhaltiges Bauen" herausgegeben. Darin gibt es mit dem Bewertungssystem Nachhaltiges Bauen für Bundesgebäude ein ergänzendes ganzheitliches quantitatives Bewertungsverfahren für Büro und Verwaltungsbauten, welches auch Hinweise für andere Bauten bietet.

Für Unternehmen stellt sich die Herausforderung, nachhaltige Gebäude für ihre Tätigkeit, für Messen und Geschäftsreisen, Tagungen und Seminarveranstaltungen zu finden. Unter dem Begriff Green Meetings geht es vorrangig um Klimaneutralität. Die Klima-Hotel-Gastgeber ermöglichen auch klimaneutrales Tagen mit folgenden Leistungen (www.klima-hotels.de/ language/de-DE/GreenMeetings.aspx, 2.12.2015):

- 100%ige Klimaneutralität der Veranstaltung mit Übernachtung
- Tagungsraum mit energiesparender Tagungstechnik
- Holzbleistifte und Recycling-Blöcke
- Kaffeepause mit Bio-/Fair Trade-Kaffee, Teeauswahl sowie Snacks aus regionalen/saisonalen Produkten
- Mittagessen regional/saisonal mit vegetarischer Alternative
- Mineralwasser im Tagungsraum
- CO_2-Mobilitätsrechner zur Berechnung der bei der An-/Abreise entstehenden CO_2-Emissionen und klimafreundlicher Alternativen

Die Klima-Agentur Myclimate beispielsweise bietet das System Green TMS an, welches das Teilnehmer-Management bei Tagungen und Events automatisch mit einer Kohlendioxid-Bilanzierung kombiniert. Mit dieser lasse sich der ökologische Fußabdruck von Event-Teilnehmern konkret und einfach berechnen, angefangen von der An- und Abreise aller Teilnehmer bis zur Mobilität während der Veranstaltung. Neben dem Anreiseort werden die Verkehrsmittel eingegeben. Auf dieser Basis werden Tipps zur Kohlendioxid-Vermeidung gegeben. Zudem lassen sich nicht vermeidbare Emissionen mittels eines sog. Ausgleichsbeitrags in Klimaschutz-Projekte von Myclimate kompensieren.

„Grüne Tagungen" integrieren über alle Planungsphasen hinweg umweltfreundliche Konzepte, um Schäden für die Umwelt möglichst gering zu halten. Das German Convention Bureau e. V. (GCB) hat sich die Implementierung „grüner Standards" in der Tagungs- und Kongressszene zum Ziel gesetzt und bietet eine breite Unterstützung an. Etwa 40 % der deutschen Veranstaltungsstätten haben nach Angaben des GCB ein Nachhaltigkeits-Managementsystem implementiert und sind u. a. durch Organisationen wie Green Globe, EMAS oder ISO zertifiziert. Der Nachhaltigkeitskodex der Veranstaltungsbranche „fairpflichtet" bietet Leitlinien zur unternehmerischen Verantwortung für Nachhaltigkeit bei der Organisation und Durchführung von Veranstaltungen und verzeichnet bereits mehr als 340 Unterstützer (www.gcb.de/article /das-gcb/green-gcb/nachhaltigkeitskodex-fuer-die-veranstaltungsbranche, 30.1.2016).

Im „forum anders reisen" (FAR) zusammengeschlossene mehr als 130 Reiseveranstalter lassen sich von der TourCert Zertifizierungsgesellschaft hinsichtlich Nachhaltigkeit und Unternehmensverantwortung zertifizieren. Diese vergibt das Siegel „CSR-Tourism certified" (vgl. Abb. 82) an touristische Unternehmen, die ihre Geschäftspraxis auf Nachhaltigkeit prüfen lassen. Dadurch werden ökologische und soziale Kriterien quantitativ und qualitativ messbar und in Nachhaltigkeitsberichten darstellbar. Jedes Unternehmen erstellt ein individuelles Programm, um die Nachhaltigkeitsleistung kontinuierlich zu verbessern. TourCert hat dafür über vier Jahre eine Anschubfinanzierung der DBU erhalten. Aktuell bieten die FAR-Mitglieder CO_2-Kompensationen und einen CO_2 Fußabdruckrechner über die Klima-Agentur Atmosfair an.

TourCert wird getragen von Kate e. V., Tourism Watch des Evangelischen Entwicklungsdienstes (eed), Naturfreunde International und der Hochschule für Nachhaltige Entwicklung in Eberswalde. Der unabhängige Zertifizierungsrat vereint Experten aus Tourismus, Wissenschaft, Umwelt, Entwicklung und Politik. Durch die Zertifizierung sollen Reisende mehr Transparenz über die Reiseangebote und damit eine bessere Entscheidungsgrundlage für ihre Reise erhalten. An Nachhaltigkeit interessierte Reisende sollen besser zwischen Unternehmen, die Nachhaltigkeit glaubwürdig leben, und denen, die nur darüber reden, differenzieren können. (vgl. forumandersreisen.de/philosophie_csr.php, 12.3.2011).

TourCert beteiligt sich an einem Wettbewerb des kate e. V. unter dem Titel „Fairwärts", bei dem es um neue Ideen und Vorzeigebeispiele für einen nachhaltigen Tourismus in Deutschland und anderen Destinationen geht. Dabei wird auf ein ganzheitliches Verständnis von Nachhaltigkeit und Verantwortung geachtet.

Die für die Tourismuswirtschaft bedeutende internationale Umweltschutzorganisation Rainforest Alliance wurde 1987 durch das Umweltprogramm der Vereinten Nationen (UNEP), die UN Stiftung und die Welttourismusorganisation (UNWTO) gegründet. Sie engagiert sich für den Schutz sensibler Ökosysteme, den Erhalt der Biodiversität und für die nachhaltige Sicherung der gemeinsamen Lebensräume von Mensch, Tier und Pflanze. Sie setzt sich für eine ökologische Landnutzung, ein sozial verantwortungsvolles unternehmerisches Handeln sowie ein werteorientiertes Verbraucherverhalten ein. Zu diesem Zweck unterstützt die Rainforest Alliance zusammen mit der United Nations Foundation, dem United Nations Environment Programme, der UNWTO sowie zahlreichen anderen Organisationen das Standardkomitee Tourism Sustainability Council (STSC). Dieses zertifiziert wiederum diverse Zertifizierer und stellt damit sicher, dass diese nach international anerkannten Standards handeln (http://rainforest-alliance.org/de/about, 12.3.2011)

Abb. 82:   Fairness- und Nachhaltigkeits-Siegel im Tourismus (Homepages der Organisationen, s. Quellenverzeichnis, 30.1.2016)

Die Rainforest Alliance bietet interessierten Urlaubern, Reiseveranstaltern und Reisebüros in ihrer Datenbank „SustainableTrip.org" eine umfassende Übersicht nachhaltiger Urlaubsdestinationen. Alle Angebote berücksichtigen die Belange lokaler Gemeinden sowie der Pflanzen- und Tierwelt vor Ort. Diese touristischen Angebote sind an den Prinzipien der Nachhaltigkeit ausgerichtet. Die Reiseveranstalter gehen verantwortlich mit natürlichen Ressourcen um, respektieren die Kultur des Landes und helfen, die Einzigartigkeit der Region für nachfolgende Generationen zu bewahren (http://rainforest-alliance.org/de/tourism/verification, 12.3.2011).

Die Rainforest Alliance arbeitet mit Hotels, Restaurants und anderen Anbietern touristischer Dienstleistungen zusammen und unterstützt diese, ihr Angebot umweltfreundlicher, sozialer und wirtschaftlich nachhaltiger zu gestalten. Sie beglaubigt die tatsächlichen Fortschritte. Betriebe, die die Anforderungen erfüllen, dürfen das Rainforest Alliance Verified™- oder Certified™-Markenzeichen (vgl. Abb. 82) führen und werblich nutzen (http://rainforest-alliance. org/de/tourism/verification, 12.3.2011).

Der Leitorganisation im nachhaltigen Tourismus, dem Global Sustainable Tourism Council (GSTC), gehören sehr viele Zertifizierungsorganisationen und Reiseveranstalter an. Seine „Global Sustainable Tourism Criteria" stellen einen weltweit geachteten Mindeststandard für nachhaltigen Tourismus dar. In drei Stufen (recognized, approved, accredited) erkennt das GSTC Zertifizierungssysteme an, sofern sie die vorgegebenen Kriterien einhalten.

Mit der Gründung von SmartWood 1989 schuf die Rainforest Alliance das weltweit erste Programm zur Zertifizierung nachhaltiger Forstwirtschaft, welches beim Stutz der Wälder auf die Kräfte des Marktes baut. Die Allianz ist auch Mitbegründer der weltweit angesehenen Organisation des Forest Stewardship Council (FSC). In Ergänzung zur FSC-Zertifizierung übernimmt die Rainforest Alliance Verifizierungen und Zertifizierungen beispielsweise als Legalitätsnachweis von Holzeinschlag (www.rainforest-alliance.org/business/de/forestry, 2.1.2016).

Die unabhängige gemeinnützige Nicht-Regierungsorganisation FSC wurde 1993 in Folge der Konferenz „Umwelt und Entwicklung" in Rio de Janeiro gegründet. Das FSC-Label auf einem Holz- oder Papierprodukt belegt, dass es aus verantwortungsvoller Waldwirtschaft (Nutzung der Wälder gemäß sozialen, ökonomischen und ökologischen Bedürfnissen heutiger und zukünftiger Generationen) stammt. Hinter dem FSC-Label verbirgt sich ein durchgängig zuverlässiger Prozess nach den entwickelten zehn Prinzipien und 56 Indikatoren, auf denen die weltweit gültigen FSC-Standards zur Waldbewirtschaftung basieren. Der FSC führt die drei Label Kategorien 100% Label, FSC-Mix-Label und FSC-Recycling-Label.

Die Rainforest Alliance zertifiziert weltweit Farmen nach den Standards des Sustainable Agriculture Network (SAN-Netzwerk für nachhaltige Landwirtschaft). Dem Rainforest Alliance Certified™ Siegel liegen folgende Kriterien zugrunde (www.rainforest-alliance.org/business/de/agriculture, 2.1.2016):

- Weniger Wasserverunreinigung
- Weniger Bodenerosion
- Geringeres Gefährdungspotenzial für die Umwelt und die menschliche Gesundheit
- Schutz natürlicher Lebensräume von Wildtieren und -pflanzen
- Geringeres Abfallaufkommen
- Geringerer Wasserverbrauch
- Effizientere Betriebsführung und verbesserte Bedingungen für Farmarbeiter

In Kap. 3.4 wurde schon kurz auf die Fischerei-Siegel eingegangen. Seit etwa 20 Jahren gibt es Standards für Fische bzw. die Fischerei. Das Marine Stewardship Council (MSC)-Siegel ist das verbreitetste Fischsiegel, das ausschließlich auf Produkten des Wildfangs zu finden ist. Der Umweltstandard des MSC beruft sich auf die Kriterien für „nachhaltige Fischerei", welche von Experten der Wissenschaft, der Fischereiindustrie oder von Umweltorganisationen aufgestellt wurden. Der MSC wurde 1997 von der Umweltorganisation WWF und Unilever ins Leben gerufen, um eine Lösung für das globale Problem der Überfischung zu bieten.

Seit 1999 ist der MSC gänzlich unabhängig und verwaltet das weltweit bekannteste ökologische Zertifizierungs- und Kennzeichnungsprogramm für nachhaltige Fischerei. Weltweit tragen derzeit 20.000 Produkte das MSC-Siegel (vgl. Abb. 35), allein in Deutschland über 5.000 Fischerzeugnisse. Ende 2014 sollten 216 Fischereien zertifiziert sein, weitere 102 befanden sich nach Angaben des MSC in der Bewertung (www.msc.org/ueber-uns/ueber-uns, 30.12.2014).

„Friends of the Sea" (FOS) ist eine NGO, die das Meereshabitat erhalten will. Ein Produkt erhält nur dann das FOS-Siegel, wenn es selbst sowie seine Herkunft von unabhängigen internationalen Zertifizierungsgesellschaften geprüft wurden. Die FOS-Nachhaltigkeitskriterien richten sich nach den Leitlinien für die Öko-Kennzeichnung der Produkte nachhaltiger Fischerei der Ernährungs- und Landwirtschaftsorganisation der Vereinten Nationen (FAO). Besondere Beachtung findet dabei der Artikel 30 der FAO-Leitlinien: Nur solche Produkte werden zertifiziert, die nicht aus überfischten Beständen stammen.

Darüber hinausfindet man das Dolphin-SAFE Siegel auf Thunfischerzeugnissen und das GLOBAL G.A.P.-Siegel für Aquakulturen. 2004 initiierte der WWF einen Dialog für umweltgerechtere Aquakulturen (www.wwf.de/themen-projekte/meere-kuesten/fischerei/ nachhaltige-fischerei/asc-fischzucht, 30.12.2014). Daraus entwickelte sich 2009 der Aquaculture Stewardship Council (ASC). Der ASC ist eine unabhängige, gemeinnützige Organisation von weltweiter Bedeutung, welche folgende Standards setzt:

- Einhaltung der rechtlichen Vorschriften (Gesetzeskonformität, Betriebserlaubnis)
- Bewahrung der natürlichen Umwelt und der Biodiversität
- Wasser- und Gewässerschutz
- Schutz der Artenvielfalt und der Wildbestände (z. B. Verhindern der Flucht von Tieren, die Wildbestände gefährden könnte)
- Verantwortungsvoller Umgang mit Tierfutter und anderen Ressourcen
- Tiergesundheit (kein unnötiger Einsatz von Antibiotika und Chemikalien)
- Soziale Verantwortung (z. B. Gesundheit und Sicherheit der Mitarbeiter, Verzicht auf Kinderarbeit, Versammlungsfreiheit)

Das Handelsunternehmen Kaufland bietet beispielsweise ein Fischsortiment mit MSC-oder Bio-Siegel an, verkauft kein Gänse-und Entenfleisch aus Lebendrupf und Stopfmast und bietet ausschließlich Bio-Eier sowie Eier aus Freiland-und Bodenhaltung (KAT-geprüft) an. Das Unternehmen wurde von der internationalen Tierschutzorganisation Compassion in World Farming und der Albert Schweitzer Stiftung für unsere Mitwelt mit dem Tierschutzpreis „Das goldene Ei" ausgezeichnet.

Der Verein für kontrollierte alternative Tierhaltungsformen e.V. (KAT) wurde 1995 gegründet und ist Kontrollinstanz für die Herkunftssicherung und Rückverfolgung von Eiern aus alternativer Hennenhaltung in Deutschland und benachbarten EU-Ländern. Grundlage für das Halten von Legehennen sind grundsätzlich die von der EU in den Vermarktungsnormen festgelegten Richtlinien. Die KAT-Kriterien gehen allerdings deutlich über diese hinaus. Sie berücksichtigen die Bestimmungen der deutschen Hennenhaltungsverordnung sowie Aspekte des Tierschutzes (www.was-steht-auf-dem-ei.de/index.php?id=6, 30.12.2014).

In Deutschland gründeten Unternehmen und Verbände aus Landwirtschaft, Fleischwirtschaft und Lebensmitteleinzelhandel die „Initiative Tierwohl" für eine tiergerechtere und nachhaltigere Fleischerzeugung (http://initiative-tierwohl.de/presse/, 28.12.2015), Gesellschafter sind:

- Bundesverband der Deutschen Fleischwarenindustrie e.V.
- Deutscher Bauernverband e.V.
- Deutscher Raiffeisenverband e.V.
- Handelsvereinigung für Marktwirtschaft e.V.
- Verband der Fleischwirtschaft e.V.
- Zentralverband der Deutschen Geflügelwirtschaft e.V.

Folgende Unternehmen des Lebensmitteleinzelhandels finanzieren den Tierwohlfonds über einen Anteil in den Verkaufspreisen (Stand Ende 2015):

- ALDI NORD
- ALDI SÜD
- EDEKA
- Kaiser's Tengelmann
- Kaufland
- Lidl Deutschland
- Netto Marken-Discount
- Penny-Markt GmbH
- real,- SB- Warenhaus GmbH
- REWE Group
- WASGAU Produktions & Handels AG

Weiterhin sind die Übernutzung von Landbauflächen (Rodung von Wäldern, Monokulturen, Überdüngung …) ein globales Problem. Wichtiger noch könnte jedoch das Fehlen sauberen Trinkwassers für die Menschen in einigen Weltregionen werden, denn die Nutzung von Trinkwasser für die industrielle Produktion ist nicht nur ein Problem in den entwickelten Ländern.

Nestlé fällt mit seinen Geschäftsgebaren immer wieder auf, so 2013 bei der Privatisierung von Wasser, ein Bereich, in den der weltgrößte Lebensmittelkonzern immer weiter vordringt. Inzwischen ist der Konzern weltweiter Marktführer für in Flaschen abgefülltes Trinkwasser. Er erwarb bereits in mehreren Ländern Wasserrechte. Kritiker werfen dem Unternehmen vor, dabei die Grundwasservorkommen etwa in Pakistan so stark auszubeuten, dass der Grundwasserspiegel sinke und die Bevölkerung keinen Zugang mehr zu frischem Wasser habe. Auch in den USA haben Anwohner gegen Abfüllwerke von Nestlé geklagt, weil der Grundwasserspiegel gesunken ist.

Dennoch konnte in den zurückliegenden 25 Jahren deutlich mehr Menschen der Zugang zu sauberem Trinkwasser ermöglicht werden. Nach Angaben der Wochenzeitung „Die Zeit" hatten Ende 2015 91 % aller Menschen Zugang zu sauberem Trinkwasser, dies waren 14 % mehr als noch 1990. Gleichzeitig sank die Zahl der hungernden Menschen im selben Zeitraum von 1,01 Mrd. auf 795 Mio. Menschen. Beide Zahlen deuten darauf hin, dass trotz deutlichen Wirtschaftswachstums und Anstieg der Weltbevölkerung Landwirtschaft und Industrieproduktion weniger umweltschädlich sind als noch vor 25 Jahren. Auch der Anstieg der Lebenserwartung innerhalb der letzten 25 Jahre von 65 auf 71 Jahren im weltweiten Durchschnitt scheint den positiven Trend zu bestätigen (Die Zeit, 23.12.2015, S. 8 f.).

Der sogenannte „Wasser-Fußabdruck" (Water-Footprint) ist Indikator für den direkten und den indirekten Wasserverbrauch eines Konsumenten oder eines Produzenten bzw. einzelner Produkte. Er erfasst die Nutzung der heimischen Wasservorkommen. Der indirekte Wasser-Fußabdruck kann intern und extern betrachtet werden: Intern für die Produktion und Nutzung von Waren in Deutschland und extern für den Wasserverbrauch in anderen Ländern für die Produkte, die in Deutschland genutzt werden. Durch Export von Gütern wird auch sog. „virtuelles Wasser" exportiert. Dies wird bei der Herstellung und dem Transport von Industriegütern und Lebensmitteln verbraucht, verdunstet oder verschmutzt.

Zu den importierten Gütern mit dem höchsten Wasser-Fußabdruck zählen Kaffee, Kakao, Ölsaat, Baumwolle, Schweinefleisch, Sojabohnen, Rindfleisch, Milch, Nüsse und Sonnenblumen. So entsteht der größte Wasser-Fußabdruck Deutschlands in Brasilien, der Elfenbeinküste, in Frankreich, den Niederlanden, den USA, in Indonesien, Ghana, Indien, der Türkei und Dänemark. Kritische Produkte sind solche, denen als Handelsgut eine große Bedeutung zukommt und deren Anbau große Mengen an Wasser verschlingt, wie Baumwolle und Reis, die zu den wasserintensivsten Kulturpflanzen zählen. Ihr Anbau ist mit weiteren ökologischen Problemen verbunden (www.nachhaltigkeit.info/artikel/wasser_fussabdruck_1791.htm, 15.10.2105).

Nachhaltige Beschaffung umfasst außer Wasser und Luft weitere Aspekte, z. B. die Orientierung an den Kernnormen der Internationalen Arbeitsorganisation (ILO) in der gesamten Lieferkette, verbunden mit hoher Transparenz. Zu den ILO-Normen gehören das Recht auf Gewerkschaftsbildung, gleiche Entlohnung von Frauen und Männern und der Ausschluss von Zwangs- und Kinderarbeit. Kritische Punkte sind der Abbau von Rohstoffen in Krisengebieten, die Fertigung in Niedriglohnländern, aber auch das Recycling am Ende der Produktkette.

Während sich viele Firmen mittlerweile gegen den Klimawandel engagieren, weigerte sich Nestlé beispielsweise bis vor wenigen Jahren, seine Geschäfte mit dem Lieferanten Sinar Mas aus Indonesien zu stoppen. Besonders dramatisch für den Klimaschutz und die Artenvielfalt unseres Planeten ist die Rodung und Trockenlegung der Torfwälder, da diese rund zehnmal mehr Kohlenstoff speichern als andere Urwälder und viele vom Aussterben bedrohte Arten wie Orang-Utans, Sumatra-Tiger oder Java-Nashörner beheimaten. Sinar Mas verletzte internationale Standards und indonesisches Recht, ist an Landkonflikten beteiligt und rodet Regenwälder. Stattdessen werden Ölpalmplantagen in Monokulturen angelegt.

Allein Nestlé hatte vor 2010 einen Bedarf an mehr als 300.000 t Palmöl jährlich. Greenpeace konstatierte in den sozialen Netzwerken, dass für deren Palmöl-Herstellung wertvoller Regenwald abgeholzt wurde. Neben Kitkat (Nestlé) nannte der WWF weitere palmölhaltige Produkte wie Bahlsen-Kekse, Prinzenrolle, Toffifee, Maggi-Produkte, Kosmetik von Schwarzkopf oder Waschmittel wie Persil, Spee und Terra Aktiv von Henkel (www.greenpeace.de/themen/waelder/kampagnen-update-2-nestle-kitkat-und-das-palmoel, 15.10.2015).

Als Reaktion auf die Urwaldzerstörung und die illegalen Machenschaften von Sinar Mas hatten die Firmen Unilever und Kraft bereits ihre Verträge mit der Firmengruppe gekündigt. Erst danach verpflichtete sich Nestlé, künftig kein Palmöl aus Urwaldzerstörung mehr zu beziehen: Bis 2015 sollte der gesamte Palmölbedarf aus nachhaltigen Quellen stammen. Im Jahr 2011 wurde das Zwischenziel von 50 % erreicht und selbst der WWF bescheinigt Nestlé große Fortschritte.

Nestlé unterstützt inzwischen den Round Table on Sustainable Palm Oil (RSPO), der vom World Wide Fund For Nature (WWF) ins Leben gerufen wurde, und bezieht nur Palmöl, das zumindest den Anforderungen des RSPO entspricht. Diese Kriterien umfassen unter anderem:

- Keine Rodung der Primärwälder/ökologisch wertvollen Waldflächen für Plantagen
- Schutz gefährdeter Tier- und Pflanzenartenarten auf der Plantage
- Schutz von Wasser, Boden und Luft
- Einhaltung gesetzlicher Regelungen, darunter Landnutzungs- und Eigentumsrechte
- Keine Kinderarbeit, dafür Bildungsangebote für die auf der Plantage lebenden Kinder
- Einbindung und Förderung von Kleinbauern
- Kontrolle der Plantagen durch unabhängige autorisierte Prüfer

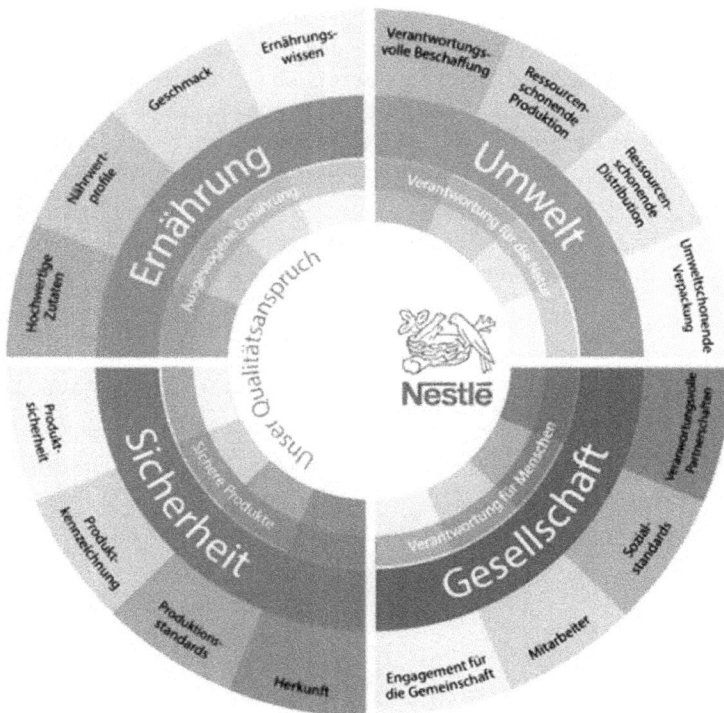

Abb. 83:   Fairness in den vier Qualitäts-Dimensionen von Nestlé
            (www.nestle.de/verantwortung/qualitaetsinitiative, 1.2.2016).

Die Kriterien des RSPO finden zwar breite Anwendung, werden aber teilweise auch als nicht ausreichend kritisiert. Daher hat Nestlé im Jahr 2010 eigene Responsible Sourcing Guidelines (RSG) eingeführt, die sich zwar auf die Kriterien des RSPO stützen, aber in ihren Anforderungen weitreichender sind. Gemeinsam mit der Nicht-Regierungsorganisation The Forest Trust (TFT) überprüft Nestlé seine Lieferanten und die Anbaumethoden der Zulieferer. Danach kommen nur Plantagen und Farmen infrage, die sich an lokale Gesetze und Regulierungen halten und Regenwaldschutzgebiete bewahren, die frühzeitige und einvernehmliche Beteiligung der einheimischen Bevölkerung und Gemeinschaften in den Prozess der Erschließung neuer Plantagen sicherstellen sowie insbesondere Torfmoore und Waldgebiete mit hohem CO_2-Speicherwert schützen. Um die Einhaltung dieser Anforderungen überprüfen zu können, erwartet Nestlé von den Lieferanten volle Transparenz (www.nestle.de/verantwortung/palmoel, 15.10.2015).

Dass das Engagement von Nestlé zu positiven Veränderungen in den Anbauregionen führt, bestätigen auch der WWF und Greenpeace. Mit der Initiative „Qualität bedeutet mehr" möchte Nestlé der veränderten Ernährungssituation und den Verbraucherbedürfnissen vor allem im anspruchsvollen deutschen Markt gerecht werden. Nach vier Qualitäts-Dimensionen (vgl. 83) entwickelte Nestlé ein ganzheitlich und langfristig ausgerichtetes Programm mit konkreten Zielen und Maßnahmen für 26 Geschäftsbereiche und mehr als 5.000 Produkte in Deutschland (www.nestle.de/verantwortung/qualitaetsinitiative, 1.2.2016).

Interbrand veröffentlicht seit mehreren Jahren die anerkannte Studie „Best Global Brands" mit einem Ranking der 100 Unternehmen mit den höchsten Markenwerten. Seit 2011 berechnet sie auf Basis dieser Daten auch die „Best Global Green Brands". Nachhaltiges Wirtschaften der Unternehmen steht im Fokus der Untersuchungen, die die Marken hinsichtlich der zwei Dimensionen „Performance" und „Perception" analysiert, also hinsichtlich der tatsächlichen ökologischen Aktivtäten und der öffentlichen Wahrnehmung fairer Unternehmensführung.

Im Jahr 2014 wurde Toyota erstmals vom Wettbewerber Ford verdrängt und so ergab sich folgendes Ranking (interbrand.com, 1.2.2016)

1. Ford

2. Toyota

3. Honda

4. Nissan

5. Panasonic

6. Nokia

7. Sony

8. Adidas

9. Danone

10. Dell

Die Marke Volkswagen verlor bereits 2014 neun Plätze und landete auf Platz 16 der Rangliste, immerhin noch zwei Plätze vor Nestlé auf Rang 18. Nach dem Abgasskandal dürfte VW allerdings weiter an Boden verlieren, zumal das Unternehmen immer noch auf alte Technik und eine inflexible (Macht-)Organisation setzt.

6.2 Zivilisation, Kultur und Gesellschaft

Die Vereinten Nationen verabschiedeten am 10. Dezember 1948 die „Universal Declaration of Human Rights" eingedenk der Einsicht in die Notwendigkeit eines internationalen Schutzes der grundlegenden Menschenrechte. Es ging um die Anerkennung der angeborenen Würde und die gleichen und unveräußerlichen Rechte aller Menschen als Grundlage von Freiheit, Gerechtigkeit und Frieden in der Welt.

So heißt es in Artikel 1, dass alle Menschen frei und gleich an Würde und Rechten geboren sind. Jeder hat nach Artikel 2 Anspruch auf Rechte und Freiheiten ohne Unterschied etwa nach Rasse, Hautfarbe, Geschlecht, Sprache, Religion, politischer oder sonstiger Überzeugung, nationaler oder sozialer Herkunft, Vermögen oder Geburt. Jeder hat das Recht auf Leben, Freiheit und Sicherheit der Person, niemand darf in Sklaverei oder Leibeigenschaft gehalten werden.

Artikel 18 garantiert das Recht auf Gedanken-, Gewissens-, Religions- und Meinungsfreiheit sowie auf freie Meinungsäußerung (Art. 19). Alle Menschen haben gemäß Art. 20 das Recht, sich friedlich zu versammeln und zu Vereinigungen zusammenzuschließen. Jeder hat als Mitglied der Gesellschaft das Recht auf soziale Sicherheit (Art. 22), auf Arbeit, auf freie Berufswahl, auf gerechte und befriedigende Arbeitsbedingungen sowie auf gleichen Lohn für gleiche Arbeit (Art. 23). Jeder besitzt nach Art. 26 das Recht auf Bildung (www.un.org/depts/german/menschenrechte/aemr.pdf, 1.2.2016).

Das Internationale Übereinkommen zur Beseitigung jeder Form von Rassendiskriminierung (UN-Rassendiskriminierungskonvention - ICERD) trat 1969 als erstes der sieben Menschenrechtsabkommen der UN in Kraft. Es richtet sich gegen jedwede Diskriminierung aufgrund von Rasse, Hautfarbe, Abstammung, nationaler und ethnischer Herkunft. Später kamen der Internationale Pakt über bürgerliche und politische Rechte (Zivilpakt) sowie der Internationale Pakt über wirtschaftliche, soziale und kulturelle Rechte (Sozialpakt) zustande. Es besteht eine Gleichrangigkeit der politischen, bürgerlichen, wirtschaftlichen, sozialen und kulturellen Grundrechte, die eine universelle Geltung haben.

Somit ist eindeutig, dass nicht nur Regierungen, sondern auch alle Unternehmen, ob national oder international tätig, nach diesen Grundrechten handeln müssen. Das Ranking zum „Maß für das menschliche Wohlergehen" (HDI) der UNDP gibt Auskunft über die Lebensqualität in 188 Ländern und lässt damit Rückschlüsse auf die Verwirklichung der Grundrechte zu. Die UNDP vergleicht seit 1990 die Entwicklungsstandards ihrer Mitgliedsländer. Für die Erhebung des „Human Development Index" (HDI) werden unter anderem Daten zum Einkommen, zum Bildungsniveau und zur Lebenserwartung herangezogen (vgl. Abb. 84).

Im Jahr 2014 (HDR 2015) hat weiterhin Norwegen den höchsten HDI vor Australien, der Schweiz, Dänemark, den Niederlanden und Deutschland (vgl. Abb. 84). Alle westlichen Länder gehören zur Spitzengruppe, afrikanische Länder finden sich meist am Ende der Rangliste: Burundi, der Tschad, Eritrea, die Zentralafrikanische Republik und Niger als Schlusslicht. Gleichzeitig bescheinigt die UNDP große Fortschritte hinsichtlich der Lebensqualität im Vergleich der 25 letzten Jahre. So habe sich die Anzahl der Personen, die in Staaten mit sehr hoher menschlicher Entwicklung leben auf 1,2 Mrd. erhöht, also mehr als verdoppelt. Lebten vor 25 Jahren noch 3,2 Mrd. Menschen in Ländern der niedrigsten Kategorie, so seien es heute nur 1,2 Mrd. der inzwischen 7,3 Mrd. Menschen (http://report.hdr.undp.org, 3.2.2016).

	Human Development Index (HDI)	Life expectancy at birth	Expected years of schooling	Mean years of schooling	Gross national income (GNI) per capita
	Value	(years)	(years)	(years)	(2011 PPP $)
HDI rank	2014	2014	2014[e]	2014[e]	2014
VERY HIGH HUMAN DEVELOPMENT					
1 Norway	0.944	81.6	17.5	12.6[b]	64,992
2 Australia	0.935	82.4	20.2[c]	13.0	42,261
3 Switzerland	0.930	83.0	15.8	12.8	56,431
4 Denmark	0.923	80.2	18.7[c]	12.7	44,025
5 Netherlands	0.922	81.6	17.9	11.9	45,435
6 Germany	0.916	80.9	16.5	13.1[d]	43,919
6 Ireland	0.916	80.9	18.6[c]	12.2[e]	39,568
8 United States	0.915	79.1	16.5	12.9	52,947
9 Canada	0.913	82.0	15.9	13.0	42,155
9 New Zealand	0.913	81.8	19.2[c]	12.5[b]	32,689
11 Singapore	0.912	83.0	15.4[f]	10.6[e]	76,628[g]
12 Hong Kong, China (SAR)	0.910	84.0	15.6	11.2	53,959
13 Liechtenstein	0.908	80.0[h]	15.0	11.8[i]	79,851[g,j]
14 Sweden	0.907	82.2	15.8	12.1	45,636
14 United Kingdom	0.907	80.7	16.2	13.1[d]	39,267
16 Iceland	0.899	82.6	19.0[c]	10.6[e]	35,182
17 Korea (Republic of)	0.898	81.9	16.9	11.9[e]	33,890
18 Israel	0.894	82.4	16.0	12.5	30,676
19 Luxembourg	0.892	81.7	13.9	11.7	58,711
20 Japan	0.891	83.5	15.3	11.5[e]	36,927
21 Belgium	0.890	80.8	16.3	11.3[d]	41,187
22 France	0.888	82.2	16.0	11.1	38,056
23 Austria	0.885	81.4	15.7	10.8[d]	43,869
24 Finland	0.883	80.8	17.1	10.3[e]	38,695
25 Slovenia	0.880	80.4	16.8	11.9	27,852
26 Spain	0.876	82.6	17.3	9.6	32,045
27 Italy	0.873	83.1	16.0	10.1[d]	33,030

Abb. 84:   Human Development Index der UNDP 2014
                  (http://hdr.undp.org/sites/default/files/ hdr_2015_statistical_annex.pdf, 3.2.2016)

Viele Regierungen haben offensichtlich ihrer Hausaufgaben gemacht, denn sie sind besonders verpflichtet, die universellen Grundrechte in ihrem Land zu schützen, auch bei wirtschaftlich vielversprechenden Projekten internationaler Unternehmen. Faire Unternehmen werden aus eigenem Antrieb die universellen Grundrechte in jedem Land respektieren und zu einer positiven Entwicklung beitragen. In der Tourismus-Branche gründete sich z. B. mit dem „Roundtable Human Rights in Tourism" 2012 eine Multistakeholder-Initiative für Menschenrechte.

Unternehmen, die internationale Lieferketten nutzen und organisieren, müssen sich die Menschenrechte, den Schutz der Kulturen, den Umweltschutz, das Verbot der Kinderarbeit und faire Arbeitsbedingungen einhalten. Deutsche Unternehmen tun dies offensichtlich schon in erheblichem Umfang, denn sie wollen ihre Reputation nicht aufs Spiel setzen.

Im Sommer 2014 befragte das IW 131 Umweltexperten deutscher Firmen. Mehr als 70 % gaben an, dass in ihrem Unternehmen oder ihrem Verbandsbereich soziale und ökologische Belange beim Einkauf in Schwellen- und Entwicklungsländern berücksichtigt würden. Viele Unternehmen kaufen ihre Rohstoffe und (Vor-)Erzeugnisse weltweit ein. Dabei sei es nicht leicht, das ethische Verhalten der Zulieferer lückenlos zu überprüfen. Zwar existierten in vielen Branchen und Ländern gesetzliche Sozial- und Umweltstandards, doch würden sie nicht in gleicher Weise in allen Staaten gelten. Auch würden diese in vielen Schwellen- und Entwicklungsländern systematisch unterlaufen. Deshalb werden viele deutsche Unternehmen selbst aktiv, um für nachhaltige Lieferketten zu sorgen (www.iwkoeln.de/infodienste/iwd/archiv/beitrag/nachhaltigkeit-oeko-fair-sozial-187424, 2.2.2016, vgl. Abb. 85).

Nachhaltigkeit: Lieferanten in der Pflicht

So viel Prozent der Unternehmen betrachten diese Instrumente und Maßnahmen als geeignet, um soziale und ökologische Standards bei der Beschaffung sicherzustellen

Schulung/Qualifizierung von Lieferanten	76
Regelmäßige Kontrolle vor Ort	61
Zertifizierung von Lieferanten	60
Verpflichtung durch Lieferverträge	60
Anforderungen schriftlich fixiert	55
Sanktionen wie Lieferantenwechsel	44
Externe Nachhaltigkeits-Audits	38
Anreize wie Finanzhilfen	37
Selbstauskünfte von Lieferanten	25
Festlegung von Vorlieferanten	19

Befragung von 131 Umweltexperten der Wirtschaft im Juni/Juli 2014
Quelle: IW-Umweltexpertenpanel

Institut der deutschen Wirtschaft Köln

© 2014 IW Medien · iwd 42 · Foto: T!studio – Fotolia.com

Abb. 85: Maßnahmen deutscher Unternehmen zu Fairness in der Supply Chain
(www.iw koeln.de/infodienste/iwd/archiv/beitrag/nachhaltigkeit-oeko-fair-sozial-187424, 2.2.2016)

Die überwiegende Zahl der Betriebe hält eine Schulung und Qualifizierung ihrer Lieferanten für geeignet, um Aspekte der Fairness in den Lieferketten zu verankern. Sinnvoll seien auch die Kontrolle vor Ort, die Zertifizierung der Lieferanten und die Verpflichtung durch Lieferverträge (vgl. Abb. 85 und Kap. 7.5). Vor allem bei mehrstufigen Lieferketten sei es jedoch schwierig, die Einhaltung der Sozial- und Umweltstandards in allen beteiligten Betrieben zu kontrollieren, insbesondere wenn mehrere Länder betroffen sind.

Eröffnen deutsche Unternehmen Niederlassungen im Ausland, legen sie auch dort Wert auf Fairness und Nachhaltigkeit. Die Kriterien übertreffen in vielen Fällen die gängige Praxis vor Ort, wodurch sich die ökonomischen, ökologischen und sozialen Standards dort verbessern. Zu diesem Ergebnis kommt eine explorative Untersuchung der IW Consult im Auftrag von econsense - Forum Nachhaltige Entwicklung der Deutschen Wirtschaft e. V. in 2015 (www.iwkoeln.de/infodienste/iw-nachrichten/beitrag/deutsche-unternehmen-im-ausland-nachhaltig-ueber-laendergrenzen-hinweg-224398, 2.2.2016).

Nach der Studie übertragen knapp 85 % der befragten Firmen ihre ökologischen Standards auf die Niederlassungen im Ausland und 81 % wenden die gleichen sozialen Standards für Mitarbeiter im In- und Ausland an. Die befragten Unternehmen enggieren sich langfristig in anderen Ländern, zumal 62 % bereits zehn und mehr Jahre dort vertreten sind und nahezu alle eine dauerhafte Präsenz in den Gastländern planen. 65,2 % der Firmen haben dort ein eigenes Fortbildungssystem aufgebaut, um das Niveau der deutschen Bildungsabschlüsse zu erreichen. Inzwischen wird sogar ein Großteil der Führungspositionen mit Einheimischen besetzt.

Zwar treffen 95 % der Betriebe Maßnahmen, um Kinderarbeit zu vermeiden, aber nur die Hälfte der Firmen kümmert sich darum, dass auch die Zulieferer keine Kinder beschäftigen. Die Vermeidung von Korruption im Gastland ist 95 % der Unternehmen ein wichtiges Anliegen: Sie gehen in ausländischen Niederlassungen gegen Bestechung und Vorteilsnahme vor und sind überzeugt, dass ihre Maßnahmen meist umfangreicher sind als die lokale Praxis.

Das dies nicht überall gleich gut funktioniert, auch nicht in der deutschen Wirtschaft, wird durch die zurückliegenden Korruptionsskandale von Siemens und MAN deutlich. Großbritannien verfügt seit 2011 über eines der schärfsten Anti-Korruptionsgesetze weltweit: Der UK Bribery Act stellt die aktive und passive Bestechung unter Strafe, ebenso die Bestechung ausländischer Amtsträger und sogar das Versäumnis, Bestechung zu vermeiden. Er gilt nicht nur für britische Unternehmen und deren Lieferanten und Sublieferanten, sondern für alle, die in irgendeiner Form in Großbritannien Geschäfte machen. Denn Korruption verursacht nicht nur materielle Schäden, sondern sie untergräbt das Fundament einer Gesellschaft.

In Frankreich existiert seit 2015 sogar ein „Gesetz über die Pflicht zur Wachsamkeit" großer Unternehmen im Hinblick auf die Menschenrechte. Das Gesetz sieht vor, dass alle französischen Unternehmen mit mehr als 10.000 Mitarbeitern ihre Zulieferer weltweit wirksam zur Einhaltung der Menschenrechte sowie von Öko- und Gesundheitsstandards verpflichten müssen. Versäumen sie dies, können sie in Frankreich zivilrechtlich verklagt werden. In Kanada sind Unternehmen lediglich für das Fehlverhalten ihrer Zulieferer in Kanada verantwortlich.

In Deutschland und vielen anderen westlichen Ländern wird schon seit einigen Jahren das soziale Verhalten der Unternehmen besonders kritisch verfolgt und deren Fairness an gerechtem Verhalten in In- und Ausland gemessen. Die Gerechtigkeitsdebatte, die in Deutschland geführt wird, bezieht sich nicht nur auf die Beschäftigungsbedingungen der Unternehmen hierzulande, sondern vor allem auch im Ausland und bei deren Lieferanten. Auch die zuvor erwähnte Studie der Otto Group, die auf einer repräsentativen Verbraucherbefragung durch TNS Infratest basiert, belegte 2013, dass soziale Aspekte stärker zur ethischen Bewertung der Unternehmen beitragen als der Umweltschutz. Die Kunden erwarten heute zuallererst unter fairen Bedingungen hergestellte Produkte (www.ottogroup.com/media/docs/de/ trend-studie/1_Otto _Group_Trendstudie_2013.pdf, 12.12.14).

Daher verwundert es nicht, wenn Apple wegen der Herstellungs- und Arbeitsbedingungen bei seinem Zulieferer Foxconn in China in die Schlagzeilen gerät, genauso wie H&M, MEXX oder KiK wegen der katastrophalen Arbeitsbedingungen in Bangladesch. Adidas hat aus einem früheren Skandal gelernt und versucht nun mittels eines Verhaltenskodex seit 2004 die fast 1000 Zulieferbetriebe zu besseren Arbeitsbedingungen anzuhalten. Adidas kontrolliert auch regelmäßig die Einhaltung der Standards, hilft bei deren Umsetzung oder trennt sich ggf. auch von unzuverlässigen Zulieferern. Die Unternehmen sehen in solch vorbildlichem Handeln die Chance, die „Welt ein Stück weit zum Positiven" zu verändern.

Auch Ikea hat sich 2012 einen Verhaltenskodex für Lieferanten gegeben, den „IKEA Way on Purchasing Products, Materials and Services (IWAY)". Er umfasst IKEAs Mindestanforderungen an Umwelt, Arbeits- und Sozialbedingungen (inkl. Kinderarbeit) und basiert auf

- den acht Konventionen der „Fundamental Principles Of Rights at Work", ILO-Deklaration von Juni 1998
- der „Rio Declaration on Sustainable Development 1992"
- dem UN Gipfel für nachhaltige Entwicklung in Johannesburg
- den Grundwerten des „UN Global Compact 2000"

IKEA erkennt die grundlegenden Menschenrechte an, wie sie in der „Universal Declaration of Human Rights" der UN 1948 definiert sind. Lieferanten sollen stets gesetzlichen Regeln oder der IKEA IWAY Anforderung nachkommen, je nachdem welche weitergehender sind (www.ikea.com/ms/de_DE/about_ikea/pdf/IWAY_standard_distribution.pdf, 4.2.2016). Dies scheint aber in der Praxis nicht immer richtig umgesetzt zu werden, wie WDR-Recherchen in Osteuropa mehrfach belegen.

Manche Unternehmen gehen noch weiter und betreiben eigene Projekte in den Entwicklungsländern, um die dortigen Produktionsbedingungen zu verbessern. Bereits seit 1990 betreibt der Schokoladehersteller RITTER SPORT in Nicaragua das Agrar-Entwicklungsprojekt „Cacaonica" mit 1800 Kakaoanbauern. Seitdem sind fast 3 Mio. € in die Projektfinanzierung geflossen. 2012 hat RITTER im Osten Nicaraguas 2.500 ha Land erworben und dort den nachhaltigen Anbau von Kakao begonnen. Es entsteht eines der größten zusammenhängenden Kakaoanbaugebiete der Welt. Der Anbau folgt Standards, die eine Zertifizierung nach UTZ Certified oder Rainforest Alliance ermöglichen, sobald ab 2017 geerntet wird. RITTER sieht dies als den effektivsten Weg an, maximalen Einfluss auf die ökologischen und sozialen Bedingungen im Kakaoanbau zu nehmen (www.ritter-sport.de/de/familienunternehmen/nachhaltigkeit/ RITTER-SPORT-EL-CACAO-Die-erste-eigene-Kakao-Plantage, 4.2.2016).

So weit können die meisten Hersteller nicht gehen und setzen daher auf fairen Handel, der den Produzenten bzw. Lieferanten ein auskömmliches und selbstbestimmtes Leben ermöglichen soll. Der Begriff „Fairer Handel" (mit F geschrieben) wird von der Fairtrade Organisation definiert und gilt als feststehender Begriff, allerdings mit leicht variierenden Interpretationen. Alle Akteure streben eine dauerhafte Verbesserung der Lebens- und Arbeitsbedingungen der Produzenten und ihrer Angestellten in den Entwicklungsländern an. Denn in vielen dieser Länder versagen staatliche Systeme und Institutionen, Korruption und Willkür herrschen vor.

Die Fairtrade Organisation will den Kleinproduzenten vor Ort einen direkteren Zugang zu den Absatzmärkten eröffnen, sie mit notwendigen Informationen versorgen und ihnen den Zugang zu Krediten erleichtern. Ihnen soll eine Absicherung der Einnahmen garantiert werden, auch bei stark schwankenden Rohstoffpreisen oder wetterbedingtem Ausfall, und die Weiterentwicklung (durch Bildung und Diversifikation) ermöglicht werden. Im Prinzip ist der Faire Handel einer nachhaltigen Entwicklung verpflichtet. Aber eine Bewertung mit dem ökologischen Fußabdruck erfolgt z. B. nicht, da die Transportwege meist viel zu lang sind.

Doch wird auch der Begriff fairer Handel (mit f) vielfach von Unternehmen genutzt, um ähnliche Produkte auf Basis gerechten Verhaltens zu verkaufen. Allerdings ist dieser nicht allgemeingültig definiert oder gar geschützt, womit er fast ohne Einschränkungen für eigene Siegel und Marken benutzt werden kann. Es sei denn, die Unternehmen halten sich an die in diesem Buch dargelegte Form des fairen Handelns.

An dieser Stelle soll der Faire Handel (Fair Trade) als abgegrenzte Teilmenge des fairen Handels bzw. aller fairen Produkte näher betrachtet werden. In Deutschland begann der gemeinnützige Verein TransFair 1992 seine Arbeit. Als unabhängige Initiative vergibt er das Fairtrade-Siegel für fair gehandelte Produkte auf der Grundlage von Lizenzverträgen. Anfang 2016 tragen in Deutschland über 3.000 Produkte ein Fairtrade-Siegel, sie sind in 42.000 Supermärkten, im Naturkosthandel und in vielen Weltläden erhältlich (www.fairtrade-deutschland.de/ueber-fairtrade/ueber-transfair, 4.2.2016).

Fairtrade International setzt sich aus 29 Mitgliedern zusammen: 19 nationale Fairtrade Organisationen (NFO), drei Produzenten-Netzwerke, sechs Fairtrade Marketing Organisationen sowie ein assoziiertes Mitglied (www.fairtrade-deutschland.de/ueber-fairtrade/struktur-organisation, 4.2.2016). Es ist für die Entwicklung der Fairtrade-Standards und die Betreuung der Produzentengruppen verantwortlich.

FINE ist ein zwangloser Zusammenschluss von vier internationalen Organisationen des Fairen Handels, die Fairen Handel gleichermaßen als eine Partnerschaft betrachten, die auf Dialog, Transparenz und Respekt beruht und nach mehr Gerechtigkeit im internationalen Handel strebt. Sie Organisationen kooperieren auch auf politischer Ebene und einigten sich 2001 auf eine Definition des Fairen Handels:

- **F** - Fairtrade Labelling Organizations International (FLO)
- **I** - International Fair Trade Association (IFAT)
- **N** - Network of European Worldshops (NEWS) und
- **E** - European Fair Trade Association (EFTA)

Viele NFO waren an der Gründung der Fairtrade Labelling Organizations International (FLO) beteiligt, so auch TransFair. Die FLO-CERT GmbH stellt sicher, dass die Produkte mit Fairtrade-Siegel nach internationalen Fairtrade-Standards produziert und gehandelt werden. Alle an der Fairtrade-Handelskette beteiligten Organisationen, Firmen, Produzentenorganisationen, Exporteure und Importeure unterliegen dem strengen Kontrollsystem von FLO-CERT (www.fairtrade-deutschland.de/ueber-fairtrade/struktur-organisation/flo-cert-gmbh 4.2.2016).

Das Forum Fairer Handel (ff) hat die Zertifizierungen von Naturland Fair, IMO Fair for Life und ECOCERT mit den Kriterien des Fairtrade-Systems verglichen und zieht ein positives Fazit: Alle Systeme entsprechen weitgehend den Anforderungen im Fairtrade-Zertifizierungssystem, es bestehen nur graduelle Unterschiede. Das Forum Fairer Handel betrachtet Produkte, die mit diesen Zeichen versehen sind auch als „fair gehandelt" (www.forum-fairer-handel. de/fairer-handel/akteure/siegelorganisationen, 4.2.2016).

Das Forum Fairer Handel ist ein bundesweites Netzwerk welches das Profil des Fairen Handels in der Öffentlichkeit schärfen und eine stärkere Ausweitung erreichen will. Die Mitglieder des ff sind Organisationen, die ausschließlich im Fairen Handel arbeiten und Akteure, die dessen Förderung als einen der Schwerpunkte ihrer Arbeit ansehen (www.forum-fairer-handel.de/ueber-uns/mitgliedsorganisationen, 4.2.2016):

- Weltladen-Dachverband e. V.
- die Fair-Handels-Importeure: GEPA-The Fair Trade Company, EL PUENTE, dwp eG Fair-Handels-Genossenschaft, BanaFair e. V. und GLOBO-Fair Trade Partner

- Naturland - Verband für ökologischen Landbau e. V. (Naturland Fair)
- Fair-Band - Bundesverband für fairen Import und Vertrieb e. V.

Mit folgenden Organisationen besteht eine enge Zusammenarbeit des ff:

- agl - Arbeitsgemeinschaft der Eine Welt-Landesnetzwerke in Deutschland e. V.
- aej - Arbeitsgemeinschaft der Evangelischen Jugend in Deutschland e. V.
- BdKJ - Bund der Deutschen Katholischen Jugend
- Brot für die Welt - Evangelisches Werk für Diakonie und Entwicklung e. V. INKOTA-netzwerk e. V.
- Konferenz der Fair-Handels-Beratung
- Bischöfliches Hilfswerk Misereor e. V.
- TransFair e. V.
- Servicestelle Kommunen in der Einen Welt
- Kindermissionswerk „Die Sternsinger"
- Verbraucher Initiative e. V.

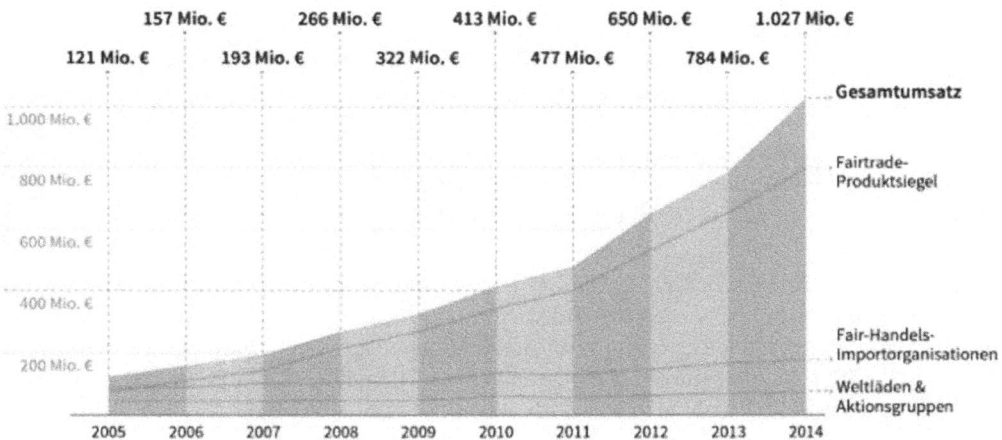

Abb. 86:   Umsatz mit fairen Erzeugnissen 2005 bis 2014
             (www.forum-fairer-handel.de/fairer-handel/zahlen-fakten, 4.2.2016)

Das Forum Fairer Handel beziffert die deutschen Umsätze mit fair gehandelten Produkten auf mehr als eine Milliarde € in 2014 (+ 31 %, vgl. Abb. 86). Mit ca. 800 Mio. € hatten Fairtrade-Siegel-Produkte einen Anteil von 79 % daran. Die Absatzsteigerung basiert z. T. auf vielen neuen Produkten, inzwischen gibt es sogar Fairtrade-zertifiziertes Gold. Hauptprodukt ist weiterhin der Kaffee, gefolgt von Blumen und Bananen. Fairtrade wächst auch weltweit: 2013 wurden in 125 Ländern Fairtrade Produkte im Wert von 5,5 Mrd. US-$ verkauft. Großbritannien ist größter Markt vor Deutschland. 57 € geben die Schweizer pro Kopf der Bevölkerung für Fairtrade Produkte aus, gefolgt von den Briten mit 33 € und den Deutschen mit 13 €. Nach einer Erhebung des Instituts für Demoskopie Allensbach achteten 2012 bereits 16 % der Deutschen beim Einkauf auf Produkte aus fairem Handel, in höheren Einkommensschichten sogar 24 %. Allerdings gibt es auch fehlerhafte Etiketten von fair gehandelten Produkten, wie die Stiftung Warentest Ende 2014 ermittelte.

2003 schuf die südafrikanische Fair Trade Tourism (FTT) das erste System zur Überprüfung und Zertifizierung von Unterkünften und Freizeitaktivitäten nach den Kriterien: Fairer Anteil, faire Mitsprache, Respekt, Verlässlichkeit, Transparenz, Nachhaltigkeit, Kundenzufriedenheit. Inzwischen beteiligen sich sieben Nachbarländer (Botswana, Lesotho, Madagaskar, Mosambik, Namibia, Swasiland und Tansania) am Programm zur Fairtrade-Zertifizierung von Unterkünften und Freizeitaktivitäten. Die FLO unterstützt diese Initiative.

Seit einigen Jahren sind in der Schweiz, in Deutschland, England und den Niederlanden Reisen buchbar, bei denen alle Leistungsträger der Reise individuell und in ihren Handelsbeziehungen miteinander nach Kriterien des Fairen Handels überprüft wurden (www.fairunterwegs. org/news-medien/im-fokus/fair-trade-tourism, 2.2.2016).

Seit 2008 gibt es in Deutschland mit dem Fairtrade-Siegel gekennzeichnete Kleidung. Baumwollbauern erhalten einen Mindestpreis für Baumwolle, die garantiert gentechnikfrei und unter Verzicht auf bestimmte Pestizide hergestellt wurde. Für die Weiterverarbeitung der Fairtrade Baumwolle gelten ebenfalls menschenwürdige Arbeitsbedingungen. Bei „Cotton made in Africa" handelt es sich um ein Projekt der Aid by Trade Foundation, gegründet durch den Unternehmer Dr. Otto. Ziel ist die Verbesserung der Lebensverhältnisse afrikanischer Baumwollbauern. Gentechnisch veränderte Baumwolle ist ganz und Pestizide sind teilweise verboten.

Doch finden sich weltweit immer noch z. T. katastrophale Produktionsbedingungen für Textilien. So prangerte Greenpeace 2012 elf giftige Substanzen, die sich in Kleidung finden: Alkylphenole und ihre Ethoxylate, Azofarben, bromierte und chlorierte Flammschutzmittel, Chlorbenzole, chlorierte Lösungsmittel, Chlorphenole, kurzkettige Chlorparaffine, per- und polyfluorierte Chemikalien, Phthalate, Schwermetalle und Organozinnverbindungen. Sie verteilen sich global durch Gewässerkreisläufe und die Atmosphäre und erreichen so auch den menschlichen Körper.

2012 verloren 112 Menschen ihr Leben bei einem Brand in einer Textilfabrik, 2013 starben 1.136 Menschen nach dem Zusammenbruch eines Fabrikgebäudes in Bangladesch. Bis heute haben sich die Arbeitsbedingungen und Sicherheitsstandards nur geringfügig verbessert, obwohl die ILO eine Vielzahl von Veränderungen erreichen konnte. Die Textilindustrie kauft aber immer noch viele Produkte in Bangladesch ein.

Die Fair Wear Foundation (FWF) ist eine Multistakeholder-Initiative, die in 26 Ländern aktiv ist. NGOs, Gewerkschaften, Unternehmen, Wirtschafts- und Handelsverbände kooperieren, um die sozialen Bedingungen in der Textilindustrie zu verbessern (Sozialstandards, existenzsichernde Löhne etc.). Der Fokus der FWF-Stiftung in der Lieferkette liegt auf der Konfektion, also in der Verarbeitung von Stoffen zu Textilprodukten.

Die FWF setzt auf Überprüfung, Bewertung und öffentliche Berichterstattung über die Fortschritte der Mitgliedsunternehmen bei der Umsetzung ihrer Anforderungen mit Kontrollen in den Produktionsstätten vor Ort. Mitgliedsunternehmen, die bei der Überprüfung und Bewertung besonders gut abgeschnitten haben, dürfen das FWF-Logo auf Anhängeschildern oder Etiketten ihrer Produkte nutzen. Es gibt über 80 Mitgliedsunternehmen, von denen etwa die Hälfte das Siegel führen, darunter öko-faire Marken wie Hess Natur, Waschbär, Nudie Jeans, Jack Wolfskin und Vaude.

7   Fairness im Stakeholder Management und Marketing

Der Begriff des Fairen Managements und Marketings spricht weitgehend für sich selbst, da in diesem nicht nur ein ökonomischer, ökologischer und sozialer sondern auch ein gesellschaftlicher sowie ein menschen- und beziehungsorientierter Anspruch enthalten ist. Faires Management (vgl. Abb. 43) geht noch deutlich über die Ansprüche an ein nachhaltiges Management hinaus und steht für:

- Ein integriertes Unternehmens-/Organisationskonzept
- Integration in die übergeordnete Philosophie und Kultur, die Leitsätze, Ziele und Strategien, die Positionierung und Corporate Identity sowie deren umfassende Umsetzung im operativen Tagesgeschäft, insbesondere im internen und externen Marketing, das die Nahtstelle zu allen internen und externen Stakeholdern darstellt
- Freiwilligkeit
- Freiheit zur Integration ökologischer, gesellschaftlicher, sozialer, gesundheitlicher und kooperativer Belange über die Einhaltung gesetzlicher Bestimmungen (Compliance) hinaus in das Handeln des Unternehmens
- Von Fairness geprägte Wechselbeziehungen mit allen Stakeholdern (vgl. Abb. 87), also jenen Personen und Gruppen, die ein besonderes Interesse an den Aktivitäten des Unternehmens haben und fair behandelt werden wollen, z. B.
  - Staat/-en und Staatenorganisationen (national und international), Kap. 7.1
  - Medien und Öffentlichkeit, Kap. 7.2
  - Mitarbeiter und ihre Gremien/Organisationen, Kap. 7.3
  - Privatkunden, Kap. 7.4
  - Geschäftskunden, Kap. 7.4
  - Lieferanten und andere Geschäftspartner, Kap. 7.5
  - Eigen- und Fremdkapitalgeber, Kap. 7.6
  - Anwohner und Nachbarn, Kap. 7.7.
  - Verbraucher-, Umweltschutz- und weitere Verbände, Kap. 7.8
  - Wettbewerber, Kap. 7.9
- Ablehnung von Korruption, die es generell zu verhindern bzw. zu bekämpfen gilt
- Fairness, die gegenüber der gesamten Zivilisation, den Menschenrechten, den vielfältigen Kulturen (einschl. Weltkulturerbe...) und der natürlichen Umwelt (Ressourcen, biologische Vielfalt, Klima...) gilt und bereits in Kap. 6 dargestellt wurde, gemeint sind:
  - Klima, Natur und Ressourcen
  - Zivilisation und Kulturen, Gesellschaften
  - Grund-/Menschenrechte

Faires Management bedeutet ...

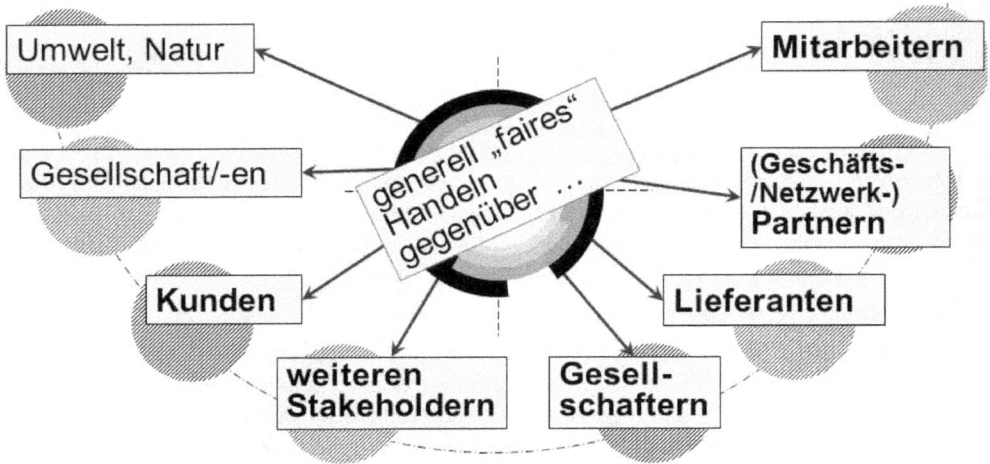

Abb. 87:   Fairness gegenüber allen Stakeholdern

Wirklich ernst zu nehmende faire unternehmerische Gesamt-Verantwortung ist stets langfristig angelegt und nicht nur ein kurzfristiges PR-trächtiges Lippenbekenntnis. Mit dem gewünschten Nebeneffekt reduzierter negativer oder besser einer positiven Wirkung auf die eigenen Mitarbeiter, die Umwelt, alle Stakeholder sowie die Gesellschaft als Ganzes lässt sich auch der Gewinn erhalten, steigern und langfristig sichern. Ein fairer und offener Umgang mit allen Stakeholdern verringert Reibungsflächen und steigert die Reputation.

Im Folgenden wird ein Blick auf die vielfältigen Stakeholder-Beziehungen geworfen, in denen ein faires Verhalten der Unternehmen bzw. deren Management gefragt ist. Dabei werden wichtige Aspekte der Fairness jeder Beziehungsebene näher beleuchtet und einige Unternehmensbeispiele genannt. Die Firmen reduzieren so ihre Kosten, verbessern die eigene Reputation und Marke und liefern ihren Kunden meist einen echten Mehrwert. Als Instrumente und Maßstab dienen dabei oftmals aussagekräftige Siegel, internationale Rankings und Awards.

Als Maßstab für faires Verhalten können Vorschläge und Regeln internationaler oder nationaler Organisationen dienen, die bereits in Wirtschaft und Gesellschaft anerkannt sind. So setzt z. B. die ICC Standards, Regeln und Richtlinien und gibt Handreichungen für viele der Stakeholderbeziehungen. Beispielhaft sei auf die schon zuvor vor allem in Kap. 3 genannten Aktivitäten verwiesen: In Kommissionen behandelt die ICC Themen, die für Unternehmen von zentraler Bedeutung sind, wie geistiges Eigentum, internationaler Handel, Besteuerung, Unternehmensverantwortung, gewerblicher Rechtsschutz oder Schiedsgerichtbarkeit, Umwelt sowie Marketing (www.iccgermany.de/icc-themen-und-kommissionen.html, 24.3.2016).

7.1 Heimatstaat und andere Staaten

Nationale Regierungen sind verpflichtet, die Menschenrechte auch im Rahmen wirtschaftlicher Aktivitäten zu respektieren und zu schützen. Viele Regierungen, vorrangig in Entwicklungsländern, verfügen allerdings nur über begrenzte Mittel, um der Bevölkerung grundlegende Menschenrechte zu gewährleisten. Dennoch sind sie verpflichtet sicherzustellen, dass es bei Investitionen z. B. zu keiner Schlechterstellung von Bevölkerungsgruppen kommt. Die Regierungen müssen vorhandene Ressourcen für alle Bevölkerungsgruppen einsetzen und private Akteure/Unternehmen angemessen kontrollieren. Dazu gehört allerdings der Aufbau eines Rechtsstaats, der allen Akteuren ein verlässlicher Partner ist und keine Korruption zulässt.

Nicht nur der Heimatstaat sondern auch andere Staaten sollten allen Akteuren ein verlässlicher Partner sein, dazu benötigen sie effektive Rechts- und gerechte Steuersysteme. Im Gegenzug kann jeder Staat erwarten, dass in- und ausländische Akteure gesetzestreu sind, ihre Steuern und andere Abgaben entrichten. Jedes faire Unternehmen trägt so zum Erhalt eines funktionsfähigen Staates bei. Dies gilt auch für suprastaatliche Organisationen wie die EU.

Dennoch bestimmen Korruption, Schmiergelder und Vorteilsnahme leider gelegentlich das Verhältnis zwischen Staaten und Unternehmen, insbesondere in Schwellen- und Entwicklungsländern, aber auch zunehmend in Industrieländern. Oft geht es dabei um den Versuch von Unternehmen, in bestimmten staatlich regulierten oder dominierten Bereichen Vorteile zu erlangen. Dabei kann es sich z. B. um Lizenzen, Zulassungen, Aufträge, Subventionen, Steuervorteile oder Genehmigungen handeln. Die Initiative kann dabei sowohl vom Korrumpierenden als auch vom Korrumpierten ausgehen. Ein Korrumpierter erhält Geld oder geldwerte Leistungen und bevorzugt den Vorteilsgeber; dabei verstößt dieser gegen öffentlich akzeptierte Normen und schadet anderen (z. B. Konkurrenten, Allgemeinwohl). Es handelt sich meist um den Missbrauch öffentlich legitimierter Macht zum privaten Nutzen.

Jeder kennt den Begriff Korruption und scheint zu wissen, was damit gemeint ist. Doch gibt es tatsächlich weder eine einheitliche Definition noch eine einhellige Meinung über Korruption. Je nach Staat und kulturellem Umfeld können die Übergänge zwischen Legalität und Illegalität differieren und unscharf sein. Auch in den Rechtswissenschaften und den verschiedenen Rechtssystemen gibt es keine einheitliche Auffassung zum Begriff der Korruption. Die Normen sind im weltweiten Vergleich sehr unterschiedlich. Der Begriff Korruption kann eine Vielzahl unterschiedlicher Einzelphänomene umfassen.

Die gemeinnützige und unabhängige Antikorruptionsorganisation Transparency International (TI) zielt mit ihrer Arbeit auf strukturelle Veränderungen in Politik und Wirtschaft ab und präferiert folgende Definition: „Korruption ist der Missbrauch anvertrauter Macht zum privaten Nutzen oder Vorteil" (www.transparency.de/ was-ist-korruption.2176.0.html, 24.3.2016).

Korruption verursacht nach Ansicht von TI nicht nur materielle Schäden, sie untergräbt auch das Fundament einer Gesellschaft und fördert Kriminalität. Zahlreiche Korruptionsskandale in Deutschland zeigten, dass die weltweite Korruptionsbekämpfung im eigenen Land anfangen müsse, Transparenz heiße dabei das Schlüsselwort. Korruption habe unterschiedliche Ausprägungen: Bestechung oder Bestechlichkeit im internationalen Geschäftsverkehr oder im eigenen Land, Käuflichkeit in der Politik oder der Versuch, durch Schmiergelder Vorteile zu erlangen - alle gesellschaftlichen Bereiche können von Korruption betroffen sein.

TI gibt jährlich Korruptionsranglisten heraus, aktuell liegt der Korruptionswahrnehmungsindex 2015 (CPI-Corruption Perceptions Index) vor. Der Index basiert auf Expertenbefragungen und misst die wahrgenommene Korruption in Wirtschaft, Politik und Verwaltung. Deutschland erreichte 2015 auf der Skala von 0 (hohes Maß wahrgenommener Korruption) bis 100 (keine wahrgenommene Korruption) 81 Punkte und rangiert damit gegenüber den Vorjahren etwas verbessert auf dem zehnten Platz (vgl. Abb. 88).

Rang	Land/Gebiet	CPI Wert 2015	Anzahl der Quellen	UMFANG Min.	UMFANG Max.	Standard-fehler	KONFIDENZ-INTERVALL 90% untere Grenze	KONFIDENZ-INTERVALL 90% obere Grenze	CPI-Wert 2014	Rang 2014
1	Dänemark	91	7	83	98	2,16	87	95	92	1
2	Finnland	90	7	83	98	1,77	87	93	89	3
3	Schweden	89	7	83	98	1,71	86	92	87	4
4	Neuseeland	88	7	81	98	2,39	84	92	91	2
5	Niederlande	87	7	83	97	1,81	84	90	83	8
5	Norwegen	87	7	73	98	3,00	82	92	86	5
7	Schweiz	86	6	73	89	2,55	82	90	86	5
8	Singapur	85	8	75	92	2,02	82	88	84	7
9	Kanada	83	7	79	89	1,63	80	86	81	10
10	Deutschland	81	7	72	89	2,50	77	85	79	12
10	Großbritannien	81	7	73	89	2,40	77	85	82	9
10	Luxemburg	81	5	57	89	6,02	71	91	78	14
13	Australien	79	8	71	83	1,50	77	81	80	11
13	Island	79	5	65	89	4,53	72	86	79	12
15	Belgien	77	7	71	81	1,34	75	79	76	15
16	Österreich	76	7	70	81	1,76	73	79	72	23
16	USA	76	8	59	89	3,48	70	82	74	17
18	Hong Kong	75	7	69	87	2,48	71	79	74	17
18	Irland	75	6	54	89	4,92	67	83	74	17
18	Japan	75	8	57	84	2,96	70	80	76	15
21	Uruguay	74	6	70	79	1,68	71	77	73	21
22	Katar	71	6	40	83	6,63	60	82	69	26
23	Vereinigte Arabische Emirate	70	7	53	91	5,07	62	78	73	21
23	Chile	70	8	60	79	2,15	66	74	69	26
23	Estland	70	9	54	81	2,79	65	75	69	26
23	Frankreich	70	7	57	79	2,49	66	74	70	25
27	Bhutan	65	4	60	70	2,14	61	69	65	30
28	Botswana	63	6	58	71	2,35	59	67	63	31
28	Portugal	63	7	54	73	2,69	59	67	63	31
30	Polen	62	9	54	73	2,31	58	66	61	35
30	Taiwan	62	7	50	79	3,78	56	68	61	35

Abb. 88:   Korruptionswahrnehmungsindex 2015 (www.transparency.de/Tabellarisches-Ranking.2754.0.html, 24.3.2016)

Als ursächlich für diese Verbesserung sieht TI politische Fortschritte an: Die UN Konvention gegen Korruption sei ratifiziert, die Bestechung von Mandatsträgern strafrechtlich verschärft und Karenzzeiten für Politiker in hohen Regierungsämtern seien gesetzlich festgelegt. Ende 2015 trat auch das Gesetz zur Bekämpfung der Korruption in Kraft. Der Ruf der deutschen Wirtschaft werde indessen schlechter. Führungskräfte aus der Wirtschaft nehmen deutsche Unternehmen als immer weniger integer wahr. Beispielhaft sei auf die Korruptions- und Compliance-Skandale in der Automobilwirtschaft, im Sport oder im Finanzmarkt verwiesen. Gerade der VW-Skandal zeige, dass die Versuchung von Unternehmen zu Manipulationen hoch sei, wenn klare Regelungen und staatliche Verantwortung bei Typzulassungsverfahren sowie eine Kontrolle gesetzlicher Vorschriften zu Abgas- und Verbrauchswerten fehlen. Nach Ansicht von TI müsse im Finanzsektor mehr zur Bekämpfung von Geldwäsche und Korruption geschehen (www.transparency.de/Pressemitteilung-Transparency.2756.0.html, 24.3.2016).

14,3 Mrd. US-$ musste nach einer Studie der CCP Research Foundation allein die Deutsche Bank für ihr Fehlverhalten zwischen 2010 und 2014 bezahlen. Sie liegt mit ihren Strafen und Kosten auf Rang 7 aller Großbanken. Die Summe aller Strafzahlungen, Vergleiche, Rückstellungen sowie anderer Rechtskosten der 16 größten Banken der Welt belief sich im Zeitraum 2010 bis 2014 auf 314 Mrd. US-$ (2009 bis 2013 lag der Wert noch bei 260 Mrd. US-$). Mit großem Abstand führt die Bank of America das CCP-Negativ-Ranking mit 97,8 Mrd. US-$ an, danach folgt die US-Bank JP Morgan Chart mit 50,3 Mrd. US-$ an Rechtskosten.

In einer sogenannten Transparenz-Rangliste bewertete TI 2012 die 105 größten börsennotierten multinationalen Unternehmen, da Transparenz als wichtige Voraussetzung für eine erfolgreiche Antikorruptionspolitik der Unternehmen angesehen wird. Die Punktzahlen der 105 Unternehmen reichten von 0 bis 10, wobei 0 am intransparentesten und 10 am transparentesten bedeutet. Die Bewertung basiert zu gleichen Teilen auf öffentlich zugänglichen Informationen der Unternehmen in folgenden Bereichen (www.transparency.de/Transparenz-der-Multinationals.2168. 0. html, 24.3.2016):

- Antikorruptions-Programme
- Tochterunternehmen, dem prozentualen Besitz daran und dem Register-Land
- Angaben zu Umsatz, Investitionen, Vorsteuerergebnis, Einkommenssteuern und Ausgaben für soziale Belange, in den Ländern, in denen diese tätig sind

Die 10 bestplatzierten Unternehmen waren 2012:

- Statoil   8.3
- Rio Tinto   7.2
- BHP Billiton   7.2
- Arcelor Mittal   6.9
- BG Group   6.7
- HSBC Holdings   6.7
- BASF   6.7
- France Telecom   6.6
- BP   6.6
- Allianz   6.6

Als weitere deutsche Unternehmen erhielten Siemens 6,3, Bayer 6,1, Deutsche Telekom und EON 6 sowie SAP 5,8 Punkte. Am Ende der Liste rangierten die China Construction Bank (1,9), Honda Motor (1,9), die Bank of Communications (1,7) und die Bank of China (1,1 P.).

Die Internationale Handelskammer ICC hat sich schon früh des Themas Korruption angenommen und bereits 1977 Handlungsempfehlungen zur Korruptionsbekämpfung veröffentlicht. Inzwischen hat die ICC diese Handlungsempfehlungen mehrfach überarbeitet, der geltenden Rechtsprechung angepasst sowie neuen Entwicklungen Rechnung getragen. Die aktuelle Verhaltensrichtlinie datiert aus 2011: Korruption bekämpfen - Ein ICC-Verhaltenskodex für die Wirtschaft/ ICC Rules on Combating Corruption (www.iccgermany.de/icc-regeln-und-richtlinien/icc-verhaltensrichtlinien/icc-verhaltensrichtlinien-anti-korruption-bestechung-in-deut schland-definition-geschichte.html, 24.3.2016).

Als Ergänzung zu diesen Empfehlungen hat die ICC ein breites Instrumentarium erarbeitet, welches verschiedene spezifische Aspekte der Korruptionsbekämpfung in Unternehmen abdeckt. Dazu zählen:

- ICC Guidelines on Whistleblowing (2008)
- ICC Guidelines on Agents, Intermediaries and Other Third Parties (2010)
- RESIST (2011)
- ICC Anti Corruption Clause (2012)
- Ethics and Compliance Training Handbook (2013)
- ICC Guidelines on Gifts and Hospitality (2014)

Das Bundesministerium des Innern (BMI) hat frühzeitig den „Initiativkreis Bundesverwaltung und Wirtschaft: Gemeinsam gegen Korruption" der Ministerien und Spitzenverbände der Wirtschaft gegründet. Dieser veröffentlichte 2011 einen „Fragen-/Antwortenkatalog zum Thema Annahme von Belohnungen, Geschenken und sonstigen Vorteilen (Zuwendungen)" sowie 2013 „Praktische Hilfestellungen für Antikorruptionsmaßnahmen" (www.bmi. bund.de/ DE/Themen/Moderne-Verwaltung/Korruptionspraevention-Sponsoring-IR/Korruptionsprae-vention/korruptionspraevention_node.html, 28.3.2016).

Transparency International hat in den Jahren 2006/08/11 jeweils einen Bestechungszahlerindex (Bribe Payers Index-BPI) herausgegeben, der die Bereitschaft der Unternehmen 28 großer Volkswirtschaften misst, im Ausland zu bestechen. Der BPI ist somit ein komplementärer Index zum Korruptionswahrnehmungsindex. Deutsche Unternehmen belegten mit 8,6 von 10 Punkten hinter Unternehmen der Niederlande, der Schweiz und Belgiens den 4. Platz. Laut BPI 2011 sei insbesondere bei Unternehmen aus Russland und China eine hohe Bereitschaft zu erkennen, im Ausland zu bestechen (www.transparency.de/Bribe-Payers-Index-BPI-2011.1977.0.html, 24.3.2016).

In Deutschland galt Korruption im Ausland lange Zeit als Kavaliersdelikt oder sogar notwendiges Übel. Bestechung außerhalb Deutschlands war bis 1999 nicht strafbar, sie konnte sogar als Betriebsausgabe von der Steuer abgesetzt werden. Schmiergeldzahlungen (Geschenke), die nur dazu dienen, in einem anderen Land den Geschäftsfluss (Genehmigungen u. ä.) zu erleichtern, werden in Deutschland weiterhin nicht bestraft. Systematische Bestechungen, um sich Aufträge zu sichern, sind allerding strafbar und werden nicht toleriert. Dies gilt ebenfalls für Geschäfte mit Unternehmen auf internationalen Boykott-, Sanktions- und Embargolisten. Unternehmen müssen dies bei ihrer Organisationsgestaltung und den Anreizsystemen im Vertrieb berücksichtigen.

Lobbyisten gehören seit vielen Jahren ganz selbstverständlich zu einer pluralen und demo-
kratischen Gesellschaft, wie in Deutschland oder der EU. Allerdings sollte die Öffentlichkeit
über deren Aktivitäten grundsätzlich informiert sein - Mauscheleien oder gar Erpressung,
Bestechung und Vorteilsgewährung sind in jedem Fall illegal oder unfair. In Deutschland
gibt es nach Angaben des Handelsblatts etwa 5.000 Lobbyisten, darunter mind. 4.000 Verbände und NGOs. In Brüssel wird die Zahl der Lobbyisten auf ca. 20.000 geschätzt, darunter
gut 4.000 Berufs- oder Wirtschaftsverbände und mehr als 2.000 NGOs. Die Zahlen lassen
sich nicht exakt erfassen, da es anders als in Deutschland noch kein offizielles Register gibt.
Doch auch dieses ist sicherlich noch verbesserungsfähig und sollte auch die Ministerien
umfassen.

Allein in den EU-Mitgliedstaaten entsteht nach Schätzungen der EU-Kommission (2011)
jedes Jahr ein Schaden von ca. 120 Mrd. € (1 % des EU-BIP) durch Korruption. Den Spitzen-
platz auf der Liste der für Schmiergelder anfälligen Länder(-verwaltungen) hält nach EU-
Angaben Rumänien. Dort habe schon jeder Dritte Erfahrungen mit Korruption gemacht. Österreich rangiert auf Platz 11 und Deutschland auf Platz 16 der korruptesten EU-Länder, auf
dem (besten) Rang 27 finden sich die Niederländer, wo Korruption fast keine Rolle spiele.

Die EU bewertet und kontrolliert (Korruptionsbekämpfungsberichte) inzwischen die Anstrengungen der Mitgliedstaaten zur Bekämpfung der Korruption. Anfang 2014 wurde der
erste EU-Korruptionsbekämpfungsbericht vorgestellt: Danach hätten die Mitgliedstaaten
viele Maßnahmen ergriffen, dennoch seien zusätzliche Anstrengungen notwendig, um Korruption vorzubeugen und zu bestrafen. Art und Umfang der Korruption sowie die Wirksamkeit der Korruptionsbekämpfungsmaßnahmen unterscheiden sich je nach Mitgliedsstaat. So
waren nach einer Eurobarometererhebung auf europäischer Ebene 76 % der EU-Bürger der
Ansicht, Korruption sei weit verbreitet. 56 % waren der Auffassung, dass die Korruption in
ihrem Land in den letzten drei Jahren zugenommen habe. 8 % gaben an, in den letzten 12
Monaten Zeuge eines Korruptionsfalls geworden zu sein (http://europa.eu/rapid/press-relea-
se_IP-14-86_de.htm und http://ec.europa.eu/anti-corruption-report, 3.3.2014).

Strafrechtliche Vorschriften zur Bekämpfung der Korruption, die den Standards der Vorschriften des Europarats, der UN und der EU entsprechen, seien nach Ansicht der EU-
Kommission in den EU-Staaten weitgehend vorhanden. Und dies obwohl der EU-
Rahmenbeschluss 2003/568/JI zur Bekämpfung der Bestechung im privaten Sektor unterschiedlich gut umgesetzt worden sei. Auch fehlten in den meisten Mitgliedsstaaten umfassende Korruptionsstatistiken. Innerhalb der Staaten bestünden höhere Korruptionsrisiken auf
regionaler und lokaler Ebene, wo oftmals weniger strikt kontrolliert würde. Stadtentwicklung, Bauwesen und das Gesundheitswesen seien besonders anfällig für Korruption. So fordert der Korruptionsbekämpfungsbericht strengere Integritätsstandards bei der öffentlichen
Auftragsvergabe und empfiehlt Verbesserungen der Kontrollmechanismen.

In Deutschland erscheint nach einer Bevölkerungsbefragung durch TI (Korruptionsbarometer
2013, vgl. Abb. 89) die Korruptionsbereitschaft in der Wirtschaft (3,7) und den Parteien (3,8)
relativ hoch. Auf der Skala von 1 (überhaupt nicht korrupt) bis 5 (höchst korrupt) scheiden
Justiz (2,6), Polizei (2,7), aber auch das Bildungswesen (2,7) besonders gut ab, sogar besser
als NGOs. Nach Ansicht von TI müssen die Antikorruptionsbemühungen in allen gesellschaftlichen Bereichen verstärkt werden. In der Wirtschaft, in den Medien und in der Zivilgesellschaft müsse die Korruptionsprävention von Führungspersonen als Führungsaufgabe
angesehen werden (www.transparency.de/2013-07-09-GCB-2013.2322.0.html, 24.3.2016).

Insgesamt gab es mehr als 20.000 Korruptionsverfahren in Deutschland und die Dunkelziffer ist hoch.

Sektor	2013	2010	2007	2004
Politische Parteien	3,8	3,7	3,5	3,9
Privatwirtschaft	3,7	3,3	3,5	3,3
Medien	3,6	3,0	3,1	3,1
Öffentlicher Sektor	3,4	3,2	-	-
Parlament	3,4	3,1	3,0	3,2
Medizinische bzw. ärztliche Dienste	3,4	-	2,8	2,7
Religiöse Institutionen	3,1	2,9	2,5	2,5
Nicht-Regierungsorganisationen	3,0	2,6	2,8	2,7
Militär	2,9	2,6	2,4	2,5
Bildungssystem	2,7	2,3	2,2	2,5
Polizei	2,7	2,3	2,3	2,5
Justiz	2,6	2,4	2,5	2,8

Abb. 89:   TI-Korruptionsbarometer Deutschland (www.transparency.de/2013-07-09-GCB-2013.2322.0.html, 24.3.2016)

Großbritannien verfügt seit 2011 über eines der schärfsten Anti-Korruptionsgesetze weltweit: Der UK Bribery Act stellt die aktive und passive Bestechung unter Strafe, ebenso die Bestechung ausländischer Amtsträger und sogar das Versäumnis, Bestechung zu vermeiden. Und er gilt nicht nur für britische Unternehmen und deren Lieferanten und Sublieferanten, sondern für alle Personen/Unternehmen, die in irgendeiner Form in Großbritannien Geschäfte machen.

Der Foreign Corrupt Practices Act von 1977 (FCPA) verbietet Zahlungen und Wertgeschenke an ausländische staatliche Amtsträger, die den Zweck haben, den Zuschlag für ein Geschäft zu bekommen oder eine Geschäftsbeziehung aufrechtzuerhalten. Darüber hinaus verpflichtet das Gesetz alle in den USA börsennotierten Unternehmen zu einer den Antikorruptionsregeln entsprechenden Buchführung. Der FCPA stellt nicht nur das Zahlen von Bestechungsgeldern unter Strafe, sondern auch das Anlegen falscher oder irreführender Buchungen. Es können sowohl natürliche Personen als auch Unternehmen sanktioniert werden.

In Frankreich gibt es seit 2015 sogar ein „Gesetz über die Pflicht zur Wachsamkeit" großer Unternehmen im Hinblick auf die Menschenrechte. Das Gesetz sieht vor, dass alle französischen Unternehmen mit mehr als 10.000 Mitarbeitern weltweit ihre Zulieferer wirksam zur Einhaltung der Menschenrechte sowie von Öko- und Gesundheitsstandards verpflichten müssen. Versäumen sie dies, können sie in Frankreich zivilrechtlich verklagt werden. In Kanada sind Unternehmen lediglich für das Fehlverhalten ihrer Zulieferer in Kanada verantwortlich.

Ein Staat muss unabhängig, neutral und unbestechlich agieren, um das Vertrauen der Bürger und Unternehmen zu erhalten. In Deutschland hat die Bundesregierung Richtlinien zur Korruptionsprävention und weitergehende Regelungen zur Integrität erlassen, die hier nachzulesen sind: www.bmi.bund.de/SharedDocs/Downloads/DE/Themen/OED_Verwaltung/ Kor-

ruption_ Sponsoring/integritaet.pdf;jsessionid=349C344ED646EE84BF1BB706975A804D.2
_cid373? __blob=publicationFile.

Jeder Staat erwartet auch von den Unternehmen faires Verhalten, insbesondere Gesetzestreue, Erfüllung der Steuer- und Abgabenpflichten, Standortbindung/-verantwortung, Ehrlichkeit und Einhaltung der Arbeits- und Sozialstandards. Schwarzarbeit, (Subventions-)Betrug, Embargo-Umgehung, Landesverrat, Spionage, Steuervermeidung, Bestechung, Geldwäsche oder Kartellabsprachen sind verboten. In manchen Ländern wird die Dokumentation regelkonformen unternehmerischen Verhaltens auf gesetzlicher Basis verlangt, in anderen gibt es freiwillige Regelwerke zur sogenannten Compliance.

Der Begriff Compliance bedeutet Regelkonformität oder Regeltreue und bezieht sich vorrangig auf die Einhaltung von Gesetzen und Vorschriften, aber auch von freiwilligen Regelwerken/Kodizes der Unternehmen. Nach den bekannten Korruptionsaffären (Siemens, MAN...) der zurückliegenden Jahre haben viele Unternehmen inzwischen umfassende Systeme zur Kontrolle des gesetzes- und regelkonformen Verhaltens ihrer Mitarbeiter aufgebaut. Diese können allerdings nur funktionieren, wenn die Unternehmensführungen mit gutem Beispiel vorangehen und integres Verhalten in In- und Ausland vorleben.

Bezeichnend für den gegenwärtigen Stand der Compliance-Praxis in deutschen Unternehmen ist eine eher starke Zentralisierung der Strukturen, meist unter rein juristischer Perspektive. Dies ergab eine 2012 veröffentlichte Studie der Macromedia Hochschule für Medien und Kommunikation, in der 97 Compliance-Beauftragte befragt wurden (www.macromedia-fachhochschule.de/presseraum/pressemeldungen/news-details/datum/2012/03/21/regeln-reichen-nicht-compliance-praxis-nimmt-reputation-ins-visier.html, 3.3.2014).

Vor allem in größeren Unternehmen liegt der Fokus mehr auf verwaltenden als auf gestaltenden Aufgaben. 52 % der befragten Compliance-Manager sorgten für die zentrale Verwaltung aller Compliance-Aufgabe, 34 % sahen sich in der Rolle des Ansprechpartners für individuelle Fragen rechts- und regelkonformen Verhaltens und lediglich 14 % sahen sich selbst als Berater. Von der Unternehmenskommunikation erwarteten die Compliance-Verantwortlichen vor allem operativen Support bei der Umsetzung der eigenen Vorgaben, wie bei der Erstellung von Publikationen, bei der Behandlung von Compliance-Themen im Intranet oder der Mitarbeiterzeitung. Eine strategische, langfristige Zusammenarbeit bestehe lt. der Studie weder mit der externen noch mit der internen Unternehmenskommunikation. Und dies, obwohl Compliance ein sehr sensibler Bereich für die Reputation eines jeden Unternehmens ist.

Nach einer 2015 veröffentlichten Studie der Hochschule Würzburg-Schweinfurt unter 1.000 deutschen Arbeitnehmern zu Compliance-Vorgaben ihres Arbeitgebers zeigt sich ein zwiespältiges Bild. 36 % der Befragten gaben an, von bestehenden Compliance-Regeln im Unternehmen zu wissen und sich daran zu halten. 24 % bestätigten, dass es ein Regelwerk gäbe, aufgrund mangelnder Kontrollen bestehe aber eher ein lockerer Umgang mit bestehenden Vorschriften. 17 % gaben an, dass es in ihrem Unternehmen keine Compliance-Richtlinien gäbe, 23 % konnten sich unter dem Begriff Compliance noch nicht einmal etwas vorstellen.

Dort wo Compliance bereits verankert ist, erscheint das Compliance-Management nicht unbedingt effektiv: Zwar hätten 79 % der Unternehmen bereits Schulungen veranstaltet, aber nur 69 % überwachten die Einhaltung der Compliance-Richtlinien und lediglich 51 % hätten Prozesse festgelegt, wie mit Regelverstößen umzugehen sei. Damit die etablierten Standards nicht an Wert verlieren, sind jedoch Aufklärung, Schulung und Kontrollsysteme unabdingbar. Denn Compliance-Regeln dienen der:

- Risikominimierung (bessere Transparenz, höhere Flexibilität, weniger Negativbe-
  richterstattung und Ressourcenschonung)
- Effizienzsteigerung (höhere Produktivität, niedrigere laufende Kosten, Optimierung
  der Kontrollmechanismen, geringere Fehlerkosten)
- Effektivitätssteigerung (Transparenzverbesserung, erhöhte Wettbewerbsfähigkeit,
  fundiertere Geschäftsentscheidungen, verbesserte Kontrollmechanismen)

Compliance-Management verlangt nicht nur die Befolgung aller Regeln, sondern es sollte
jeden Mitarbeiter befähigen, eine eigene Beurteilungs- und Entscheidungskompetenz auszu-
bilden. Dazu müssen die internen Strukturen eigenverantwortliches Handeln der Mitarbeiter
vorsehen und diese zu selbstbewussten Vertretern der dahinterstehenden Werte formen. Dazu
muss das Top-Management die notwendigen Signale für eine strategische Neuordnung setzen, um das besondere Compliance-Potenzial auszuschöpfen.

Seit 2014 wird der Deutsche Compliance-Preis jährlich an Unternehmen verliehen, die sich
durch beeindruckende Leistungen auf diesem Feld verdient gemacht haben. Initiatoren des
Awards sind die dfv Mediengruppe (Compliance Berater), die DQS GmbH Deutsche Gesellschaft zur Zertifizierung von Managementsystemen und ein auf Compliance spezialisiertes
Anwaltsbüro. 2014 hießen die Preisträger: Flughafen Stuttgart, MAN Diesel & Turbo und
Solvay Acetow, 2015 folgten die Berufsgenossenschaft Holz und Metall (BGHM), die Ent-
sorgungsbetriebe Lübeck, die Ferro GmbH und die Weilburger Coatings GmbH.

Die Preisträger zeigen, dass eine funktionierende Compliance-Organisation in unterschiedlich großen Unternehmen und in der öffentlichen Verwaltung etabliert und vermittelt werden
kann. Regelkonformität muss aktiv gelebt und in der Unternehmenskultur bzw. dem Leitbild
verankert sein. Viele Unternehmen geben sich zur Umsetzung der Compliance-
Anforderungen sog. „Codes of Conduct", die die internen Richtlinien zu einem Leitfaden
bündeln. Einige Branchen, angefangen mit dem internationalen Bankenverband IIF, haben
für ihre Mitgliedsunternehmen Kataloge für gute Geschäftspraktiken entwickelt.

Um staatliche Regulierungen zu vermeiden, verpflichten sich einzelne Unternehmen oder
ganze Branchen über ihre Verbände zu bestimmtem Wohlverhalten gegenüber dem Staat (z. B.
Compliance, Corporate Governance). Sie geben beispielsweise Ausbildungs- oder Beschäfti-
gungsgarantien, verpflichten sich zur Einhaltung bestimmter Umwelt- oder Sozialstandards
oder zur freiwilligen Lieferung gewünschter Informationen. Unternehmen oder ihre Verbände
arbeiten an Standards und Regelwerken mit, um scharfe gesetzliche Regelungen zu vermeiden. Beispiele sind RAL- und Gütestandards, DIN-Normen, Regeln des Deutschen Lebens-
mittelbuchs oder Prüfanforderungen für Energielabel oder $CO2$-Standards.

Man muss allerdings feststellen, dass einige Branchen oder Großunternehmen diese oder andere Wege nutzen, um staatliche Anforderungen zu reduzieren oder Standards aufzuweichen.
Über Jahre wurden Politiker von Unternehmen wie VW sogar als Angestellte weiter bezahlt,
obwohl diese als Abgeordnete tätig waren. Politiker als Aufsichtsräte in Unternehmen werden
sicherlich kaum eine Politik gegen „ihr" Unternehmen machen: So scheint „die Politik" auch
wenig Interesse an der Aufklärung des aktuellen VW-Skandals (Anteilseigner Niedersachsen)
sowie schärferen Regeln und Kontrollen zu haben. Politische und unternehmerische Interessen
müssen konsequent getrennt werden, um ein faires Miteinander zu gewährleisten.

Grundsätzlich sollte der Staat kein Verständnis für manches Fehlverhalten in der Wirtschaft
zeigen und mit einem hohen Neutralitäts- und Gerechtigkeitsanspruch handeln. Es darf daher
keine impliziten Staatsgarantien für Unternehmen wie die Deutsche Bank, Siemens oder VW

geben, denn eine zu große Nähe des Staates zu Unternehmen führt meist zu unfairem Verhalten gegenüber anderen Unternehmen oder den Steuerzahlern. Der Staat muss seine neutrale Rolle als Regelsetzer und Kontrolleur unabhängig ausüben - dies müssen die Unternehmensleitungen respektieren.

Das Verhalten einzelner Unternehmen oder ihrer Verbände gegenüber Staat und Gesellschaft ist nicht immer von Fairness gekennzeichnet - daher bedarf es einer Rückkehr zu gesellschaftlicher Verantwortung, Ehrlichkeit und Transparenz. Briefkastenfirmen und sog. „Cum-Cum-Geschäfte" bewegen sich zumindest in einer rechtlichen Grauzone. Technische Standards auf reduziertem Niveau senken die Kosten, aber auch die Innovationsfähigkeit und Produktivität der Unternehmen zulasten der Kunden bzw. aller Bürger (ebenso wie bei Korruption). Unfaires Verhalten macht Unternehmen nämlich erpressbar und Schweigegeld ist keine akzeptable Lösung, um die Reputation aufrecht zu erhalten. Faires Verhalten in allen Staatsbeziehungen (auch zu halb- oder parastaatlichen Institutionen) ist der einzig nachhaltige Reputationsgarant.

Grundsätzlich gilt für jeden Menschen die Berufsfreiheit. So sollte es auch jeder Führungskraft möglich sein, zwischen Aufgaben in der Wirtschaft und der Politik zu wechseln. Jedoch gibt es Regeln des Anstands, die bei solchen Wechseln gewahrt bleiben müssen (Karenzzeiten, anderer Verantwortungsbereich, Verzicht auf die Nutzung alter Kontakte und Vorteile …).

Angesichts klammer öffentlicher Kassen kann der Staat einige früher übliche Förderaktivitäten nicht mehr erfüllen, wie beispielsweise in der Bildung, der Kultur oder im Sport. So füllt manches Unternehmen die Lücke durch Sponsoring. Da dies Instrument aber qua Definition eine Gegenleistung des Gesponserten verlangt, ist dieses Instrument im Verhältnis zu staatlichen Institutionen heikel. Werden allerdings damit öffentliche Förderlücken ausgeglichen, kann eine Win-Win-Situation entstehen und die Reputation des Sponsors gesteigert werden.

	Corporate Giving	**91,0**
darunter	Geldspenden	83,4
	Sachspenden	59,7
	Durchführung von Spendenaktionen und Sammlungen	19,7
	Stiftungsgründung bzw. -unterhaltung	3,8
	Corporate Volunteering	**60,5**
darunter	Unterstützung des ehrenamtlichen Engagements der Mitarbeiterinnen und Mitarbeiter	47,9
	Bereitstellung von Unternehmensmitarbeitern für gesellschaftliches Engagement	32,3
	Kostenlose Dienste	**54,1**
darunter	Bereitstellung von Dienstleistungen	41,3
	Nutzungsüberlassung von Betriebseinrichtungen, Geräten oder Räumen	31,4
	Anderes Engagement	**2,6**

Abb. 90: Formen und Instrumente unternehmerischen Engagements (CC) in Deutschland 2010 (www.bmfsfj.de/RedaktionBMFSFJ/Broschuerenstelle/Pdf-Anlagen/Monitor-Engagement-Nr.3,property=pdf,bereich=bmfsfj,sprache=de,rwb=true.pdf, 3.3.2014)

Nach Angaben des Bundesministeriums für Familie, Senioren, Frauen und Jugend (BMFSFJ) engagierten sich 2010 etwa 80% der deutschen Unternehmen freiwillig im gesellschaftlichen Umfeld. Unternehmen aller Größenordnungen leisteten durch verschiedene Maßnahmen und Aktivitäten Unterstützung, am häufigsten durch Geld- und Sachspenden, aber auch durch ehrenamtliches Engagement der Mitarbeiter oder die Bereitstellung kostenloser Dienstleistungen (vgl. Abb. 90). Sponsoring (Leistung mit Gegenleistung) ist dabei nicht berücksichtigt.

Deutsche Unternehmen förderten 2009 überwiegend Aktivitäten im lokalen Umfeld der Unternehmensstandorte: 73,8 % engagieren sich lokal bzw. regional im Umfeld des Unternehmenssitzes oder Betriebsstandortes, 14,5 % (auch) auf nationaler und 13,6 % (auch) auf internationaler Ebene.

	Total	Beschäftigte		
		−49	50−499	≤500
Das gesellschaftliche Engagement gehört zum Selbstverständnis unseres Unternehmens, für das eigens Geld, Arbeitszeit und Sachmittel bereitgestellt werden.	78,2	78,5	76,7	84,2
Wir achten darauf, dass entsprechende Anfragen zu unserem Unternehmen passen.	77,2	75,2	78,6	75,2
Bei der Planung und Umsetzung unseres gesellschaftlichen Engagements folgen wir unserem Unternehmensleitbild.	68,5	64,1	74,4	84,2
Wir suchen selbst aktiv nach Möglichkeiten, uns zu engagieren.	37,5	33,3	42,1	63,2
Unser gesellschaftliches Engagement folgt klaren, messbaren Zielsetzungen.	31,5	33,2	27,7	31,6
Für unser gesellschaftliches Engagement gibt es einen festgelegten Aktionsplan.	12,9	11,4	14,5	21,1
Wir setzen Instrumente zur Bewertung unserer Engagementmaßnahmen ein.	12,3	13,1	9,4	26,3

Abb. 91:   Umgang der Unternehmen mit ihrem bürgerschaftlichem Engagement 2010
             (www.bmfsfj.de/RedaktionBMFSFJ/Broschuerenstelle/Pdf-Anlagen/Monitor-Engagement-
             Nr.3,property= pdf,bereich=bmfsfj,sprache=de,rwb=true.pdf, 3.3.2014)

Im Jahr 2010 spielten Unternehmensstrategien bei der Auswahl von Engagement-Projekten eine untergeordnete Rolle, lediglich 38 % der Unternehmen suchten aktiv nach Möglichkeiten, sich mit selbst initiierten Projekten zu engagieren. Allerdings sollten die Projekte überwiegend zum Unternehmen passen (vgl. Abb. 91). Danach werden auch die jeweiligen Kooperationspartner ausgesucht, meist im regionalen Umfeld (vgl. Abb. 92). Manche Unternehmen versuchen damit, ihre Vergangenheit als Kooperationspartner autoritärer Regimes (Nazi-Deutschland, DDR, osteuropäischer oder südamerikanischer Diktaturen) historisch aufzuarbeiten.

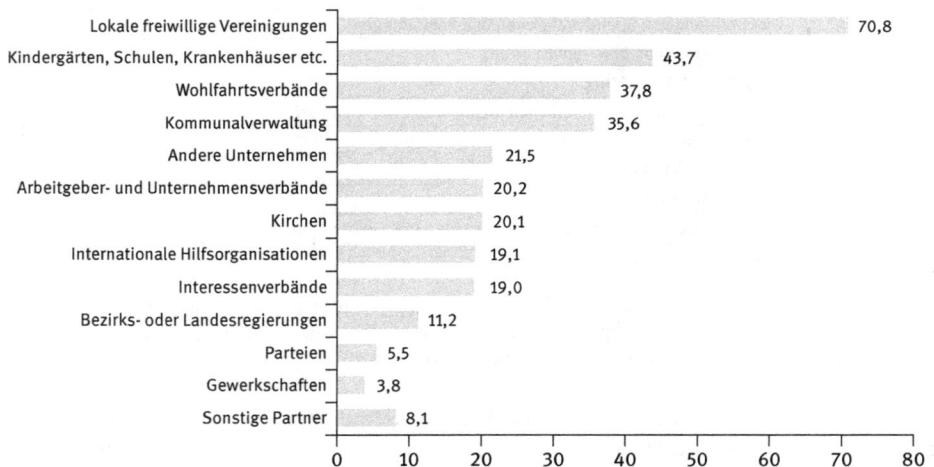

Abb. 92:   Kooperationspartner des Unternehmensengagements 2008
             (www.bmfsfj.de/RedaktionBMFSFJ/Broschuerenstelle/Pdf-Anlagen/Monitor-Engagement-
             Nr.3,property=pdf,bereich =bmfsfj,sprache=de,rwb=true.pdf, 3.3.2014)

7.2   Medien und Öffentlichkeit

Mit dem Begriff „Skandalokratie" bezeichnete Zukunftsforscher Matthias Horx schon 2010 die durch viele neue Medien aus dem Lot geratene deutsche Mediengesellschaft. Nach Horx entstehen aus dem Zerfall der Öffentlichkeitsstrukturen Polarisierungen, die sich nur schwer heilen ließen. Nur noch gut organisierte, hart und besonders clever operierende Gruppen und Lobbys könnten sich nachhaltig durchsetzen. So würden immer wieder latente Ängste der Menschen verstärkt und quasi apokalyptische Lebensgefühle erzeugt (Präkarisierung, Ende der Geldwertstabilität …). Für viele Unternehmen bedeute dies, dass sie ihre Pläne immer schwerer verwirklichen könnten, weil die „Öffentlichkeit aufgescheucht" sei (vgl. Abb. 39).

Der investigative Journalismus erlebt eine Blüte, auch wenn manche Unternehmen versuchen sich gegen Indiskretionen zu wehren. Die Presse und andere Medien recherchieren oft intensiv, ob sich Unternehmen fair und korrekt verhalten. Im Wettbewerb um Aufmerksamkeit zählen negative Nachrichten mehr als positive. Die Telekom wollte 2005 verhindern, dass Insider-Informationen an die Presse gelangen und ging massiv gegen die eigenen Mitarbeiter bis hin zum Vorstand vor. Auch Betriebs- und Aufsichtsräte wurden eingeschüchtert! Hier wird deutlich, dass das Verhältnis der Unternehmen zu den Medien und die durch diese sensibilisierte Öffentlichkeit oftmals schwierig ist.

Die geforderte Transparenz ist gut, solange sie mehr Offenheit und weniger Korruption bedeutet. Aber dies darf nicht zu einer Kontrollgesellschaft führen. Eine interessante menschliche Kommunikation lebt auch von reduzierter Transparenz, Verschlüsselung und Strategie. Kommunikation sollte vor allem eines: Vertrauen erzeugen.

Die Topmanager der Unternehmen spielen in der öffentlichen Kommunikation und Wahrnehmung eine wichtige Rolle. Insbesondere sie müssten ehrlich, glaubwürdig und integer sein. Dazu zählt inzwischen auch die Bereitschaft, ihr Einkommen einschließlich Nebenleistungen zu offenbaren. Gerade in öffentlichen Unternehmen, wie Sparkassen oder Stadtwerken aber auch halbstaatlichen Gesundheitsinstitutionen, ist eine Transparenz aber immer noch gegeben. Offenheit und Ehrlichkeit sollte selbstverständlich für alle Unternehmen gelten.

Das Topmanagement steht häufig im öffentlichen Fokus, ganz besonders die Unternehmensspitzen börsennotierter Aktiengesellschaften. Allein die Führungen der Deutschen Bank, von VW, Lufthansa, Daimler, Siemens und RWE zogen 2015 mit mehr als 20.000 Artikeln in 250 deutschen Print- und Online-Medien etwa 50 % der Medienpräsenz auf sich. Diese Menschen stehen als charismatische Führungspersönlichkeiten für ihre Unternehmen, unabhängig ob sie für gesellschaftliche Anliegen, Fairness, Kompetenz oder Krisen stehen. Dies ist auch mit Risiken für ihre persönliche Reputation verbunden.

Viele andere Unternehmen informieren Öffentlichkeit und Medien über Pressesprecher oder PR-Agenturen sowie mittels Marketing-Kommunikation. Die Öffentlichkeit sollte offen und ehrlich informiert werden, um jedem Manipulationsverdacht entgegen zu wirken. Dies gilt insbesondere für Bilanzen, Geschäftsberichte, Öko- und Sozialbilanzen und wichtige Geschehnisse. Doch es gibt auch viel Vertrauliches in Unternehmen, wie Geschäftsgeheimnisse oder Kundeninformationen. Daher ist das Maß der Transparenz im Einzelfall sorgfältig abzuwägen. Folgende Kriterien sind fairnessrelevant:

- Transparenz und Offenheit
- Wahrheit/Wahrhaftigkeit
- Objektivität und Präzision

- Integrität
- Vertraulichkeit

Um der Verantwortung dieser Aufgabe gerecht zu werden, liegt es auch im Interesse aller PR- und Kommunikationsfachleute, Umfang und Grenzen einer verantwortungsvollen Interessenvertretung und Kommunikation zu definieren. Mit dem Deutschen Kommunikationskodex, der 2012 verabschiedet wurde (http://drpr-online.de/wp-content/uploads/ 2013/08/ Deutscher_ Kommunikationskodex.pdf, 31.3.2016), setzte der Deutsche Rat für Public Relations (DRPR) als wichtigstes von den Branchenverbänden getragene Organ der freiwilligen Selbstkontrolle einen verbindlichen Ethik- und Verhaltensrahmen für die Arbeit. Weitere DRPR-Richtlinien konkretisieren Einzelaspekte der im Kommunikationskodex angesprochenen Bereiche.

Medien gelten oft als ethisches Korrektiv, leider hat dies heute nicht mehr immer Gültigkeit, denn auch Medien stehen in Konkurrenz untereinander. Die Profilierungsnotwendigkeit oder sogar -sucht besteht nicht nur wischen den Zeitungen und Fernsehsendern, sondern auch zwischen den klassischen und den elektronischen Medien. Die Informationsverbreitung über die elektronischen Medien steigt rasant, aber sind die Informationen auch immer korrekt? Wahrheit braucht meist auch ausreichende Zeit zur sorgfältigen Recherche und Verifizierung. Dafür stehen heutzutage aber immer weniger Medien.

Im Internet gibt es zudem viele Möglichkeiten zur anonymen Verbreitung. Dies führt zu negativen Auswüchsen, wie übertriebenen negativen oder positiven Äußerungen sowie ggfs. zu einem unkontrolliertem Hochschaukeln (Shitstorm). Im Internet sind Persönlichkeitsrechte, der Schutz der Privat- oder Intimsphäre sowie die Grenzen der Sittlichkeit nicht immer gewährleistet. Doch auch für die Medienunternehmen gilt es, alle ihre Stakeholderbeziehungen fair zu gestalten.

Claus Eurich vom Institut für Journalistik an der TU Dortmund bezeichnete anlässlich des Fairness-Forums 2013 die Produktion, Verteilung und Zugänglichkeit von freien Informationen als ein elementares Menschenrecht. Allerdings sei das Monopol, das der Journalismus einst innehatte, gebrochen. Nach seiner Ansicht habe sich neben dem Journalismus etwas entwickelt, was mit Professionalität nichts mehr zu tun hätte. Eurich sieht den Qualitätsjournalismus derzeit als eine bedrohte Art an. Daher müsse auch für Journalisten die Fairness-Forderung gelten, die an folgenden Kriterien festgemacht werden könne (www.fairnessstiftung. de/FF2013.htm, 31.3.2016):

1. Wahrhaftigkeit mit einem extrem hohen Maß an Selbstreflexivität

2. Der Geist des Nicht-Verletzens: Worte nicht als Waffe gebrauchen

3. Empathie als Schlüsselkriterium (Gratwanderung zwischen Nähe und Distanz)

4. Zuhören mit der Bereitschaft, sich ganz auf das Gegenüber einzulassen

5. Widerspruchstoleranz

6. Keine falsche Rücksichten auf Mächtige und Herrschende

7. Multiperspektivität, um vielfältige Blickweisen bei der Darstellung der Inhalte zu sichern

8. Sensitivität, um Konflikte zu vermeiden

9. Einbettung in Zusammenhänge

Im Kodex des Deutschen Presserats findet sich das ethische Regelwerk für die journalisti-sche Arbeit. Dies enthält klare Spielregeln hinsichtlich einer verantwortungsvollen Berichter-stattung und eines angemessenen journalistischen Verhaltens (Achtung der Wahrheit, Sorg-faltspflicht bei der Recherche, Wahrung der Persönlichkeitsrechte...). Die aktuelle Fassung des Kodex wurde 2015 hinsichtlich onlinespezifischer Anforderungen an die Presseethik ergänzt und findet sich unter: www.presserat.de/pressekodex/pressekodex/. Die Zahl der Beschwerden über Verstöße gegen den Kodex erhöhte sich 2015 um 349 auf nunmehr 2.358.

Doch ist für elektronische Medien ein journalistischer Standard nicht immer maßgebend, da sich dort viele Informationslieferanten tummeln, darunter viele selbsternannte „Transparenz-kämpfer". Ihnen fehlt jegliches Vertrauen in Institutionen und daher bauen sie auf totale Transparenz (ohne Darstellung aller notwendigen Zusammenhänge) und ohne die Folgen abzuschätzen, die sich für einzelne Betroffene ergeben. Wird das Internet so nicht zu einem Ort ohne Vertrauen? Denn totale Öffentlichkeit heißt nicht automatisch auch Transparenz.

Die meisten Unternehmen wünschen sich eine ehrliche und möglichst umfassende Berichter-stattung. Einige wenige Unternehmen versuchen aber, Presse und Medien über Gebühr für ihre Zwecke einzuspannen. So fällt gerade in der Automobilwirtschaft die hohe Anzahl von Presseevents bzw. Pressereisen ins Ausland auf. Hierdurch sollen Journalisten offensichtlich dazu bewegt werden, besonders positiv über bestimmte Unternehmen oder Marken zu be-richten. So etwas Verhalten ist zumindest korruptionsverdächtig. Faire Unternehmen verzich-ten auf jegliches Verhalten, das Zweifel an ihrer Ehrlichkeit aufkommen lässt. Auch sog. Medienkooperationen dürfen die redaktionelle Unabhängigkeit nicht gefährden, um die Glaubwürdigkeit auf beiden Seiten nicht zu erschüttern.

Product Placements im Fernsehen, bei Veranstaltungen oder in Filmen haben oft einen zwei-felhaften Ruf, da Zuschauer unterschwellig beeinflusst werden sollen. Bestechung und Vor-teilsgewährung, um Medienpräsenz zu erlangen, sind auf jeden Fall illegal. In manchen Branchen gibt es Selbstbeschränkungen hinsichtlich der Kommunikationsmittel, andere versprechen Transparenz oder faires Verhalten - viele Branchen-Kodizes schaffen Vertrauen.

Auch das öffentliche Verhältnis von Kunst bzw. Kultur und Unternehmen ist nicht komplika-tionslos. Denn Kunst und Kultur reagieren auf Entwicklungen in der Wirtschaft, z. B. durch künstlerische Kritik, kreatives Weiterdenken oder durch konkrete Erwartungen an eine finan-zielle Förderung. So weisen die Beziehungen zwischen den Unternehmen und den Kultur-schaffenden oft eine gewisse Ambivalenz auf.

Da Ästhetik und Formensprache Einfluss auf den Erfolg von Produkten und Marken haben, arbeiten erfolgreiche Unternehmen oft intensiv mit Künstlern und Designern zusammen. Dieses Wechselspiel zwischen Kunst und Kultur und den Unternehmen wird in einer Fair-ness-Diskussion kritisch beleuchtet. So wird Künstlern gelegentlich vorgeworfen, sich ver-einnahmen zu lassen, wenn sie mit Unternehmen zusammenarbeiten. Unternehmen wird unterstellt, sich nur aus Eigeninteresse für Kunst und Kultur zu engagieren oder diese für ihre Zwecke zu instrumentalisieren.

Engagiere sich ein Unternehmen jedoch aus reinen Altruismus, also ohne unternehmerisches Ziel, würde es sich um Mittelverschwendung (oder Mäzenatentum) handeln. Daher kann Kunstförderung durch Unternehmen eigentlich nur zielgerichtet erfolgen: Sponsoring, Repu-tationsverbesserung etc. Es bedarf also auf beiden Seiten eines bewussten und fairen Um-gangs mit der Unterschiedlichkeit des Handelns und der Werte des jeweils anderen.

7.3   Mitarbeiter und ihre Gremien/Organisationen

Nach dem Fairness-Barometer 2011 halten 83 % der Deutschen faires Verhalten der Arbeitgeber gegenüber ihren Mitarbeitern für sehr wichtig und 15 % für wichtig. Allerdings wird die Praxis in den Unternehmen diesem Anspruch offensichtlich nicht gerecht: lediglich 40 % der Befragten bewerten dieses Verhältnis als fair, 54 % eher als unfair (www.fairness-barometer.de, 15.4. 2014). Und dies, obwohl die Mitarbeiter das wichtigste „Gut" der Unternehmen sind!

In den letzten 12 Monaten vor der Befragung seien sogar 56 % der Befragten am Arbeitsplatz gegen Unfairness eingeschritten und für Fairness aktiv geworden. Fairness in Unternehmen bedeutet für sie: eine angemessenen Entlohnung der Beschäftigten im In- und Ausland, Ablehnung von Kinderarbeit, einer gleiche Entlohnung von Festangestellten im Vergleich zu Leiharbeitern sowie männlichen und weiblichen Mitarbeitern. Mobbing und unfaire Attacken müssten seitens der Unternehmen unterbunden werden.

Faire Löhne, faire Arbeitsbedingungen und faire Managergehälter werden auch in der Otto-Trendstudie 2013 als Erwartung der Kunden an Unternehmen genannt. Damit sind wichtige Faktoren fairen Verhaltens der Unternehmen gegenüber ihren Mitarbeitern aufgezählt. Außerdem geht es um Anerkennung, sinnvolle Arbeit und sichere Arbeitsplätze.

Die von der Fairness-Stiftung Befragten (www.fairness-barometer.de, 15.4.2014) erwarten, dass sich Fairness gegenüber Mitarbeitern durch deren höhere Zufriedenheit, keine inneren Kündigungen und eine höhere Identifikation mit dem Unternehmen auszahle. Fairness führe zu höherem gegenseitigen Respekt, zu Toleranz und sie wirke leistungssteigernd sowie innovationsfördernd. Unternehmensführungen erhoffen sich durch faires Verhalten gegenüber ihren Mitarbeitern höhere Motivation, niedrigeren Krankenstand und stärkere Bindung.

2008 wurde das Fairness-Konstrukt in der wissenschaftlichen Literatur näher untersucht. Es stellte sich heraus, dass Arbeitszufriedenheit, Arbeitseinsatz und innere Bindung an ein Unternehmen sinken, wenn sich Mitarbeiter ungerecht bzw. unfair behandelt fühlen. Fairness im Unternehmen erzeuge hingegen über Mitarbeiterzufriedenheit ein positives Verhalten im Kundenprozess. Die Mitarbeiter würden diese Fairness nach außen repräsentieren und so ihrem Unternehmen zu einem Image- und Legitimationsgewinn verhelfen. Im Kundenkontakt zeige sich verstärkt prosoziales Verhalten (Kundenbedürfnisse erkennen und weitergeben), das sich dann auch in höheren Verkaufserfolgen widerspiegele (Aholt u. a., S. 324 u. 330).

Unbestritten ist also, dass es ein fairer Umgang mit Mitarbeitern Vorteile bietet. Unternehmen sind heute kaum ohne einen fairen Ausgleich der Interessen der Arbeitgeber und Arbeitnehmer denkbar. Dies umfasst auch die Arbeitgeber- und Arbeitnehmervereinigungen sowie Betriebsräte u. ä. nach UN- und EU-Recht.

Mit dem Inkrafttreten des Vertrags von Lissabon im Dezember 2009 trat auch die „Charta der Grundrechte der Europäischen Union" in Kraft, die seither geltendes Recht in der EU ist. Die Bestimmungen der Gemeinschaftscharta der sozialen Grundrechte der Arbeitnehmer (1989) wurden in die Charta der Grundrechte übernommen. Diese umfassen u. a. das Recht auf

- gerechte, angemessene, gesunde und würdige Arbeitsbedingungen
- berufliche Bildung
- Koalitionsfreiheit und Tarifverhandlungen
- Unterrichtung, Anhörung der und Mitwirkung Mitarbeiter im Unternehmen

Zusammen mit den Menschenrechten und den ILO-Regeln sowie den Regeln zum Gesundheits- und Arbeitsschutz bilden diese eine umfassende Basis als Maßstab für faires Agieren.

Doch dies allein wird für fair handelnde Unternehmen heutzutage nicht ausreichen, um positive Effekte auf die Motivation, Zufriedenheit oder Mitarbeiterbindung zu erreichen und ggf. eine erfolgreiche Arbeitgebermarke/Employer Brand aufzubauen. In Kapitel 4 wurde bereits auf die Notwendigkeit und Wirkung von Unternehmenswerten und Leitbildern eingegangen, an die hier erinnert werden sollen. Die Werte müssen von den Unternehmensleitungen vorgelebt und kommuniziert werden, um nachhaltig Wirkung zu entfalten. Mitarbeiter müssen in ihrer Arbeit und als Person respektiert und anerkannt werden, um gute zwischenmenschliche Beziehungen aufzubauen. Gepaart mit persönlichen Entwicklungsmöglichkeiten lassen sich bei Mitarbeitern Zufriedenheit, eine innere Akzeptanz der Tätigkeit und im besten Fall eine Hingabe zur Arbeit fördern. Manche Unternehmen bieten deshalb auch Betriebskindergärten, Gemeinschaftssport und Massagen, Freizeitgestaltung oder Ferienmöglichkeiten an.

Herzberg entwickelte auf Basis empirischer Analysen seine „Zweifaktorentheorie" nach der es zwei unabhängige Dimensionen der Arbeitszufriedenheit gibt, nämlich Unzufriedenheit und Zufriedenheit. Diese Dimensionen werden jeweils von Faktoren der Arbeitssituation beeinflusst: Eine Senkung der Unzufriedenheit wird meist durch sogenannte Hygienefaktoren des Arbeitsumfelds ausgelöst, während eine Steigerung der Zufriedenheit durch sog. Motivatoren erzeugt wird. Motivatoren (Leistung, Anerkennung, Aufgabeninhalt, Verantwortung, Aufstiegsperspektive …) liegen in der Arbeit selbst, erzeugen langfristig Arbeitszufriedenheit und steigern die Leistungsbereitschaft der Mitarbeiter. Hygienefaktoren (Unternehmenspolitik, Aufsicht, Arbeitsbedingungen, Bezahlung, Verhältnis zu Vorgesetzten, Kollegen …) allein machen die Mitarbeiter nicht zufrieden, verhindern aber eine Unzufriedenheit.

Als Minimalbasis gilt es, die Hygienefaktoren im Unternehmen so zu gestalten, dass eine Unzufriedenheit der Mitarbeiter vermieden wird. In einer Studie ermittelte der Personal-Dienstleister Edenred 2015 (www.edenred.de/ueber-uns/presse-news.html, 9.3.2016) als wichtigste negative Aspekte für die Arbeitsmotivation ein unangenehmes Arbeitsumfeld, gefolgt von einer eher monotonen Tätigkeit und geringer Vergütung, mit Abstand folgt dann der Zeitdruck. Der Begriff Arbeitsumfeld ist weit gefasst, darunter sind u. a. konkrete Arbeitsbedingungen, Kollegen oder Vorgesetzte sowie das Büro bzw. die Arbeitsstätte zu verstehen.

Zu den Arbeitsbedingungen gehören üblicherweise die Arbeitszeit, die Probezeit, Kündigungsfristen oder eine Befristung, das Arbeitsentgelt, eine betriebliche Altersversorgung, die jährliche Urlaubsdauer oder eine Überstundenregelung. Bei Honorarkräften geht es ebenfalls um die Höhe der Vergütung, die Frage der Tätigkeitszeiten und weitere Konditionen, wie Verfügbarkeit oder Konkurrenzausschluss, es darf keine Scheinselbständigkeit entstehen.

Bei der Gestaltung der Arbeitsbedingungen sind gesetzliche und tarifäre Mindestarbeitsbedingungen, der Mindestlohn und die Vorschriften des Arbeitsschutzes zumindest einzuhalten oder besser zu übertreffen. Doch scheint die konkret Gestaltung noch Probleme zu bereiten, wie eine Arbeitnehmerbefragung der Bundesanstalt für Arbeitsschutz und Arbeitsmedizin (BAuA) im Jahr 2012 ergab (vgl. Abb. 93). Etwa 25 % betrachteten es als belastend oder sogar schwer belastend, dass ihnen bei der Arbeitsdurchführung zu viele Einzelheiten vorgegeben wurden. Ständig wiederholende Arbeitsvorgänge beklagten ca. 45 % der Befragten und etwa 30 % störten sich an konkreten Vorgaben zu Zeit oder Stückzahl. In der Broschüre „Arbeitswelt im Wandel - Zahlen, Daten, Fakten 2013" sind die Erkenntnisse veröffentlicht (www.baua.de/de/Informationen-fuer-die-Praxis/Statistiken/Arbeitswelt/ Arbeitswelt-2013-05.html, 17.5.2016).

Arbeitsbedingungen

Starker Termin- und Leistungsdruck	Männer	34,8	21,6
	Frauen	38,4	17,5
Sehr schnell arbeiten	Männer	16,8	20,5
	Frauen	22,4	22,5
Verschiedenartige Arbeiten gleichzeitig betreuen	Männer	15,9	42,2
	Frauen	22,6	45,2
Bei der Arbeit gestört, unterbrochen	Männer	24,7	17,0
	Frauen	31,3	21,0
Nicht Erlerntes/ Beherrschtes wird verlangt	Männer	3,0	5,4
	Frauen	4,0	3,5
Konfrontation mit neuen Aufgaben	Männer	6,9	38,6
	Frauen	7,5	31,6
Arbeiten an der Grenze der Leistungsfähigkeit	Männer	11,5	5,8
	Frauen	16,3	4,1
Kleine Fehler – große finanzielle Verluste	Männer	9,0	13,1
	Frauen	5,4	6,6

belastend   nicht belastend

Arbeitswelt im Wandel,
Ausgabe 2013

Alle Angaben in Prozent, nur Erwerbstätige in Vollzeit.
Bei den Antworten waren Mehrfachnennungen möglich.
Quelle: BIBB/BAuA-Erwerbstätigenbefragung 2012

baua:
Bundesanstalt für Arbeitsschutz
und Arbeitsmedizin

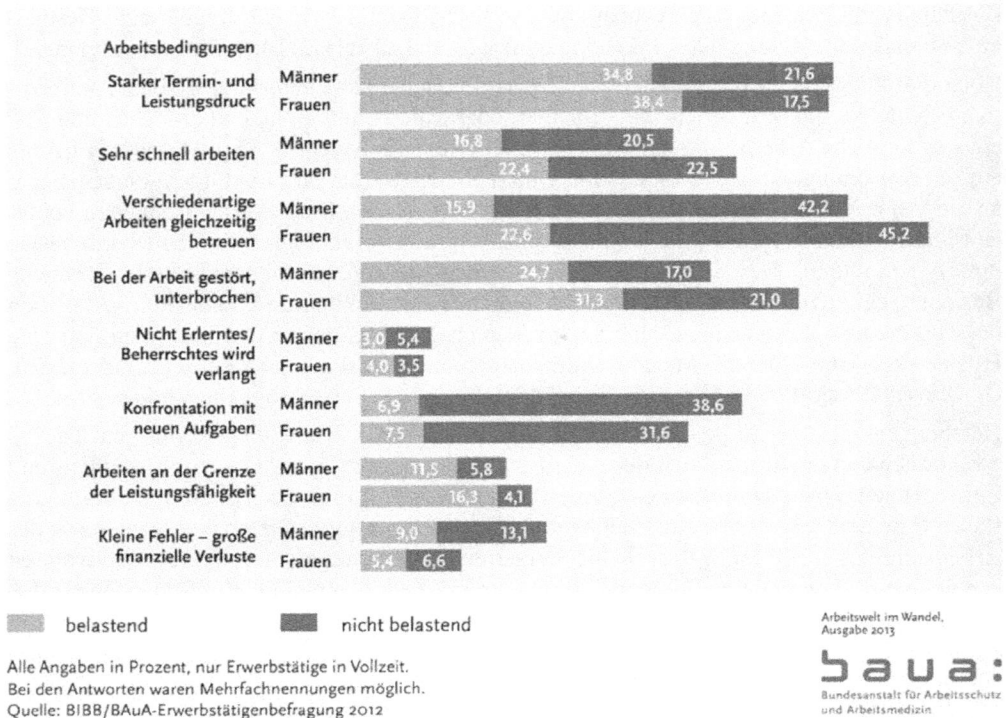

Abb. 93:   Arbeitsbedingungen in Deutschland 2012 (www.baua.de/de/Informationen-fuer-die-
             Praxis/Statistiken/Arbeitswelt/Arbeitswelt-2013-05.html, 17.5.2016)

Gleichzeitig bezeichneten sich 2015 nach einer Untersuchung von Edenred 54 % der Deutschen als motiviert und weitere 34 % sogar als hochmotiviert bei ihrer Arbeit. In diesen Fällen stimmen nicht nur die Hygienefaktoren sondern in großem Umfang auch die Motivatoren
in den Unternehmen. Als positive Aspekte wurden angenehme Kollegen, die Work-Life-
Balance, eine abwechslungsreiche Tätigkeit, Respekt und Anerkennung durch Vorgesetzte
sowie variable Vergütungen bzw. Bonuszahlungen (allerdings nicht im Topmanagement,
wenn diese überzogen sind) genannt. Auch positive Beurteilungen (Feedback), berufliche
Entwicklungsmöglichkeiten oder eine betriebliche Altersversorgung motivieren. Als mögliche Demotivatoren bezeichneten 57 % der Befragten eine mangelnde Anerkennung durch
Vorgesetzte sowie fehlende Weiterentwicklungsmöglichkeiten.

Eine intrinsische Motivation besteht, wenn ein hoher innerer Anreiz in der Tätigkeit selbst
und der Ausgestaltung liegt. Bestimmte Tätigkeiten werden einfach gern erledigt, weil sie
Freude bereiten oder Begeisterung wecken, sinn- oder wertvoll sowie herausfordernd oder
besonders interessant sind. Intrinsisch motivierte Tätigkeiten werden im Gegensatz zu extrinsischen Motiven um ihrer selbst willen durchgeführt, ohne eine Belohnung zu erlangen oder
eine Bestrafung zu vermeiden. Jede Arbeit wird gern getan, wenn sie den eigenen Überzeugungen und inneren Werten (z. B. Fairness) entspricht.

Doch schließen sich intrinsische und extrinsische Motive nicht unbedingt aus, wenn man z.
B. seiner Tätigkeit sowohl aus Freude als auch aus dem Wunsch nach angemessener Bezah-

lung, Erfolg und Macht nachgeht. Die Motivation wird durch eine Kombination von intrinsi-
schen und extrinsischen Ansätzen erreicht – davon profitieren fair handelnde Unternehmen.

In den Jahren 2001 bis 2015 arbeitete in Deutschland nur jeder sechste bis siebte Mitarbeiter
wirklich begeistert (hohe emotionale Bindung zum eigenen Arbeitsplatz). Das Marktforschungsinstitut Gallup erhebt diese Zahlen seit 15 Jahren in seinem Engagement Index
(www.gallup.de/183104/engagement-index-deutschland.aspx, 17.5.2016). Mehr als zwei
Drittel der Beschäftigten in Deutschland verspüren nur eine geringe emotionale Bindung
bzw. eine eingeschränkte Verpflichtung ihrem Arbeitgeber gegenüber (vgl. Abb. 94). Etwa
jeder sechste Arbeitnehmer verspürt sogar keine Bindung und zeigt unerwünschtes Verhalten
bis zur inneren Kündigung, welches zu Lasten der Leistungs- und Wettbewerbsfähigkeit der
Unternehmen geht.

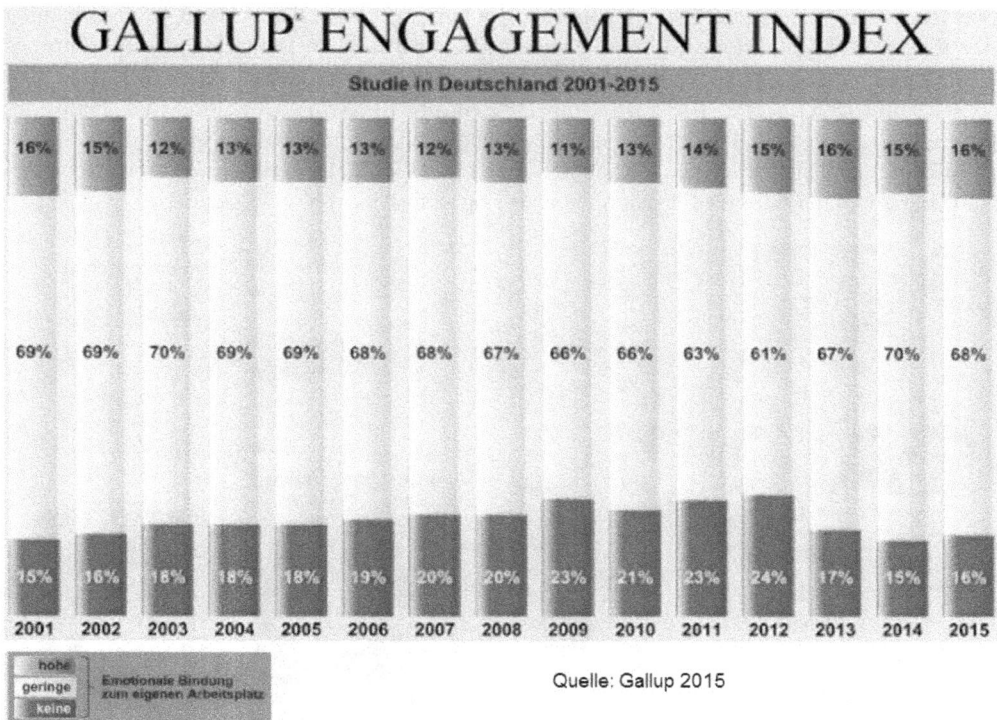

GALLUP ENGAGEMENT INDEX
Studie in Deutschland 2001-2015

	2001	2002	2003	2004	2005	2006	2007	2008	2009	2010	2011	2012	2013	2014	2015
hohe	16%	15%	12%	13%	13%	13%	12%	13%	11%	13%	14%	15%	16%	15%	16%
geringe	69%	69%	70%	69%	69%	68%	68%	67%	66%	66%	63%	61%	67%	70%	68%
keine	15%	16%	18%	18%	18%	19%	20%	20%	23%	21%	23%	24%	17%	15%	16%

hohe / geringe / keine — Emotionale Bindung zum eigenen Arbeitsplatz

Quelle: Gallup 2015

Abb. 94:   Engagement-Index der Deutschen 2001-2015 (http://berkemeyer.net/news/gallup-studie/, 17.5.2016)

Als Hauptverursacher dieses Trends macht Gallup das Management aus. So hätten viele Beschäftigte das Gefühl, dass ihre zentralen Bedürfnisse und Erwartungen von ihren direkten
Vorgesetzten teilweise oder völlig ignoriert werden. Lediglich 45 % der Befragten gab an, dass
es in den letzten sechs Monaten ein Gespräch mit dem Vorgesetzten über die Leistung bei der
Arbeit gab. Nur 34 % glauben, dass in ihrem Unternehmen Mitarbeiter schneller vorankom-
men, wenn deren Leistung besser ist. Gründe dafür sind in einem Mangel an Transparenz,
Defiziten in der Kommunikation und falscher Leistungseinschätzung zu vermuten.

Fair agierende Unternehmen werden ein solches Verhalten nicht an den Tag legen, da das
Management basierend auf fairen Werten und Leitbildern handelt und kommuniziert. Mitar-

beiter zählen für sie zu den wichtigsten Stakeholdern, mit denen ein wertschätzender, respekt- und verständnisvoller sowie partnerschaftlicher Umgang zu pflegen ist.

Eine Vielzahl weitere Erhebungen ergibt, dass Mitarbeiter eine sinnhafte Arbeit schätzen, die interessant und kreativ ist und auf die sie stolz sein können. Auch wünschen sie vor allem ein gutes Verhältnis zu Kollegen und Vorgesetzten. Flexible Arbeitszeiten, eine betriebliche Altersversorgung und Weiterbildungsmöglichkeiten stehen ebenfalls hoch im Kurs. Interessant sind auch eine betriebliche Gesundheitsförderung, eine ansprechende Arbeitsraumgestaltung, Teamarbeit sowie kleine Aufmerksamkeiten, wie kostenlose Getränke, frisches Obst und kleine Überraschungen. Firmenwagen und andere Statussymbole verlieren insbesondere bei der in Kap. 5 dargestellten Generation Y an Bedeutung, stattdessen zählen zusätzliche Urlaubstage, Auszeiten oder Beteiligung am Unternehmensgewinn mehr.

Inzwischen gibt es diverse Erhebungen über die Arbeitgeberattraktivität mit entsprechenden Ranglisten dazu. So kürt die GPTW Deutschland GmbH jährlich Deutschlands oder Europas Beste Arbeitgeber unter dem Motto (und Logo) „Great Place to Work", auch nach Branchen oder Regionen betrachtet. Die zeag GmbH - Zentrum für Arbeitgeberattraktivität bewertet seit 2002 die Personalarbeit deutscher Mittelständler und zeichnet diese mit dem Qualitätssiegel TOP JOB aus. Trendence, kununu sowie einige Zeitschriften bewerten Deutsche Arbeitgeber ebenfalls - die für Firmen nutzbaren Logos sind in Abb. 95 ersichtlich.

Abb. 95:   Arbeitgeber-Bewertungen und Ranglisten diverser Anbieter (Homepages der Organisationen)

BMW ist nach dem Universum Arbeitgeberranking 2015 der attraktivste Arbeitgeber aus Sicht von Studenten, gefolgt von Audi, Porsche, Google und Volkswagen. Für die Studie befragte das Personal-Beratungsunternehmen Universum mehr als 34.000 Studierende in Deutschland. Je nach Studienrichtungen unterscheiden sich die Rankings etwas, wie Abb. 96 zeigt.

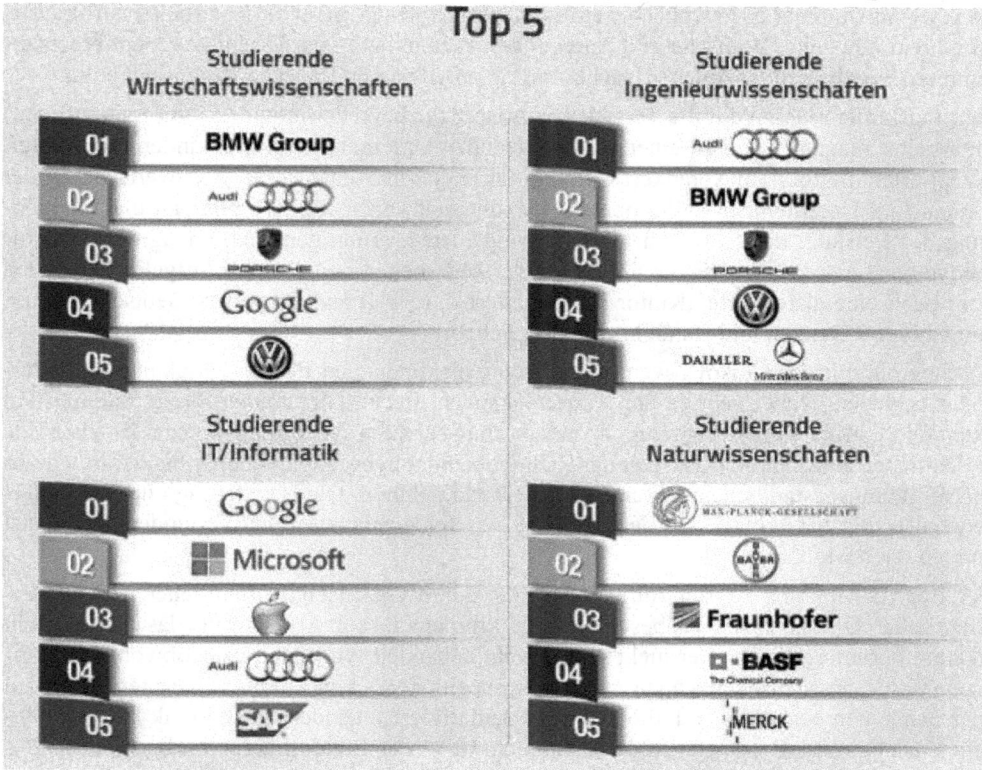

Abb. 96:   Arbeitgeberattraktivität für Studiumsabsolventen 2015 (Universum, http://universumglobal.com/de/2015/04/universum-arbeitgeberranking-2015/, 17.05.2016)

Dem „Universum Student Survey 2015" zufolge sollte der ideale Arbeitgeber ein attraktives Grundgehalt, ein freundliches Arbeitsumfeld und ein hohes Einkommen in der Zukunft bieten. Ein ausgewogenes Verhältnis zwischen Beruf und Privatleben (Work-Life-Balance) ist für die Studierenden schon seit einigen Jahren das wichtigste langfristige Karriere-ziel, gefolgt von Jobsicherheit und einer Position, die intellektuelle Herausforderung bie-tet(http://universumglobal.com/de/2015/04/universum-arbeitgeberranking-2015, 17.05.2016). Dies bestätigt auch eine Studie der Handelshochschule Leipzig zur Generation Y aus 2015, die als weiteres wichtiges Kriterium eine Wertekongruenz zwischen Unternehmen und Be-werber ergeben hat.

Die Führungskultur der Unternehmen wird von den Studierenden genau registriert. Ge-wünscht sind Führungskräfte, denen an der Entwicklung und Förderung ihrer Mitarbeiter gelegen ist, die offen kommunizieren und es schaffen, die Visionen und Werte ihres Unter-nehmens glaubwürdig zu vermitteln.

Die interne Kommunikation gewinnt quantitativ und qualitativ stark an Bedeutung, dies zeigen auch Umfragen unter den Verantwortlichen für interne Kommunikation der 500 umsatzstärks-ten Unternehmen Deutschlands. Feedbackkultur und eine wertschätzende und zunehmend digitale Kommunikation bestimmen den Unternehmenserfolg in Zukunft. Dabei ist auch der offene Umgang mit kritischen Themen wichtig. Der Vorstandsvorsitzende Cryan der Deutschen Bank war im Sommer 2015 wohl aber etwas zu weit gegangen, als er die Mitarbeiter aufforderte, ihm direkt alle Nöte, Wünsche und Anregungen zuzumailen – der E-Mail-Account brach zusammen. Es gab wohl erheblichen Nachholbedarf an offener und direkter Kommunikation.

Führungskräfte müssen auf die veränderten Ansprüche bzw. Erwartungen ihrer (zukünftigen) Mitarbeiter reagieren und zu einer wertschätzenden Unternehmenskultur finden, die in breit akzeptierten Leitbildern verankert ist. Ein fairer, partnerschaftlicher und wertschätzender Umgang im Unternehmen sollte oberste Maxime sein, dazu zählt zu allererst die Anerkennung der Leistung des Einzelnen. Orientierung bieten, ermutigen, sich engagiert (auch für Innovatives) einsetzen sowie die Förderung der Mitarbeiter sind zentrale Aufgaben. Hilfreich wäre auch eine akzeptierte „Kultur des Scheiterns" („Trial and Error") in Deutschland, um innovativeres Denken und Handeln zu ermöglichen.

Führung hat nur dann Erfolg, wenn faire Rahmenbedingungen für die Tätigkeit aller Mitarbeiter bestehen. Dabei geht es um Karrierechancen, flache Hierarchien, Weiterbildung und Teamarbeit. Eine faire Vergütung in einem transparenten Vergütungssystem ist ebenfalls wesentlicher Bestandteil motivierender Rahmenbedingungen. Zielvereinbarungen mit variablen Vergütungsbestandteilen sollten nicht überhand nehmen. Die Beteiligung aller am Unternehmenserfolg hat Vorteile bei der Stärkung des Teamgedankens und verhindert Missgunst und reduziert Mobbing.

Der Begriff Mobbing ist seit Anfang der 90er Jahre Gegenstand öffentlicher und wissenschaftlicher Diskussionen. Er beschreibt ein Problem in der Arbeitswelt, das häufig nicht erkannt, heruntergespielt oder nicht sachgerecht behandelt wird. Und dies, obwohl eine steigende Zahl von Menschen - auch in Führungspositionen - von unfairen Attacken, Rufmord oder Schikanen betroffen sind, die nicht nur demotivieren, sondern auch krank machen können. Laut Fairness-Barometer 2009 sahen sich 10 % der Bundesbürger im beruflichen Bereich als gemobbt bzw. diskriminiert an. Es muss daher vorrangiges Anliegen aller Unternehmen sein, Mobbing zu bekämpfen und auch präventive Maßnahmen zu ergreifen.

Mit dem „Mobbing-Report" der Sozialforschungsstelle Dortmund wurden 2002 erstmals repräsentative Daten über das Ausmaß von Mobbing, Mobbinghandlungen, deren Folgen, Mobbingrahmenbedingungen etc. vorgelegt (www.sfs-mobbing-report.de/mobbing1024/index. htm, 13.3.2014). Nach diesen Erhebungen leiden fast 2/3 aller Mobbingopfer unter Gerüchten und Unwahrheiten, mehr als die Hälfte unter falschen Bewertungen, Hänseleien und Ausschluss von Informationen. Knapp die Hälfte von ihnen leidet unter massiver ungerechter Kritik, Ausgrenzung oder Beleidigungen, seltener kommt es zu Arbeitsbehinderungen oder sogar Arbeitsentzug.

Die Fairness-Stiftung beziffert den betriebswirtschaftlichen Schaden in Deutschland für alle Organisationen auf ca. 50 - 60 Mrd. € Der volkswirtschaftliche Schaden inklusive der gesundheitlichen und juristischen Kosten erreicht sogar 80 - 90 Mrd. € (einschl. Kosten für Frühverrentung/vorzeitigen Ruhestand). Pro Betrieb rechnet die Fairness-Stiftung mit Kosten in Höhe von 8.000 € bis zu 1 Mio. € durch unfaire Attacken. Auch dürfte nach ihrer Schätzung die Leistungsfähigkeit von Unternehmen und Organisationen um bis zu einem Drittel reduziert werden. Durch eine faire, offene und wertschätzende Unternehmenskultur und -kommunikation kann dem entgegen gewirkt werden.

Eng mit Mobbing ist auch das Thema Diskriminierung verbunden. Fühlen sich Menschen aus unterschiedlichen Gründen diskriminiert, hat dies zumindest negative Auswirkungen auf Motivation und Arbeitsleistung, ggfs. aber auch gesundheitliche Folgen. Im Vordergrund steht dabei häufig die Geschlechter-Diskriminierung ungleicher Arbeitsbedingungen und Vergütungen.

Hinsichtlich des Geschlechts wird zwischen dem biologischen Geschlecht „Sex" und dem soziokulturellen Geschlecht „Gender" unterschieden, um die Bedeutung vermeintlich geschlechtsspezifischer Fähigkeiten, Zuständigkeiten und Identitäten zu reduzieren. Mit der Wahl des Begriffes „Gender" soll unterstrichen werden, dass sich männliche und weibliche Zuschreibungen auf gesellschaftliche Entwicklungen gründen und sich verändern können. „Gender Mainstreaming" wird als eine Methode zur Identifizierung des Handlungsbedarfes und zur systematischen Berücksichtigung der Chancengleichheit von Frauen und Männern in allen Bereichen verstanden. Der Gender Mainstreaming-Ansatz soll eine spezifische Frauenförderung nicht ersetzen, durch die die traditionelle Benachteiligung auch in den Betrieben beseitigt werden soll (vgl. auch Kap. 3.5). Antidiskriminierungsansätze und entsprechende Gesetze sind unabhängig davon umzusetzen.

In den Unternehmen besteht meist ein umfassenderer Ansatz zum „Diversity Management", dessen Leitgedanke es ist, die Wertschätzung der Vielfalt von Mitarbeiterinnen und Mitarbeitern dem wirtschaftlichen Erfolg des Unternehmens dienlich zu machen. Ziel ist es, Personalprozesse und Personalpolitik so auszurichten, dass die Belegschaft die demografische Vielfalt des Geschäftsumfeldes (vgl. Abb. 97) widerspiegelt und alle Mitarbeiter Wertschätzung erfahren und motiviert sind, ihre Potenziale zum Nutzen des Unternehmens einzubringen.

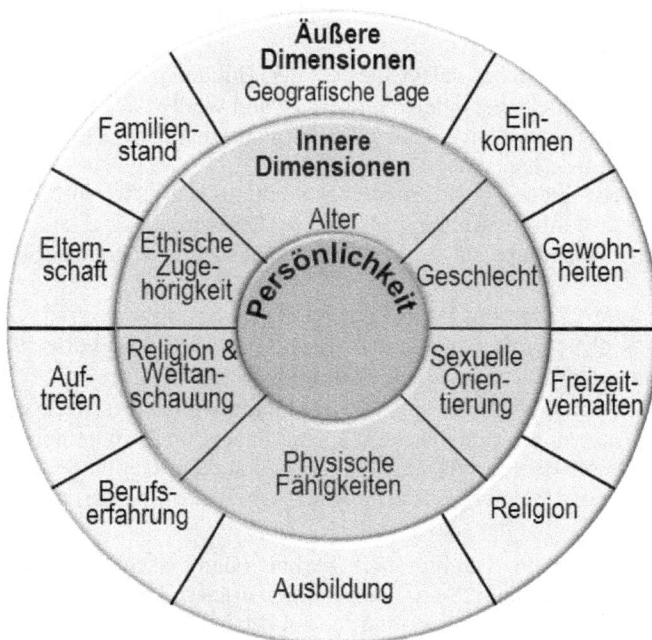

Abb. 97:   Diversity Dimensionen (nach www.charta-der-vielfalt.de/diversity/diversity-dimensionen.html)

Diversity Management umfasst i. d. R. die Analyse von Strukturen, Personalprozessen und eine Veränderung der Organisationskultur. Bestehende Verfahren, Regelungen und Richtlinien werden im Hinblick auf ihre Durchlässigkeit und Angemessenheit für unterschiedliche Menschen und Talente untersucht und gegebenenfalls angepasst.

Diversity Management ist also ein ganzheitliches Konzept des Umgangs mit personeller und kultureller Vielfalt im Unternehmen zum Nutzen aller Beteiligten. Diversity ist ein Querschnittsthema, das sich auf alle Bereiche der Organisation bezieht und zu klaren Standards und Verantwortlichkeiten im Unternehmen führt. Nur so kann sich die personelle Vielfalt der Belegschaft auf alle Geschäftsfelder auswirken und erfolgreich für Absatzmärkte, Kundengruppen, Lieferanten und andere Geschäftspartner genutzt werden. Die Vielfalt der Arbeitenden soll sich in der Vielfalt ihrer Produkte, ihrer Ideen sowie im Umgang mit Stakeholdern widerspiegeln.

Netzwerke und Initiativen zum Diversity Management (RKW Berlin S. 47 f.) sind u. a.:

- Die Internationale Gesellschaft für Diversity Management e. V.: www.idm-diversity.org
- Die Gender-Diversity-Wiki: www.berlin-divercity.de
- Deutsche Gesellschaft für Personalführung e. V. beschäftigt sich u. a. mit Diversity Management und hat dazu einen eigenen Bereich: www.dgfp-diversity.de/
- Die Internationale Gesellschaft für Diversity Management organisiert als gemeinnütziger Verein Kongresse, bietet Ausbildungsmodule an und wirkt in der Öffentlichkeit: www.idm-diversity.org/
- „online Diversity" ist eine Internet-Seite der Bundesanstalt für Arbeitsschutz und Arbeitsmedizin. Dort können Unternehmen aller Größen und Branchen ihren Umgang mit einer vielfältigen Belegschaft, ihr Diversity Management kostenlos testen: www.online-diversity.de/
- Die Kampagne „Vielfalt als Chance" der Bunderegierung startete im „Europäischen Jahr der Chancengleichheit 2007" und wollte das Bewusstsein dafür schaffen, dass kluge Diversity-Konzepte den Unternehmen neue Chancen eröffnen: www.vielfalt-als-chance.de/
- Auf der Website der EU-Informationskampagne „Für Vielfalt. Gegen Diskriminierung." werden Informationen zum Thema Diskriminierung und Vielfalt bereitgestellt: http://ec.europa.eu/employment_social/fdad/cms/stopdiscrimination?langid=de
- Die Initiative „Erfahrung ist Zukunft" der Bundesregierung will die Herausforderungen des demografischen Wandels bewusst machen und wirbt für ein neues Bild des Alters und des Alterns: www.erfahrung-ist-zukunft.de/
- Das Demographie Netzwerk e. V. ist ein bundesweites Netzwerk von Unternehmen und Institutionen, die sich zusammengetan haben, um sich gemeinsam den Herausforderungen des demografischen Wandels zu stellen. Gegründet wurde „ddn" 2006 auf Initiative des Bundesministeriums für Arbeit und Soziales (BMAS) und der Initiative Neue Qualität der Arbeit (INQA)
- Die Initiative Neue Qualität der Arbeit (Gemeinschaftsinitiative von Bund, Ländern, Sozialpartnern, Sozialversicherungsträgern, Stiftungen und Unternehmen) will gute Arbeitsbedingungen schaffen und dabei die Interessen der Beschäftigten und der Unternehmer miteinander verbinden: www.inqa.de/; www.inqa-demographie-check.de/; www.demographie-netzwerk.de/

Ging es früher vorrangig um die Integration Behinderter (auch in das Arbeitsleben), so geht es nach der UN-Behindertenrechtskonvention heute darum, generell allen Menschen die uneingeschränkte Teilnahme (Inklusion als Menschenrecht) an allen Aktivitäten zu ermöglichen. Faire Unternehmen akzeptieren jeden Menschen und bieten jedem eine gleichberechtigte und selbstbestimmte Arbeitsmöglichkeit, unabhängig von Geschlecht, Alter oder Herkunft, Religionszugehörigkeit oder Bildung, eventuellen Handicaps oder sonstigen individuellen Merkmalen.

Um besonders vorbildliches unternehmerisches Handeln zu würdigen, verliehen das UnternehmensForum, die Bundesvereinigung der Deutschen Arbeitgeberverbände, die Bundesagentur für Arbeit und die Charta der Vielfalt unter Schirmherrschaft der Bundesarbeitsministerin 2015 bereits zum 4. Mal einen Inklusionspreis (www.inklusionspreis.de/ inklusionspreis/artikel/vier-unternehmen-mit-inklusionspreis-2015-praemiert.html, 12.11.2015).

Vier der Bewerber für den Inklusionspreis „Für mehr Beschäftigung von Menschen mit Behinderung" wurden dabei ausgezeichnet: Die real,- SB-Warenhaus GmbH, der Gießereibetrieb Sachsen Guss, die Malerfirma Baumann und die Zahnarztpraxis von Schuler Alarcónt. Die Unternehmen beweisen, dass sich Inklusion für Arbeitgeber lohnt: Die Vielfalt garantiert nämlich eine breite Basis an Fähigkeiten und Stärken und ermöglicht Innovation und Wettbewerbsfähigkeit.

Bei der real,- SB-Warenhaus GmbH haben 8 % der Mitarbeitenden ganz unterschiedliche Behinderungen, darunter auch Führungskräfte. Das Unternehmen hat sich mit einer Integrationsvereinbarung auf Inklusion festgelegt, die durch den Koordinationskreis „Integration schwer-behinderter Menschen" umgesetzt wird.

Der Malerbetrieb Baumann beschäftigt mit Unterstützung des Integrationsfachdienstes fünf Menschen mit geistigen, psychischen und Lernbehinderungen. Die Zahnärztin von Schuler Alarcón bildet gehörlose Jugendliche aus und behandelt in ihrer Praxis mittels Gebärdensprache Menschen mit und ohne Hörschädigungen völlig barrierefrei.

Der Gießereibetrieb Sachsen Guss hat eine demografiefeste Personalstrategie entwickelt, um Mitarbeitende mit Einschränkungen langfristig weiterbeschäftigen zu können. Ein interdisziplinäres „Team Gesundheit" ist dabei für das betriebliche Gesundheits- und Eingliederungsmanagement (BGM/BEM) zuständig, welches mit vielseitigen präventiven Gesundheitsangeboten für ein demografiefestes Personalmanagement sorgt.

Die meisten Betriebe kultivieren einen umfassenden Arbeitsschutz, um die Belegschaft vor körperlichen Verletzungen zu bewahren, aber nicht überall gibt es eine entsprechende Vorsorge für Geschäftsreisen, auf denen viel passieren kann. Unternehmen, die ihre Mitarbeiter nicht richtig absichern, verstoßen gegen die gesetzliche Fürsorgepflicht. Der Sicherheitsdienstleister Control Risks veröffentlicht jährlich eine World Risk Map, die zumindest grobe Hinweise auf das (Geschäfts-)Reiserisiko in den einzelnen Staaten geben kann. Auch liegt die Wahrscheinlichkeit, dass ein Reisender im Ausland erkrankt, bei 10 %, auf Fernreisen sogar bei 18 %.

Immer mehr Unternehmen setzen auf ein umfassendes betriebliches Gesundheitsmanagement (BGM). Der Einsatz für die Gesundheit der Belegschaft vermindert die durch Krankheit entstehenden Kosten erheblich und trägt als Zeichen der Wertschätzung zur Motivation bei. BGM steuert und integriert alle betrieblichen Prozesse zur Erhaltung und Förderung der Gesundheit und des Wohlbefindens der Beschäftigten. So kann es auch der Personal- und Organisationsentwicklung, dem Fehlzeitenmanagement sowie der Gesundheitsprävention

dienen. BGM (vgl. Abb. 98) soll auch auf ein (verändertes) Gesundheitsverhalten der Mitarbeiter abzielen, insbesondere eine gesunde Ernährung und den Verzicht auf Aufputschmit-
tel/Doping.

Seit 1994 beobachtet das Landesinstitut für Arbeitsgestaltung des Landes Nordrhein-
Westfalen mittels repräsentativer Befragungen die Folgen psychischer Belastung bei der
Arbeit. Dabei wurde im Laufe von 20 Jahren ein deutlicher Anstieg von psychischen Beeinträchtigungen festgestellt. Arbeitsschutzexperten sind sich darüber einig, dass die gestiegene
Arbeitsverdichtung, höhere kognitive und emotionale Anforderungen der Arbeitsprozesse
sowie vermehrt unsichere und flexible Arbeitsverhältnisse die Belastung der Beschäftigten
erhöht hat. Daher steigen auch die Ausfallzeiten von Jahr zu Jahr.

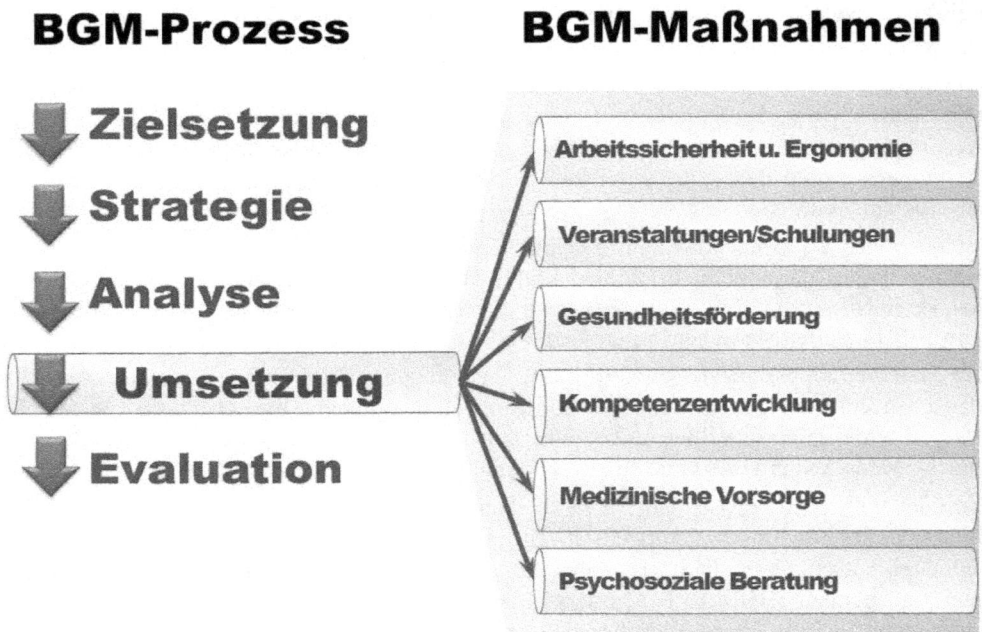

BGM-Prozess   BGM-Maßnahmen

⬇ **Zielsetzung**

⬇ **Strategie**

⬇ **Analyse**

⬇ **Umsetzung**

⬇ **Evaluation**

- Arbeitssicherheit u. Ergonomie
- Veranstaltungen/Schulungen
- Gesundheitsförderung
- Kompetenzentwicklung
- Medizinische Vorsorge
- Psychosoziale Beratung

Abb. 98:   Betriebliches Gesundheitsmanagement (BGM)

Der sogenannte „Burn-out" ist inzwischen ein deutlich sichtbarer Ausdruck von Überforde-
rungen in Unternehmen. Dennoch wird das Problem nicht überall erkannt und anerkannt, denn
es gibt immer noch zynische Kommentare von Chefs oder Kollegen. Auch die Nachfragen der
„Ausgebrannten" nach Möglichkeiten vorübergehender Arbeitszeitreduzierung oder Heim-
bzw. Telearbeit wecken nicht immer Hilfsbereitschaft und Fürsorge bei Vorgesetzten. Ein
deutlich fairerer Umgang mit diesen Mitarbeitern bzw. Kollegen sollte Standard werden.

Immer mehr Unternehmen beschäftigen inzwischen eigene Experten, um ihre Mitarbeiter vor
Burn-Out-Symptomen zu schützen und diese für ein langes Berufsleben fit zu halten (Steige-
rung der Resilienz). Vorreiter waren beispielsweise die Unternehmen Targobank, Boehringer
Ingelheim oder Gothaer Versicherungen.

Die Targobank versucht, ihren Mitarbeitern mehr Gestaltungsspielraum bei der Arbeit zu
geben und ihre Stärken zu stärken, anstatt sich nur auf physische oder mentale Schwächen zu

konzentrieren. Ein Gesundheitsmobil wird an die Firmenstandorte für medizinische Check-ups geschickt, Ernährungs- und Fitnessworkshops werden für alle Mitarbeiter eingerichtet. Führungskräfte werden geschult, damit sie ein Klima schaffen, welches Mitarbeiter, die erkranken oder in einer Krise stecken, nicht stigmatisiert werden. Speziell ausgebildete Gesundheitsexperten kümmern sich bei der Targobank inzwischen als Gesundheitsmanager oder Corporate Health Leiter zusammen mit Betriebsärzten oder Personalmanagern um solche Aufgaben. In manchen Unternehmen sollen sogar sogenannte „Feel-good-Manager" Betriebsklima, Gesundheit und Teamgeist verbessern.

Viele Unternehmen etablieren ein BGM, um die Fehlzeitenquote zu senken, die Mitarbeitermotivation und das allgemeine Betriebsklima zu verbessern, Arbeitsplätze ergonomischer und gesünder zu gestalten sowie die mentale und körperliche Fitness der Mitarbeiterschaft zu sichern. Ein ganzheitlicher BGM-Ansatz (vgl. Abb. 97) sollte neben der betrieblichen Gesundheitsförderung auch die Verbesserung der Führungskultur, Maßnahmen zur Vereinbarkeit von Privatleben und Beruf sowie Aufgaben der altersgerechten Arbeitsgestaltung berücksichtigen. BGM kann auch als eine Investition in die Zukunft betrachtet werden, wenn Mitarbeiter für ein längeres Arbeitsleben fit bleiben und durch ein betriebliches Gesundheitsmanagement gehalten oder geworben werden können. Fairness kann sich also für Unternehmen auszahlen, wenn sie das Wohlergehen der Belegschaft über den kurzfristigen Unternehmenserfolg stellt.

Manche Unternehmen bieten ihrer Belegschaft ein System lebensphasenorientierter Personalentwicklung an, welches unterschiedliche Berufsphasen und Lebenssituationen berücksichtigt. Faire Unternehmen gewähren ihren Mitarbeitern z. B. zeitlich befristete Auszeiten zur Regeneration oder in Zeiten besonderer Lebenssituationen (Pflege, Kinderbetreuung …). Teilzeitarbeitsmodelle, flexible Arbeitszeiten oder Tele-Arbeit/Homeoffice gehören genauso dazu wie ein flexibler Übergang in den Ruhestand. Eine betriebliche Altersversorgung, die das gesetzliche System ergänzt, kann ein solches System in sinnvoller Weise unterstützen.

Wichtig ist es aber auch, sich von der jederzeitigen Erreichbarkeit der Führungs- und Fachkräfte zu verabschieden. Alle Menschen benötigen Regenerationszeiten, in denen sie privaten Interessen nachgehen oder Kontakte pflegen können – dies darf nicht durch eine ständige telefonische oder Online-Erreichbarkeit hintertrieben werden. Einige Unternehmen, allen voran VW, haben hierzu eine beschränkende Betriebsvereinbarung geschlossen, um ihren Mitarbeitern Erholung und Abstand zur Arbeit zu ermöglichen.

Ganz nebenbei reduzieren solche Unternehmen auch gewisse Risiken, die aus einer uneingeschränkten Kommunikation und einem Einbezug privater Endgeräte entstehen. Vertraulichkeit, Datenschutz, Diebstahl, Verrat und Spionageabwehr sind hier die Stichworte. Der Umgang mit mitarbeiterbezogenen Daten oder eine Beobachtung Beschäftigter sollte sich stets an der Gesetzeslage orientieren und die Privatsphäre respektieren. Faire Unternehmen vertrauen ihren Mitarbeitern und können meist auf umfangreiche Anordnungen, Vorschriften oder Kodizes verzichten, die letztendlich nur eine belastende Bürokratie darstellen. Übrigens entspricht es besonders einer wertschätzenden Kultur, die Arbeitsfelder von oft überflüssigen Zeit- und Energieräubern zu befreien. Dazu zählen neben bürokratischen Regeln Meetings, eine überbordende E-Mail-Kommunikation oder auch unnötige Konflikte.

Als ein veritables Instrument der Konfliktbewältigung haben sich Arbeitnehmervertretungen, wie Betriebsräte, Ausschüsse leitender Mitarbeiter, Jugend- und Ausbildungsvertretungen oder Bei- und Aufsichtsräte erwiesen. Die Beteiligung der Belegschaft an der unternehmerischen Entscheidungsfindung bedeutet Wertschätzung und Anerkennung der Mitarbeiter, die wiederum mehr unternehmerisches Verständnis erzeugt. Management und Betriebsrat sollten sich auch auf ein geschütztes System für sogenannte „Whistleblower" verständigen, um diejenigen, die Unregelmäßigkeiten melden, zu schützen und alle Mitarbeitenden zur Meldung von Regelverstößen (i. S. von Compliance) zu motivieren.

Auch die Tarifbindung bzw. Anerkennung von Tarifverträgen kann ein Ausdruck von wertschätzendem und fairem Verhalten der Unternehmen sein, wenn dadurch bessere, gerechtere und transparentere Arbeits- und Entlohnungsbedingungen geschaffen werden. Gerade in Deutschland besteht ein gewisser Hang zur Gleichbehandlung, niemand möchte für eine vergleichbare Tätigkeit schlechter bezahlt werden als ein Kollege. Auch finden viele Arbeitnehmer die exorbitant hohen Top-Manager-Gehälter unerträglich, diese liegen im Einzelfall bis zum 50-fachen über dem Durchschnitt der Beschäftigten. Selbst jeder zweite Manager lehnt solche Millionen-Gehälter ab. Eine zu hohe Spreizung der Gehälter wirkt demotivierend auf die Belegschaft.

Unternehmen handeln unfair, wenn sie die Bildung eines Betriebsrates behindern, verzögern oder sogar verhindern wollen. Aber ein zu „gutes" Verhältnis zum Betriebsrat ist auch nicht immer fair, wenn Betriebsräte durch Vorzugsbehandlung dem Unternehmen verpflichtet werden. VW war ein besonders negatives Beispiel, weil das Unternehmen bis vor einigen Jahren Betriebsratsmitglieder bevorzugt beförderte und ausstattete sowie Lustreisen um die ganze Welt bezahlte, um sich deren Wohlwollen zu sichern. Die bei Siemens gegründete Arbeitsgemeinschaft Unabhängiger Betriebsangehöriger (AUB) wurde in den 90-er Jahren seitens des Unternehmens massiv mit Geld unterstützt, um andere Gewerkschaften zu schwächen. Auch dieser Fall stellt eine unfaire Einflussnahme dar.

Unternehmen handeln fair, wenn sie die Teilhabe Einzelner oder organisierter Gruppen an den grundlegenden Unternehmensentscheidungen gewährleisten. Faire Unternehmen suchen aktiv den Dialog mit Mitarbeitern und bieten diverse Formen demokratischer Mitentscheidung an - auch unabhängig von der gesetzlichen Mitbestimmung. Ein partnerschaftlicher Umgang miteinander und eine Akzeptanz der Mitbestimmung als selbstverständlicher Teil der Unternehmenskultur fördert eine Win-Win-Situation für Arbeitnehmer und Arbeitgeber. Betriebsrat, Sprecherausschuss und Arbeitnehmerbank des Aufsichtsrats fungieren als Sparringspartner und Co-Manager des Arbeitgebers. Die Folge sind meist eine Verbesserung der Entscheidungsprozesse, eine verbesserte Kommunikation, mehr Akzeptanz bei Veränderungsprozessen, eine Vermittlung in Konfliktfällen und eine vertrauensvolle und faire Kooperation zum Wohle des Unternehmens.

Faire Unternehmen setzen also auf ein kooperatives und vertrauensvolles Verhältnis zu ihren Mitarbeitern und fördern diese beruflich und privat, um deren Motivation zu steigern. Früher boten Unternehmen Mitarbeiterwohnungen oder sportliche Freizeitmöglichkeiten an, auch heute stehen in bestimmten Regionen die Wohnungsvermittlung oder -bereitstellung sowie körperliche Fitness wieder im Fokus der Unternehmensleistungen. Manche Unternehmen motivieren zusätzlich durch (Weiter-)Bildungsangebote oder die Teilnahme an Corporate Volunteering-Projekten. Solche Maßnahmen sollen das Image und die Reputation im Sinne einer Employer Brand verbessern und Mitarbeiter motivieren, ihren vollen Einsatz ebenfalls in der Beziehung zu den Kunden zu leisten. Denn zufriedene Mitarbeiter fördern meist auch zufriedene Kunden.

7.4   Kunden

Seit vielen Jahren schon steht der Kunde im besonderen Fokus der Unternehmen. Der Kunden zeigen durch ihre Käufe, welches Angebot sie schätzen und welchen Anbieter sie bevorzugen. Kundenorientierung steht im Zentrum aller Management- und Marketingaktivitäten, denn die Kunden bringen den Umsatz und den Gewinn. In vielen Unternehmen wurde daher ein Kundenbeziehungsmanagement etabliert, das im Englischen als Customer Relationship Management oder Customer Management (total customer care) bezeichnet wird. Das Kundenmanagement erforscht die Kundenwünsche, identifiziert die wichtigsten Kunden, priorisiert deren Marketing-Ansprache (Targeting), versucht, diese nach einem Kauf zu weiteren Käufen zu bewegen und sie möglichst lange an das Unternehmen zu binden.

Trotz einer solchen Ausrichtung der gesamten Managementaktivitäten gelingt dies ganz offensichtlich nicht jedem Unternehmen: Manche sind erfolgreich und wachsen, andere stagnieren oder müssen sogar ihre Türen schließen. Im Fairness-Barometer 2011 ist zu lesen, dass 75 % der befragten Deutschen der Ansicht sind, dass Fairness grundsätzlich zum Erfolg von Unternehmen beiträgt. Aber lediglich 41 % dieser 75 % bewerten das Verhalten von Unternehmen gegenüber ihren Kunden als fair oder sehr fair. Im Vergleich zum Ergebnis des Fairness-Barometers 2009 ist dies eine Einbuße von 13 %, obwohl gleichzeitig immer mehr Unternehmen behaupten, Fairness gegenüber Kunden zu praktizieren (www.fairness-barometer.de/, 12.11.2015).

Die Befragung gibt auch Hinweise, wie Fairness aus der Sicht der Kunden zum Erfolg eines Unternehmens beitragen könnte:

- Kundenbindung und Mundpropaganda durch zufriedene Kunden
- Zufriedenheit mit Produkt und Beratung
- Zuverlässigkeit
- Zufriedenheit durch Serviceorientierung
- Transparenz bei der Preisgestaltung
- Transparenz bei Verträgen und Angeboten
- Ehrlichkeit über Inhaltsstoffe und Herstellungsweisen von Produkten
- Vertrauenswürdiges und glaubwürdiges Erscheinungsbild des Unternehmens
- Guter Ruf, auch in der Presse
- Positive Abgrenzung von Konkurrenten

Das Fairness-Barometer 2011 verdeutlicht, dass 69 % der Befragten nicht nur konkrete Vorstellungen von Fairness sowie Erwartungen an Fairness-Qualität im Unternehmen haben. Sie richten ihre Kaufentscheidung auch nach der vermuteten oder nachweislichen Fairness-Qualität des Unternehmens aus. 78 % der Deutschen beurteilen die Qualität von Fairness eines Unternehmens aufgrund des Rufs, welches es bei seinen Mitarbeitern und Kunden genießt. Weitere 39 % orientieren sich an objektiven und unabhängigen Belegen wie beispielsweise Siegel, Zertifikate und Kundenfeedback (www.fairness-barometer.de/, 12.11.2015, vgl. Abb. 99).

Faires Verhalten gegenüber ihren Geschäfts- und Privatkunden zeigt sich vor allem in den folgenden Elementen:

- Faire und offene Beratung
- Zuverlässigkeit
- Angebot sinnvoller Leistungen mit Mehrwert
- Angebot gewünschter Zusatznutzen (Werte)
- Fairness/Transparenz in der Preisgestaltung
- Erwartungsgemäßes Preis-Leistungs-Verhältnis
- Faire Vertragsbedingungen
- Gewünschte Qualität/Haltbarkeit der Leistungen/Produkte
- Sichere und gesundheitsunbedenkliche Angebote
- Gewünschte Service-Orientierung
- Gewünschte Garantien/Gewährleistung
- Faires Beschwerdemanagement
- Ehrliche und vertrauensvolle Kommunikation (Siegel etc.)
- Reputation und Vertrauen
- Wahrung des Datenschutzes
- Befragung der Kunden, ggf. Einbeziehung durch Kundenbeirat

Fairness-Barometer 2011: Glaubwürdigkeit von Fairness-Zuschreibung   **Fairness**
In ihrer Außendarstellung werben Unternehmen inzwischen öfter mit der Aussage, dass Stiftung
sie fair seien. Unter welchen Bedingungen finden Sie solche Aussagen glaubwürdig?

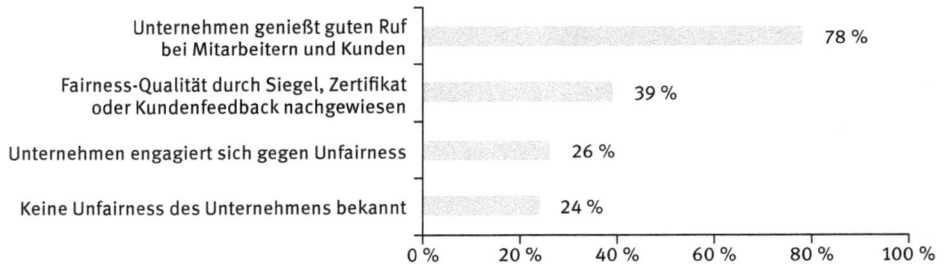

Unternehmen genießt guten Ruf bei Mitarbeitern und Kunden	78 %
Fairness-Qualität durch Siegel, Zertifikat oder Kundenfeedback nachgewiesen	39 %
Unternehmen engagiert sich gegen Unfairness	26 %
Keine Unfairness des Unternehmens bekannt	24 %

0 %   20 %   40 %   60 %   80 %   100 %

© Fairness-Stiftung 2011| 1000 Befragte in der 11. KW 2011 | Grundgesamtheit: Wahlberechtigte Bevölkerung in Deutschland

Abb. 99:   Glaubwürdigkeit der Fairness-Außendarstellung von Unternehmen
            (www.fairness-barometer.de/, 20.5.2016)

Die Internationale Handelskammer ICC veröffentlichte ihren ersten Kodex zur Werbepraxis 1937, um weltweite Rahmenbedingungen für verantwortungsvolle Kreativität und Kommunikation zu setzen. Durch regelmäßige Überarbeitungen blieb dieser der globale Orientierungsrahmen für verantwortungsvolle Marketing-Kommunikation. 2006 wurden diverse Marketingkodizes in einem Dokument zusammengefasst, dem „Konsolidierten Kodex der ICC zur Praxis der Werbe- und Marketingkommunikation" (www.iccgermany.de/fileadmin/user_upload/Content/Marketing/ICC_Kodex_Marketing_Deutsch.pdf, 20.5.2016). Dort finden sich Vorgaben zu Anstand, Redlichkeit, Wahrhaftigkeit, sozialer Verantwortung etc. und spezielle Kapitel zu Sponsoring, Promotions, Internet- und Direktwerbung sowie Werbung mit Umweltbezug. Weitergehende Regeln sind in den von der ICC veröffentlichten Richtlinien und Rahmeninterpretationen zu finden - faire Unternehmen richten sich nach solchen international akzeptierten Vorgaben.

7.4.1   Privatkunden

Die Fairness-Stiftung ehrt jedes Jahr die Verdienste von Persönlichkeiten, die u. a. in der Wirtschaft engagiert und glaubwürdig für eine faire Führungs- und Organisationskultur eintreten. 2015 wurde Sina Trinkwalder ausgezeichnet, die die ökosoziale Textilfirma manomama gründete, 2012 die Unternehmerin Sarah Wiener, Gründerin des Restaurant „Das Speisezimmer" sowie eines Cateringservices.

Seit 2011 zeichnet der Fernsehsender ntv zusammen mit dem „Deutschem Institut für Service-Qualität" (DISQ) jährlich die fairsten Unternehmen in 10-31 Branchen aus, die durch Auswertung von Studien und vieler Tausend Testkontakte ermittelt werden (http://disq.de/awards. html, 20.5.2016). Jeweils etwa 80 % der Kunden waren mit der Zuverlässigkeit der Unternehmen zufrieden. Verbesserungsbedarf zeigte sich vor allem bei Transparenz, Vertragsbedingungen, versteckten Kosten oder Lockvogelangeboten.

Die Zeitschrift Focus-Money untersucht regelmäßig die Fairness bestimmter Branchen (zuletzt im März 2016) und kürte Telekom, Vodafone, 1&1, Aldi Talk, Congstar und Tchibo mobil zu den „Fairsten Mobilfunkanbietern". Dabei bewertete sie die Kriterien Netzqualität, Produkt- und Leistungsangebot, Kundenberatung, Kundenservice, Preis-Leistungsverhältnis, Kundenkommunikation und Auslandstarife. Focus kürte im Herbst 2015 die beliebtesten Marken nach Branchen als „Deutschlands Kundenlieblinge". Im Februar 2016 folgte dann eine Bewertung der besten Markenqualitäten, ebenfalls nach Branchen. Solche umfassenden Untersuchungen deuten auf die Relevanz bestimmten unternehmerischen Verhaltens hin, welches seitens der Kunden als fair betrachtet wird. Und sie bringen Reputation für die Spitzenreiter.

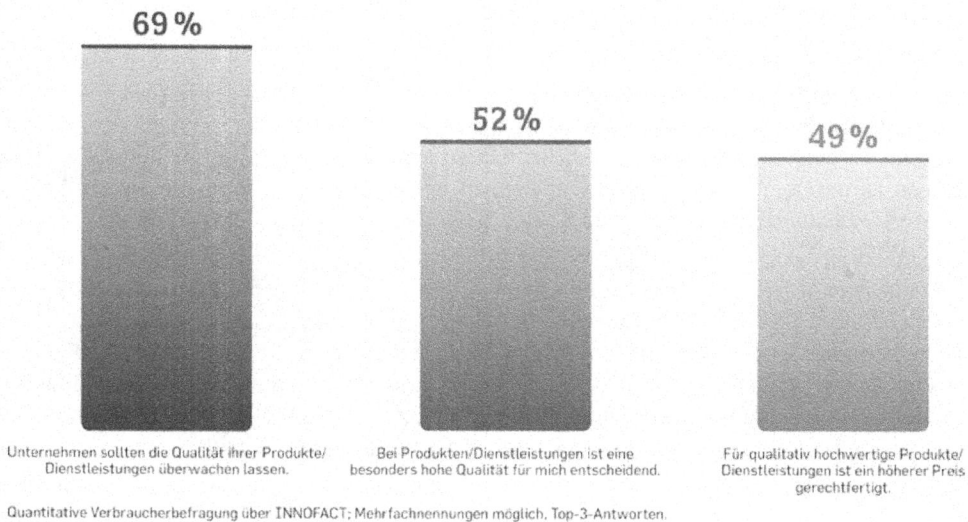

69 %   **52 %**   49 %

Unternehmen sollten die Qualität ihrer Produkte/   Bei Produkten/Dienstleistungen ist eine   Für qualitativ hochwertige Produkte/
Dienstleistungen überwachen lassen.   besonders hohe Qualität für mich entscheidend.   Dienstleistungen ist ein höherer Preis
                                                                                                gerechtfertigt.

Quantitative Verbraucherbefragung über INNOFACT; Mehrfachnennungen möglich, Top-3-Antworten.

Abb. 100:   Verbraucher wünschen Qualität und deren Überwachung (www.ral-guetezeichen.de /fileadmin/lib/img/guete/MoRAL-Studie_2014_Ueberwachung_Infografik.jpg, 22.5. 2016)

Nach einer Studie von McKinsey war deutschen Kunden im Sommer 2015 erstmals seit 20 Jahren die Qualität der Waren wieder wichtiger als der Preis. Auch die MoRAL-Studie 2014 des RAL zusammen mit den Marktforschungsinstituten INNOFACT und respondi sieht gestiegene Qualitätsansprüche der Deutschen (vgl. Abb. 100). Dies hängt sicherlich auch mit stabilen und gestiegenen Einkommen und einer gegenwärtig relativ geringen Arbeitslosigkeit zusammen. Damit steigen Qualitätserwartungen und die Bereitschaft, ggf. für faire und nachhaltige Angebote mehr auszugeben.

Welche Qualität ist aber gefragt oder sogar fair? Das muss jeder Kunde zunächst für sich selbst entscheiden: Die einen wollen Mindestqualitäten zu besonders günstigen Preisen, die anderen langlebige und qualitativ hochwertige Produkte zu einem angemessenen Preis. Es kommt also im Einzelfall auf die Beurteilung des Preis-Leistungsverhältnisses an, um Fairness zu beurteilen. Daher ist es wichtig, dass Unternehmen offen und transparent über die Qualität, die Eigenschaften und die Zusatznutzen ihrer Produkte und Dienstleistungen informieren.

Grundsätzlich wird jeder Hersteller von Produkten oder Anbieter von Dienstleistungen im Sinne der Kundenorientierung und einer angestrebten Kundenbindung die Qualität seiner Angebote aus eigenem Interesse sichern. Auch haftet jeder Hersteller verschuldensunabhängig für fehlerhaft hergestellte Produkte (Produzentenhaftung). Darüber hinaus haftet er nach dem Produkthaftungsgesetz verschuldensunabhängig für Schäden aus der Nutzung eines von ihm in den Verkehr gebrachten fehlerhaften Produkts. Dies bezeichnet man als Gefährdungshaftung.

Seit Längerem besteht die Vermutung, dass einige Hersteller an einem schnellen Verschleiß ihrer Produkte arbeiten, um baldige Neukäufe zu erreichen. So sind immer mehr Verschleißteile aus Plastik und müssen schneller ersetzt werden. Dies wird als „geplante Obsoleszenz" bezeichnet. In Deutschland hatte die Stiftung Warentest in ihren Untersuchungen allerdings keine Hinweise darauf gefunden. Erst kürzlich fanden auch das Öko-Institut und die Universität Bonn bei ihren Untersuchungen keine Beweise für Vermutungen dieser Art.

Im Sinne einer langfristigen Kundenbeziehung und für ein gutes Image wäre ein solches Verhalten auch ungünstig. Dennoch lässt sich feststellen, dass gerade elektronische Geräte heutzutage etwas schneller Defekte aufweisen als früher. Allerdings veraltet die Technik heute auch sehr schnell. Dennoch gibt es Unternehmen (wie Land's End), die eine lebenslange Garantie für ihre Produkte übernehmen. Anhaltspunkte zur Qualität und Sicherheit von Produkten oder Dienstleistungen ergeben sich aus vielen veröffentlichten Produkttests z. B. der Stiftung Warentest oder von Öko-Test. Auch Greenpeace untersucht gelegentlich Produkte und warnte Anfang 2016 vor Chemikalien in Outdoor-Bekleidung, die Mensch und Natur schaden könnten.

Gesundheitsrisiken müssen von jedem Hersteller ausgeschlossen werden, dennoch gibt es immer wieder medizinische Erzeugnisse, von denen Gefahren für die Menschen ausgehen. So verschweigen Pharma-Firmen gelegentlich unerwünschte Studien oder spielen Nebenwirkungen herunter. Relativ harmlos sind da noch Erzeugnisse, die Schönheit, Wohlbefinden oder eine Gewichtsabnahme versprechen. Dennoch handelt es sich auch in diesen Fällen oft um eine Verbrauchertäuschung, wie die Stiftung Warentest Anfang 2016 für Antifaltencremes belegte: Keines der getesteten Produkte konnte seine Versprechen einhalten.

Eine Verbrauchertäuschung besteht auch dann, wenn geschützte Bezeichnungen oder Herkunftsbezeichnungen verwendet werden, ohne die festgelegten Kriterien zu beachten (vgl. auch Kap. 3.4). So erfüllten beispielsweise viele der von der Stiftung Warentest Anfang 2016 getesteten nativen Olivenöle extra weder die Qualitäts- noch die Herkunftskriterien. Auch das seit 2014 bestehende Logo „Regionalfenster" kann nicht wirklich gut informieren, da sich die in der Praxis angegebenen Regionen z. T. über mehrere Bundesländer erstrecken. Die Wettbewerbszentrale streitet gerade vor dem Bundesgerichtshof mit einem Hersteller von Champignons aus Deutschland, der den Kompost für seine Champignons im Ausland ansetzt, ihm dann in den Niederlanden Sporen zufügt und sie dort aufwachsen lässt. Danach werden sie nach Deutschland gebracht und nach der Ankunft als deutsche Champignons geerntet (Einklang mit dem Zollkodex). Das stellt eine immense Verbrauchertäuschung dar, die fair handelnde Unternehmen ablehnen sollten.

Verständliche Deklarationen und aussagekräftige Informationen erhöhen die Glaubwürdigkeit aller Anbieter von Produkten und Dienstleistungen. Insbesondere die Angaben von Inhaltsstoffen müssen korrekt und begrifflich verständlich sein, damit sensible Menschen vor negativen Wirkungen geschützt werden. Auch Nährwertangaben und der Anteil wertbestimmender Zutaten müssen stets korrekt erfolgen. Gesundheitlich bedenkliche Inhaltsstoffe sollten möglichst vermieden, in jedem Fall aber offen genannt werden, um Transparenz zu schaffen.

Trotz aller Sorgfalt der Hersteller finden auch unsichere oder sogar gesundheitsgefährdende Produkte den Weg in die Geschäfte und zu den Endkunden. Ein Problem stellt häufig der Online-Handel dar, da sich Waren oftmals kaum zurückverfolgen lassen.

„Rapid Exchange of Information System" (RAPEX) heißt ein Schnellwarnsystem der EU für alle gefährlichen Konsumgüter. Es erlaubt einen schnellen Informationsaustausch zwischen Mitgliedsstaaten und der Kommission über gefährliche Produkte. Und es erfasst Maßnahmen der einzelstaatlichen Behörden sowie freiwillige Maßnahmen der Hersteller und Händler.

Jeden Freitag veröffentlicht die EU-Kommission eine Übersicht über gefährliche Produkte, die ihr von den Staaten gemeldet wurden. Allein 2015 waren es 2072 Fälle. In dieser wöchentlichen Übersicht (siehe http://ec.europa.eu/consumers/consumers_safety/safety_ products/rapex/alerts/main/?event=main.listNotifications) sind alle Informationen über das Produkt, die von ihm ausgehende Gefahr und die Maßnahmen, die in dem betreffenden Land ergriffen wurden, zusammengefasst. Im Rückrufportal unter www.produktru=eckrufe.de können alle Rückrufe, auch von Lebensmitteln und aus dem Gesundheitsbereich in deutscher Sprache nachgelesen werden.

Auch die Werbung mit Gütesiegeln, die den Verbrauchern eigentlich Sicherheit bieten und Vertrauen erzeugen sollen, ist nicht unproblematisch. Abgesehen von den Fällen bewusster Manipulation (falsche oder abgelaufene Siegel/Zertifikate sowie Fälschungen) können viele Kunden den Wert und die konkrete Aussage der Siegel nicht nachvollziehen und sind daher zumindest skeptisch. Da viele der inzwischen etwa 1.600 Siegel in Deutschland nur auf Angaben der Hersteller hin vergeben und nicht neutral geprüft werden, kommen manche berechtigte Zweifel an der Vertrauens- und Glaubwürdigkeit. Die Verbraucher-Initiative e.V. bietet inzwischen ein Online-informationssystem im Internet unter dem Namen „Label-Online" an. Gütesiegel des „RAL Deutschen Instituts für Gütesicherung und Kennzeichnung" werden neutral geprüft und gelten als vertrauenswürdig (vgl. Abb. 101).

Auch die Angaben über den Stromverbrauch von Elektrogeräten geben Anlass zur Kritik. Nach einer Untersuchung der Verbraucherzentrale Bundesverband und des BUND verbrauchte Anfang 2016 etwa jedes fünfte getestete Gerät mehr Energie als deklariert wurde. Die Hersteller sind zwar zur Angabe korrekter Verbrauchswerte verpflichtet, aber diese Angaben werden kaum oder gar nicht kontrolliert. Noch dramatischere Abweichungen zeigen die tatsächlichen Verbrauchs- und Abgaswerte der PKW in der EU, da es keine aussagekräftigen und praxistauglichen Messmethoden gibt. Faire Unternehmen sollten sich nicht auf die kundenunfreundliche Gesetzeslage zurückziehen, sondern offen und ehrlich Auskunft geben. Auch Zufriedenheits- oder Geld-zurück-Garantien sind kundenfreundlich und fair.

Abb. 101:   Beispiele von RAL-Gütesiegeln (www.ral-guetezeichen.de, 20.5.2016)

Zur Behandlung von konkreten Reklamationen oder allgemeinen Beschwerden bieten faire Unternehmen ihren Kunden ein Beschwerdemanagementsystem an, über das jeder unzufriedene Kunde leicht mit der Firma in Kontakt treten kann. Die Beschwerdebehandlung erfolgt am besten durch Personen, die nicht in den Reklamationsfall verwickelt sind, um eine neutrale und kundenfreundliche Bearbeitung zu gewährleisten. Einige Branchen verfügen darüber hinaus über sogenannte Ombudsleute, die zwischen Kunden und Unternehmen neutral vermitteln sollen. Beispielsweise verfügen Banken, Versicherungswirtschaft oder das KFZ-Gewerbe über solche Institutionen oder Schiedsstellen.

Über Mogelpackungen sind viele Kunden verärgert - die Zeitschrift Test veröffentlicht jeden Monat einige Beispiele. Z. B. ist es nach dem Eichgesetz verboten, Fertigpackungen herzustellen, die eine größere Füllmenge vortäuschen, als enthalten ist. Nach der Verordnung über die Vermeidung von Verpackungsabfällen sind Volumen und Masse der Verpackungen ohnehin auf ein Mindestmaß zu begrenzen. Dies scheint nicht jedem Unternehmen bewusst zu sein, denn gern werden größere Inhalte vorgetäuscht oder zwei oder mehr Produkte in übergroßen Verpackungen attraktivitätssteigernd präsentiert. Manchmal verstärkt ein ausgehöhlter Boden oder ein voluminöser Informationszettel die optische Wirkung. Bebe wurde von der Verbraucherzentrale zur „Mogelpackung der Jahres 2015" gekürt, da die Verpackungsgrößen manipuliert, Füllmengen reduziert und so das Produkt um unglaubliche 84 % verteuert wurde.

Deutsche Verbraucher gelten als besonders preissensibel. Viele Menschen möchten von günstigen Preisen profitieren und können sich auf diesem Weg etwas mehr leisten. So wirbt Fielmann seit Jahren erfolgreich mit Mode, Qualität und fairen Preisen. Aber leider finden sich auch Beispiele, bei denen den Kunden ein günstiger Preis nur vorgegaukelt wird, der sich bis zum Kauf um weitere Kosten erhöht.

Grundsätzlich sind Unternehmen in ihrer Preisgestaltung frei. Niemand muss über den tatsächlichen Marktwert seiner Produkte oder Dienstleistungen informieren, zumal ein Angebot unterschiedlichen Kunden einen unterschiedlichen Wert stiften kann. Kunden akzeptieren deshalb unterschiedlich hohe Preise. So kommt es auch durchaus zu Preisdifferenzierungen für das gleiche Angebot, z. B. für Schüler, Studenten oder Senioren.

Doch schränken allgemeine rechtliche Grundsätze die Preisgestaltungsfreiheit ein: Preisbindung, Fairnessgebot, Verbot der Ausnutzung einer marktbeherrschenden Stellung oder Diskriminierungsverbote. Eine Ungleichbehandlung ist nach dem Allgemeinen Gleichbehandlungsgesetz nur durch objektive Kriterien gerechtfertigt, wie Nachfrage- oder Preisveränderungen bei der Konkurrenz oder höhere Lizenzkosten. Unternehmen müssen darauf achten, niemanden (direkt oder indirekt) zu diskriminieren, z. B. wegen Einkommen, Alter oder Wohnsitz.

In Deutschland werden Preise zwar nicht auf Fairness überprüft, trotzdem müssen sie fair zustande gekommen sein. Unvollständige Preisangaben sind nicht erlaubt, z. B. dürfen die Mehrwertsteuer, andere Steuern und Abgaben nicht fehlen - vollständige Endpreise für Endkunden sind vorgeschrieben. Auch gehört es zu einer fairen Preisgestaltung, alle Gebühren, Versandkosten und weitere Nebenkosten anzugeben.

Manche Fluglinien und Flug- bzw. Reiseportale tun sich mit einer Unzahl von Gebühren und Nebenkosten negativ hervor. So verlangen Airlines trotz niedrigen Ölpreises immer noch Kerosinzuschläge, unklare Flughafensteuern und Abfertigungsgebühren sowie zuletzt noch hohe Kreditkartengebühren. Die Stiftung Warentest ermittelte 2015 Aufschläge von 50–140 % bei Testbuchungen. Auch lassen sich die Fluggesellschaften inzwischen viele übliche Teilleistungen als Extras bezahlen, so dass schließlich ein deutlich höherer Endpreis als auf den ersten Blick erkennbar erreicht wird. Trotz diverser Urteile und einem Werbeverbot mit unvollständigen Preisangaben besteht diese unfaire Praxis immer noch.

Unfair erscheint vielen Verbrauchern auch die abgestimmte Preisgestaltung der Tankstellen. Allerdings haben sich Kartellabsprachen bisher nicht bestätigt. Eine Preisanpassung an die Konkurrenz ist zulässig. Allerdings verärgern inzwischen die vielen Anpassungen im Tagesverlauf, so dass sich beispielweise Shell mit seiner Clubsmart Preisgarantie großer Beliebtheit erfreut, die einen maximal um 2 Ct. höheren Liter-Preis als in der Nachbarschaft garantiert.

Sich verändernde Preise sollen Kunden möglichst zu einem gleichverteilten Kauf animieren (Yield-Management), sorgen aber tendenziell eher für Verärgerung. Seit einiger Zeit besteht die Vermutung, dass insbesondere marktbeherrschende Unternehmen im Internet ihre Preise nach ausgeklügelten Kundenanalysen anpassen. Während einer Recherche erhöhen sich gelegentlich die Preise bei mehrmaligem Besuch eine Homepage oder der Eingabe gleicher Suchbegriffe in Suchmaschinen. Die übergangslose Anpassung von Preisen im Internet ist weder transparent noch fair, zumal sogar der Verdacht besteht, dass Nutzern von Apple Endgeräten höhere Preise angezeigt werden.

Bein sogenannten Dynamic Pricing geht es allerdings nicht nur um faire Preise, sondern auch um den Schutz der Privatsphäre. Denn eine kundenspezifische Preisbildung ist meist nur unter Nutzung der gesammelten Kundendaten möglich. Kunden sind somit Algorithmus-basierten Berechnungen der datensammelnden Unternehmen ausgeliefert und werden zumindest mittelbar diskriminiert. Das rüttelt eindeutig am Vertrauen der Kunden, da solche Unternehmen ihre Macht missbrauchen. Daher fordern inzwischen Verbraucherschützer eine „Algorithmus-Ethik" der Händler, besonders im Internet. Auch die Sperrung der Internetseiten für Kunden aus bestimmten Ländern (Geoblocking) behindert eine faire Preisbildung in Europa.

Der Datenschutz in Europa bzw. Deutschland ist weitreichend, trotzdem fühlen sich Kunden oft ausgetrickst, vor allem durch das unbegrenzte Sammeln von Informationen im Internet. Vertrauensbildend dagegen wirken z. B. Datenschutzsiegel, Zertifizierungen, deutsche Serverstandorte oder Compliance Regeln.

Der Verein Digitalcourage will aufrütteln: Er verleiht seit 2000 „BigBrotherAwards" an Firmen, Organisationen und Personen, die in besonderer Weise und nachhaltig die Privatsphäre von Menschen beeinträchtigen oder persönliche Daten Dritten zugänglich machen (https://bigbrotherawards.de/, 20.5.2016). 2016 gingen die Awards u. a. an IBM, die Berliner Verkehrsbetriebe und die Generali Versicherung, 2015 u. a. an Amazon und Barbie.

Alle Internetanbieter sollten nicht nur die Rechtslage achten sondern ihre Kunden stets um Einwilligung fragen, wenn sie Daten erheben wollen, auch wenn sehr viele Menschen selbst unachtsam mit ihren Daten umgehen. Ewa die Hälfte der Deutschen ist nach Studienergebnissen bereit, Unternehmen, denen sie vertrauen oder von denen sie sich individuelle Angebote versprechen, ihre Daten zur Verfügung zu stellen. Manche Anbieter versprechen ihren Kunden geldwerte Gegenleistungen, um eine Einwilligung zu erhalten. Selbst in Arztpraxen werden sensible Daten nicht immer gut geschützt, wenn z. B. am Empfang offen und laut über medizinische Patienteninformationen gesprochen wird. Auch bei den modernen PKW, die Unmengen an Daten sammeln, stellt sich die Frage, was damit geschieht.

Im Kundenkontakt erweisen sich Anbieter von Telefondienstleistungen nicht immer als fair. Die Telekom beispielsweise verstößt immer wieder gegen die gesetzlich vorgeschrieben Frist beim Anbieterwechsel, so dass sich bereits 2014 mehr als 5000 Betroffene bei der Bundesnetzagentur beschwert haben. Zwar hat diese bereits ein Bußgeld gegen die Telekom verhängt, aber reibungslos klappt der Anbieterwechsel immer noch nicht. Die Drillisch AG wollte ein hohes Pfand für Sim-Karten erheben, um den Anbieterwechsel zu verteuern und Vodafone drohte ihren säumigen Kunden sehr schnell mit einem Eintrag bei der Schufa, wenn sie nicht schnell bezahlten. Mit fairen Kundenbeziehungen hat dies alles nichts zu tun.

In Einzelfällen lässt sich unfaires Verhalten von Anbietern im Internet beobachten, die während des Kaufvorgangs den psychologischen Druck erhöhen, indem sie auf ein begrenztes Angebot verweisen. Insbesondere Hotelbuchungsportale, aber auch Amazon verkünden: „letzte Chance", „nur noch 2 verfügbar", „fast ausgebucht", „begrenzte Verfügbarkeit" „schnell zugreifen" oder „Angebot endet in 10 Minuten". Abmahnungen der Wettbewerbszentrale haben noch keinen hinreichenden Erfolg gebracht.

Kunden wünschen sich korrekte Informationen über das Angebot, erhalten manchmal aber nur rudimentäre oder geschönte Angaben, wie sie sich auch in vielen Reisekatalogen über Hotels finden. Im Zeitalter des Internets „haben Lügen besonders kurze Beine", da jeder in Bewertungsportalen nachlesen kann, wie es vor Ort tatsächlich aussieht. Allerdings ist auch hier Vorsicht geboten, da es Unternehmen gibt, die für besonders gute Bewertungen durch

Freunde oder spezialisierte Agenturen sorgen. Inzwischen muss man davon ausgehen, dass ein Großteil der Bewertungen im Internet manipuliert ist, z.T. auch zulasten der Konkurrenz. Bei Amazon soll laut Focus fast die Hälfte der Kundenbewertungen gefälscht sein.

Die meisten Kunden schätzen eine gute Beratung vor ihrer Kaufentscheidung, doch leider haben dies nicht alle Unternehmen erkannt. Insbesondere die der Banken hat sich bisher kaum verbessert, wie eine Erhebung der Stiftung Warentest Anfang 2016 offenbarte. Die Versicherer haben sich bereits 2010 auf einen „Verhaltenskodex für den Vertrieb von Versicherungsprodukten" geeinigt, der mehr Beachtung des Kundeninteresses, eine bedarfsgerechte Beratung, verständliche Angebote, eine Beratungsdokumentation und auch weitere Beratung nach Vertragsabschluss beinhalten soll. Eigentlich Selbstverständlichkeiten für faire Unternehmen.

Der Deutsche Direktmarketing Verband e.V. (DDV) hat sich bereits 2011 einen Ehrenkodex gegeben, der eine Beachtung des Datenschutzes und der Verbraucherrechte vorsieht und der insbesondere Kinder und Jugendliche schützen soll. Der DDV richtete schon früher eine sogenannte „Robinsonliste" ein, in die sich diejenigen eintragen lassen können, die keine Direktwerbung erhalten wollen. 2013 nahm der „Deutsche Online Werberat" (DDOW) seine Arbeit als Selbstregulierungsinstitution auf, quasi ein Pendant zum „Deutschen Werberat", der sich um Beschwerden über Werbemaßnahmen kümmert. Der Deutsche Reiseverband (DRV) und der Verband Internet Reisevertrieb (VIR) vereinbarten einen Verhaltenskodex zum Onlinemarketing, dem fast 150 Unternehmen der Reisebranche beigetreten sind.

Um Kunden zu gewinnen und langfristig zu binden, bedarf es eines umfassenden fairen Verhaltens an sehr unterschiedlichen Kontaktpunkten, denn Kunden treffen ihre Entscheidungen nicht nur aufgrund der Leistungsmerkmale, sondern auch aufgrund von Berichten, Bewertungen, Siegeln oder Empfehlungen (vgl. Abb. 102).

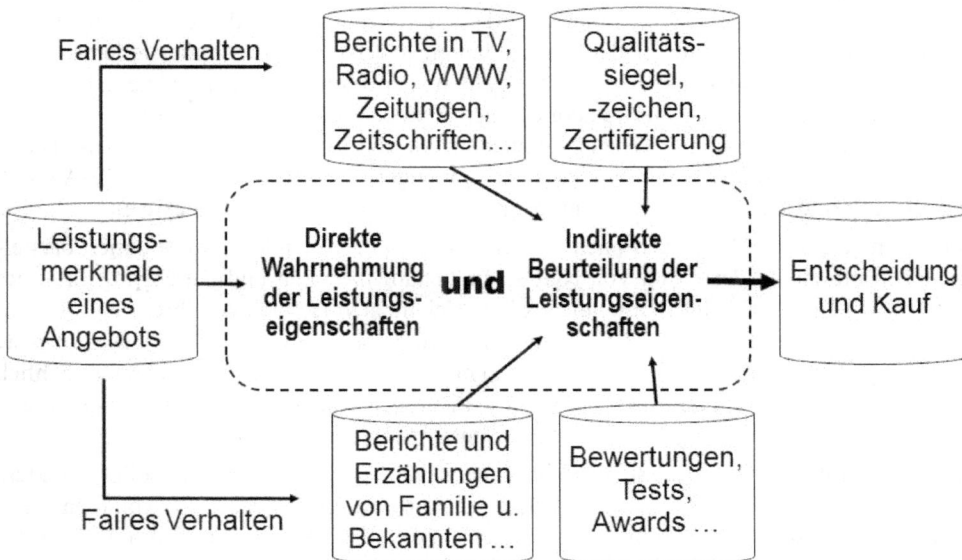

Abb. 102:   Fairnessorientierte Einwirkung auf den Qualitätsbeurteilungsprozess der Kunden (nach Wöhler)

Dazu zählt auch das Verhalten des Handels, der mit psychologischen Tricks seinen Verkaufs-erfolg steigern will. Das fängt bei sehr großen Einkaufswagen an, die den Einkauf klein erscheinen lassen und z. T. nur langsam in den Gängen aneinander vorbeigeschoben werden können und so zum näheren Betrachten des Warenangebots verführen. Beliebte Produkte finden sich deshalb häufig im hinteren Teil der Geschäfte. Wohlfühl-Musik und das vorteil-hafte Ausleuchten von Obst und Gemüse soll die Kauflust fördern. Und wer günstig kaufen will, muss sich bücken, denn die preiswerten Angebote befinden sich unten in den Regalen. Dies wird von vielen Kunden als wenig fair betrachtet, ebenso wie die immer noch weitver-breitete kostenlose Abgabe von Plastiktüten.

In der Werbung treffen Unternehmen qualitäts- und umweltbezogene, soziale oder faire Aus-sagen über sich und ihre Angebote. Langfristig zahlt sich allerdings nur die Wahrheit aus – irreführende Werbung ist unfair, ebenso wie die Werbung mit Selbstverständlichkeiten. Das Gesetz gegen unlauteren Wettbewerb (UWG) setzt hierbei Grenzen, allerdings erzeugen viele Werbeaussagen zur Steigerung des Wohlbefindens und der Gesundheit ein ungutes Gefühl. Glaubwürdigkeit und Authentizität sind hingegen gefragt.

Als glaubwürdig gelten aus Kundensicht Sponsoring (Sport, Kultur, Umweltschutz) oder die Spendenaktionen (Cause Related Marketing) einiger Unternehmen. Diese Kommunikati-onsmaßnahmen sind meist aufmerksamkeitsstark und vermitteln ein gutes Gefühl oder Ge-wissen beim Kauf. So spendete Haribo fast vier Monate lang für jeden verkauften Beutel Haribo-Goldbären zwei Cent an BILD hilft e. V. „Ein Herz für Kinder". Mit insgesamt 1 Mio. € schützt Krombacher seit 2002 immer wieder erfolgreich den Regenwald und spendet derzeit für Artenschutzprojekte in Europa. Volvic ließ Brunnen in Äthiopien bauen und mit dem Kauf von Pampers wurden Tetanusimpfungen in Afrika finanziert.

Kritiker bemängeln, dass dies eher werblich genutzter „Ablasshandel" sei, aber viele der Initiativen waren sehr erfolgreich, insbesondere die Krombacher-Aktion, die inzwischen auch gerichtlich Bestand hat. In den letzten Jahren haben viele Markenhersteller ähnliche CSR-Kampagnen realisiert. Solche Projekte zahlen sich besonders für die Unternehmensre-putation aus, wenn ein klarer Bezug zum eigenen Angebot gegeben ist, ansonsten erscheinen sie teilweise als Greenwashing. Buch7.de handelt fair und sichert z. B. eine schnelle Liefe-rung, Versandkostenfreiheit und faire Arbeitsbedingungen zu, kompensiert den CO2-Ausstoß der Lieferung und setzt 75 % des Gewinns für soziale und ökologische Projekte ein.

Unternehmen, die mit Umweltaktionen werben oder sich als besonders öko-orientiert darstel-len, stehen oftmals in der Kritik von NGOs, die Glaubwürdigkeit und Durchgängigkeit des Handelns bemängeln. Doch Unternehmen sollten sich nicht vorschnell von ihrem Weg abbrin-gen lassen, wenn sie erst klein anfangen und vom Erfolg überzeugt sind. Allerdings sollten sie allzu geringe Resultate oder vage Pläne nicht kommunizieren, denn dies wäre dann tatsächlich Greenwashing. In den Sozialen Medien verlieren jene Unternehmen an Glaubwürdigkeit und Reputation, die werblich lediglich vortäuschen, unternehmerisch fair zu handeln.

Werbung im Internet verändert sich rasant: Content und Native Advertising sollen punkten. Insbesondere Native Advertising dürfte bald ein Glaubwürdigkeitsproblem bekommen, denn dies ist quasi versteckte Werbung in bekanntem Umfeld. Es handelt sich also um Werbung, die sich anpasst oder tarnt und von den Kunden nicht mehr als solche wahrgenommen wer-den kann. Soll das wirklich die Antwort auf die Adblocker der werbeüberdrüssigen Kunden sein? Hier wird die Trennungslinie zwischen Journalismus und Werbung endgültig über-schritten und das stößt auf viel Unbehagen. Faire Werbung versteckt und tarnt sich nicht.

7.4.2   Geschäftskunden

Das Verhältnis von Unternehmen und ihren Geschäftskunden sollte von einem fairen Ausgleich der Interessen (s. Aufzählung in Kap. 7.4.) geprägt sein. Nur eine vertrauensvolle Zusammenarbeit sichert dauerhafte Geschäftsbeziehungen und damit den langfristigen Erfolg. Kooperationsgewinne entstehen nur aus Win-Win-Situationen, aus denen alle Partner einen Vorteil ziehen können. Dabei ist wichtig, dass sich die Partner als gleichwertig betrachten und es zu keinen Asymmetrien durch Marktmacht (Monopole, Absprachen) kommt.

Solche Asymmetrien entstehen beispielsweise, wenn Google in seiner Suchmaschine eigene Angebote besonders hervorhebt oder an erster Stelle der Suchergebnisse platziert. Google lockt Kunden zum eigenen Dienst „Google Shopping", obwohl dessen Preise nachweislich oft nicht die günstigsten sind. Damit werden andere Anbieter benachteiligt.

Asymmetrien entstehen auch, wenn ehemalige Monopolanbieter in Deutschland den Konkurrenten Nutzungsrechte an Schienen oder Netzen verkaufen oder vermieten. Über diese Geschäftsbeziehungen wacht die Bundesnetzagentur. Marktmacht entsteht auch durch Kartellabsprachen und diese gehen zu Lasten der Kunden (s. auch Kap. 7.9). Werden Absprachen aufgedeckt und bestraft, besteht für geschädigte Geschäftskunden die Möglichkeit, sich ihren Schaden ersetzen zu lassen, soweit er sich exakt beziffern lässt. Anfang 2016 hat die Deutsche Bahn von den Hauptbeteiligten des Schienenkartells mehr als 200 Mio. € an Schadenersatz für überteuerte Lieferungen erhalten.

Bestehen in Unternehmen Anreize zu unethischem Verhalten, kann es zu Absprachen und unfairen Verhalten kommen. Dazu zählen zu allererst kurzfristige Anreizsysteme bei der Entlohnung, wie beispielsweise umsatzabhängige Boni. Besonderer Verkaufsdruck kann zu Unehrlichkeit, Täuschung und Bestechung führen. Die Schmiergeldskandale von VW/Skoda und Infineon hallen bis heute nach. Auch der Maschinenbauer Mahlo hat Kunden bestochen und dies durch überhöhte Rechnungen (Überzahlungen) finanziert. Da Täter und Opfer meist im gleichen Boot sitzen, kommen solche Exzesse nur schwer ans Tageslicht.

Auch in der Pharma-Branche ist trotz Ethik-Kodex Korruption weiterhin Thema. Immer wieder tauchen Vorwürfe auf, Pharma-Konzerne würden sich das Wohlwollen der Ärzte über bezahlte Studien und Vorträge, kostenlose Medikamentenabgaben oder kostenlose Teilnahme an attraktiven Kongressen erkaufen. Inzwischen hat auch der Gesamtverband der europäischen Medizintechnik-Industrie einen verschärften Ethik-Kodex verabschiedet. Er soll Korruption, u. a. durch Sponsoring von Kongressen, verhindern.

Schon vor Jahren hat der Deutsche Franchise Verband einen Ethik-Kodex für Franchisegeber beschlossen, der bestimmte Mindestleistungen gegenüber den Franchisenehmern vorschreibt, um diesen eine faire Geschäftschance zu ermöglichen und eine gute Geschäftsbasis zu bieten.

Spektakuläre Korruptionsfälle zwischen Unternehmen bzw. Unternehmern haben dazu geführt, dass die Compliance-Regeln verschärft wurden. Fast alle börsennotierten Unternehmen haben sich des Themas angenommen und auch drei Viertel der Mittelständler sehen ein Mindestmaß an Compliance-Regeln als unbedingt notwendig an. Aber wo genau besteht Handlungsbedarf? Muss jedes kleine Geschenk angemeldet oder abgelehnt werden, genauso wie eine Einladung zum Essen?

Geschäftsessen gehören zu einer vertrauensvollen Atmosphäre dazu und sind in vielen Ländern gar nicht wegzudenken, aber bei Schmiergeldzahlungen oder Gewährung jedweder geldwerter Vorteile ist die Grenze eindeutig überschritten. Jedes Unternehmen, aber auch jeder

Mitarbeiter, muss sehr sensibel klare Grenzen ziehen. Es ist ebenfalls notwendig, rechtzeitig zu prüfen, ob sich Kunden auf Antiterror-, Sanktions- und Boykottlisten der UN, EU oder den USA finden, denn bei Vergehen drohen hohe Strafen, Reputations- und Umsatzverluste.

Aber meistens geht es in den B-B-Geschäftsbeziehungen vorrangig um zugesicherte Eigenschaften und Termine, Preise, Liefermengen und -zeiten, sowie Liefer- und Zahlungskonditionen. Auf allen diesen Gebieten muss ein fairer Interessenausgleich unter Wahrung des Datenschutzes und der Geschäftsgeheimnisse erfolgen.

Die Internationale Handelskammer ICC hat für internationale Geschäfte diverse freiwillige Regeln, Richtlinien und Handreichungen u. a. in folgenden Bereichen (www.iccgermany.de/icc-regeln-und-richtlinien.html, 2.8.2015) erarbeitet, die Unternehmen nutzen können:

- Handel, Investitionen und Globalisierung
- Wettbewerbsrecht und -praxis
- Financial Services und Versicherungsfragen
- Geistiges Eigentum
- Regeln und Standards für die Wirtschaft
- Schiedsgerichtsbarkeit
- Banktechnik und -praxis
- Handelsrecht und -praxis
- Marketing, Werbung und Vertrieb
- E-Business, Informations- und Telekommunikationstechnologie
- ICC-Verhaltensrichtlinien

Sie helfen Unternehmen, Maßstäbe für eine vorbildliche Unternehmensführung zu setzen und stärken die Selbstregulierung der Wirtschaft. Oftmals dienen diese Kodizes Regierungen und Parlamenten als Referenztexte bei Gesetzesvorhaben.

Die ICC hat über ihre „Commission on Commercial Law and Practice" weitere Regeln erarbeitet, wie die Incoterms®, die Pflichten der Käufer und Verkäufer im internationalen Handel regeln. Sie legen den Gefahrenübergang vom Verkäufer auf den Käufer und die Kostenteilung hinsichtlich Fracht, Versicherungsprämie, Einfuhr- und Ausfuhrzölle etc. fest (www.iccwbo. org/advocacy-codes-and-rules/areas-of-work/commercial-law-and-practice/, 2.8.2015). Die Kommission hat auch hilfreiche Musterverträge entwickelt, u. a.:

- ICC Model Commercial Agency Contract
- ICC Model Confidentiality Agreement Contract
- ICC Model Distributorship Contract
- ICC Legal Handbook for Global Sourcing Contracts
- ICC Model Mergers and Acquisitions
- ICC Model Subcontract
- ICC Model Occasional Intermediary Contract
- ICC Model International Sale Contract
- ICC Model International Transfer of Technology Contract
- ICC Model International Trademark Licence
- ICC Model Turnkey Contract for Major Projects
- ICC Principles to Facilitate Commercial Negotiation
- ICC Anti-Corruption Clause

7.5   Lieferanten und weitere Geschäftspartner

Die Beziehung zu Lieferanten ist in gewisser Weise die Kehrseite der Kunden-Darstellung in Kap. 7.4.2. Allerdings ergeben sich unterschiedliche Sicht- und Handlungsweisen zwischen Handelsunternehmen, die Endprodukte weiterverkaufen, und Zulieferern der Industrie. Weitere Geschäftspartner können Dienstleistungsunternehmen sein wie Agenturen, Kanzleien, Logistikdienstleister oder Versicherungen, aber auch Partnerunternehmen in losen oder festen Netzwerken. Hierbei kann es sich um Forschungs- oder Entwicklungspartnerschaften, Projektpartner, Lohnfertiger oder ausgegliederte Unternehmen (Outsourcing), mit denen weiter kooperiert wird, handeln.

Nach dem Fairness-Barometer 2011 erwarten die Deutschen, dass Fairness auch in der Beziehung von Unternehmen zu ihren Geschäftspartnern praktiziert wird. 61% der Befragten gaben an, dass ihnen dies sehr wichtig sei, 31% hielten es immerhin für wichtig (www.fairness-barometer.de/, 20.5.2016).

Meist handelt es sich in den Unternehmen um Beschaffungsvorgänge bzw. Einkäufe von Produkten oder Dienstleistungen. Vor einigen Jahren richtete sich der Fokus der Controller vermehrt auf diesen Bereich, der ihrer Auffassung nach einen zu geringen Beitrag zum finanziellen Erfolg der Unternehmen leistete. Fortan ging es vor allem um Kostenreduzierungen, Standardisierung der Einkaufs-Verfahren und effizienten Materialfluss möglichst ohne eigene Lagerkosten (Just in Time/Autobahnlagerung). Dabei wurde vielfach vergessen, dass der eigene Unternehmenserfolg mit einer qualitativ und quantitativ sicheren Belieferung zusammenhängt.

Besonders in der Automobilwirtschaft wird von vielen Lieferanten die Ausnutzung der Einkäufermacht beklagt. Jedes Jahr fordern die Automobilhersteller von ihren Zulieferern Produktivitätsverbesserungen verbunden mit Preisreduzierungen. Die Zulieferer sollen die Preisreduzierung durch Optimierung der eigenen Wertschöpfung sowie durch Verbesserung der Kostenstrukturen bei Zukaufteilen im Einkauf erreichen. Mit einer parallel geführten, eigenen Kalkulation werden dabei die Kostenkalkulationen der Zulieferer überprüft. Neben den Lieferanten sind auch die Vorlieferanten Teil dieses Kostenscreenings. Zusätzlich verlangt die Automobilindustrie jedes Jahr von allen Lieferanten eine Selbstauskunft zu Umsätzen, Gewinnen, Eigenkapitalquote, Zertifikaten etc.

Die Automobilhersteller verlagern durch eine Verringerung der Fertigungstiefe immer mehr Wertschöpfungsanteile auf ihre Zulieferer. Im Rahmen von Entwicklungspartnerschaften komplexer werdender Module und Bauteile geben sie immer mehr Know-how an Lieferanten ab. Aus diesem Grund wird eine partnerschaftliche Zusammenarbeit zu einem entscheidenden Erfolgsfaktor, denn die Leistungskraft jedes Unternehmens hängt auch von der Leistungsfähigkeit seiner Zulieferer ab. Ein Gleichgewicht aus Förderung und Forderung kann eine solide Basis für eine partnerschaftliche und auf Vertrauen basierende Zusammenarbeit sein, die allein nachhaltigen Erfolg verspricht. Denn durch eine steigende Konzentration der Zulieferer verändern sich die Machtpositionen.

Eine jährlich erhobene Studie zu den Beziehungen von Automobilherstellern zu ihren Zulieferern in den USA sah 2015 für VW und die großen US-Hersteller deutliche Verbesserungspotenziale, BMW und Toyota erzielten dagegen Bestwerte.

Das Verhältnis zwischen Siemens und seinen Lieferanten wurde 2010 stark strapaziert. Der Industrie- und Elektrokonzern zögerte zunehmend die Bezahlung von Rechnungen hinaus.

Das betraf vor allem kleine und mittelgroße Lieferanten, die sich gegenüber Siemens in einer schwachen Position befanden. Langfristig litten viele der Geschäftsbeziehungen unter diesem Verhalten. Die Ausnutzung von Machtpositionen wird sich langfristig allerdings niemals auszahlen, sondern nur ein fairer Interessensausgleich zwischen Käufern und Lieferanten.

Großkunden haben meist eine gewisse Einkaufsmacht, die sie in Preis- und Konditionenverhandlungen nutzen können. Gelegentlich versprechen sie entgegenkommenden Lieferanten größere Abnahmemengen bzw. Umsätze, die diese allerdings wiederum in eine größere Abhängigkeit von den Kunden bringen. Großkunden laufen Gefahr, ihre Reputation zu verlieren.

Ein Gebot der Fairness ist es, allen potenziellen Lieferanten die gleichen Chancen einzuräumen und sie in Ausschreibungsprozessen gleich zu behandeln. Fairness gebietet auch, vertrauliche Informationen nicht an die Konkurrenz weiterzugeben und Angebotsfristen/-modalitäten strikt einzuhalten. Sonderleistungen müssen durch entsprechende Gegenleistungen honoriert werden, wie dies beispielsweise Hipp sehr partnerschaftlich praktiziert und auf die Treue der Lieferantenbeziehung setzt.

Zum fairen Einkaufshalten der Unternehmen zählt auch, soziale, gesellschaftliche und ökologische Belange beim Einkauf (insbesondere in Schwellen- und Entwicklungsländern) zu berücksichtigen. Nach einer Studie des IW Köln berücksichtigen dies bereits 71 % der befragten 131 Unternehmen. Im weltweiten Einkauf der Rohstoffe, der Zwischen- und Fertigprodukte sei es allerdings nicht leicht, das ethische Verhalten der Zulieferer lückenlos zu überprüfen.

Zwar existieren in vielen Branchen und Ländern gesetzliche Sozial- und Umweltstandards, diese gelten allerdings nicht in allen Staaten und werden in vielen Schwellen- und Entwicklungsländern systematisch unterlaufen. Deshalb sorgen viele Unternehmen selbst aktiv für nachhaltige Lieferketten (vgl. Abb. 85). In der Automobilindustrie etwa haben viele Konzerne mit ihren Zulieferern Beschäftigungsstandards und Umweltschutzrichtlinien vereinbart. Solche Nachhaltigkeitsverträge und -verpflichtungen bieten einen Vorteil, wenn sie gesetzliche Normen in den Ländern übertreffen (www.iwkoeln.de/infodienste/iwd/archiv/beitrag/nachhaltigkeit-oeko-fair-sozial-187424, 2.2. 2016).

Der Bundesverband Materialwirtschaft, Einkauf und Logistik e. V. (BME) ist der größte Einkäuferverband in Europa. Er hat mit seiner Compliance-Initiative einen internationalen und branchenübergreifenden Mindeststandard für den Einkauf geschaffen. Die BME-Verhaltensrichtlinie bezieht sich auch auf den internationalen Referenzrahmen des „UN Global Compact". Der BME Code of Conduct umfasst dabei Regeln zu folgenden Aspekten (www.bme.de/ fileadmin/_horusdam/2065-BME-Code_of_Conduct_deutsch.pdf, 21.5.2016):

- Bekämpfung von Korruption/Bestechung
- Kartellrechtswidrige Absprachen
- Kinder- und Zwangsarbeit
- Einhaltung ethischer Grundsätze gegenüber Lieferanten (Compliance)
- Wahrung der Menschenrechte
- Umwelt- und Gesundheitsschutz
- Faire Arbeitsbedingungen

Unternehmen tragen auch für ihre Lieferketten Verantwortung, daher empfiehlt der BME, auf Compliance sowie nachhaltiges und faires Wirtschaften zu achten. Auch hierzu hat er eine Reihe an Standards entwickelt, die von der Lieferantenqualifizierung über die Lieferantenbewertung bis hin zur Lieferantenentwicklung reichen. Daneben hat der BME spezielle Leit-linien für folgende CSR-Bereiche veröffentlicht:

- Kinderarbeit
- Korruption
- Kartellrechtsverstöße durch Lieferanten
- Prävention von Geldwäsche und Terrorismusfinanzierung
- Außenwirtschaftliche Beschränkungen (Exportkontrolle)
- Treibhausgasemissionen

Nicht nur Industrieunternehmen kaufen im In- und Ausland ein, sondern auch Handelsunter-nehmen. Für diese gelten die gleichen sozialen, gesellschaftlichen, ökologischen oder Fair-ness-Standards der Beschaffung. Daher achten die meisten Handelsunternehmen ebenfalls auf die Einhaltung gesetzlicher und eigener Standards durch eine Compliance-Erklärung und Dokumentation ihrer Lieferanten. Doch belegen Unglücke und Skandale immer wieder, dass bei der internationalen Beschaffung der Handelsunternehmen vieles verbesserungswürdig ist.

Im Inland spielt der Handel seine Marktmacht oftmals noch viel deutlicher aus und knebelt seine Lieferanten durch Preis- und Konditionenforderungen, wie Boni, Rabatte, Regalmieten, Werbekostenzuschüsse, verlängerte Zahlungsziele, Rücknahmepflichten oder unentgeltliche Dienstleistungen. Bei mangelndem Entgegenkommen droht die Auslistung. Um ihre Position weiter zu stärken, schließen sich viele Unternehmen zu Einkaufskooperationen zusammen, soweit dies das Kartellrecht zulässt. Kartellrechtswidriges Verhalten ist nicht zu tolerieren.

Mit dem Einkauf bzw. der Beschaffung ist der Logistikprozess eng verbunden. Die Trans-ported Asset Protection Association (TAPA) hat Sicherheitsstandards entwickelt, die die gesamte Produktions- und Lieferkette sowie Lagerhäuser umfassen. Diese sollen innerhalb der gesamten Transport- und Lieferkette jederzeit den qualitativ besten und sichersten Trans-port von Waren und Gütern (per Straße, Schiene, See oder Luftweg) vom Hersteller bis zum Handelsunternehmen sicherstellen.

Logistikdienstleister müssen i. d. R. dem Auftraggeber lückenlos die gesamte Transportkette entsprechend dessen Anforderungen garantieren und dokumentieren. Ein Zertifikat nach einem TAPA-Standard weist nach, dass ein Unternehmen gemäß der speziellen Anforderun-gen des Standards alle zwei Jahre durch einen externen Auditor geprüft wurde und diese erfüllt. Die vier TAPA-Standards spezifizieren Mindestsicherheitsanforderungen an die Transport- und Logistikbranche u. a. nach der ISO 28.000 (Sicherheitsmanagementsysteme für die Lieferketten):

- FSR (Facility Security Requirements)
- TSR (Trucking Security Requirements)
- PSR (Parking Security Requirements)
- TACSS (TAPA Air Cargo Security Standards)

Die Internationale Handelskammer (ICC) hat ebenfalls eine Reihe freiwilliger Verhaltensre-geln eingeführt, die Unternehmen dabei helfen sollen, Maßstäbe für eine gute Unternehmen-spraxis zu setzen. Darunter fallen die in Kap. 7.4.2 genannten Bereiche sowie die Kartell-rechts-Compliance, Korruptionsprävention und -bekämpfung sowie nachhaltige Entwicklung (www.iccgermany.de/icc-regeln-und-richtlinien/icc-verhaltensrichtlinien/icc-leitfaden-zur-verantwortung-fuer-zulieferkette-responsible-sourcing.html, 2.8.2015).

Im internationalen Wirtschaftsverkehr mit unterschiedlichen Rechtssystemen sind Schieds-
verfahren und gütliche Streitbeilegungsverfahren von großer Bedeutung. Der Internationale
Schiedsgerichtshof der ICC ist seit 1923 die älteste und renommierteste Institution zur pri-
vatwirtschaftlichen Streitschlichtung. In den letzten Jahren wurden Niederlassungen des
Gerichts in Hongkong, Schanghai und New York gegründet. Die aktuelle Fassung der ICC-
Schiedsgerichtsordnung ist seit 2012 gültig.

Schiedsverfahren sind private Gerichtsverfahren zur abschließenden Beilegung von Streitig-
keiten. Sie werden zwischen den Unternehmen vereinbart, die Zivilprozessordnung benennt
sie ausdrücklich als Alternative zu staatlichen Gerichten. Neben Schiedsverfahren bietet die
ICC weitere Verfahren zur Streitbeilegung an, die teilweise auch kombiniert werden können.
Dazu zählen Mediation (Amicable Dispute Resolution), Sachverständigen-Regeln, Dispute
Boards sowie „DOCDEX"-Verfahren.

Schiedsgerichte sind im Wirtschaftsverkehr sehr beliebt, da sie Chancengleichheit schaffen,
weil sich kein Vertragspartner auf das Recht des anderen Landes einlassen muss. Weitere
Vorteile sind Kostenreduzierung, die Vertraulichkeit und Schnelligkeit des Verfahrens, eine
flexible Verfahrensgestaltung und die internationale Vollstreckbarkeit durch das sogenannten
„New Yorker Übereinkommen" (www.iccgermany.de/schiedsgerichtsbarkeit/, 21.5.2016).
Die Erweiterung der Schiedsgerichtsaufgaben auf Streitigkeiten zwischen Unternehmen und
Staaten ist allerdings umstritten (s. CETA und TTIP).

Der GeschäftsreiseVerband VDR zertifiziert seit 2011 Hotels und Tagungsstätten, die den Anforderungen von Geschäftsreisenden entsprechen und lässt diese regelmäßig durch unabhängige Prüfer nach objektiven Kriterien beurteilen. Europaweit wurden inzwischen fast 800 Zertifikate verliehen: 328 zu Certified Business Hotels, 327 zu Certified Conference Hotels, 113 zu
Certified Green Hotels, 35 zu Certified Serviced Apartments sowie vier Schiffe als Certified
Conference Ships (www.vdr-service.de/hotelzertifizierung/, 21.5.2016). Damit steht Geschäftsreisenden und Geschäftsreisestellen ein valides Instrument zur Buchung zur Verfügung.

Führende Unternehmen des Kreuzfahrt-Vertriebs gründeten 2011 die Kreuzfahrt-Initiative
KI. Die Regeln des Kreuzfahrten-Vertriebs werden zwar von Reedereien und Kreuzfahrt-
Veranstaltern als Lieferanten definiert, aber von der KI einem Fairness-Check unterzogen.
Seit 2015 verleiht KI einen Fair-Play-Award an besonders fair handelnde Reedereien und
Veranstalter (www.kreuzfahrt-initiative.de/, 21.5.2016).

Die Geschäftsreisezeitschrift BizTravel zeichnet 2016 zum ersten Mal die besten Anbieter
der Geschäftsreisebranche aus. Gewählt werden diese von Travel Managern (Einkäufern) der
Geschäftsreisestellen. Die Leser der Zeitschrift können aus zehn Kategorien ihre jeweiligen
Favoriten bestimmen (go.biztravel.de/sieger2016, 21.5.2016):

- Fluggesellschaften
- Flughäfen
- Hotels
- Geschäftsreisebüros
- Online-Buchungsportale
- Hotelbuchungsportale
- Innovative Technik
- Firmenkreditkarten
- Mietwagen
- Sonstige Geschäftsreiseleistungen

7.6   Eigen- und Fremdkapitalgeber

Eigenkapitalgeber sind meist Eigentümer oder Mit-Eigentümer eines Unternehmens und stellen das Grund- und Haftungskapital zur Verfügung, gelegentlich auch sogenannte stille Beteiligungen. Je nach Rechtsform kann es auch andere Beteiligungsformen geben, wie Genossenschaftsanteile, Kommanditanteile oder Aktien und Optionen. Diejenigen, die solche Beteiligungen erwerben, stellen den Unternehmen Eigenkapital zur Verfügung. Hierbei kann es sich um Privatpersonen oder Familien, Unternehmen und Stiftungen, Vorsorgeeinrichtungen und Versicherungen, Banken oder andere institutionelle Investoren (Private Equity ...) handeln.

Viele Unternehmen benötigen neben Eigenkapital weitere Finanzmittel, um den Geschäftsbetrieb sicherzustellen. Zu diesem Zweck suchen sie Fremdkapitalgeber, die bereit sind, für eine Risikoprämie und angemessene Verzinsung Geld zur Verfügung zu stellen. Hierbei handelt es sich meist um Banken, staatliche und private Kreditgeber (Anleihen), Lieferanten-Kreditgeber o. ä., die Gläubiger des Unternehmens werden.

Sowohl Eigenkapitalgeber als auch Fremdkapitalgeber haben ein großes Interesse an einer offenen und korrekten Information durch das jeweilige Unternehmen und an einer Dokumentation der Einhaltung aller gesetzlichen Vorschriften. Seitens der Firmen lässt sich das notwendige Vertrauen durch eine ehrliche, offene und transparente Informationspolitik, die Vermeidung möglicher Informationsasymmetrien und den Aufbau einer guten Reputation erreichen. Dazu zählen u. a. eine penible Einhaltung sämtlicher Veröffentlichungspflichten, eine transparente und frühzeitige Berichterstattung sowie die Dokumentation der Compliance (s. Kap. 7.1).

Die sogenannten Investor oder Creditor Relations der Unternehmen sind nach den Kriterien Transparenz, Offenheit, Aktualität, Übersichtlichkeit, Kontinuität und Glaubwürdigkeit zu gestalten. Die Informationsinstrumente sollten breit genutzt werden, um dem Informations- und Sicherheitsbedürfnis der Kapitalgeber gerecht zu werden: Dazu rechnen Presseerklärungen, Ad-Hoc-Mitteilungen, Geschäfts-, Sozial-, Umwelt-, Nachhaltigkeits- oder Fairnessberichte, entsprechende Darstellungen auf den Homepages, Analysten- und Investorenkonferenzen, Gruppen- und Einzelgespräche. Gerade an die Kommunikation von Aktiengesellschaften werden sehr hohe Anforderungen gestellt, damit jeder Aktionär gleich gut und stets ausreichend informiert ist.

Der Deutsche Corporate Governance Kodex (DCGK) wurde von einer Regierungskommission der Bundesrepublik Deutschland erarbeitet und stellt wesentliche gesetzliche Vorschriften zur Leitung und Überwachung deutscher börsennotierter Gesellschaften dar. Das Regelwerk enthält im Wesentlichen Empfehlungen und Anregungen international und national anerkannter Standards für gute und verantwortungsvolle Unternehmensführung (vgl. Abb. 103). In regelmäßigen Abständen wird der DCGK überprüft und ggf. ergänzt. Die Regeln betreffen vor allem das Verhältnis von Aktiengesellschaften (und anderen großen Unternehmen) zu ihren Eigentümern bzw. Aktionären. Zwar ist der DCGK anders als in anderen Ländern in Deutschland nicht verpflichtend, aber dennoch entfaltet er seine Wirkung über Ratings und Analysten-Bewertungen.

In den USA wurde als Reaktion auf die Bilanzskandale der Unternehmen Enron und Worldcom bereits 2002 der Sarbanes-Oxley Act beschlossen. Das Gesetz umfasst mehrere Aspekte der Corporate Governance, der Compliance und der Berichterstattungspflichten von Publikumsgesellschaften sowie der rechtlichen Durchsetzung der Unternehmenspflichten.

Formulierung grundlegender Geschäftsprinzipien
(Leitbild, Unternehmensgrundsätze ...)

Wirkungsvolle
Kontroll-
mechanismen

Besetzung der
(Kontroll-) Gremien

Corporate
Governance
(CG)

Aktionärsrechte

Unternehmens-
verfassung von
Aktiengesellschaften
(Risikomanagement)

Kodizes der CG
(Compliance, Ethik,
Fairness ...)

Hoher Stellenwert
von Transparenz
und Offenheit

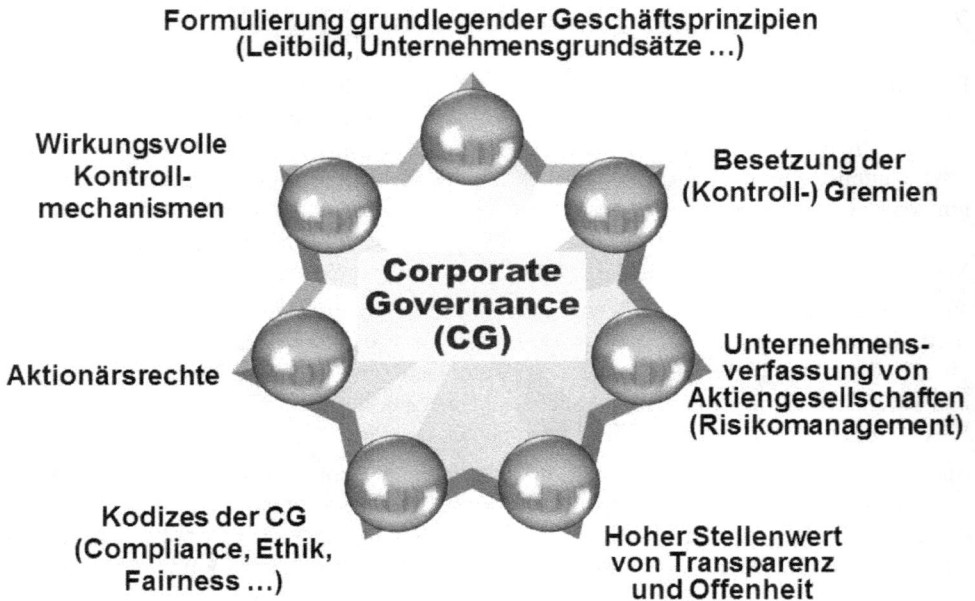

Abb. 103:   Felder einer Unternehmensverfassung/Corporate Governance (CG)

Die Universität Erfurt untersuchte 2011/12 in der sogenannten „Boardroom-Studie" 110 deutsche börsennotierte Unternehmen zu ihrer Corporate Governance/Unternehmensverfassung. Der DCGK wurde in den Unternehmen umfassend oder zumindest weitgehend angewandt. Dies bestätigt eine aktuelle Studie der HHL, nach der durchschnittlich 97,4 % der Dax- und 95,7 % der MDAX-Unternehmen die „Soll-Empfehlungen" des DCGK erfüllen.

Die Erfurter Studie konnte keinen relevanten Zusammenhang zwischen der Anzahl der befolgten Kodex-Empfehlungen und dem Erfolg des jeweiligen Unternehmens feststellen. Im Aufsichtsrat werden zwar neue Positionen inzwischen verstärkt mit Frauen besetzt, aber der Grad der Übereinstimmung mit dem DCGK lässt nicht auf die Güte der Corporate Governance (CG) der Unternehmen schließen. Auch sei die Besetzung des Aufsichtsratsvorsitzes durch ein ehemaliges Vorstandsmitglied nicht nachteilig für den Unternehmenserfolg.

Nach früheren Skandalen, Manipulationen und Verfilzungen haben inzwischen neue Gesetze und der DCGK dazu geführt, dass die Aktionärsrechte und die Rechte der Aufsichtsräte gegenüber den Unternehmensleitungen (Vorstand) gestärkt wurden. So wurde zumindest die Machtasymmetrie abgebaut und durch höhere Transparenzanforderungen eine weitgehende Informationsparität erreicht. Faire Unternehmensleitungen erfüllen die CG-Kriterien auch über gesetzliche Standards hinaus und erhalten dafür meist bessere Analystenbewertungen und freundliche Pressekommentare, die sich an den Kapitalmärkten auszahlen.

Alle großen Aktiengesellschaften veröffentlichen inzwischen die Gehälter und Zusatzleistungen ihrer Vorstände und geben über Boni und Aktienoptionen Auskunft. 2016 lehnten daraufhin die Aktionäre erstmalig das Boni-Vergütungsmodell der Deutschen Bank ab. Auf Druck einiger Aktionäre wurden 2016 auch die Boni des VW-Vorstands (zumindest vorübergehend) reduziert. Aktuelle Ranglisten über Vorstands-Gehälter finden sich in vielen Zeitungen, teilweise auch Übersichten über die Einkommen der Aufsichtsräte, die z. T. deutlicher anstiegen als die Vorstandsgehälter. Allerdings dürfen Aufsichtsräte inzwischen auch keine Beraterverträge mehr mit den Unternehmen abschließen, die sie kontrollieren.

Mehrere Vorstände von Aktiengesellschaften wurden inzwischen von Aufsichtsräten gezwungen, für ihre Verfehlungen Entschädigungen an die Unternehmen zu zahlen. Neben den schon zuvor erwähnten Siemens-Vorständen traf es auch ehemalige Vorstände der Deutschen Bank. Werden die VW-Vorstände (und Aufsichtsräte) auch bald zur Kasse gebeten? Die Haftungsregeln für Vorstände wurden ebenso wie für Aufsichtsräte verschärft. Aufsichtsräte werden nun vermehrt durch Unternehmensvorstände hinsichtlich ihrer Verantwortlichkeit überprüft. Damit werden auch hohe Abfindungen (max. zwei Jahresgehälter) nach schlechtem oder unternehmensschädigendem Management erschwert und Verantwortliche zur Rechenschaft gezogen. Es ist ein Grundsatz der Fairness, dass Unternehmensleitungen und Aufsichtsräte über ihr Handeln Rechenschaft ablegen und sich ihrer Verantwortung auch bei Misserfolgen stellen sollten.

Rechenschaft legen müssen die meisten Unternehmen heute auch über ihr Verhalten gegenüber Umwelt, Gesellschaft, Mitarbeitern etc.. Faires Verhalten wird zum Beurteilungsmaßstab der meisten Investoren, weil diese dadurch Reputationsrisiken ausschließen wollen. Gerade Fondsmanager suchen nach fairen, ethischen oder nachhaltigen Investments, die sie ihren Kunden anbieten. Die inhaltliche und thematische Ausrichtung dieser Kapitalanlagen kann in der Praxis allerdings sehr unterschiedlich sein.

Durch das Handeln nachhaltiger Fonds kann es zu unmittelbaren Auswirkungen auf den Aktienkurs und die Außenwahrnehmung eines Unternehmens kommen, wenn diese öffentlichkeitswirksam einen Einstieg oder Ausstieg aus einer Beteiligung ankündigen. Vor allem mit der Drohung eines Ausstieges bewegen sie Unternehmen dazu, ihre Ausrichtung auf ein faireres Verhalten zu ändern.

Auch sogenannte Nachhaltigkeitsratings nach ökologischen, sozialen, ethischen und Fairness-Kriterien können einen Wettbewerb der Unternehmen schüren, um möglichst beste Leistungen bzw. Platzierungen in den Ranglisten zu erreichen. Die Anforderungen der spezialisierten Ratingagenturen führen dazu, dass sich Unternehmen mit ihrer Fairness-Strategie auseinandersetzen. Mittels solcher Ratings leisten nachhaltige und faire Geldanlagen einen Beitrag zur Standardisierung der Fairness-Informationen sowie der zugrunde liegenden Qualitätsmaßstäbe.

Die Dow Jones Sustainability Indizes als älteste Ratings umfassen globale (DJSI Word) und europäische Indizes (DSJI STOXX). Diese enthalten die jeweils nachhaltigsten Unternehmen einer Branche. Unternehmen werden nur dann in die Dow Jones Sustainability Indizes aufgenommen, wenn sie hinsichtlich nachhaltigem oder fairem Management erfolgreich Chancen nutzen und Risiken reduzieren.

Zur Beurteilung dienen globale und branchenspezifische Bewertungskriterien. Globale Bewertungskriterien sind für alle Industriezweige identisch: Globale Nachhaltigkeit in der Unternehmensführung, im Umwelt-, Risiko und Versorgungskettenmanagement sowie bei den Menschenrechten und Arbeitspraktiken. Die Kriterien umfassen u. a. die strategische Planung, Corporate Governance, das Qualitäts- und Wissensmanagement, sie werden nach ihrer Bedeutung gewichtet. Branchenspezifische Kriterien erhalten einen Anteil von 50 % an der Gesamtbewertung. Ausschlusskriterien gelten z. B. für Unternehmen der Branchen Alkohol, Tabak, Glücksspiel oder Waffen.

Die Kennzahl für die Sustainability-Performance eines Unternehmens wird mit Hilfe des SAM Information Management System (SIMS) berechnet. Die Sustainability-Performance beschreibt die Fähigkeit eines Unternehmens, sowohl ökonomischen als auch sozialen und ökologischen Mehrwert zu schaffen. Die Kennzahl wird für jedes Unternehmen des DJSI World berechnet, sie ist das Ergebnis des nachhaltigkeitsorientierten Analyse- und Bewertungsprozesses, der auch kurzfristig revidiert werden kann (www.nachhaltigkeit.info/artikel/ dow_jones_sustainability_index_djsi_1598.htm, 10.6.2016).

Inzwischen gibt es eine Vielzahl von Indizes, u. a. DAXglobal Sarasin Sustainability, DAXglobal Alternative Energy Index, ECPI Ethical Indexes, Ethibel ESI Indexes, Ethical Europe Climate Care Index, Ethical Europe Equity Index, Euronext Vigeo Indizes, FTSE Environmental Markets Index Series, FTSE4GOOD Index Series, HSBC Global Climate Change Benchmark Index, STOXX Europe Sustainability. Die Indizes unterscheiden sich nach den Dimensionen (Umwelt, Soziales, Governance …), die sie bei der Auswahl der Aktien berücksichtigen: Einige sind branchenmäßig bzw. thematisch fokussiert, andere verstehen sich als branchenübergreifende Best-in-Class-Indizes. Ende März 2016 gab es nach Informationen des Sustainable Business Institute (SBI) 403 nachhaltige Publikumsfonds in Deutschland, Österreich und der Schweiz mit einem Gesamtvermögen von ca. 58 Mrd. € (44 Mrd. € Publikumsfonds). Ende 2015 registrierte das SBI 400 Fonds mit insgesamt ca. 45 Mrd. € Investitionsvolumen - dies war etwa dreimal mehr als zehn Jahre zuvor (www.nachhaltiges-investment.org/ News/Marktberichte.aspx, 10.6.2016, vgl. auch Abb. 104).

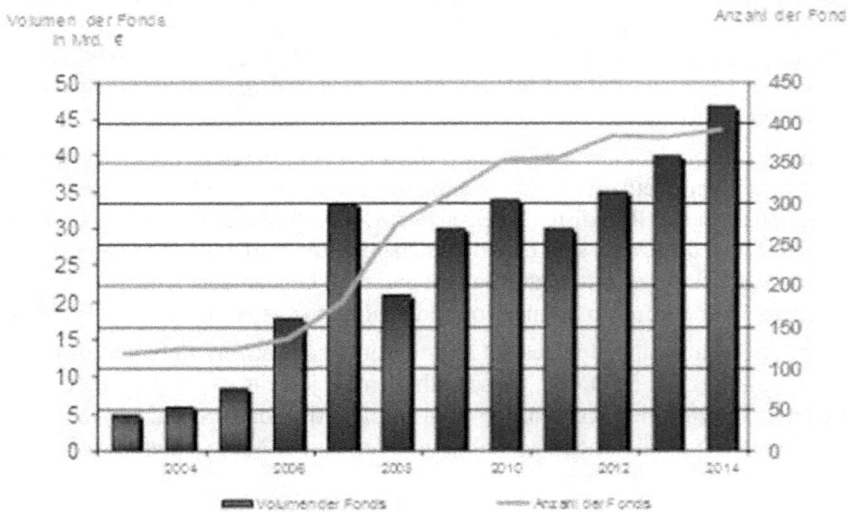

Abb. 104:   Nachhaltige Fonds im deutschsprachigen Raum (www.nachhaltiges-
             investment.org/Service/Hintergrunde.aspx, 10.6.2016)

Banken unterstützen Unternehmen bei der Darstellung der Unternehmenssituation (Prospekte) sowie der Gewinnung von Aktionären. Gerade bei Neuemissionen erscheinen viele der Zukunftserwartungen als überzogen, denn sie schüren besonders die hohen Erwartungen potenzieller Aktionäre. Solch unfaires Verhalten hat in der Vergangenheit schon für manche

Verärgerung gesorgt und z. T. Schadenersatzforderungen und -klagen ausgelöst, wenn die Aktienkurse nicht erbrachten, was angekündigt worden war oder die Aktienkurse sogar einbrachen. Unternehmen und ihre Bankpartner müssen alle Unternehmensfakten stets offen, ehrlich und transparent kommunizieren, so dass auch ungeübte Anleger eine realistische Entscheidungsbasis vorfinden. Auch Analysten sollten umfassend und neutral berichten und selbst keine Vorteile aus ihren publizierten Ergebnissen/Expertisen erzielen.

Nach dem Deutschen Kommunikations-Index 2015 halten nur 15 % der Deutschen die Kommunikation von Banken und Versicherungen für transparent und verständlich, lediglich 14 % für glaubwürdig und vertrauenswürdig, in anderen Branchen liegt der Anteil bei mehr als 30 %. Etwa 35 % vertrauen dagegen Informationen von Journalisten und Verbraucherverbänden.

Da Banken sich wegen diverser unfairer Praktiken seit Jahren einen starken Vertrauensverlust eingehandelt haben, forderte Bundesbank-Vorstand Dombrecht jüngst mehr als nur eine Selbstverpflichtung der Finanzbranche. Ein Ethik-Kodex, auf den sich Banken und Staat einigten, wäre aus seiner Sicht eine gute Lösung. In den Niederlanden muss jeder Banker bei Berufsantritt sogar schwören, fair zu handeln und die Gesetze einzuhalten.

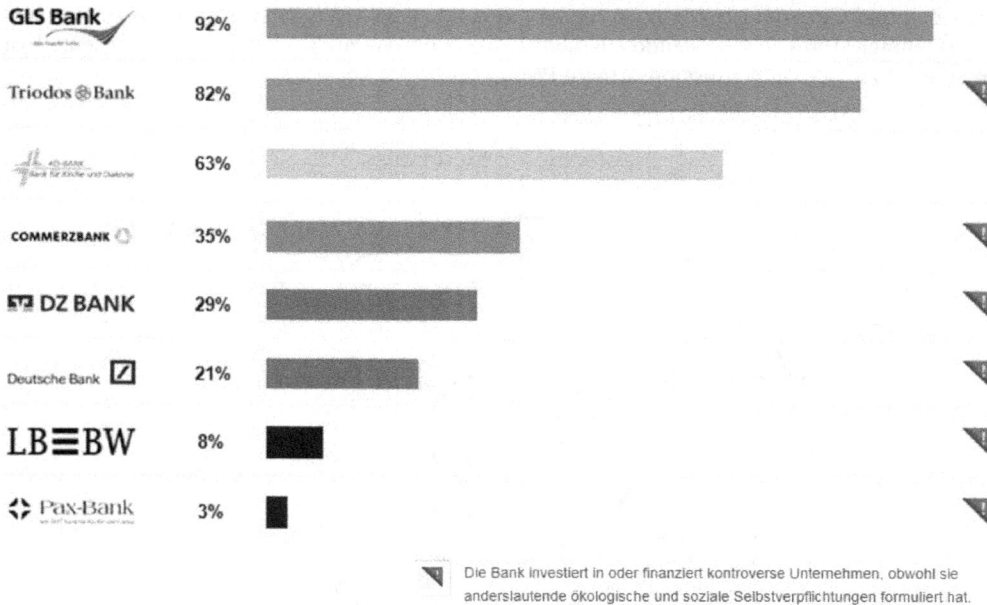

GLS Bank	92%
Triodos Bank	82%
KD-BANK Bank für Kirche und Diakonie	63%
COMMERZBANK	35%
DZ BANK	29%
Deutsche Bank	21%
LB≡BW	8%
Pax-Bank	3%

Die Bank investiert in oder finanziert kontroverse Unternehmen, obwohl sie anderslautende ökologische und soziale Selbstverpflichtungen formuliert hat.

Abb. 105:   Rangliste fairer deutscher Banken 2016 (www.fairfinanceguide.de, 10.6.2016)

Das Verbraucherportal „Fair Finance Guide Deutschland" bewertet seit 2016 Banken anhand von 240 Fairness-Kriterien die öffentlich zugänglichen Richtlinien und Regeln deutscher Banken hinsichtlich Nachhaltigkeit, Ethik und Fairness (www.fairfinanceguide.de, 10.6.2016). Die Bewertung führen die Nachhaltigkeitsbanken GLS Bank, Tridos Bank und KF-Bank an, die Pax-Bank findet sich allerdings auf dem letzten Platz (vgl. Abb. 105). Die Organisation erhofft sich mehr Transparenz und einen Fairness-Wettbewerb unter den Banken. Hier können auch Unternehmen nach fairen Partnern bei Finanzierungen Ausschau halten.

7.7   Anwohner und Nachbarn

Unternehmen treffen ihre Standortentscheidung auf Basis einer Kosten-Nutzen-Analyse, in die alle relevanten Faktoren zum Investitionszeitpunkt einfließen. Da viele Standorte vor Jahren oder gar Jahrzehnten gewählt wurden, können sich zwischenzeitlich einige der Rahmenbedingungen verändert haben. Häufig ist die Wohnbebauung dichter an die Firmen herangerückt oder Gesetze sowie gesellschaftliche Akzeptanz haben sich verändert. Dies bietet mögliche Konfliktfelder mit Stadtverwaltungen, Anwohnern bzw. Nachbarn der Betriebe.

In neuerer Zeit zeichnet sich ein Trend zur Re-Urbanisierung von Unternehmen ab, die ihre Standorte im ländlichen Raum aufgeben. Um den Unternehmen eine langfristige Perspektive zu bieten, muss die Standortanalyse heutzutage über eine reine Kostenkalkulation hinausgehen. Stattdessen sollte ein Unternehmen sinnvoll in sein Umfeld eingebettet sein und einen Mehrwert für alle Beteiligten in der Region schaffen.

In Ballungsräumen profitieren Unternehmen vom besseren Zugang zu Fach- und Führungskräften. Die Mitarbeiter haben in der Regel kurze Arbeitswege und profitieren von besseren Infrastrukturen. Die räumliche Nähe zu Dienstleistern oder Lieferanten spart den Unternehmen Zeit und Geld, Clusterregionen bieten einen intensiven Wissensaustausch zwischen den Unternehmen. Ein urbaner Standort ist jedoch auch mit Herausforderungen verbunden, etwa an eine effizientere und emissionsärmere Produktion.

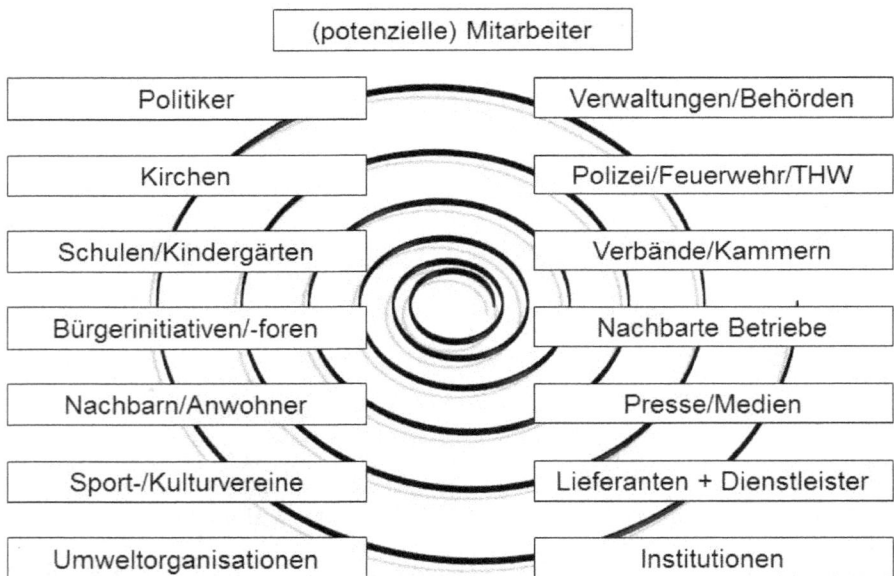

Abb. 106:   Stakeholder im direkten Unternehmensumfeld

Denn neben den Interessen der Unternehmen und ihren Mitarbeitern spielen Stadtverwaltungen, Lokalpolitiker, Bürgerinitiativen und Bürger, insbesondere die Nachbarn, eine wichtige Rolle. Diese und weitere Stakeholder (vgl. Abb. 106) sollten bei Standortentscheidungen bzw. Standorterweiterungen stets frühzeitig informiert und einbezogen werden, um Konflikten vorzubeugen. Beispiele für mangelhafte Kommunikation sind das Bahnprojekt Stuttgart 21, die Kohlenmonoxid-Leitung von Bayer, der Kali-Abwasserkanal von K+S und viele Flughafenerweiterungsprojekte. Vorbildlich verhält sich Bosch, das zu Betriebsbesichtigungen und Tagen der offenen Tür einlädt und dabei die Besucher nach ihren Vorstellungen zur Vermeidung von Belästigungen und zur Erwartung hinsichtlich des Umweltschutzengagements des Unternehmens befragt. Viele Stahlwerke, Müllverbrennungsanlagen, Kraftwerke oder Chemieunternehmen informieren die Anwohner regelmäßig über ihre Tätigkeiten, Umweltaktivitäten und mögliche Störfälle, um Akzeptanz zu schaffen, aber auch um rechtliche Auseinandersetzungen zu vermeiden.

Je besser die Menschen in der direkten Unternehmensumgebung z. B. über Geruchs- und Lärmbelästigung, Staubentwicklung oder erhöhtes Verkehrsaufkommen informiert sind, desto eher wird der Unternehmensstandort mit seiner Produktion akzeptiert. Den Befürchtungen der Bevölkerung hinsichtlich möglicher Emissionen, Gesundheitsrisiken oder Wertminderung der Häuser und Grundstücke ist stets verständnisvoll Beachtung zu schenken. Fair handelnde Unternehmen können ein kooperatives Verhältnis zu den Bewohnern und Bürgern erreichen wenn sie

- Konfliktpotenziale frühzeitig erkennen
- Nachbarschaftsinteressen erkunden und berücksichtigen
- Kontakte aufbauen
- Handlungsspielräume prüfen
- Unternehmensinternes Verständnis erzeugen
- Dialogangebote auswählen, anbieten und umsetzen
- Kompromisse erzielen

Passende Dialogangebote sind Betriebsbesichtigungen, Tage der offenen Tür, Informations- und Diskussionsveranstaltungen, Gesprächskreise und umfassende Mitarbeiterinformationen. Die öffentliche Kommunikation sollte eine aktuelle und offene Information der Presse, Nachbarschaftsinformationen oder -zeitungen, Präsenz auf lokalen Veranstaltungen, Informationen im Internet oder den sozialen Medien sowie gesellschaftliches/gemeinnütziges Engagement umfassen.

Etwa 80 % der deutschen Unternehmen fördern freiwillig gesellschaftliche Aktivitäten und Initiativen. Das regionale Umfeld ist traditionell Schwerpunkt des gesellschaftlichen Engagements deutscher Firmen, die zu fast drei Vierteln unterschiedliche Aktivitäten im lokalen Umfeld der Unternehmens- oder Betriebsstandorte unterstützen (s. auch Kap. 7.1 und Abb. 92). Gerade Familienunternehmen wie Oetker in Bielefeld oder Würth in Schwäbisch Hall sind leuchtende Beispiele für faires Engagement in der Region.

Unternehmen können solche Aktivitäten auf der Plattform „Charity-Label.com" darstellen und mit einem entsprechenden Label werben. Sie dokumentieren mittels solcher Aktivitäten ihre Verbundenheit mir den Standorten und bauen ein positives Image auf, das auch höhere Akzeptanz in der Bevölkerung und den politischen Gremien erzeugt. Gleichzeitig wirken Corporate Citizenship-Aktivitäten (vgl. Abb. 7) positiv auf Geschäftsbeziehungen in der Region und erleichtern die Gewinnung von Auszubildenden, Mitarbeitern und Führungskräften. Engagement verbunden mit Corporate Volunteering wirkt sinnstiftend und erhöht die soziale Kompetenz der Mitarbeiter.

7.8   Verbraucher- und Umweltschutzorganisationen, NGOs und Verbände

Allein in Deutschland wetteifern mehr als 600.000 Vereine und fast 25.000 Stiftungen um Aufmerksamkeit und Unterstützung der Bürger und Unternehmen. Ihre Zahl steigt jedes Jahr deutlich an, eine Sättigungsgrenze scheint derzeit nicht in Sicht. Üblicherweise handelt es sich dabei um Selbstzweck-Vereine, ideelle und Hilfe-Vereine. Sehr viele dieser Institutionen machen sich um das Gemeinwohl in der Bundesrepublik verdient und sind damit potenzielle Kooperationspartner fair handelnder Unternehmen.

Viele Vereine sind im Laufe der Jahre mitgliederstarke und einflussreiche Organisationen geworden. Sie haben eine große ökonomische Bedeutung und teilweise starken politischen Einfluss. Verbände, die gemeinsame Interessen vertreten, nicht gewinnorientiert und nicht von Regierungen oder staatlichen Stellen abhängig sind, bezeichnet man als Non-Governmental Organisations (NGO bzw. Nichtregierungsorganisationen/NRO). Dazu zählen u. a. Kirchen und Bürgerinitiativen, Gewerkschaften und Arbeitgeberverbände oder auch Sport- und Kulturvereine. Insbesondere für solche Organisationen, Vereine und Gruppen, die sich gesellschaftspolitisch engagieren, hat sich der Begriff NGO/NRO durchgesetzt. Ihre Betätigungsfelder finden sich vorrangig in der Gesellschafts- und Menschenrechtspolitik, der Entwicklungs- und Umweltpolitik sowie im Verbraucherschutz.

Wir leben gegenwärtig in einer von Ängsten geprägten Zeit, in der alte Systeme und Gewissheiten zerbrechen und neue Orientierungen noch nicht gefestigt sind. Zukunftsforscher Matthias Horx bezeichnet dies als „Endismus", als Angst vor einer Gefahr, die nicht real vorhanden ist. Mitten in wirtschaftlich stabilen Phasen scheint es immer mehr Pessimisten zu geben, ob es nun um Inflation oder Deflation, um Präkarisierung und Menschenrechte oder um Gift in der Nahrung oder andere apokalyptische Szenarien geht. Horx hält die Endismus-Theorien und -Erzählungen vor allem für eine Grundlage guter Geschäfte, denn angesichts eines angeblich bevorstehenden Desasters lasse sich viel Geld verdienen. Den Menschen werde mit Weltuntergangsszenarien Angst gemacht, um ihnen dann die sichere Rettung durch eigene (ideologische oder physische) Angebote zu versprechen.

Nach Schätzungen wurden inzwischen mehr als 25 % der deutschen Unternehmen Ziel von öffentlichen Angriffen einer Verbraucher-, Menschenrechts- oder Umweltorganisation, die medienwirksam ein bestimmtes unfaires Handeln anprangert (s. auch Kap. 7.2.). Ziel waren zunächst Großunternehmen wie Union Carbide oder Shell, doch trifft es neuerdings auch kleinere Unternehmen wie Hipp oder Ritter, wenngleich sich mancher Angriff später als Rohrkrepierer darstellt: Die Stiftung Warentest darf z. B. Ritter nicht mehr vorwerfen, es habe ein Vanillearoma irreführend gekennzeichnet. Trotz eines juristischen Siegs verzichtet Ritter auf eine Entschädigung für den entstandenen Image- und Umsatzschaden durch den negativen Test.

Viele Unternehmen rechnen angesichts der Konkurrenz der NGOs untereinander damit, dass solche Konfrontationen und plakativen Zuspitzungen eher zu- als abnehmen werden. So entschließen sich weitsichtige und fair handelnde Unternehmensführungen lieber zu einer Kooperation mit NGOs, um eine Win-Win-Situation für beide Partner zu erreichen. Solche Kooperationen verringern nicht nur das Konfrontationsrisiko durch den ausgewählten Kooperationspartner, sondern reduziert auch die Gefahren durch andere Organisationen. Der

WWF, UNICEF oder die Rain-Forest Alliance gelten als beliebte Kooperationspartner, da sie aufgrund der Stärke ihrer Marken eine besondere Wirkung in der Bevölkerung erzielen.

Der Fokus einer kooperativen Markenkommunikation zwischen einem Unternehmen und einer NGO liegt auf dem bilateralen Verhältnis sowie auf seiner Wirkung auf die Kunden und andere Stakeholder des Unternehmens und der NGO. Durch die Verknüpfung dieser Stakeholder-Netzwerke lassen sich Kooperationsvorteile generieren, da schnell auf Fairness-Erwartungen in der Öffentlichkeit reagiert werden kann. Die NGO erhält im Gegenzug hohe Spenden und kann durch die hohe Aufmerksamkeit von der gemeinsamen Markenkommunikation profitieren. Es entstehen also meist Win-Win-Situationen, wenn beide Partner fair miteinander umgehen.

Im Rahmen einer Kooperation erhält ein Unternehmen oft fachkundige Beratung und quasi einen Sparringspartner in Sachen Fairness. Dies kann zu verantwortungsvollerem Handeln im Unternehmen (Steigerung der Kompetenzen) führen und die Glaubwürdigkeit in der Öffentlichkeit steigern. Meist wirkt sich eine solche Kooperation mit NGOs positiv auf die moralische Legitimität und die Reputation der Unternehmen aus. Allerdings bestehen auch Risiken für Firmen, wenn die Reputation der NGO fragwürdig ist.

Der ADAC als Sprachrohr der Autofahrerinteressen musste 2014 zugeben, bei der Abstimmung für den Gelben Engel (beliebteste PKW) Teilnehmerzahlen um den Faktor zehn manipuliert zu haben. Ehrlichkeit und Transparenz waren beim ADAC wohl kein Thema – das führte zu einem erheblichen Vertrauensverlust. Einige Autokonzerne gaben ADAC-Preise zurück und reduzierten die Zusammenarbeit mit dem Verein. Später wurde klar, dass es nicht nur um gefälschte Preisverleihungen, sondern auch um Luxusflüge, uneinsichtige Funktionäre und mangelnde Compliance ging. 2016 scheint endlich ein Neuanfang zu gelingen.

Sogar Transparency International (TI) hatte 2015 ein Transparenzproblem: TI selbst fordert stets strenge Transparenzregeln für Staaten und Unternehmen. In der eigenen Organisation selbst galten diese offensichtlich im Jahr 2012 nicht – zumindest nicht bei der Finanzierung der TI Antikorruptionskonferenz (IACC) in Brasilia. Der brasilianische Staat und die deutsche GIZ förderten die Tagung mit fast drei Millionen Euro, eine umfassende Abrechnung der Zuschüsse, Tagungsbeiträge und Sponsorenmittel gibt es aber bisher nicht.

Auch UNICEF hatte vor ein paar Jahren ein Glaubwürdigkeitsproblem, als bekannt wurde, dass die Organisation „Drückerkolonnen" zum Werben von Spendengeldern eingesetzt hatte und die damit verbundenen Ausgaben nicht transparent machte. Es wurde damals auch von Untreue und mangelnder Finanzkontrolle gesprochen.

Eine Organisation geht allerdings auch ein Reputationsrisiko ein, wenn das kooperierende Unternehmen nicht fair handelt. So strich Transparency International Siemens von der Liste seiner Unterstützer, als schwarze Kassen und Bestechungsvorwürfe bekannt wurden. Auch möchte der NABU heute wohl nicht mehr an die Kooperation mit VW (zur Wiederansiedlung der Wölfe) erinnert werden.

Verbraucher- und Umweltorganisationen gelten überwiegend als ethisches Korrektiv. Allerdings stehen auch diese inzwischen in einem intensiven Wettbewerb um Mitglieder, Kooperationspartner oder Förderer. Offensichtlich aus Profilierungssucht hat Foodwatch beispielsweise den ernsthaften Versuch von Danone, die Ökobilanz von Joghurt-Bechern zu verbessern, torpediert. Weil ein Wert in der ansonsten verbesserten Ökobilanz schlechter wurde, wurde die Initiative von Danone öffentlich abgestraft. Dies führte dazu, dass die gesamte Lebensmittelbranche inzwischen ihre Entwicklungen zu verbesserten, nachhaltigen Verpackungen einstellte. Durch die kompromisslose Konfrontation wurden sämtliche Innovationen mit schrittweisen Verbesserungen abgewürgt. Stattdessen wäre eine Kooperation zwischen Foodwatch und Danone sinnvoll gewesen, um auf dem Weg zu einer ökologisch verbesserten Verpackung gemeinsam Fortschritte zu erzielen und andere Firmen zu ermutigen.

Auch die Kampagne von Greenpeace gegen Lego traf den Falschen. Weil es bei Lego (schon mehr als 50 Jahre) ein Shell-Logo auf den Tankstellensteinen gab, erstellte Greenpeace einen Trickfilm mit Lego-Männchen auf einer brennenden Bohrinsel und veröffentlichte diesen im Internet. Anstatt sich mit Shell auseinanderzusetzen, wurde der Spielzeughersteller in den Streit hineingezogen und in seiner Reputation geschädigt.

Andererseits ging schon vor einigen Jahren der Verband der Chemischen Industrie auf die Öko-Organisationen zu und stellte heraus, dass es ohne den gesellschaftlichen Druck viele Verbesserungen und Innovationen nicht gegeben hätte. Der Vorsitzende dankte sogar öffentlich der Ökobewegung dafür. Er wies darauf hin, dass es keinen Sinn mache, auf der technischen und wissenschaftlich-rationalen Seite im Recht zu sein, wenn es keine gesellschaftliche Akzeptanz gebe. Er forderte einen offenen und fairen Dialog zwischen Chemieindustrie und Gesellschaft.

Inzwischen kooperieren immer wieder Unternehmen mit gemeinnützigen NGOs und fördern deren Projekte, um einen Imagegewinn zu erzielen. Dabei ist die Form der sogenannten Cause Related Marketing besonders beliebt (vgl. auch Kap. 7.4.1), bei dem ein Teil der Verkaufserlöse gespendet wird. Die Kooperation von Krombacher mit dem WWF im Regenwaldprojekt ist sicherlich die bekannteste der Markenkooperationen, sie findet ihre Fortsetzung 2016 mit dem Artenschutzprojekt und den zusätzlichen Partnern Deutsche Umwelthilfe und NABU. Weitere ähnliche Kooperationen gab es zwischen Volvic und UNICEF, Chiquita und der Rainforst Alliance, Procter & Gamble und den SOS-Kinderdörfern sowie Ritter Sport und UNICEF.

Der Bericht Unternehmenskooperationen des WWF Deutschland für das Finanzjahr 2013-2014 gibt einen Überblick über die Unternehmenspartnerschaften des WWF Deutschland in diesem Zeitraum. Die finanziellen Mittel, die der WWF aus Partnerschaften mit Unternehmen erhält, werden in der Regel verwendet (www.wwf.de/zusammenarbeit-mit-unternehmen/, 12.6.2016)

- für die direkte Unterstützung von WWF-Naturschutzprojekten,
- zur Sensibilisierung der Öffentlichkeit für wichtige Herausforderungen des Natur- und Umweltschutzes und
- zur Finanzierung des Aufwands, der mit der Reduzierung des ökologischen Fußabdrucks von Partnerunternehmen verbunden ist. Die Aufwendungen, die dem WWF hierdurch entstehen, müssen die Unternehmen tragen, da diese – nach Auffassung des WWF – nicht aus Geldern privater Förderer bezahlt werden kann.

WWF-Partner sind u. a. dm, Wikinger Reisen, Mars und HORNBACH. Mit EDEKA besteht eine umfassende Partnerschaft zur Verringerung des ökologischen Fußabdrucks. Wesentlicher Bestandteil der Kooperation ist die Umstellung der für das EDEKA-Eigenmarkensortiment verwendeten Lebensmittel und Rohstoffe auf nachhaltigere Alternativen. Die gemeinsamen Aktivitäten konzentrieren sich auf Fisch und Meeresfrüchte, Holz, Papier sowie auf Produkte aus Zellstoff. Für jeden der Bereiche wurden konkrete Ziele vereinbart. So sollten bis Ende 2015 alle von EDEKA angebotenen Eigenmarkenprodukte, die aus genannten Materialien bestehen, sowie deren Verpackungen vorzugsweise in Recycling oder FSC-zertifizierter Qualität umgestellt werden. EDEKA hatte bereits 98 % des Eigenmarkensortiments mit Palmölbestandteilen auf nachhaltigere Quellen umgestellt.

In einer Untersuchung analysierte die Stiftung Warentest 2013 die Tier- und Umweltschutzorganisationen in Deutschland hinsichtlich ihrer Wirtschaftlichkeit, Transparenz, Organisation und Kontrolle. Der WWF, Atmosfair, der BUND, der Deutsche Tierschutzbund, Greenpeace und Provieh wurden als transparent und gut organisiert bewertet. Negative Bewertungen erhielten u. a. Peta, Tiere in Not und die Stiftung Pro Artenvielfalt.

Nach Berechnung des Deutschen Zentralinstituts für soziale Fragen (DZI) haben die privaten Haushalte in Deutschland 2015 etwa 6,73 Mrd. € an Geldspenden für gemeinnützige Zwecke geleistet. Das Spendenvolumen hat damit gegenüber 2014 (6,47 Mrd. €) nochmals deutlich zugenommen (+ 4,1 %).

Das DZI dokumentiert seit mehr als 100 Jahren Informationen über die soziale Arbeit in Deutschland. Dem praktischen Verbraucherschutz widmet sich die Spenderberatung des DZI. Sie informiert über die Seriosität von Spendenorganisationen und warnt vor unlauteren Praktiken. Das Institut verlieh sein Spenden-Siegel als wichtigstes Qualitätszeichen im deutschen Spendenwesen bisher an 232 gemeinnützige Organisationen. Diese ausgezeichnete Organisationen genießen ein gutes Ansehen und erhielten daher 2015 mehr als 1,4 Mrd. € Spenden.

Die VERBRAUCHER INITIATIVE e. V. hat Untersuchungen zum Thema „Umwelt- und Sozialverantwortung in Unternehmen" durchgeführt (www.nachhaltig-einkaufen.de/unternehmens-check/faqs2/faqs, 12.12.2015). Sie möchte die Verbraucher motivieren, mittels der Wahl nachhaltiger Unternehmen und Produkte ihre Macht über den Einkaufskorb auszuüben und damit einen nachhaltigen Konsum anzukurbeln.

Mit einer Übersicht nachhaltig handelnder Einzelhandels- und Herstellerunternehmen informiert die VERBRAUCHER INITIATIVE über engagierte Unternehmen. Mit dieser Liste (www.nachhaltig-einkaufen.de) der ausgezeichneten Unternehmen in den umsatzstärksten Branchen soll Verbrauchern Hilfestellung bei der Suche nach nachhaltigen Unternehmen geboten und Transparenz geschaffen werden.

Die VERBRAUCHER INITIATIVE untersuchte 2015 zum wiederholten Mal die sozialen und ökologischen Aktivitäten von Unternehmen anhand eines 350 Punkte umfassenden branchenspezifischen Kriterienkatalogs. Sie zeichnete 46 Hersteller- und Einzelhändler verschiedener Branchen für ihr CSR-Engagement aus. Die Übernahme gesellschaftlicher Verantwortung erfolgt aus ihrer Sicht auf unterschiedliche Weise. Dazu zählt die Gestaltung eines verbraucherfreundlichen Supermarkts für alle Generationen genauso wie die umweltfreundliche Optimierung logistischer Prozesse, die Vorbeugung und Abschaffung von Kinderarbeit oder die Entwicklung und Einführung innovativer Arbeitszeitmodelle.

Die vorliegende Projektdatenbank soll den Begriff CSR mit Leben füllen, das Handeln von Unternehmen transparenter machen und Verbraucher auf die vielfältigen CSR-Aktivitäten aufmerksam machen. Die guten Beispiele aus der Praxis sollen Nachahmer vor allem bei kleinen und mittelständischen Unternehmen inspirieren und weiteres nachhaltiges Engagement im Einzelhandel anstoßen (www.nachhaltig-einkaufen.de/gute-unternehmensbeispiele, 12.12. 2015). Betrachtet wurden dabei vorrangig die Bereiche:

- Lieferketten
- Arbeitsbedingungen und Qualifikation

- Nachhaltige Produktpolitik und Verbraucher
- Gesellschaftliches Engagement
- CSR

Unternehmen kooperieren aber nicht nur mit den bisher genannten Verbänden bzw. NGOs sondern auch mit vielen anderen Vereinen in den Bereichen Kultur, Soziales oder Sport. Gerade die Sportverbände erfreuen sich hoher Sponsoringausgaben der Unternehmen, die mittels ihres Engagements besonders glaubwürdig mit ihren Zielgruppen kommunizieren können. Statista schätzt das Sponsoringvolumen in Deutschland 2016 auf etwa 5,5 Mrd. € ein, davon entfallen auf Kultursponsoring ca. 300 Mio. €, auf Publicsponsoring 600 Mio. €, auf Mediensponsoring 1,1, Mrd. € und auf Sportsponsoring 3,5 rd. € (allein auf Fußball ca. 2,5 Mrd. €).

Nach den vielen Skandalen im Fußball muss diese Summe verwundern, denn wesentliche Sponsoren haben der FIFA gedroht, ihre Sponsoringverträge aufzukündigen, sollte sie die Struktur und Transparenz nicht verbessern. Die Korruptionsskandale der FIFA lasten schwer auf dem Image der Sponsoren. Aber auch die UEFA und der DFB scheinen von erheblichen Unregelmäßigkeiten betroffen zu sein und stellen für ihre Unterstützer ein Reputationsproblem dar. Ähnliches gilt für die Sponsoren des Radsports und der Leichtathletik, weil es dort zu massiven Dopingvergehen gekommen ist. In der Leichtathletik steht sogar der Ausschluss russischer Sportler von der Olympiade im Raum.

Offensichtlich ist der Leidensdruck noch nicht stark genug, dass Sponsoren wirklich ernst mit moralischem Handeln machen. Es wird immer ins Feld geführt, dass die Zuschauer der Sportveranstaltungen gedanklich sehr gut zwischen den Verfehlungen in den nationalen und internationalen Dachverbänden und den Leistungssportlern bzw. den Clubs trennen könnten. Derzeit scheinen die Vorteile für Sponsoren die Reputationsgefahren noch zu überwiegen. Allerdings sollten die Sponsoren endlich verstärkt Fairness, Compliance und Transparenz auch von den Funktionären in den Verbänden einfordern, damit ein schlechtes Image nicht doch auf die Kooperationspartner aus der Wirtschaft abfärbt. Fairness sollte Maßstab bei allen Vertragspartnern sein.

7.9   Wettbewerber

Wettbewerb ist aus ethischer Sicht zu bejahen, wenn es um ein Wetteifern um die besten
Lösungen und Angebote geht. Wichtig ist jedoch, wie die Beteiligten den Wettbewerb betrachten und untereinander gestalten: Sie können sich sich als Mitbewerber, Gegner oder eher
als Feinde sehen. Bei einer Gegnerschaft geht es vorrangig darum, sportlich zu gewinnen.
Man kann gewinnen ohne zu Feinden zu werden und akzeptiert auch, wenn der andere mal
gewinnt. Dies ermöglicht den Beteiligten lösungsorientierte Strategien und faires Handeln.

Ein fairer Wettbewerb unter Gegenspielern ist daher moralisch in Ordnung, ein Kampf gegen
Feinde birgt allerdings Risiken. Denn bei einer Feindschaft geht es meist darum, jemandem
Schaden zuzufügen und (endgültig) zu besiegen, vielleicht sogar zu vernichten. Dabei können alle strategischen und operativen Unternehmensentscheidungen durch destruktive Elemente dominiert werden. Manche Unternehmen oder Branchen sind leider strukturell eher
feindlicher organisiert und lassen daher kaum Raum für Fairness. Man spricht häufig von
gefüllten „Kriegskassen", „feindlicher Übernahme" oder „Übernahmeschlachten".

Wichtige Voraussetzungen für einen fairen Wettbewerb der Unternehmen sind:

- Gleiche ethisch-moralische Prinzipien der Wettbewerber
- Bereitschaft, diese Normen anzuerkennen und anzuwenden
- Verzicht auf unethische/unfaire Praktiken
- Menschenwürdige und lebensbejahende Grundhaltung
- Verankerung der Fairness-Werte in Unternehmenskultur und Leitbild
- Freiheit des Einzelnen, nach seinem Gewissen zu handeln

Einige Unternehmen streben jedoch keinen fairen Wettbewerb, sondern eine monopolartige
Stellung an, um ihre Marktmacht gegenüber ihren Kunden auszuspielen (oder diese sogar zu
missbrauchen). Insbesondere im Internet finden sich solch marktbeherrschende Firmen wie
Google, Facebook, YouTube, Ebay oder Microsoft. Diese Unternehmen wurden von den
Kartellbehörden schon mehrfach bestraft und aufgefordert, ihr Geschäftsgebaren zu ändern,
d. h. kundenfreundlicher und fairer zu gestalten. In monopolartigen Strukturen kommt es zu
überhöhten Preisen, eingeschränkten Angeboten oder zur Nötigung der Kunden, ihre Daten
zur Verfügung zu stellen. Dies fördert durch höhere Gewinne oder bessere Vermarktungs-
möglichkeiten die marktbeherrschende Stellung dieser Unternehmen noch weiter.

FairSearch.org ist eine Gruppe von Unternehmen und Organisationen aus der IT- bzw. Inter-
netwirtschaft, die sich für wirtschaftliches Wachstum, Innovationen und Wahlmöglichkeiten
im gesamten Online-Markt einsetzen. Ihr Ziel ist es, den Wettbewerb bei der Suche im Internet zu schützen und zu fördern. Diese Organisation richtet sich im Wesentlichen gegen die
marktbeherrschende Stellung von Google (www.fairsearcheurope.eu/de/kurzinfo-uber-fair-
search/, 15.5.2015).

FairSearch fordert, dass die Verbraucher und nicht die Suchmaschinen die Suchergebnisse
bestimmen sollten, da im Wettstreit stehende Anbieter mehr Innovationen, bessere Angebote
und mehr Transparenz garantieren. Wenn Suchmaschinenanbieter ihre Suchneutralität verletzen und Wettbewerber bewusst benachteiligen oder gar ausschließen, geschieht dies zum
Nachteil der Verbraucher. Keinem Unternehmen sollte es erlaubt sein, seine Dominanz bei der
Online-Suche auszunutzen, um Wettbewerber vom Markt auszuschließen. Da es nach Ansicht
von FairSearch deutliche Hinweise darauf gibt, dass Google sein Monopol bei der Online-

Suche missbraucht, um Wettbewerb zu verhindern, fordert die Organisation mehr Wettbewerb und Transparenz. Googles im Wettbewerb stehende Dienste und Angebote bieten einen besonderen Anreiz, Wettbewerber aus unabhängigen Webseiten zu verdrängen. Google konkurriert dabei mit Angeboten seiner Kunden, die beim Kundenkontakt von Google abhängig sind.

Auch Hubert Burda forderte als Präsident der Zeitungsverleger (VDZ) die Europäische Kommission auf, das Wettbewerbsverfahren gegen Google konsequent weiterzuführen, um einen faireren Wettbewerb im Internet zu ermöglichen. Seiner Auffassung nach werde es ihn nur dann geben, wenn Google seine eigenen Angebote nicht willkürlich bevorzugen darf. Also solle die EU-Kommission alle ihr zur Verfügung stehenden rechtlichen Instrumente nutzen, um Abhilfe zu schaffen (www.vdz.de/medienpolitik-singlenews/news/burda-erneuert-forderung-nach-fair-search/, 15.5.2015).

Im seit 2010 laufenden Kartellverfahren hatte Google im Frühjahr 2013 erste Zugeständnisse gemacht. Inzwischen wurde das Verfahren noch auf das Google-Betriebssystem Android für Smartphones und Tablets ausgedehnt, da Google die Hersteller zwinge, ein Paket mit elf Google-Apps vorzuinstallieren, die nicht gelöscht werden können. Auch müssten die Hersteller von Geräten mit Google-Diensten eine Vereinbarung unterschreiben, die ihnen verbiete, Geräte mit abgewandelten Android-Versionen zu verkaufen.

Das Internet scheint zwar für jeden offen, aber es garantiert nicht grundsätzliche Fairness für alle Nutzer und Konkurrenten. Es gibt beispielsweise auch Streit um Urheberrechte und Copyrights, aber auch um neue Geschäftsmodelle, die bisherige in Frage stellen. Die Verleger kämpfen deshalb gegen sogenannte „Adblocker" im Internet, die Werbung weitgehend ausblenden und damit bestehende kostenfreie Geschäftsmodelle torpedieren, die ausschließlich auf Werbeeinnahmen basieren. Letztendlich geht es aber immer um Kundendaten und -profile sowie Marktmacht, wie u. a. bei Addefend.

Im Internet fördern sogenannte Netzwerkeffekte große und marktmächtige Unternehmen, die große Datenmengen nutzen und dadurch einen Wettbewerbsvorsprung erlangen. Daher muss das Internet vor allem für neue Unternehmen und neue Geschäftsmodelle offen gehalten werden. Das bestehende Kartellrecht scheint dies nicht im gewünschten Maß sicherstellen zu können. Das Kartellamt fordert deshalb Ergänzungen beim Gesetz gegen Wettbewerbsbeschränkungen (GWG) im Hinblick auf die Beurteilung der internettypischen Austauschbeziehungen und Marktmachtfaktoren, und zwar hinsichtlich:

- direkter und indirekter Netzwerkeffekte
- Größenvorteile
- vorherrschender Nutzungsform und Differenzierungsgrad auf dem Markt
- Zugang zu Daten
- Innovationspotenzial digitaler Märkte

Mittels sogenannter Sektoruntersuchungen analysiert das Bundeskartellamt die Strukturen und Wettbewerbsbedingungen in bestimmten Wirtschaftszweigen. Dabei geht es darum, umfassende Kenntnisse über kritische Märkte zu gewinnen, aktuell z. B. in den Bereichen Krankenhäuser, Wälzasphalt und Lebensmitteleinzelhandel. Die Erkenntnisse sind wichtige Datengrundlage für weitere Verfahren des Bundeskartellamtes beispielsweise bei Fusionen. Das Kartellamt entscheidet jährlich in mehr als 1000 Fällen (vgl. Abb. 107). So untersagte das Kartellamt 2015 die Fusion von EDEKA und Tengelmann, da eine marktbeherrschende Stellung erreicht werde, die andere Firmen unfair benachteilige. Wirtschaftsminister Sigmar Gabriel ignorierte dies mit seiner Ministererlaubnis 2016. So wird EDEKA seine dominante Stellung im Lebensmittelein-zelhandel zulasten der Konkurrenten und Lieferanten weiter ausbauen.

Eine marktbeherrschende Stellung haben auch ehemals staatliche Monopolisten, wie bei-spielsweise die Telekom, die ihre Netze auch der Konkurrenz zur Verfügung stellen muss, oder Energieversorger, die ihre Netze sogar aus dem Unternehmen ausgliedern müssen, um einen Netzzugang der Wettbewerber zu ermöglichen. Ähnliches gilt für die Deutsche Bahn AG, die das Schienennetz ihren Konkurrenten zu marktüblichen Preisen anbieten muss (überwacht durch Bundesnetzagentur). Der unfaire Ausschluss der Bahn-Wettbewerber vom Ticketverkauf in Bahnhöfen wurde inzwischen vom Bundeskartellamt gestoppt. Ebenso wie die Bestpreisklausel des großen Hotelbuchungsportals Booking.com, das Hoteliers vor-schrieb, ihre Zimmer nicht günstiger als über dieses Internetportal anzubieten.

Manche Unternehmen scheuen sich nicht, den Wettbewerb durch Absprachen mit befreunde-ten Anbietern auszuhebeln. Dies geht immer zulasten der Kunden und meist auch der ausge-schlossenen Konkurrenten. Jährlich entscheidet das deutsche Kartellamt in etwa 10-15 Ver-fahren und verhängte zuletzt im Jahr 2014 Kartellstrafen in Höhe von mehr als 1,1 Mrd. € an beteiligte Unternehmen (vgl. Abb. 107). Weitere Strafen verhängt die EU-Kommission, wenn sie übernationale Kartelle aufdecken kann. Die höchste Geldbuße von knapp 1,4 Milliarden Euro wurde gegen ein Autoglas-Kartell verhängt, die höchste Einzelstrafe musste Intel mit fast 1,1, Mrd. € bezahlen, Microsoft wurde mit einer ähnlich hohen Geldbußen belegt.

Vom Bundeskartellamt verhängte Bußgelder
(Gesamtsumme in Mio. Euro pro Jahr)

Jahr	Wert
2005	163,9
2006	4,5
2007	313,7
2008	434,8
2009	297,5
2010	266,7
2011	189,8
2012	316,0
2013	240,0
2014	1.117,0

Fusionskontrolle: Entscheidungen des Bundeskartellamtes in 2014

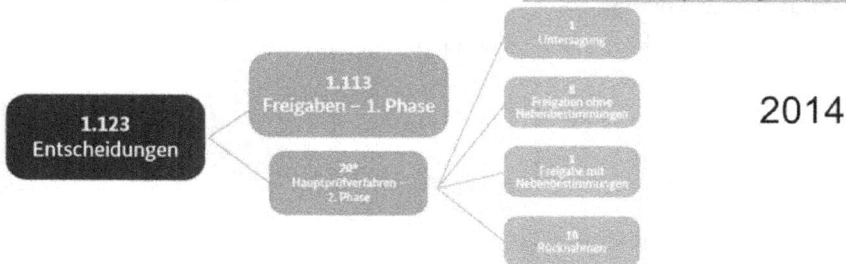

Ausgewählte Höchstbußgelder*

Kartellverfahren	Summe der verhängten Bußgelder in Euro	Jahr
Zement	400.000.000**	2003
Wurst	338.500.000	2014
Bier	338.000.000	2014
Zucker	281.700.000	2014
Flüssiggas	249.000.000	2007
Schienen	232.100.000	2013
Tondachziegel	188.100.000	2008
Kaffee	159.000.000	2009
Industrieversicherungen	151.400.000	2005
Brillengläser	115.000.000	2010

* Gerundete Werte. Wegen Rechtshängigkeit bei Gericht sind noch nicht alle Geldbußen rechtskräftig.
** Nach Urteil des BGH im Jahr 2013 insgesamt rechtskräftig gewordene Summe.

1.123 Entscheidungen

1.113 Freigaben – 1. Phase

29* Hauptprüfverfahren - 2. Phase

Untersagung

8 Freigaben ohne Nebenbestimmungen

1 Freigabe mit Nebenbestimmungen

16 Rücknahmen

2014

* 2014 wurden zwei weitere Zusammenschlüsse im Hauptprüfverfahren geprüft, die am 31. Dezember 2014 noch nicht abgeschlossen waren.

Abb. 107: Kartellamtsentscheidungen 2014 (www.bundeskartellamt.de/SharedDocs/Publikation/DE/ Jahresbe-richt/Jahresbericht_2014.pdf?__blob=publicationFile&v=5, 15.6.2016)

Solche Absprachen sind in oligopolistischen Märkten besonders leicht. Aber nicht jedem gleichgerichteten Verhalten liegt auch eine illegale Absprache zugrunde. So konnten der Ölindustrie bisher solche Absprachen nicht nachgewiesen werden, obwohl die großen Anbieter mit leichter zeitlicher Verzögerung die Preise gleichgerichtet anpassen. Das Kartellamt hat aber inzwischen ein Preisinformationssystem für Benzin und Diesel eingeführt, an das alle Tankstellen ihre Preisanpassungen melden müssen. Faire Unternehmen verzichten generell auf unlautere Absprachen und die Errichtung wettbewerbswidriger Kartelle.

Unfair ist es auch, wenn geistiges Eigentum nicht respektiert wird und Konkurrenten das Copyright, das Patentrecht, den Gebrauchsmusterschutz (Design) oder das Markenrecht verletzen. Meist verstoßen solche Firmen dann auch gegen das Lauterkeitsrecht des UWG (Gesetz gegen den unlauteren Wettbewerb). Fair handelnde Unternehmen respektieren das geistige Eigentum anderer und verstoßen nicht gegen Gesetze sowie die eigenen Compliance-Regeln. Die OECD hat den Schaden durch die Verletzung geistigen Eigentums im Jahr 2013 auf ca. 461 Mrd. US-$ geschätzt.

Allein 2014 hat der deutsche Zoll fast 6 Mio. gefälschte Produkte im Wert von etwa 140 Mio. € entdeckt. Die EU-Kommission beziffert den gesamten Handel mit gefälschten Waren in Europa auf 200 bis 250 Mrd. €. An den EU-Grenzen wurden allein 2011 etwa 115 Mio. Produkte im Wert von ca. 1,2 Mrd. € beschlagnahmt, zu etwa drei Vierteln aus China stammend. Fast ein Drittel dieser Güter war zudem gefährlich für die Sicherheit und Gesundheit der Verbraucher. So entstehen nicht nur Schäden für Wettbewerber, sondern vor allem für die Kunden, die unzulängliche Produkte erwerben.

Unfallgefahren entstehen beispielsweise durch:

- Einsatz und Verarbeitung minderwertiger Materialien
- Fehlende/unwirksame technische Schutzeinrichtungen
- Fehlende/unzureichende Gebrauchsanleitungen
- Fehlende/eingeschränkte Produktfunktionalität

Gesundheitsgefahren (bei Arzneien) können entstehen durch:

- Über- oder Unterdosierung der Wirkstoffe
- Giftige oder sonstig gesundheitsschädliche Inhaltsstoffe
- Nicht deklarierte Inhaltsstoffe
- Fehlende oder unzureichende Gebrauchsanweisungen

Finanzielle Risiken können entstehen durch:

- Einzug der Plagiate durch Behörden
- Nachträgliche Zoll- und Bußgelderhebung
- Nicht bestehende Gewährleistungsansprüche

Beim Deutschen Patent- und Markenamt wurden 2015 fast 67.000 Patente, annähernd 74.000 Marken, etwa 14.000 Gebrauchsmuster und rund 55.000 Designs angemeldet. Die Unionsmarke ermöglicht darüber hinaus einen einheitlichen Schutz für alle Mitgliedstaaten der

Europäischen Union. Für die Eintragung ist das Amt der Europäischen Union für geistiges Eigentum (EUIPO) in Alicante (Spanien) zuständig. Nach dem Madrider Markenabkommen (MMA) kann eine Marke bei der Weltorganisation für geistiges Eigentum (WIPO) eingetragen werden.

Beim EUIPO ist es kostenlos möglich, vor der Anmeldung nach Marken zu suchen, die mit der gewünschten Marke konkurrieren könnten, zumal es in der EU mehr als 10 Mio. eingetragene Marken gibt. Ein anderer Markeninhaber könnte der Anmeldung bei zu großer Ähnlichkeit widersprechen, daher sollte eine Markenkollision ausgeschlossen werden.

Der Aktionskreis gegen Produkt- und Markenpiraterie e.V. (APM) ist eine Gemeinschaftsinitiative des Deutschen Industrie- und Handelskammertages (DIHK), des Bundesverbandes der Deutschen Industrie (BDI) sowie des Markenverbandes, Er setzt sich seit 1997 für den Schutz geistigen Eigentums ein. Der APM fördert die Sensibilisierung der Öffentlichkeit und Politiker für die Bedeutung sowie den notwendigen Schutz geistigen Eigentums vor Produkt- und Markenpiraterie.

Da es mittlerweile kaum ein Produkt gibt, das nicht gefälscht wird, hat die Internationale Handelskammer ICC 2004 dieses weltweite Problem mit ihrer Initiative BASCAP (Business Action to Stop Counterfeiting and Piracy) aufgegriffen. Sie zielt darauf ab, das Bewusstsein der Öffentlichkeit für die Gefahren der Marken- und Produktpiraterie zu schärfen. Die länderübergreifende Zusammenarbeit beim Kampf gegen Markenpiraterie soll koordiniert sowie praktische Hilfestellungen für Unternehmen geleistet werden (www.iccgermany.de/produkt-und-markenpiraterie.html, 15.4.2014).

Und dennoch gibt es immer mehr Plagiate, auch im Inland. Jährlich verleiht die Aktion Plagiarius e.V. unter Schirmherrschaft des Verband Deutscher Industrie-Designer (VDID) den Negativpreis „Plagiarius" an Hersteller und Händler besonders dreister Nachahmungen. Die Verleihung findet jeweils im Rahmen einer internationalen Pressekonferenz der Konsumgütermesse „Ambiente" in Frankfurt statt, zuletzt im Februar 2016. Die jeweiligen, besonders unfairen Gewinner finden sich unter der Internetadresse www.plagiarius.de.

Die Aufdeckung von Wirtschaftskriminalität, wie die Produktpiraterie, aber auch Betrug, Geldwäsche, Untreue oder Korruption bedeutet für die betroffenen Unternehmen öffentliche Bloßstellung und einen herben Imageverlust. Umso mehr stellt sich die Frage, wie es zu solch kriminellen Handlungen kommen kann. Trotz einer Vielzahl von Sicherungsmaßnahmen finden sich immer wieder zu unfaires Verhalten oder Korruption, nicht selten durch die eigenen Mitarbeiter.

Die meisten dieser kriminellen Handlungen werden von Gelegenheits- oder Situationstätern begangen. Gelegenheitstäter nutzen zufällig erkannte Systemlücken aus Habgier, Frustration, mangelnder Loyalität oder sportlichem Ehrgeiz zu ihrem Vorteil. Situationstäter befinden sich meist in finanziellen Notlagen. Und die Wahrscheinlichkeit wirtschaftskrimineller Handlungen ist umso größer, je besser die Gelegenheit und je leichter die Rechtfertigungsmöglichkeit ist. Empirische Untersuchungen haben ergeben, dass nur etwa 25 % der Mitarbeiter generell ehrlich sind, weitere 25 % meist unehrlich und die anderen 50 % situationsabhängig handeln. Gerade diese Gruppe muss durch Fairnessrichtlinien, klare Verhaltensregeln und Kontrollmechanismen vom rechten Weg überzeugt werden. Verantwortlich für Fairness ist stets die oberste Führungsebene.

Auch Industriespionage und Konkurrenzausspähung, Sabotage oder Datendiebstahl zählen zu den kriminellen Machenschaften unfairer Konkurrenten, um an Betriebsgeheimnisse zu kommen, teilweise durch aktive Wirtschaftsspionage einiger Länder unterstützt. Hat ein Unternehmen einen konkreten Verdacht, dass Unternehmensdaten verschwinden, kann es sich beim Verfassungsschutz melden, der kostenlos hilft. Schätzungen der Universität Lüneburg beziffern das Gefahrenpotenzial der Wirtschaftsspionage für ganz Deutschland auf 50 Mrd. € pro Jahr, KPMG schätzt 80 Mrd. €, der VDI spricht von der doppelten Summe. Nach Erhebungen des Internet-Branchenverbandes Bitkom ist 2016 bereits jedes zweite Unternehmen Opfer digitaler Spionage, Sabotage oder Ladendiebstahl mit einem Schaden von mind. 50 Mrd. €.

KPMG gab 2010 an, dass 18 % der deutschen Mittelständler von Wirtschaftsspionage betroffen seien, vor allem Autozulieferer, Maschinenbauer und Softwarehersteller. Bedroht seien alle, die innovative Produkte herstellen. Verluste entstünden nicht nur durch gestohlene Konstruktionspläne, auch Kundendaten, Zuliefererkonditionen oder Kalkulationen seien begehrt. Die IT lasse sich absichern - Mitarbeiter aber kaum. So könnten Mitarbeiter auf Messen, bei Geschäftsbesuchen oder im Internet ausgehorcht werden. Laut KPMG-Studie sehen 61 % der Mittelständler ihre Mitarbeiter als größte Bedrohung der Unternehmenssicherheit an.

In einer Ernst&Young-Studie bekannten 2011 8 % der Unternehmen, dass sie Opfer von Spionage oder Datendiebstal geworden seien, 65 % erwarteten einen Anstieg der Bedrohung. Die Studie kommt zu dem Ergebnis, dass fast alle Daten gefährdet sind. Die Gefahr drohe vor allem durch Mitarbeiter (33 %), die meist finanzielle Ziele verfolgen oder aus Rache handeln. Manche Mitarbeiter machten sich mit Konstruktionsplänen oder Kundendaten selbständig. Ernst&Young beziffert den Schaden in Deutschland auf mehr als 20 Mrd. € jährlich. Ein spektakulärer Fall wurde 2007 bekannt, als eine Mitarbeiterin von Coca-Cola vertrauliche Dokumente an den Konkurrenten Pepsico verkaufen wollte, von diesem aber angezeigt wurde.

Das beste Mittel, Spionage oder Datenmissbrauch durch eigene Mitarbeiter zu verhindern, ist eine faire Unternehmenskultur und ein Vorleben von Fairness und Moral durch die Führungskräfte eines Unternehmens. Insbesondere durch zugewandte Personalführung können Frustration, Kränkung, Benachteiligung und innere Kündigung der Mitarbeiter verhindert werden. Viele Risiken lauern auch im tagtäglichen Geschäft, sie lassen sich organisatorisch durch vorsorgendes Handeln vermeiden:

- Risikostrategie entwickeln und stets aktuell halten
- Umfassendes Gesamtbild der Gefährdungslage (extern/intern) erstellen und Risiken und Risikosituationen realistisch einschätzen
- Risikoprävention implementieren
- Risikomanagement aufbauen, dass weder auf alten Daten basiert noch mit Durchschnittwerten arbeitet
- Einfache Lösungen und Strukturen finden, um Intransparenz zu vermeiden
- Risikokommunikation aufbauen, die die richtigen Informationen zum richtigen Zeitpunkt den richtigen Empfängern bereitstellt
- Notfallpläne vorbereiten
- Sensibilisierung für Risiken fördern und Wachsamkeit schärfen

8   Angewandtes faires Marketing

In Kapitel 6 und 7 wurden die vielfältigen Stakeholder-Beziehungen der Unternehmen dargestellt, sicherlich gibt es noch weitere, die für einige Firmen besondere Relevanz haben. Auf jeden Fall wird deutlich, dass eine Reduzierung auf die unbestritten sehr wichtigen Kundenwünsche allein nicht mehr ausreichend ist. Die gestiegenen Anforderungen an ein faires unternehmerisches Handeln sowie die heterogenen Informationsbedürfnisse der einzelnen Stakeholdergruppen erfordern eine intensive Kommunikation über Fairness und die gesellschaftliche Verantwortung als Grundlage jeder Beziehung.

Sämtliche Anspruchsgruppen fordern mit steigendem Nachdruck von den Unternehmen, gesellschaftliche Verantwortung zu übernehmen und fair zu agieren, dieses Engagement aktiv in unternehmerische Entscheidungen einzubeziehen und auch öffentlich zu darzustellen. Der Nutzen für alle relevanten Stakeholder ist daher klar herauszustellen und zu kommunizieren. Nur dann wird es Unternehmen möglich sein, ihr authentisches und faires Engagement in der Öffentlichkeit deutlich und glaubhaft zu machen.

Fair handelnde Unternehmen müssen ihre Kommunikation stark auf die Bedürfnisse und Erwartungen der Geschäftspartner abstellen und wegen der zunehmenden Transparenz im Web 2.0 neue Kommunikationsstrategien entwickeln, um dem wachsenden Interaktionsbedürfnis ihrer Stakeholder in den sozialen Medien gerecht zu werden. Eine dialogorientierte und tolerante Kommunikation mit dem Ziel einer hohen Glaubwürdigkeit ist Grundvoraussetzung einer nachhaltig erfolgreichen Stakeholder-Beziehung und fairen Marketings.

Im Wettbewerb um eine gute Reputation zählt vorrangig die Glaubwürdigkeit, um den Verdacht eines Greenwashings gar nicht aufkommen zu lassen. Um die erwünschten positiven Effekte auf die Marke und das Image zu erreichen bedarf es eines glaubhaften Performance-Perception-Fits. Die Fairness-Kommunikation sollte demnach möglichst offen und transparent sein, individuelle und zielgruppenadäquate Informationen je nach Stakeholdergruppe aufbereiten und eine interaktive und dialogorientierte Beziehung zu den jeweiligen Anspruchsgruppen (Stakeholder Involvement) aufbauen. Dabei sind die präferierten Dialog-Kanäle der Stakeholder zu wählen und vielfältige Kontaktmöglichkeiten zum Unternehmen zu schaffen.

Marketing wird dem Anspruch nach Fairness dann gerecht, wenn es die Bedürfnisse aller Stakeholder nach Fairness, Nachhaltigkeit, Verantwortlichkeit und Transparenz erfüllt. Faires Marketing sollte darauf setzen, nicht zu übertreiben oder gar Unwahrheiten zu kommunizieren, Skandale zu vermeiden und auch in Krisen offen und transparent zu informieren. Dazu bedarf es eines soliden Krisenmanagements (s. Kap 7.9) einschließlich einer gut vorbereiteten und professionell durchgeführten Krisenkommunikation. Grundelemente sind hier Seriosität, Glaubwürdigkeit, Ehrlichkeit, Transparenz und Offenheit (vgl. Abb. 108).

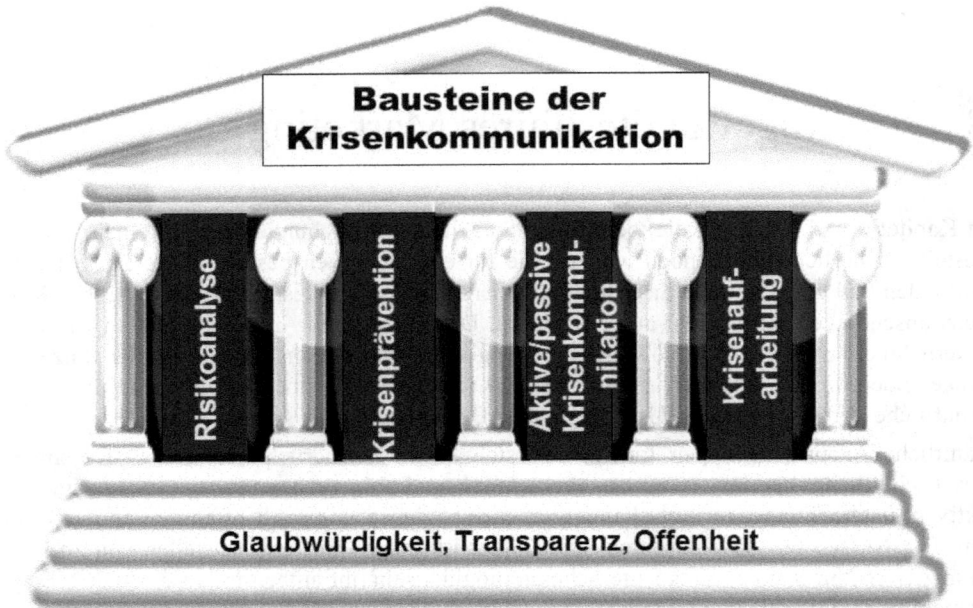

Abb. 108:   Vier Bausteine erfolgreicher Krisenkommunikation

Faires Marketing sollte die Anstrengungen der Unternehmen authentisch darstellen, Stake-holder frühzeitig mit einbeziehen und das Thema Fairness emotionalisieren. Starke Marken können glaubwürdig als Fairness-Botschafter genutzt werden, Fairness-, Umwelt- oder Nachhaltigkeitssiegel dabei helfen, wenn diese extern geprüft und zertifiziert sind. Denn Gütesiegel steigern nach Erkenntnissen einer Studie der Dr. Grieger & Cie. Marktforschung aus 2016 (www.grieger-cie.de/studien.html, 23.6.2016) die Kauf- und Preisbereitschaft, wenn transparente und glaubwürdige Prüfkriterien zugrunde liegen.

Immer mehr Verbraucher möchten bewusst nach Qualitätskriterien und ethischen Maßstäben auswählen. Da es ihnen jedoch nicht möglich, Lieferketten, Herstellungsprozesse oder die faire Einstellung selbst zu testen, finden 43 % der Deutschen ein Siegel hilfreich, wenn es die gewünschten Eigenschaften garantiert. Doch wer diese vergibt und wofür sie stehen, ist den Konsumenten oft nicht klar, daher lehnen 17 % der Bevölkerung solche Siegel auch ab (vgl. Abb. 109).

Bekannte Siegel erzielen eine bessere Wirkung, allen voran das Zeichen der Stiftung Waren-test (Bekanntheitsgrad 96 %), das Deutsche Bio-Siegel (90 %) und das TÜV Süd-Siegel (89 %). Siegel, die von Umweltorganisationen oder staatlichen Institutionen vergeben werden, genießen ein höheres Vertrauen als die von Unternehmen selbstkreierten. Bekannte Siegel wirken sich positiv auf die vermutete Warenqualität aus und führen zu einer um 4,2 % höhere Kaufwahrscheinlichkeit für zertifizierte Angebote. Wenn den Käufern die Prüfkriterien genau bekannt sind, steigt auch deren Preisbereitschaft um 2,3 % an (www.grieger-cie.de/studien. html, 23.6.2016).

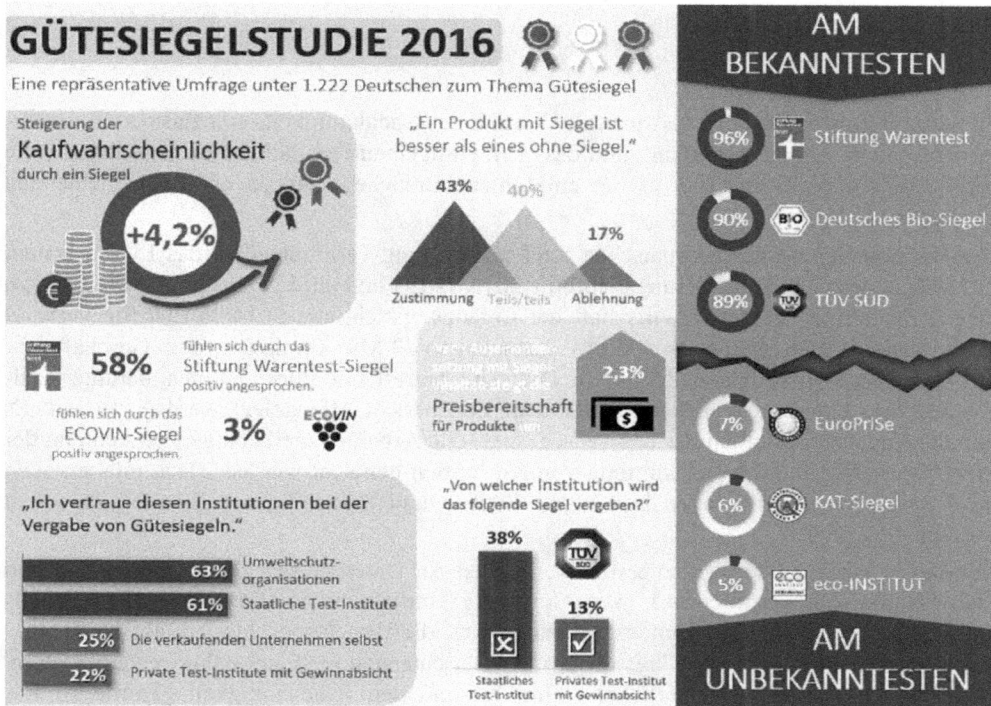

GÜTESIEGELSTUDIE 2016

Eine repräsentative Umfrage unter 1.222 Deutschen zum Thema Gütesiegel

Steigerung der **Kaufwahrscheinlichkeit** durch ein Siegel

+4,2%

58% fühlen sich durch das Stiftung Warentest-Siegel positiv angesprochen

fühlen sich durch das ECOVIN-Siegel **3%** positiv angesprochen

„Ein Produkt mit Siegel ist besser als eines ohne Siegel."

43% 40%

17%

Zustimmung Teils/teils Ablehnung

Preisbereitschaft für Produkte **2,3%**

„Ich vertraue diesen Institutionen bei der Vergabe von Gütesiegeln."

63% Umweltschutz-organisationen
61% Staatliche Test-Institute
25% Die verkaufenden Unternehmen selbst
22% Private Test-Institute mit Gewinnabsicht

„Von welcher Institution wird das folgende Siegel vergeben?"

38%

13%

Staatliches Test-Institut | Privates Test-Institut mit Gewinnabsicht

AM BEKANNTESTEN

96% Stiftung Warentest
90% Deutsches Bio-Siegel
89% TÜV SÜD
7% EuroPriSe
6% KAT-Siegel
5% eco-INSTITUT

AM UNBEKANNTESTEN

Abb. 109: Gütesiegel schaffen Vertrauen (www.grieger-cie.de/studien.html, 23.6.2016)

Als Basis für sein CSR-Siegel hat das „forum anders reisen" bereits 2009 gemeinsam mit der Kontaktstelle für Umwelt und Entwicklung Stuttgart (KATE e.V.) und dem Evangelischen Entwicklungsdienst (EED e.V.) einen Leitfaden mit Kriterien zur CSR-Berichterstattung im Tourismus entwickelt. Der Berichtsstandard für Reiseveranstalter war der erste Standard im Tourismus überhaupt und diente als Basis einer Zertifizierung. Bei den Kennzahlen setzte das Forum auf die Standards der internationalen Managementsysteme EMAS und ISO, beim CSR-Berichtswesen auf die anerkannte Global Reporting Initiative.

Bei der Zertifizierung ist eine externe unabhängig CSR-Berichtsprüfung auf der Grundlage der Richtlinie der gemeinnützigen Zertifizierungsstelle TourCert. Bei erfolgreicher Prüfung wird das Siegel vergeben. Zehn der etwa 280 Kriterien und Kennzahlen, die von jedem Unternehmen erhoben werden, gelten als Kernindikatoren (http://forumandersreisen.de/ueber-uns/csr-zertifizierung/, 10.11.2015):

- CO_2-Emissionen pro Gast/Tag
- CO_2-Emissionen im Unternehmen pro Mitarbeitendem
- Anteil des Reisepreises, der als lokale Wertschöpfung ins Reiseland fließt
- Qualität der Kundeninformation
- Kunden-Zufriedenheitsindex (mit Rücklaufquote)
- Zufriedenheitsindex der Mitarbeitenden
- Umsatzrendite
- CSR Index Partneragenturen

- CSR Index Unterkünfte
- CSR Index Reiseleitung

Es wird oftmals bemängelt, dass man die Vielfalt der Nachhaltigkeits-, Sozial oder Fairness-Berichte nicht vergleichen könne und dass keine allgemeinverbindliche externe Instanz die Inhalte überprüfe. Bisher gibt es nur empfohlene Branchenlösungen ohne verpflichtenden Charakter.

Zur Harmonisierung der europäischen Rechnungslegung verabschiedete das EU-Parlament 2013 die sogenannte Bilanzierungsrichtlinie 2013/34/EU und ein Jahr später als Übergang zu einer nachhaltigen globalen Wirtschaft die Ergänzungsrichtlinie 2014/95/EU. Sie verlangt von größeren Unternehmen (ab 500 MA, Umsatz von 40 Mio. €), dass ab dem Geschäftsjahr 2017 bestimmte nichtfinanzielle und die Diversität betreffende Informationen, darunter soziale und umweltbezogene Faktoren, mit dem Lagebericht offengelegt werden müssen. Es müssen Angaben bezüglich der Umwelt-, Sozial- und Arbeitnehmerbelange, der Achtung der Menschenrechte und der Bekämpfung von Korruption gemacht werden. Dazu müssen auch im Zusammenhang mit diesen bestehende Risiken und Due Diligence Prozesse dargelegt werden.

Mit diesen Vorschriften werden erstmals Angaben der Unternehmen zur Nachhaltigkeit und Fairness EU-weit verpflichtend, wenngleich die Umsetzung bis Dezember 2016 jeweils national geregelt wird. Die Bundesregierung plant, die Berichtspflicht auch auf Kundenbelange auszudehnen, will allerdings die Art der Berichterstattung nicht näher reglementieren. Die Möglichkeit zur Veröffentlichung eines gesonderten (Nachhaltigkeits-/Fairness-) Berichts soll vorgesehen werden.

Berichtspflichtige Umweltbelange könnten beispielsweise Angaben zu CO_2-Emissionen, Wasserverbrauch oder Luftverschmutzung, zur Nutzung erneuerbarer Energien oder Angaben zum Schutz der Biodiversität sein. Bei den Arbeitgeberbelangen könnte es um Arbeitsbedingungen, Frauenrechte, Gleichstellung, Gesundheitsschutz, Arbeitssicherheit oder Gewerkschaftsrechte gehen. Freiwillig kann jedes Unternehmen auch weitere Bereiche darstellen, was fair handelnde Unternehmen sicherlich nutzen werden, um ihr Engagement umfassend darzustellen. Der Staat und andere Stakeholder erwarten, dass langfristige Rentabilität mit sozialer Gerechtigkeit, Nachhaltigkeit, Umweltschutz und Fairness einhergeht.

Der Rat für nachhaltige Entwicklung hat mit dem Deutschen Nachhaltigkeitskodex (DNK) ein Instrument für Unternehmen aller Rechtsformen geschaffen, welches Transparenz über die Nachhaltigkeitsaktivitäten herstellt. So werden Qualitätsvergleiche ermöglicht, denn mit der DNK-Entsprechenserklärung berichten Unternehmen über die 20 qualitativen Kodex-Kriterien (vgl. Abb. 22) und ergänzend über 28 Leistungsindikatoren der Global Reporting Initiative (GRI) bzw. 16 der European Federation of Financial Analysts Societies (EFFAS). Damit können gleichzeitig die gesetzlichen Anforderungen ab 2017 erfüllt werden, wobei sich der Standard auch für mittelständische Unternehmen anbietet, da er einen einfachen Ansatz wählt (www.deutscher-nachhaltigkeitskodex.de/de/startseite.html, 23.6.2016).

Als ein weltweit anerkannter Standard zur nachhaltigen Berichterstattung haben sich die Vorgaben der GRI erwiesen. Die GRI-Leitlinien (GRI Guidelines) sind in einer Kooperation von hunderten Unternehmen, Investoren, Ratingagenturen, Wirtschaftsprüfern, Verbänden, Gewerkschaften, Nichtregierungsorganisationen (NGOs) und Wissenschaftlern entstanden und werden kontinuierlich weiterentwickelt. GRI wurde als gemeinnützige Multi-

Stakeholder Stiftung 1997 von der gemeinnützigen US-amerikanischen Organisation CERES und dem Umweltprogramm der Vereinten Nationen UNEP gegründet. Inzwischen verlegte GRI seinen Hauptsitz nach Amsterdam. Dort befindet sich die Geschäftsstelle, zusätzlich gibt es Regionalbüros in verschiedenen Teilen der Welt.

Berichtsrahmen und Leitfaden legen die Prinzipien und Indikatoren dar, die Organisationen nutzen können, um ihre Fairness-Performance zu messen (vgl. Abb. 110). Gleichzeitig wird eine standardisierte, vergleichbare Darstellung der gesellschaftlich relevanten Leistungen des jeweiligen Unternehmens für die unterschiedlichen Anspruchsgruppen möglich. Aus diesem Grund nutzen weltweit mehr als 5000 Unternehmen und Organisationen aus über 70 Ländern die Vorgaben der GRI. Auch die meisten Dax-Konzerne und kleine deutsche Firmen orientieren sich bei ihren Nachhaltigkeitsberichten daran.

Kategorie	Wirtschaftlich	Ökologisch
Aspekte [III]	• Wirtschaftliche Leistung • Marktpräsenz • Indirekte wirtschaftliche Auswirkungen • Beschaffung	• Materialien • Energie • Wasser • Biodiversität • Emissionen • Abwasser und Abfall • Produkte und Dienstleistungen • Compliance • Transport • Insgesamt • Bewertung der Lieferanten hinsichtlich ökologischer Aspekte • Beschwerdeverfahren hinsichtlich ökologischer Aspekte

Kategorie	Gesellschaftlich			
Unter-kategorien	Arbeitspraktiken und menschenwürdige Beschäftigung	Menschenrechte	Gesellschaft	Produktverantwortung
Aspekte [III]	• Beschäftigung • Arbeitnehmer-Arbeitgeber-Verhältnis • Arbeitssicherheit und Gesundheitsschutz • Aus- und Weiterbildung • Vielfalt und Chancengleichheit • Gleicher Lohn für Frauen und Männer • Bewertung der Lieferanten hinsichtlich Arbeitspraktiken • Beschwerdeverfahren hinsichtlich Arbeitspraktiken	• Investitionen • Gleichbehandlung • Vereinigungsfreiheit und Recht auf Kollektivverhandlungen • Kinderarbeit • Zwangsarbeit oder Pflichtarbeit • Sicherheitspraktiken • Rechte der indigenen Bevölkerung • Prüfung • Bewertung der Lieferanten hinsichtlich Menschenrechte • Beschwerdeverfahren hinsichtlich Menschenrechtsverletzungen	• Lokale Gemeinschaften • Korruptionsbekämpfung • Politik • Wettbewerbswidriges Verhalten • Compliance • Bewertung der Lieferanten hinsichtlich gesellschaftlicher Auswirkungen • Beschwerdeverfahren hinsichtlich gesellschaftlicher Auswirkungen	• Kundengesundheit und -sicherheit • Kennzeichnung von Produkten und Dienstleistungen • Marketing • Schutz der Kundendaten • Compliance

Abb. 110:   Kategorien und Aspekte der GRI-Leitlinien G4 (www.globalreporting.org/resourcelibrary/German-G4-Part-One.pdf, 23.6.2016)

Die GRI-Leitlinien zur Nachhaltigkeitsberichterstattung werden regelmäßig überprüft, um die beste und aktuellste Orientierungshilfe für eine effektive Berichterstattung zu bieten, die aktuelle Fassung G4 wurde 2013 fertiggestellt und wird zunehmend von den Unternehmen in ihrer Fairness-Berichterstattung genutzt. Der neue Ansatz der „Wesentlichkeit" gewährleistet, dass Berichte an Relevanz, Glaubwürdigkeit und Benutzerfreundlichkeit für alle Stakeholder gewinnen. G4 ist auf allgemeine Anwendbarkeit durch große und kleine Organisationen auf der ganzen Welt ausgelegt. Die GRI hat zehn branchenbezogene Zusätze (Sector Supplements) veröffentlicht, die mit den früheren Leitlinien G3 und G3.1 kompatibel sind. Die branchenbezogenen Zusätze wurden inhaltlich neu strukturiert und in GRI-Branchenangaben umbenannt, um mit G4 zusammen verwendet werden zu können.

Die Version G4 enthält Verweise auf allgemein anerkannte und gängige themenspezifische Dokumente und schafft einen konsolidierten Rahmen für die Berichterstattung anhand verschiedener Kodizes und Normen der Nachhaltigkeit. Dort werden auch Gemeinsamkeiten mit den zehn Prinzipien des Global Compact der UN (2010), den Leitprinzipien für Wirtschaft und Menschenrechte der Vereinten Nationen sowie der OECD dargelegt (www.globalreporting. org/resourcelibrary/German-G4-Part-One.pdf, 23.6.2016).

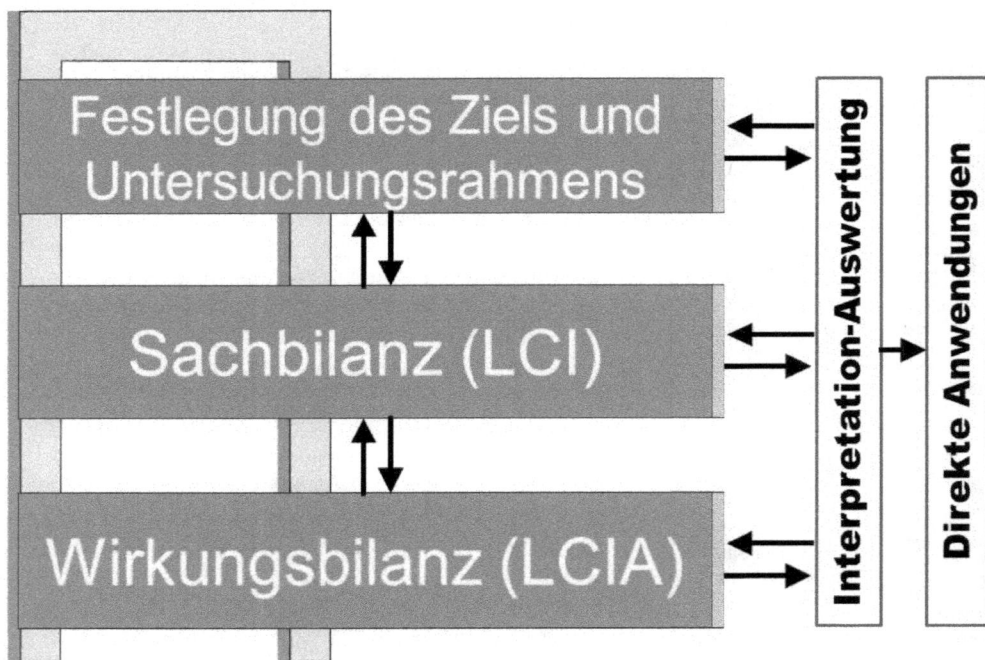

Abb. 111:   Rahmen einer Produkt-Ökobilanz nach DIN ISO 14040-14044 (Deutsches Institut für Normung e.V. (DIN), 2006)

Das Institut für ökologische Wirtschaftsforschung (IÖW) und die Unternehmensvereinigung future e.V. bewerten die Nachhaltigkeitsberichte großer und mittelständischer Unternehmen und erstellen seit 1994 ein Ranking, das 2015-2016 zum neunten Mal erfolgt. Es ist eine der weltweit ersten Kriterien-gestützten Bewertungen von Fairness-Berichten und wird in seiner unabhängigen Arbeit von öffentlichen Institutionen unterstützt. Im letzten Ranking überzeugten bei den Großunternehmen BMW, Siemens und BASF, bei den kleinen und mittelständischen Unternehmen Neumarkter Lammsbräu, Memo und die Bremer Straßenbahn AG (www.ranking-nachhaltigkeitsberichte.de/die-besten-berichte.html, 25.6.2016).

Die Deutsche Börse AG (deutsche-boerse.com/dbg-de/nachhaltigkeit/reporting, 23.6.2016) berichtet beispielsweise nach den Regeln des International Integrated Reporting Council (IIRC) und zusätzlich nach den Standards der GRI, des DNK und der ESG-Kennzahlen (Environmental, Social and Governance). Die Deutsche Börse fordert eine nicht-finanzielle Berichterstattung von den börsennotierten Unternehmen und arbeitet deshalb nicht nur in internationalen Gremien mit, sondern erstellt eigene Berichte nach diesen Standards. So liefert sie Kennzahlen zum Umweltmanagement (Ökobilanz, vgl. Abb. 111), zur Belegschaft, Arbeitgeberleistungen, gesellschaftlichem Engagement sowie zu Unternehmensführungsaspekten (Governance).

Bei der BMW AG gibt es einen umfangreichen Bereich „Verantwortung" (www.bmwgroup.com/de.html, 25.6.2016), in dem folgende Aktivitäten angesiedelt sind:

- Stakeholder Engagement: BMW Group Dialogue, Student Forum
- Nachhaltiges Wirtschaften
- Produktverantwortung
- Konzernweiter Umweltschutz
- Lieferantenmanagement
- Mitarbeiter
- Gesellschaftliches Engagement, Soziales Engagement: Kultur, Stiftungen
- Gesprächsthema Verantwortung
- Sustainable Value Report (Ausgabe 2015 unter: www.bmwgroup.com/content/dam/bmw-group-websites/bmwgroup_com/responsibility/downloads/de/2015/BMW_SVR_2015_RZ_DE.pdf).

Der Nachhaltigkeitsbericht von BMW basiert auf den G4-Kennzahlen des GRI und nimmt Stellung zu den fundamentalen Bereichen Kundenzufriedenheit, Stakeholderengagement, Verankerung der Nachhaltigkeit, Compliance und Menschenrechte. Ein eigenes Kapitel widmet sich den Mitarbeiterthemen Gesundheit und Leistungsfähigkeit, Vielfalt und interkulturelle Verständigung. In den Rubriken Produkte und Produktion geht es um Ressourcenverbrauch und -effizienz, erneuerbare Energien, Lieferkette und CO_2-Emissionen.

Die „Specification for the assessment of the life cycle greenhouse gas emissions of goods and services" (PAS 2050) ist eine Norm zur Bestimmung der CO_2-Bilanz eines Produkts oder einer Dienstleistung. Ziel ist es, einen einfachen und vergleichbaren Standard zu schaffen, um die CO_2-Bilanzen miteinander vergleichbar zu machen. PAS entstand auf Initiative des Carbon Trusts und des britischen Department for Environment, Food and Rural Affairs und war die erste Norm für die CO_2-Bilanz eines Produktes, die mittlerweile weltweit verbreitet ist.

Die Umsetzung der PAS 2050 kann Unternehmen dabei helfen, Treibhausgas-Emissionen der Produktionsanlagen und der Zulieferer zu kontrollieren, die Verwendung von Rohstoffen zu reduzieren und vermehrt CO_2-sparende Lieferanten einzusetzen. So lassen sich auch Kundenerwartungen erfüllen, um das Verbrauchervertrauen durch veröffentlichte Konformitätserklärungen und die Kommunikation positiver Ergebnisse zu gewinnen (unabhängige Kennzeichnungen für Marketing- und Kommunikationszwecke).

Die Deutsche Vereinigung für Finanzanalyse und Asset Management (DVFA) entwickelt schon seit fast zehn Jahren Schlüsselkriterien für die Bereiche Umwelt, Soziales und Unternehmensführung/Governance (ESG), um Nachhaltigkeitsberichte und Lageberichte der Unternehmen den Erfordernissen von Investoren, Finanzanalysten und Kreditgebern anzupassen. Die sogenannten „Key Performance Indicators" (ESG-KPI) stellen Aspekte dar, die einen materiellen Einfluss auf die Lage und Entwicklung der Geschäftsergebnisse entfalten können. Die DVFA sieht es als Pflicht der Unternehmen an, über alle entscheidenden und quantifizierbaren Nachhaltigkeitsrisiken, Chancen und Leistungen zu berichten. Standardisierte Angaben erleichtern eine transparente und nachvollziehbare Information (www.nachhaltigkeit.info/ artikel/dvfa_schluesselkriterien_zur_nachhaltigkeit_esg_k_1630.htm, 24.6.2016).

Gab es zunächst 25 branchenübergreifende ESG-KPI, gibt es inzwischen die dritte Generation (ESG-KPI 3.0) mit zusätzlichen mehr als einhundert branchenspezifischen Kriterien. Die ESG-KPI betreffen zum Beispiel Umweltverträglichkeit, Nutzung erneuerbarer Energiequellen, Gesundheit und Sicherheit von Produkten, Fehlquoten bei Mitarbeitern, Belegschaftsänderungen infolge von Umstrukturierungen oder Korruption. Die meisten KPI bilden Risiken ab, die für Investoren eine wichtige Rolle spielen. Zusätzlich es gibt Kriterien für Zukunftsfähigkeit, Kundenzufriedenheit oder Umsatzanteil neuer Produkte. Sie wurden von Experten aus Finanzwelt, Unternehmen, Wissenschaft und Nichtregierungsorganisationen entwickelt.

Der europäische Finanzanalystenverband „European Federation of Financial Analysts Societies" (EFFAS) übernahm das DVFA-System zentraler Leistungsindikatoren, so dass es europaweit auf freiwilliger Basis Gültigkeit erlangte. Die DVFA-ESG-KPI finden inzwischen auch international Anwendung, da das „International Corporate Governance Network" (ICGN) auf diese Kriterien verweist und auf die Entwicklung eigener Indikatoren verzichtet. Die DVFA-ESG-KPI sind zudem integraler Bestandteil des „Global Business Reporting Framework" des World Business Reporting Network. Anhand der inzwischen fast 130 Einzelkriterien richtet der Schweizer Indexanbieter Stoxx in Zusammenarbeit mit der Deutschen Börse AG seit 2011 die Bewertung und Gewichtung der Unternehmen seiner Indexfamilie Stoxx ESG Leaders Index aus (www.nachhaltigkeit.info/artikel/dvfa_schluesselkriterien_ zur_nachhaltigkeit_esg_k_1630.htm, 24.6.2016).

In Europa bekannter ist der Dow Jones Sustainability Index (DJSI), es gibt mittlerweile zahlreiche nationale und regionale Subindizes. Der Schweizer Spezialist für nachhaltige Geldanlagen Robeco SAM wählt dafür die besten zehn Prozent der 2 500 weltgrößten Unternehmen des Dow Jones World Index nach ökonomischen, ökologischen und sozialen Kriterien aus. Hierzu werden die Spitzenreiter jeder Branche berücksichtigt, damit alle Unternehmen einen Anreiz bekommen, fairer zu wirtschaften und sich zu verbessern. Experten analysieren u. a. das Innovationsmanagement, Klimastrategien, Fairness in der Lieferkette sowie branchenspezifische Risiken und Chancen.

Der vergleichbar arbeitende britische Indexanbieter FTSE schließt für die Aufnahme in seinen Nachhaltigkeitsindex FTSE4Good einige Geschäftsfelder wie Tabak oder Waffensysteme, Kernkraftwerke und Anlagen zur Urangewinnung und -herstellung aus. Wesentlich kleiner als DJSI und FTSE4Good ist der Natur-Aktienindex (NAI), der 25 kleinere- und mittlere Unternehmen aus der ganzen Welt enthält, die als Öko-Vorreiter gelten. Eine Aufnahme in einen der Nachhaltigkeitsindizes ist quasi ein Gütesiegel für Unternehmen, denn diese sind wichtiger Orientierungsmaßstab für Investoren und sie steigern das faire Image.

Serviceplan und die Managementberatung Biesalski & Company untersuchten 2012 in einer Studie unter DAX-Unternehmen, inwieweit die Reputation Einfluss auf den Umsatz hat. Und das Ergebnis ist eindeutig: Etwa ein Viertel des Umsatzes der untersuchten Unternehmen hängt von deren Reputation ab und lässt sich also durch faires Management beeinflussen. Mit dem sogenannten Corporate Reputation Score (CRS) wird ein messbarer Bezug zwischen Reputation und Unternehmenserfolg darstellbar (www.biesalski-company.com/ CRS_serviceplan_corporate_reputation_BIESALSKI_COMPANY.pdf, 24.6.2016).

BMW hat nach der Studie den höchsten CRS von 83 vor Daimler (82), Volkswagen (79) und Lufthansa (74). Diese Unternehmen sind besonders reputationsstark, da sie in der Kundenwahrnehmung stark verankert sind und überwiegend positive Einstellungen erzeugen (vgl. Abb. 112). Der Reputationswert stellt den prozentual erklärbaren Anteil der Reputation am Kaufverhalten und damit am Unternehmensumsatz dar.

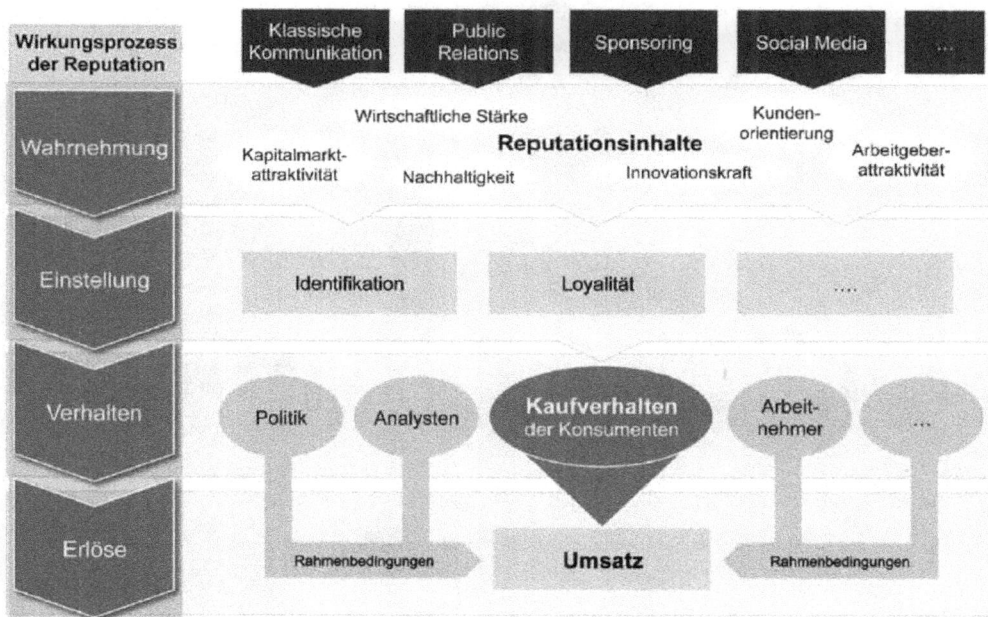

Abb. 112:   Reputationswirkungen (www.biesalski-company.com/CRS_serviceplan_corporate_ reputation_BIESALSKI_COMPANY.pdf, 24.6.2016)

Der Reputationserlös (Umsatzanteil erklärt durch Reputation) beträgt bei BMW 21 Mrd. €, bei der Allianz 21,2 Mrd. € bei Daimler 23,2 Mrd. € und bei VW 37,1 Mrd. €. BMW erreicht aber mit 35 % den größten Reputationswert (Anteil am Umsatz), gefolgt von VW mit 29 % und Lufthansa mit 26 %. Die Reputationserlöse verdeutlichen die Wirkung der Maßnahmen, die der Reputationssteigerung dienen, wie Fairness, Nachhaltigkeit oder Service. Der Unternehmenskommunikation fällt die Aufgabe zu, die Wahrnehmung, Einstellung und das Verhalten der Kunden und Stakeholder positiv zu beeinflussen.

Der CRS zeigt auf, welche Werttreiber besonders wichtig sind und wo Stärken und Schwächen der Unternehmen liegen. Nach der Studie lassen sich generell etwa 60% des Umsatzes durch identifizierbare Treiber erklären (vgl. Abb. 113). Kundenorientierung hat die stärkste Wirkung, gefolgt von wirtschaftlicher Stärke und Nachhaltigkeit (www.biesalski-company.com/CRS_ serviceplan_corporate_reputation_BIESALSKI_COMPANY.pdf, 24.6.2016).

Allerdings zeigen sich auch unternehmensspezifische Unterschiede. So spielt bei BMW die unternehmensstärke mit 21 % die größte Rolle, gefolgt von Arbeitgeberattraktivität (19 %) und Nachhaltigkeit (18 %). Bedeutend sind auch Kundenorientierung (17 %) und Innovationskraft (14 %). Bei Henkel erzeugt die Kundenorientierung mit 29 % die Hauptwirkung, gefolgt von der Kapitalmarktattraktivität (20 %), der wirtschaftlichen Stärke (19 %) und der Nachhaltigkeit (17 %). Einem umfassenden Reputationsmanagement kommt also eine besondere Bedeutung zu, will man als faires Unternehmen entsprechende Vorteile nutzen.

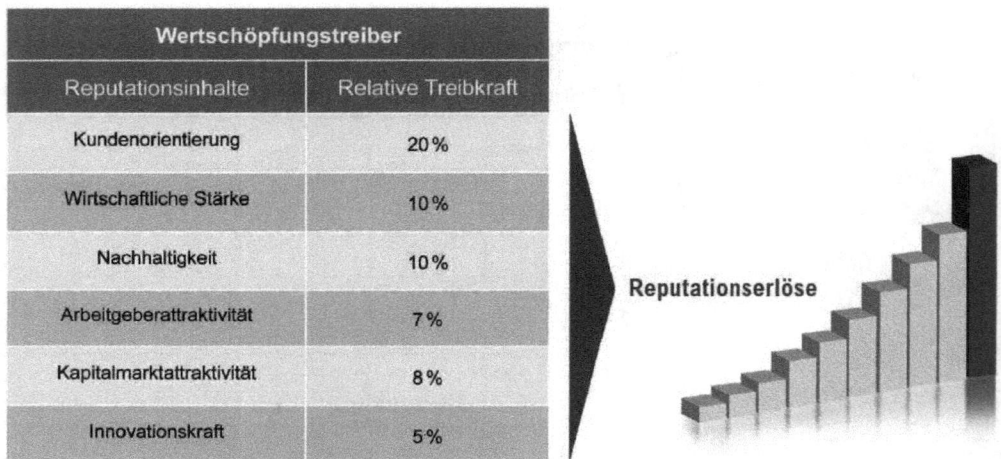

Wertschöpfungstreiber	
Reputationsinhalte	Relative Treibkraft
Kundenorientierung	20 %
Wirtschaftliche Stärke	10 %
Nachhaltigkeit	10 %
Arbeitgeberattraktivität	7 %
Kapitalmarktattraktivität	8 %
Innovationskraft	5 %

Reputationserlöse

Die durch Reputation erzielten Erlöse können zu 60 % mit den gemessenen Inhalten erklärt werden!

Abb. 113:   Wertschöpfungstreiber der Reputationserlöse (www.biesalski-company.com/CRS_ service-
             plan_corporate_ reputation_BIESALSKI_COMPANY.pdf, 24.6.2016)

Den guten Ruf des Unternehmens zu schützen, ist zentrale Aufgabe des Reputationsmanagements. Dabei geht es vor allem um Vertrauenswürdigkeit, Zuverlässigkeit, Glaubwürdigkeit, Verantwortung und Fairness. Eine gute Reputation ist das höchste immaterielle Gut, sie bestimmt über den Firmenwert, bindet Kunden, verleiht ein attraktives Arbeitgeberimage und Legitimität.

Eisenegger und Schranz beschreiben in ihrem Buch „Unternehmen, moralische Risiken und Reputationsmanagement" Reputation als eine dreidimensionale Größe:

- Funktionale Reputation orientiere sich an messbaren Werten wie wirtschaftlichem Erfolg
- Soziale Reputation beschreibe die ethische Legitimität und Integrität
- Expressive Reputation stütze sich auf emotionale Attraktivität

Erfolgreiches Reputationsmanagement verlangt daher ein strukturiertes Vorgehen:

- Klare Ziele und Zielgruppen
- Faire Werte
- Eindeutige und einfache Strategie
- Stakeholderausrichtung und -kommunikation
- Beachtung der Compliance
- Qualitätssicherung und -verbesserung
- Einbindung von Multiplikatoren/Influencern
- Klare Botschaften
- Nutzung passender Kanäle und Mittel
- Stetiger Prozess

Rang	Unternehmen	Branche	SVS 2016
1	HiPP	Babynahrung	13,2 %
2	Frosta	Convenience/Tiefkühlkost	11,6 %
3	Alete	Babynahrung	10,5 %
4	Iglo	Convenience/Tiefkühlkost	10,3 %
5	Coppenrath & Wiese	Convenience/Tiefkühlkost	9,8 %
6	Miele	Haushaltsgeräte	9,7 %
7	BMW	Automobile	9,2 %
8	Milupa	Babynahrung	8,9 %
9	Alltours	Reisedienstleistungen	7,9 %
10	Landliebe	Molkereiprodukte	7,5 %
11	Mercedes-Benz (Daimler)	Automobile	7,5 %
12	Ehrmann	Molkereiprodukte	7,4 %
13	Bosch	Haushaltsgeräte	7,3 %
14	Dr. Oetker	Convenience/Tiefkühlkost	7,3 %
15	Thomas Cook	Reisedienstleistungen	7,2 %
16	Toyota	Automobile	7,0 %
17	TUI	Reisedienstleistungen	6,8 %
18	Wagner	Convenience/Tiefkühlkost	6,7 %
19	Volksbanken & Raiffeisenbanken	Finanzdienstleistungen	6,4 %
20	Siemens	Haushaltsgeräte	6,3 %

Abb. 114: Sustainability Value Score (SVS) 2016 (www.serviceplan.com/de/presse-detail/sustainability-value-score.html, 25.6.2016)

Serviceplan und Biesalski & Company haben basierend auf der Analyse des Sustainability Image Score (SIS) 2015 von Facit Research multivariate Analysen durchgeführt und so den

Einfluss von Nachhaltigkeit als Reputationsfaktor auf den Umsatz der vom SIS bewerteten Unternehmen berechnet. Danach erklärt nachhaltiges Verhalten der Unternehmen bis zu 13 % des Umsatzes. Der Sustainability Value Score (SVS – vgl. Abb. 114) zeigt auf, dass Nachhaltigkeit als wesentlicher Aspekt der Reputation zum wertvollsten Kapital von Unternehmen gehört. Er misst den konkreten wirtschaftlichen Erfolg eines Nachhaltigkeitsimages und stellt den Erklärungsanteil am Umsatz dar (www.serviceplan.com/de/presse-detail/sustainability-value-score.html, 25.6.2016).

Serviceplan ist überzeugt, dass Reputation in gesättigten und ausdifferenzierten Märkten ein entscheidender Faktor ist. Die Reputation bestimmt also den Mehrwert einer Marke, die Orientierung gibt und damit Vertrauen schaffen kann – Fairness zahlt sich also aus. Bei vier deutschen Unternehmen führt der gute Ruf im Hinblick auf Nachhaltigkeit zu mehr als zehn Prozent mehr Umsatz: HiPP führt das Ranking mit 13,2 % an, gefolgt von Frosta mit 11,6 %, Alete mit 10,5 % und Iglo mit 10,3 % (vgl. Abb. 114). Aber auch bei Coppenrath & Wiese, Miele, BMW und Milupa tragen Nachhaltigkeitsaktivitäten deutlich zum Unternehmenserfolg bei.

Das traditionsreiche Familienunternehmen HiPP wurde seit 2009 mit mehr als 25 Unternehmens- und Nachhaltigkeitspreisen ausgezeichnet, darunter dem CSR-Preis der Bundesregierung, dem Deutschen Nachhaltigkeitspreis, als nachhaltigstes Unternehmen durch die WirtschaftsWoche sowie als ehrbarer Kaufmann (www.hipp.de/ueber-hipp/unternehmen/preise-anerkennungen/, 26.6.2016),

Seine Unternehmensphilosophie (Leitsätze/Werte) beschreibt HiPP so: „Als führender Hersteller von Babynahrung trägt HiPP besondere Verantwortung. Nachhaltigkeit steht daher im Mittelpunkt der Unternehmensphilosophie. Dazu gehören die langfristige Ausrichtung des unternehmerischen Handelns, der schonende Umgang mit Ressourcen und Umwelt ebenso wie gesellschaftliche Verantwortung und ein soziales Miteinander. (…) Seit mehr als hundert Jahren wird das Familienunternehmen HiPP von christlichen Werten getragen: Die Achtung vor der Schöpfung und der Würde des Menschen stehen im Zentrum unserer Philosophie." (www.hipp.de/ueber-hipp/unternehmen/unternehmensphilosophie/, 26.6.2015).

Um Fairness als Werttreiber für das Unternehmen zu nutzen, sind folgende Schritte zu empfehlen (www.serviceplan.com/de/presse-detail/sustainability-value-score.html, 25.6.2016):

- Identifikation und Festlegung der Zielgruppe/-n
- Identifikation relevanter Nachhaltigkeitsthemen aus Zielgruppensicht, fundierte Ist- und Potenzial-Analyse
- Darstellung der Fairness als differenzierenden Wettbewerbsfaktor im Rahmen der Unternehmensstrategie
- Prüfung auf Glaubwürdigkeit und Differenzierungspotenzial
- Klärung der Details, Vorzüge und Argumente für Fairness-Aktivitäten
- Erstellung von Guidelines und Aufbereitung für die Kommunikation
- Identifikation effektiver Kommunikationskanäle mit Akzeptanz der Botschaft, glaubwürdiger Wirkung und hoher Verbreitung in den Zielgruppen
- Identifikation und Nutzung von Meinungsmachern und Multiplikatoren (sogenannte Influencer), die hohen Einfluss auf bestimmte Zielgruppen haben
- Messung des Fairness- bzw. Nachhaltigkeits-Beitrags zum Unternehmenserfolg

9   Resümee und Ausblick

In den vorangegangenen Kapiteln wurde deutlich, dass es vielfältige Beziehungen der Unternehmen zu ihren Stakeholdern gibt. Da diese alle ein großes Bedürfnis nach Sicherheit und Fairness haben, versuchen viele Unternehmen diesem mit rationaler Ansprache Rechnung zu tragen, u. a. mit Siegeln, Zertifikaten und Fairness- oder Nachhaltigkeitsberichten. Die Münchner Sparda-Bank lässt sogar eine Gemeinwohlbilanz erstellen.

So gibt es beispielsweise den AccountAbility 1000 (AA 1000) der britischen Non-Profit-Organisation AccountAbility. Der Fokus dieser Standards liegt auf einer stärkeren Einbindung der Stakeholder-Interessen in die Nachhaltigkeitsprozesse von Unternehmen und anderen Organisationen. AA 1000 zielt auf die Vereinheitlichung und Vergleichbarkeit von Nachhaltigkeitsleistungen und der Berichterstattung darüber. Die in Deutschland noch wenig verbreiteten Standards könnten ergänzend zu den Berichtsstandards der GRI genutzt werden. Der AA 1000SES (Stakeholder Engagement Standard) bietet Hilfestellung zur zielorientierten Einbeziehung der Stakeholder-Perspektiven in die Unternehmensprozesse.

Den Standards liegen drei wichtige Prinzipien zugrunde, nämlich

- Inklusivität: umfassende strategische Einbindung von Stakeholderperspektiven in die Fairness-Prozesse
- Wesentlichkeit: Bestimmung derjenigen Nachhaltigkeitsthemen, die sowohl für das Unternehmen als auch für seine Stakeholder relevant sind
- Reaktivität: systematisch integrierte Kommunikationsstrukturen und -prozesse zur Reaktion auf Impulse und Anfragen der Stakeholder

Dies sind wichtige Aspekte für fair handelnde Unternehmen, aber den Bedürfnissen der Stakeholder kann nicht ausschließlich mit rationalen Mitteln Rechnung getragen werden. Zwar sind die genannten Maßnahmen gute Ansätze, aber letztendlich sollte auch die emotionale Ebene der Stakeholder angesprochen werden, um nachhaltiges Vertrauen zu schaffen. Spätestens seit der Finanzkrise 2008-2009 stellen sich immer mehr Menschen die berechtigte Frage, ob in der Wirtschaft nur Statistiken, Datenanalysen, kommerzielle Fakten und rationale Entscheidungen zählen. Dies scheint auch heute häufig noch der Maßstab in der Finanzbranche und von Investoren zu sein, die kaum noch genauere Kenntnis von den Unternehmen und den dort arbeitenden Menschen haben, sondern nur nach Kennzahlen entscheiden.

Früher setzten erfolgreiche Manager und Unternehmen viel mehr auf Intuition und Bauchgefühl. Heute bestimmen überwiegend mit Zahlen, Analysen oder Marktforschung vergangenheitsbezogene Informationen unternehmerische Entscheidungen. Diese Rationalisierung der Entscheidungen führt immer häufiger dazu, dass die emotionale und intuitive Ebene in den Firmen verkümmert, und so die Innovationsfähigkeit und Glaubwürdigkeit der Unternehmen Schaden nehmen. Revolutionierende Neuerungen werden seltener, da es immer weniger Unternehmer als Unterlasser gibt, die nur Risiken minimieren und nichts mehr riskieren wollen. Und dies, obwohl sich die Intuition der Unternehmer überwiegend als sehr erfolgreich erwiesen hat.

Dies gilt ebenfalls für die Kundenorientierung und Berücksichtigung anderer Interessen. Ohne vertrauensvolle Kommunikation können Kunden und andere Stakeholder ihre Wünsche und Erwartungen an die Angebote und ein faires Unternehmensverhalten oft nicht mehr formulieren, obwohl dies entscheidend für den Erfolg einer Firma ist. Unternehmer, die sich auf ihre Intuition verlassen, haben schon immer gespürt, dass sich erfolgreiches Unternehmertum immer nur im Einklang mit gesellschaftlichen Anliegen realisieren lässt. Inzwischen ist aus den Kommunikations- und Managementwissenschaften bekannt, dass insbesondere die emotionale Ebene in jeder zwischenmenschlichen Kommunikation angesprochen werden muss, um Vertrauen zu erlangen und langfristig zu erhalten.

Bei Familienunternehmen steht häufig der Name für das Unternehmen und damit liegt nahe, dass die Eigentümer sorgfältig und weitsichtig mit der Reputation ihres Unternehmens und Familiennamens umgehen. Für kurzfristige Gewinnchancen wird man den langfristig angestrebten Erfolg über Generationen nicht in Frage stellen. Familienunternehmen verkörpern oft das Bild des „ehrbaren Kaufmanns" und so stehen sie überwiegend für einen fairen Umgang in der Wirtschaft.

Kapitalgesellschaften, in denen Management und Inhaberschaft meist getrennt sind, sollten sich dies als Vorbild nehmen. Viele Unternehmen sind inzwischen zu groß und haben oftmals nur noch anonyme oder an kurzfristigen Erfolgen interessierte Eigentümer/Aktionäre. Die derzeitige Aktienkultur setzt überwiegend auf kurzfristige (positive) Aktienkursentwicklungen, um den Nutzen der oft nicht an einemlangfristigem Engagement interessierten Aktionäre zu mehren. Da dies kaum die beste Basis für ein nachhaltig faires Management und Marketing der Unternehmen ist, sollten derzeitig geltende Regeln überdacht werden.

Ist es wirklich sinnvoll, von den Unternehmen Quartalsbilanzen zu verlangen, die doch nur einen sehr kurzfristigen Blick auf deren Leistung ermöglichen und nachhaltiges Handeln erschweren? Auch die Regel, alle kapitalmarktrelevanten Informationen kurzfristig zu kommunizieren, fördert nur kurzfristige Anlegerinteressen. Stattdessen sollten alle Anleger doch ein langfristiges Interesse am Erfolg eines Unternehmens haben. Eine Mindest-Haltefrist für Aktien könnte der richtige Weg sein, ebenso wie eine Besteuerung der Aktien-Transaktionen. Initiativen zur Selbstregulierung und eine umfassende Nachhaltigkeitsbewertung können zu mehr Fairness in großen Unternehmen beitragen.

Echte unternehmerische Verantwortung umfasst nicht nur ökologischen „Ablasshandel", ökonomisches „Gutmenschentum" oder soziale Großzügigkeit. Umfassende Fairness ist Sache der Unternehmensleitung und hat stets einen klaren strategischen Bezug. Fairness ist Teil des Kerngeschäfts, sie durchzieht die komplette Wertschöpfungskette, vom Lieferanten bis zum Kunden. Gewinne werden in die Wertschöpfungskette des Unternehmens investiert und sind langfristig festgelegt, um noch nach Jahren Früchte zu tragen. Fairness und Erfolg sind untrennbar miteinander verbunden.

Ein nachhaltiger Unternehmenserfolg lässt sich nur durch faires Verhalten sicherstellen, denn die Reputation eines Unternehmens ist der entscheidende Faktor im Wettbewerb und schlägt sich im Unternehmensgewinn nieder. So bildet Fairness im Umgang mit allen Stakeholdern, der Natur und der Zivilisation ein stabiles und langfristiges Fundament für jedes Unternehmen.

Es bedarf einer umfassenden Identifikation und Priorisierung aller relevanten Stakeholder und eines wirkungsvollen Stakeholder-Managements, das in die Organisation und alle Strategien integriert ist. Fairness und Nachhaltigkeitsthemen sind in alle Stakeholder-Beziehungen einzubeziehen. Wirksame Prozesse und klare Zuständigkeiten für Reaktionen auf Stakeholder-Anfragen und Krisenfälle sind zu etablieren, damit schnell, offen und ehrlich gehandelt werden kann. Der gesamte Kommunikationsprozess sollte auf Dialog ausgerichtet sein, Fairness thematisieren, emotional ansprechend und vertrauensstiftend sein.

Dabei helfen könnten sogenannte „Mindful Brands" oder „Meaningful Brands", die Sinn stiftend wirken und sich langfristig sinnvollen Zielen verschreiben. Unternehmen, die den Weg in eine fairere, nachhaltigere Zukunft gehen, verlangen von ihren Kunden, dass diese ebenfalls zu sinnvollen Ergebnissen beitragen; dabei geht es um die Schaffung von authentischen Erlebnissen, die das Kundeninteresse steigern. Auf diese Weise wollen sich diese Unternehmen die Anerkennung moralisch besonders anspruchsvoller Kunden sichern. Immer mehr Verbraucher werden sich nur für solche Marken einsetzen, die sie vollkommen überzeugen, die Fairness durch und durch verinnerlicht haben. Mit sogenanntem „Experience Marketing" sprechen Unternehmen wirklich relevante menschliche Bedürfnisse an, wobei Achtsamkeit auch eine Rolle spielt. Auch Nostalgietrends setzen einen Kontrapunkt zur Beschleunigung unseres Alltags.

Einige Beispiele belegen diesen Trend:

- Original Unverpackt und weitere: Geschäft, in dem man Lebensmittel unverpackt einkaufen kann. Kunden müssen eigene Gefäße mitbringen und können genau die Menge eines Produktes erwerben, die sie benötigen
- Karma Chakhs: Das Unternehmen folgt dem Wunsch nach einem ausgewogenen Leben mit gutem Karma. Die Entwicklung der Fair-Trade-Schuhe wurde mittels Crowd-funding finanziert. Jeder Unterstützer bezahlt seinen eigenen Karma Chakh als eine Art Do-it-yourself-Projekt. Die Produktion ohne Umweltbelastung und ohne Kinderarbeit hat kein kommerzielles Ziel, denn es geht um die Herstellung der Schuhe für den Eigenbedarf in einer Produktionsgemeinschaft.
- Ningbo-Museum: Die Fassade des Museums im chinesischen Ningbo ist ein Patchwork unterschiedlicher Trümmersteine und -ziegel, die wiederverwendet wurden (kulturelles Upcycling).

Immer mehr Zielgruppen fördern solche unternehmerischen Initiativen aktiv fördern, indem sie Produkte und Services unterstützen und finanzieren, bevor diese auf den Markt kommen. Mittels zahlreicher neuer Crowdfunding-Plattformen und neuer Produktionstechnologien bieten sich diesen sogenannten Presumers mehr Möglichkeiten als jemals zuvor. Sogenannte Custowners finanzieren und investieren in faire Unternehmen, deren Produkte sie besonders schätzen und nutzen. So werden die Grenzen zwischen Unternehmen und Kunden immer fließender. Gemeinschaftliches Handeln (Kollaboration) findet eine große Zielgruppe, denn Kooperation ist ein zutiefst menschlicher Zug - das „Wir-Gefühl" wird wieder attraktiv.

Durch die Vernetzung über das Internet hat sich dieser Trend verstärkt. Mehr Kollaboration ist auch der Versuch, sich in einer sehr komplexen Welt neu zu organisieren, um mehr Innovationen und Effizienz oder mehr Sinn zu erhalten. Teilen („sharen") und tauschen, Kollaboration und Gemeinschaft stehen hoch im Kurs. Community-Konzepte scheinen einer komplexer werdenden Welt besser gerecht zu werden. Und soziale Innovationen prägen das Bild der Zukunft.

Für die einen steht hinter Sharing die Bereitschaft zum Verzicht, ohne auf Vorteile zu verzichten. Andere, die keine unbefriedigten Bedürfnisse mehr haben, erhoffen sich mehr Komfort durch mehr Optionen. Also wird sich die Sharing-Idee weiter verankern. Das bedeutet aber nicht, dass es keine materiellen Wünsche nach Eigentum und materieller Selbstverwirklichung gibt, sie sind nur unwichtiger.

Mit Konnektivität kann die neue Organisation der Gesellschaft und Wirtschaft in Netzwerken bezeichnet werden. Wo Menschen und Maschinen miteinander kommunizieren entsteht eine Kultur der Öffnung der Unternehmen nach außen, unterstützt durch die Forderung nach Transparenz, die unsere Gesellschaft zunehmend bestimmt.

Ein neuer Öko-Trend (blaue Ökologie) verfolgt den ökologischen Gedanken ganzheitlich und entfrachtet ihn vom Schuldgefühl der Umweltsünden, es geht um eine neue Geschäfts-Moral. Neue Entwicklungen der „Human Smart Tech" zielen vorrangig auf das menschlich Sinnvolle, anstelle des technisch Machbaren.

Aber Digitalisierung (Industrie 4.0), Dynamisierung, Flexibilisierung und Individualisierung werden unsere Arbeitswelt weiter stark prägen. Daher sind Vertrauen, Verantwortung und Integrität zukunftsfähige (Unternehmens-)Werte, die die zwischenmenschliche Verbundenheit verbessern, vertiefen und zusätzlich die intrinsische Motivation und Zufriedenheit steigern. Netzwerke und Communities werden zu Treibern der Arbeitswelt, so entstehen neue Karrieren und Biografien, die tendenziell zu „Multigrafien" werden.

Das Thema Gemeinschaft bestimmt damit immer mehr Unternehmen, sie setzen auf flache Hierarchien oder verzichten im Einzelfall auf diese. Erste Unternehmen lassen ihre Führungskräfte von ihren Mitarbeitern demokratisch wählen. Eine Berliner Innovationsagentur installiert sogar ein Führungskollektiv. Weitere Firmen erproben alternative Formen der Mitbestimmung. Mitarbeiter entscheiden selbst über ihr Gehalt, stellen eigenständig Kollegen ein und verantworten selbstverantwortlich große Budgets. Sinnhaftigkeit und Fairness bestimmt den Umgang miteinander.

Immer mehr Mitarbeiter wünschen sich heute den Beteiligungsgrad am Arbeitsplatz, den sie aus den sozialen Medien kennen, sie fühlen sich der gemeinsamen Sache umso stärker verpflichtet, je flacher die Hierarchien und je agiler die Organisation sind. Vor allem Querdenker bzw. „Out-of-the-Box"-Denker, die für innovative Unternehmen unverzichtbar sind. Denn sie geben Teams oftmals den entscheidenden Anstoß. Gerade Querdenker müssen ermutigt und fair behandelt werden.

Heterogenität in Kombination mit Toleranz, Offenheit und Respekt sind wichtige Erfolgsfaktoren für Unternehmen. Dies gilt ganz besonders gegenüber älteren Menschen, die sich mit ihrer Erfahrung und Gelassenheit einbringen. Sie erwarten flexible Arbeitsmodelle und gesundheitsorientiertes Handeln von ihren Unternehmen.

Die sogenannte „Silver Society" nimmt ganz selbstverständlich aktiv am Leben im Beruf und in der Gesellschaft teil. Die weltweit steigende Lebenserwartung lässt die Menschen auch anders altern, viele bleiben lange aktiv. Sie treten aus den traditionellen Altersrollen der einstigen Senioren heraus und engagieren sich in Ehrenamt, Erwerbsleben oder Weiterbildung (Studium). Diese Potenziale gilt es für faire Unternehmen zu heben.

Immer mehr Firmen verstehen die Botschaft der Fairness, denken um und machen entsprechende Angebote an alle Stakeholder, die wiederum zum Unternehmenserfolg beitragen. Einige Firmen nutzen den Begriff „fair" in ihrer Kommunikation, wie „fairy", faire Preise (Fielmann) oder als Beschreibung „nachhaltig ... fair ... herzlich" (VCH-Hotels). Ein vielversprechendes Motto eigentlich für alle.

Quellen

Literatur:

AFC Consulting Group (2012, Hrsg.): Werte schaffen für die Food Value Chain, Bonn

Aholt, Andreas/Queißler, Claudia/Rowe, Joanna/Vogel, Rick (2008): Das organisationspsychologische Fairness-Konstrukt im Marketing, in ZfM 4/2008, Wiesbaden

Balderjahn, Ingo (2013): Nachhaltiges Management und Konsumentenverhalten, Konstanz/München

Brand, Jobst-Ulrich u.a. (2010): Die Moral-Macher, München

Bucksteeg, Mathias/Hattendorf, Kai (2012): Führungskräftebefragung 2012, Bonn

Eisenegger, Mark/Schranz, Mario (2015): Unternehmen, moralische Risiken und Reputationsmanagement, Wiesbaden

Emrich, Christin (2015): Nachhaltigkeits-Marketing-Management, Berlin/Boston

Ernst, Dietmar/Sailer, Ulrich (2013): Nachhaltige Betriebswirtschaftslehre, Konstanz/München

Ertel, Jürgen/Clesle, Frank-Dieter/Bauer, Jacob (2008): Umweltkonforme Produktgestaltung, Erlangen

Graf, Helmut (2005): Mit Sinn und Werten führen, Wien

Green, Stephen (2010): Wahre Werte, München

Haumhorst, Eberhard, Willer, Christoph (2012): Nachhaltiges Management, Norderstedt

Henzelmann, Thorsten (2010): Erfolg durch Green Transformation, Köln

Hentze, Joachim/Thies, Björn (2012): Unternehmensethik und Nachhaltigkeitsmanagement, Bern

Lay, Rupert (2006): Die neue Redlichkeit, Frankfurt

Nietsch-Hach, Cornelia (2014): Ethisches Verhalten in der modernen Wirtschaftswelt, Konstanz/München

Pfeiffer, Uta Maria (2009): Der Weg zu Eco-Excellence, Erlangen

Pufè, Iris (2014): Nachhaltigkeit, Konstanz

Meier, Peter (2011): Risikomanagement nach der internationalen Norm ISO 3000:2009, Renningen

Müller-Christ, Georg (2014): Nachhaltiges Management, Baden-Baden

Keck, Wolfgang (2015): Nachhaltige Beschaffung, Herne

Salmon, Robert (1999): Humanes Management, Niedernhausen

Schaber, Carole/Dok, Geert van (2008): Die Zukunft des Fairen Handels, Luzern

Siedenbiedel, Georg (2014): Corporate Compliance, Herne

Thielemann, Ulrich/ Ulrich, Peter (2009): Standards guter Unternehmensführung, Bern/ Stuttgart/Wien

Ulrich, Peter: Integrative Wirtschaftsethik (2008), 4. Aufl., Bern

Unfried, Peter (2008): Öko, Köln

Wiebe, Frank (2013): Wie fair sind Apple und Co.?, Zürich

Wiesner, Knut (1994): Leistungsfähigkeit von Wellpappen-Verpackungen, in: Einwegverpackungen und ihre Entsorgung, Köln, S. 30f.

Wiesner, Knut (2005): Internationales Management, München/Wien

Wiesner, Knut (2007): Wellnessmanagement, Berlin

Wiesner, Knut (2008-1): Strategisches Destinationsmarketing, Meßkirch/Gerlingen

Wiesner, Knut (2008-2): Multi-Kanal-Dialogmarketing, in: Häberle (Hrsg.): Lexikon der Betriebswirtschaftslehre, München/Wien, S. 889 ff.

Wiesner, Knut (2008-3): Professionelles Beschwerdemanagement in Tourismus, Hotellerie und Destinationen in: TourHP 06-08, Berlin, S.11 ff.

Wiesner, Knut (2008-4): Touristische Qualitätssiegel: Wer benötigt sie, wem nützen Sie? in: TourHP 08-08, Berlin, S. 11 ff.

Wiesner, Knut (2008-5): Wellnessmanagement zwischen Wellnepp und Medical Wellness in: Fischer/ Schulz (Hrsg.): Handbuch Gesundheitstourismus, S. 91-102, Aachen,

Wiesner, Knut (2008-6): Internationale Positionierung (Fallstudie KMU) in: Kruse/Wittberg (Hrsg.): Fallstudien zur Unternehmensführung, Wiesbaden

Wiesner, Knut (2009): Faires Management und Marketing schaffen Wettbewerbsvorteile, in TourHP 6-09, Berlin, S. 16 ff.

Wiesner, Knut (2013): Erfolgreiches Regional-/Standortmarketing, Gerlingen

Wiesner, Knut (2016): Strategisches Tourismusmarketing, 2. Auflage, Berlin

Wiesner, Knut/Sponholz, Uwe (2007): Dienstleistungsmarketing, München/Wien

Wilhelm, Thomas (2011): Wie viel Gewissen darf's denn sein? Freiburg,

Zechner, Erich/Zsok, Otto (2007): Sinn-Funken, St. Ottilien

Internetquellen:

Aachener Stiftung Kathy Beys (Hrsg.:): Lexikon der Nachhaltigkeit unter www.nachhaltigkeit.info; www.factory-magazin.de

Adelphi Research gGmbH (Hrsg.): Energiekampagne Gastgewerbe des Dehoga unter www.energiekampagne-gastgewerbe.de

Alfred Ritter GmbH & Co. KG (Hrsg.): www.ritter-sport.de

Aktion Plagiarius e.V. (Hrsg.): www.plagiarius.com

Aktionskreis gegen Produkt- und Markenpiraterie e. V. APM (Hrsg.): www.markenpiraterie-apm.de

American Marketing Association (Hrsg.): www.marketingpower.com

Amnesty International Sektion der Bundesrepublik Deutschland e.V. (Hrsg.): www.amnesty.de

Amt der Europäischen Union für geistiges Eigentum EUIPO (Hrsg.): https://euipo.europa.eu

arbeitskreis tourismus & entwicklung (Hrsg.): www.fairunterwegs.org; www.akte.ch

Artenreiches Land – Lebenswerte Stadt e.V. und Bürgerinitiative Lebenswertes Bördeland & Diemeltal e.V. (Hrsg.): Initiative Tag der Regionen unter www.tag-der-regionen.de

Atmosfair gGmbH (Hrsg.): www.atmosfair.de

Auszeichnung für Spitzenleistungen im Wettbewerb e.V. (ILEP – Hrsg.): https://ilep.de

Bayerische Motoren Werke Aktiengesellschaft (BMW – Hrsg.): www.bmwgroup.com

Bayerisches Staatsministerium für Umwelt und Verbraucherschutz (Hrsg.): www.stmuv.bayern.de; www.umweltpakt.bayern.de

BfN - Bundesamt für Naturschutz (Hrsg.): www.bfn.de

BCS Öko-Garantie (Hrsg.): www.bcs-oeko.com/

Bertelmann Stiftung (Hrsg.): www.mein-gutes-beispiel.de; www.creating-corporate-cultures.org; www.bertelsmann-stiftung.de; www.verantwortungspartner.de

BIESALSKI & COMPANY GmbH (Hrsg.): www.biesalski-company.com

BizTravel Redaktion (Hrsg.): http://biztravel.fvw.de/;

BÖLW - Bund Ökologische Lebensmittelwirtschaft e.V. (Hrsg.): www.boelw.de

Bundesanstalt für Arbeitsschutz und Arbeitsmedizin (BAuA – Hrsg.): www.baua.de

Bundesarbeitsgemeinschaft der Senioren-Organisationen (BAGSO) e.V. (Hrsg.): www.bagso.de; www.bagso-service.de

Bundesdeutscher Arbeitskreis für Umweltbewusstes Management (B.A.U.M.) e.V. (Hrsg.): www.baumev.de

Bundesinitiative „Unternehmen: Partner der Jugend" (UPJ) e.V., Berlin (Hrsg.): www.verantwortliche-unternehmensfuehrung.de

Bundeskartellamt (Hrsg.): www.bundeskartellamt.de

Bundesministerium für Arbeit und Soziales BMAS (Hrsg.): www.csr-in-deutschland.de; www.csr-preis-bund.de

Bundesministerium für Ernährung und Landwirtschaft BMEL (Hrsg.): www.bmel.de

Bundesministerium für Familie, Senioren, Frauen und Jugend BMFSFJ (Hrsg.): www.bmfsfj.de

Bundesministerium des Innern BMI (Hrsg.): /www.bmi.bund.de

Bundesministerium für Verkehr und digitale Infrastruktur BMVI (Hrsg.): www.bmvi.de

Bundesministerium für Umwelt, Naturschutz, Bau und Reaktorsicherheit BMUB (Hrsg.): www.bmub.bund.de

Bundesministerium für Wirtschaft und Energie BMWi (Hrsg.): www.bmwi.de

Bundesverband der Industrie- und Handelsunternehmen für Arzneimittel, Reformwaren, Nahrungsergänzungsmittel und kosmetische Mittel e.V. BDIH (Hrsg.): www.kontrollierte-naturkosmetik.de

Bundesverband der Regionalbewegung e.V. (Hrsg.): www.regionalbewegung.de; http://regioportal.regionalbewegung.de

Bundesverband der Verbraucherzentralen und Verbraucherverbände - Verbraucherzentrale Bundesverband e.V. - vzbv (Hrsg.): www.lebensmittelklarheit.de

Bundesverband Materialwirtschaft, Einkauf und Logistik e.V. (BME, Hrsg.): www.bme.de

Bundesvereinigung der Deutschen Arbeitgeberverbände (Hrsg.): www.csrgermany.de

Burson-Marsteller (Hrsg.): http://burson-marsteller.de

Business Social Compliance Initiative - Foreign Trade Association (Hrsg.): www.bsci-intl.org

CARIBSAVE Partnership: www.caribsave.org

Center for Corporate Citizenship e.V. (CCC, Hrsg.): http://www.csr-germany.de

Centre for Research on Multinational Corporations (SOMO, Hrsg.): http://somo.nl; http://goodelectronics.org

Centrum für Corporate Citizenship Deutschland GmbH (CCCD, Hrsg.): www.cccdeutschland.org

Charity Label GmbH (Hrsg.): www.charity-label.com

Charta der Vielfalt e.V.: www.charta-der-vielfalt.de; www.vielfalt-als-chance.de

Clean Clothes Campaign (Hrsg.): www.cleanclothes.org

ClimatePartner GmbH (Hrsg.): www.climatepartner.com

concept & vermarktung Projekt mygreenmeeting (Hrsg.): www.my-green-meeting.de

CSR Europe-European Business Network for Corporate Social Responsibility (Hrsg.): http://www.europeancsrawards.eu; www.csreurope.org

CSR NEWS GmbH (Hrsg.): http://csr-news.net

Dachverband FairWertung e. V. (Hrsg.): www.fairwertung.de

Deloitte & Touche GmbH Wirtschaftsprüfungsgesellschaft (Hrsg.): www2.deloitte.com/de/de

Demographie Netzwerk e.V. (ddn – Hrsg.): http://demographie-netzwerk.de/start.html).

Deutsche >Börse AG (Hrsg): http://deutsche-boerse.com

Deutsche Olympische Gesellschaft (Hrsg.): http://www.dog-bewegt.de

Deutsche UNESCO-Kommission e.V. - DUK (Hrsg.): www.unesco.de

Deutscher Sparkassen- und Giroverband e. V. (Hrsg.), Initiative „für mich. für uns. für alle.": www.deutscher-buergerpreis.de

Deutsches CSR-Forum (Hrsg.): www.csrforum.eu; www.csrpreis.eu

Deutsche Gesellschaft für Nachhaltiges Bauen – DGNB e.V. (Hrsg.): www.dgnb.de

Deutsche Gesellschaft für die Vereinten Nationen e.V. (Hrsg.): www.dgvn.de; http://menschenrechte-durchsetzen.dgvn.de

Deutscher Rat für Public Relations e.V. (DRPR – Hrsg.): http://drpr-online.de

Deutsches Global Compact Netzwerk DGCN (Hrsg): www.globalcompact.de

Deutsches Institut für Normung e.V. (Hrsg.): www.din.de

Deutsches Institut für Service-Qualität" (DISQ, Hrsg.): www.disq.de

Deutsches Netzwerk Wirtschaftsethik - EBEN Deutschland e.V. (Hrsg.): www.dnwe.de

Deutsches Patent- und Markenamt (Hrsg.): www.dpma.de

Deutsches Zentralinstitut für soziale Fragen (DZI, Hrsg.): www.dzi.de

DICO - Deutsches Institut für Compliance e. V. (Hrsg.): www.dico-ev.de/

Die BIO-Hotels - Verein für Angebotsentwicklung & Marketing (Hrsg.): www.biohotels.info

Die VERBRAUCHER INITIATIVE e.V. (Bundesverband; Hrsg): http://verbraucher.org; http://label-online.de; www.oeko-fair.de/; www.nachhaltig-einkaufen.de; www.zusatzstoffe-online.de; www.verpackungsbarometer.de

Difu - Deutsches Institut für Urbanistik (Hrsg.): www.kommunaler-klimaschutz.de

Digitalcourage e.V. (Hrsg.): https://digitalcourage.de; https://bigbrotherawards.de

Dr. Grieger & Cie. Marktforschung (Hrsg.): www.grieger-cie.de/

DSD – Duales System Holding GmbH & Co. KG (Hrsg.): www.gruener-punkt.de

EarthLink e.V. (Hrsg.): www.fairantwortlich-handeln.de

ebb Entwicklungsgesellschaft für berufliche Bildung mbH (Hrsg.): IQ Multiplikatorenprojekt Transfer (MUT IQ) unter www.netzwerk-iq.de/service-seiten/impressum.html

Edelman GmbH (Hrsg.): www.edelman.de

Edenred Deutschland GmbH (Hrsg.): www.edenred.de

Entsorgungs- und Beratungsgesellschaft für die deutsche Recyclingwirtschaft mbH & Co. KG (Hrsg.): www.gebr-entsorgung.de

Eurochambres (Hrsg.): www.eurochambres.be

Europäische Kommission (Hrsg.): ec.europa.eu

European Business Ethics network (Hrsg.): www.eben-net.org

Evangelisches Werk für Diakonie und Entwicklung e.V. (Hrsg.): fair-reisen.brot-fuer-die-welt.de; www.tourism-watch.de

Fair Finance Guide Deutschland (Hrsg.): www.fairfinanceguide.de

Fair Labor Association (Hrsg.): www.fairlabor.org

Fairness-Stiftung gGmbH (Hrsg.): www.fairness-stiftung.de; www.fairness-barometer.de

Fairsearch.org (Hrsg.): www.fairsearcheurope.eu; www.fairsearch.org

FairShare – Verein zur Erforschung nachhaltiger Finanzmodelle e.V. (Hrsg.): www.fairshare-am.com

Fairtrade Labelling Organizations International (FLO – Hrsg.): www.fairtrade.net

Foreign Trade Association (Hrsg.): www.fta-eu.org

ForestFinest Consulting GmbH (Hrsg.): www.co2ol.de

Forschungsgemeinschaft Urlaub und Reisen (Hrsg.): www.fur.de

forum anders reisen e.V. (Hrsg.): www.forumandersreisen.de

Forum Fairer Handel e.V. (Hrsg.): www.bio-liebt-fair.de; www.forum-fairer-handel.de; www.faire-woche.de

future e. V. - verantwortung unternehmen (Hrsg.): www.future-ev.de

Gabler Verlag (Hrsg.): Gabler Wirtschaftslexikon, Stichwort: Corporate Social Responsibility (CSR), online im Internet: http://wirtschaftslexikon.gabler.de/Archiv/221991/corporate-so-cial-responsibility-csr-v2.html

Gemeinschaft umweltfreundlicher Teppichboden e.V. und European Carpet and Rug Associa-tion (Hrsg.): www.pro-dis.info/gut; www.gut-ev.de

Generaldirektion Unternehmen und Industrie der Europäischen Kommission (Hrsg): ec.europa.eu/enterprise

GEPA - The Fair Trade Company (Hrsg.): www.fairtrade.de

German Convention Bureau CGB (Hrsg.): www.fairpflichtet.de; www.gcb.de

Germanwatch e.V. (Hrsg.): https://germanwatch.org

GeschäftsreiseVerband VDR (Hrsg.): www.vdr-service.de

Gesellschaft zur Förderung des Tierwohls in der Nutztierhaltung mbH (Hrsg.): http://initiative-tierwohl.de

GfK-Nürnberg e.V. (Hrsg.): www.gfk-verein.org

Global Reporting Initiative (Hrsg.): wwwglobalreporting.org

Greenpeace e. V. (Hrsg.): www.greenpeace.de

GROW International (Hrsg.): www.grow-international.eu

GPTW Deutschland GmbH (Hrsg.): www.greatplacetowork.de

Handwerkskammer für Mittelfranken (Hrsg.): www.qub-info.de

Hauska & Partner GmbH (Hrsg.): www.nachhaltig-selbstaendig.at

HiPP GmbH & Co. Vertrieb KG (Hrsg.): www.hipp.de

Human Rights Watch (Hrsg.): www.hrw.org

ICC Deutschland e.V. Internationale Handelskammer (Hrsg.): www.original-ist-genial.de; www.icc-deutschland.de; www.iccgermany.de

IKEA Deutschland GmbH & Co. KG (Hrsg.): www.ikea.com/de/de/

Initiative Neue Qualität der Arbeit c/o Bundesanstalt für Arbeitsschutz und Arbeitsmedizin (Hrsg.): www.inqa.de

Initiative Pro Recyclingpapier (Hrsg.): http://papiernetz.de

Institut der deutschen Wirtschaft Köln e.V. (Hrsg.): www.iwkoeln.de

Institut für Medien und Konsumentenforschung IMUK (Hrsg.): www.imuk.de

Institut für Mittelstandsforschung Bonn IfM (Hrsg.): www.ifm-bonn.org/

Institut für ökologische Wirtschaftsforschung gGmbH: www.ioew.de; www.ranking-nachhaltigkeitsberichte.de

International Chamber of Commerce (ICC, Hrsg.): www.iccwbo.org

International Labour Organization ILO (Hrsg.): www.ilo.org

Internationales Design Zentrum Berlin e. V. (IDZ – Hrsg.): www.bundespreis-ecodesign.de

Intrepid Travel (Hrsg.): www.intrepidtravel.com/carbon

IZT - Institut für Zukunftsstudien und Technologiebewertung gemeinnützige GmbH (Hrsg.): www.izt.de

Kampagne für saubere Kleidung c/o Vereinte Evangelische Mission VEM (Hrsg.): www.saubere-kleidung.de

kate e.V. Umwelt & Entwicklung (Hrsg.): www.kate-stuttgart.org; www.fairwaerts.de

Kirchhoff Consult AG (Hrsg.): http://www.kirchhoff.de

Klenk & Hoursch (Hrsg.): www.transparenz.net

Klima ohne Grenzen gemeinnützige GmbH (Hrsg.): http://klimaohnegrenzen.de

Klimaschutz-Unternehmen. Die Klimaschutz- und Energieeffizienzgruppe der Deutschen Wirtschaft e. V. (Hrsg.): www.klimaschutz-unternehmen.de

KBS - Kreislaufsystem Blechverpackungen Stahl GmbH (Hrsg.): www.kbs-recycling.de

Landor Associates (Hrsg.): http://landor.com

LOHAS Lifestyle (Hrsg.): www.LOHAS.de

lookas GmbH (Hrsg.): www.faircompany.de

Macromedia GmbH (Hrsg.) www.macromedia-fachhochschule.de

Marine Stewardship Council – MSC (Hrsg.): www.msc.org

myclimate Deutschland gGmbH (Hrsg.): http://de.myclimate.org

NABU – Naturschutzbund Deutschland e.V. (Hrsg.): www.nabu.de

NagerIT e.V. (Hrsg.): Die Faire Computermaus, www.nager-it.de/

NATRUE - the international natural and organics cosmetics association AISBL (Hrsg.): www.natrue.org/de/

Natural Marketing Institute (Hrsg.): www.NMIsolutions.com

NetFederation GmbH (Hrsg.): www.csr-benchmark.de

New Business Verlag (Hrsg.): www.markenartikel-magazin.de

NGO MONITOR (Hrsg.): www.ngo-monitor.org

OECD (Hrsg): www.oecd.org

Öko-Institut e.V. (Hrsg.): www.oeko.de; www.ecotopten.de; www.oekotop100.de

Office of the United Nations High Commissioner for Human Rights (OHCHR – Hrsg.): www.ohchr.org

Otto GmbH & Co KG (Hrsg.): www.ottogroup.com

PrOut@Work-Foundation (Hrsg.): www.proutatwork.de

RAL Deutsches Institut für Gütesicherung und Kennzeichnung e.V. (Hrsg.): www.ral-guetezeichen.de/

RAL gGmbH (Hrsg.): www.blauer-engel.de; www.ral-umwelt.de/

Rat für Nachhaltige Entwicklung (Hrsg.): www.nachhaltigkeitsrat.de; www.deutscher-nachhaltigkeitskodex.de

Regierungskommission Deutscher Corporate Governance Kodex (Hrsg.): www.corporate-governance-code.de; www.dcgk.de/de/

REPASACK Gesellschaft zur Verwertung gebrauchter Papiersäcke mbH (Hrsg.): www.repasack.de

RESET gemeinnützige Stiftungs-GmbH (Hrsg.): http://reset.org

respACT - austrian business council for sustainable development (Hrsg.): www.respact.at; www.trigos.at

RESY Organisation für Wertstoffentsorgung GmbH (Hrsg.): www.resy.de

Rheinisch-Westfälisches Institut für Wirtschaftsforschung (Hrsg.): www.rwi-essen.de

RobecoSAM AG (Hrsg.): www.robecosam.com/de

Sinus Sociovision (Hrsg.): www.sinus-institut.de

Sozialforschungsstelle Dortmund (Hrsg.): www.sfs-mobbing-report.de

startsocial e.V. (Hrsg.): www.startsocial.de

Studienkreis für Tourismus und Entwicklung e.V. (Hrsg.): „TO DO! - Wettbewerb sozialverantwortlicher Tourismus", www.to-do-contest.org

Studienkreis für Tourismus und Entwicklung e.V. (Hrsg.): „TOURA D´OR - Filmwettbewerb Zukunftsfähiger Tourismus", www.tourador-contest.org

Sustainable Business Institute (SBI, Hrsg.): www.nachhaltiges-investment.org, www.sbi21.de

VIR (Hrsg): www.v-i-r.de

Stiftung Weltethos (Hrsg.): www.global-ethic-now.de

TCME touristic concept (Hrsg.): www.goasia.de

Thai Ecotourism and Adventure Travel Association (TEATA – Hrsg.): www.teata.or.th

TourCert gGmbH (Hrsg.): www.tourcert.org

Trägerverein des Deutschen Presserats e.V. (Hrsg.): www.presserat.de

TransFair e.V. – Verein zur Förderung des Fairen Handels in der Einen Welt (Hrsg.): www.fairtrade-deutschland.de; www.transfair.org;

Transparency International (Hrsg.): www.transparency.org

Transparency International Deutschland e. V. (Hrsg.): www.transparency.de

trendence Institut GmbH (Hrsg.): www.trendence.com

Umweltgutachterausschuss (UGA) beim Bundesministerium für Umwelt, Naturschutz, Bau und Reaktorsicherheit (Hrsg.): www.emas.de

United Nations (Hrsg.). www.un.org

United Nations Development Programme (Hrsg.): http://report.hdr.undp.org

United Nations Environment Programme unep (Hrsg.): www.unep.org/dtie/

United Nations Global Compact (Hrsg.): www.unglobalcompact.org

UN Millenniumkampagne Deutschland (Hrsg.): www.un-kampagne.de

Universum Deutschland (Hrsg.): http://universumglobal.com/de

Unternehmen für die Region e.V. (Hrsg.): unternehmen-fuer-die-region.de/

Unternehmen Partner der Jugend (UPJ) e.V. (Hrsg.): www.verantwortliche-unternehmensfuehrung.de

UnternehmensForum e.V. (Hrsg.): www.inklusionspreis.de; www.unternehmensforum.org

UPJ e.V. (Hrsg.): www.upj.de

Valora Effekten Handel AG (Hrsg.): www.oekoportal.de

Verband Deutscher Maschinen- und Anlagenbau e. V. (VDMA – Hrsg.): Initiative Blue Competence unter www.bluecompetence.net

Verband für ethische Unternehmensführung e.V. (Hrsg.): www.ethiks.de

Verbraucher Initiative (Hrsg.): www.oeko-fair.de

Verbraucherzentrale Bayern e.V. (Hrsg.): www.allesoeko.net

Verbraucherzentrale Hamburg e.V. (Hrsg.): www.ampelcheck.de

Verein Deutscher Zementwerke e.V. (Hrsg.): Die Initiative für Nachhaltigkeit in der deutschen Zementindustrie, www.zement-verbindet-nachhaltig.de; www.initiative-nachhaltigkeit.de

Verein für kontrollierte alternative Tierhaltungsformen e.V. (KAT, Hrsg.): www.was-steht-auf-dem-ei.de

Verein für verantwortungsvolle Waldwirtschaft e.V. (Hrsg.): www.fsc-deutschland.de/de-de

Verein Humanrights.ch/MERS (Hrsg.): www.humanrights.ch

Verband Lebensmittel ohne Gentechnik e.V. (VLOG, Hrsg.): www.ohnegentechnik.org

Verein Unternehmen - Verantwortung - Gesellschaft e.V. (Hrsg.): http://csr-news.net

Vereinte Evangelische Mission (Hrsg.): Kampagne für saubere Kleidung unter www.saubere-kleidung.de

Viabono GmbH (Hrsg.): www.klima-hotels.de; www.viabono.de

VKP engineering GmbH (Hrsg.): www.greentec-awards.com

Wertekommission - Initiative Werte Bewusste Führung e.V. (Hrsg.): www.wertekommission.de

Wittenberg-Zentrum für Globale Ethik e.V. (Hrsg.): www.wirtschaftsethik.org

World Business Council for Sustainable Development (WBCSD, Hrsg.): www.wbcsd.org

WWF Deutschland (Hrsg.): www.wwf.de

Xethix GbR (Hrsg.): Auseinandersetzung zu Ethik und Wertewandel in der digitalen Gesellschaft, http://xethix.com

zeag GmbH - Zentrum für Arbeitgeberattraktivität (Hrsg.): www.ethics-in-business.com; www.topjob.de

Zukunftsinstitut (Hrsg.): www.zukunftsinstitut.de

Sonstige Quellen:

Adlwarth, Wolfgang (2010) - GfK: Vortrag „Corporate Social Responsibility in Tourism - Consumer demands and image of suppliers", ITB Berlin 2010

Bundesministerium für Umwelt, Naturschutz, Bau und Reaktorsicherheit (BMUB, 2015): Umweltbewusstsein in Deutschland 2014

Verantwortliches unternehmerisches Handeln im Ausland

Burda (2007, Hrsg): Greenstyle Report 2007, München

OECD (2011): OECD-Leitsätze für multinationale Unternehmen, Paris

Otto Group (2009, Hrsg.): Nachhaltigkeitsbericht 2009: Verantwortung – Innovation – Transparenz, Hamburg

Otto Group (2015, Hrsg.): Unterwegs - Bericht zur Nachhaltigkeit unserer Wertschöpfung 2015

Otto Group (2009, Hrsg.): Otto Group Trendstudie 2009, Hamburg

RKW Berlin (2010): Diversity Management in kleinen und mittleren Unternehmen, Berlin

Travel One (2010, Hrsg.): Nachhaltigkeitsreport Touristik, Darmstadt

Umwelt Bundes Amt (2010, Hrsg.): EMAS & ISO 14001 zertifizierte Hotels in Deutschland, Dessau

Wiesner, Knut (2011): Interkulturelles Management, Studienheft des Masterstudiengangs Tourismus und Hospitality, Düsseldorf

Wiesner, Knut (2011): Nachhaltiges Destinationsmanagement, Studienheft des Masterstudiengangs Tourismus und Hospitality, Düsseldorf

Wiesner, Knut (2011): Produktpolitik unter ökologischen Aspekten, Studienheft des Masterstudiengangs Tourismus und Hospitality, Düsseldorf

Einzelne Ausgaben der Zeitschriften Test, Finanztest, WirtschaftsWoche und Capital und Harward Business Manager sowie der Zeitungen Die Zeit, Handelsblatt, Süddeutsche Zeitung, FAZ und FAS

Stichwortverzeichnis

360°-Marketing 128
agil 266
agile Unternehmen 132
Agilität 131
Alleinstellungsmerkmal 114, 117
Anpassungsfähigkeit 132
Anstand 1
Anti-Diskriminierung 93, 129
Anti-Korruption 100
Antikorruptionsbemühungen 195
Anti-Korruptionsregeln 56
Antiterror-, Sanktions- und Boykottlisten 228
Äquator-Prinzipien 50
Arbeitsbedingungen 188, 205
Arbeitsnormen 43
Arbeitsschutz 205
Artenschutzprojekt 242
Artenvielfalt 176
artgerechte Tierhaltung 82
Asymmetrien 227
Aufsichtsrat 39, 216, 234
Award 190
Barrierefreiheit 129
Bayerischen Umweltsiegel 70
Beschwerdemanagement 129, 147, 218, 222
Best Global Green Brands 180
Bestechung 29, 30, 195
Bestechungszahlerindex (Bribe Payers Index-BPI) 194
betriebliches Gesundheitsmanagement (BGM) 213
BigBrotherAwards 39
Bio 28, 83, 91, 162, 173, 176
Biodiversität 174, 176
Bio-Erzeugnisse 79
Bio-Hersteller 84
Bio-Hotel 92
Bio-Hotels 137
Biokapazität 168
Bio-Lebensmittel 82, 85, 136
biologische Vielfalt 152
Branchenkodex 66
Branchenvereinbarung 46
BSCI Code of Conduct 48
Bundespreis „ecodesign" 166
bürgerschaftlichen Engagement 18
Burn-out 214

Car-Sharing 78, 170
Cause Related Marketing 18, 226, 242
Certified Business Hotels 232
Chancengleichheit 94
Chancen-Risiken-Analyse 118
Charta der Vielfalt 54, 96, 213
Cleaner Production-Initiative 63
CO2 21, 170
CO2-Ausstoß 163
CO2-Bilanz 151, 257
CO2-Emissionen 164, 257
CO2-Footprint 3
CO2-Fußabdruck 149, 167, 172
CO2-Rechner 170
Code of Conduct 198
Compliance 15, 56, 100, 130, 197, 231, 233, 257
Compliance Regeln 33
Compliance-Management 198
Compliance-Preis 198
Compliance-Richtlinien 197
Controlling 111, 112
Copyright 248
Corporate Acoustics (CA) 146
Corporate Advertising 147
Corporate Behavior (CB) 146
Corporate Citizenship 17, 18, 239
Corporate Communications (CC) 146
Corporate Culture 146
Corporate Design (CD) 146
Corporate Foundation 130
Corporate Governance 15, 38, 100, 198, 233
Corporate Identity 109, 116, 145, 189
Corporate Image 109, 148
Corporate Purpose 110
Corporate Reputation Score 259
Corporate Social Performance 17
Corporate Social Responsibility 17, 19, 22
Corporate Social Responsiveness 17, 22
Corporate Sustainability 17, 22, 61
Corporate Values 109
Corporate Volunteering 17, 129, 130, 199, 216, 239
Corporate-Governance 37, 236
CPI-Corruption Perceptions Index 192
Cradle to Cradle 90
Creating Shared Value 104, 127

Crowdfunding 265
CSR 19, 22
CSR-Beauftragte 153
CSR-Engagement 243
CSR-Kommunikation 76
CSR-Siegel 253
CSR-Tourism certified 173
Customer Driven Company 134
Customer Relationship Management 217
Custowners 265
Datendiebstahl 249
Datenmissbrauch 250
Datenschutz 30, 77, 167, 215, 218, 224
Demanding Brands 78
Der Blaue Engel 72, 78
Deutscher CSR-Preis 76
deutscher Nachhaltigkeitskodex (DNK) 60,
    254
Deutsches Global Compact Netzwerk 44
Deutsches Netzwerk Wirtschaftsethik 54
Deutschlands beliebteste Arbeitgeber 98
Dialogangebote 239
DIN-Normen 198
Diskriminierung 30, 42
Diversity 77, 94, 96
Diversity Management 95, 129, 211
DNWE 54
Dow Jones Sustainability Indizes 235
Eco-Design 62
EcoTopTen 71, 162
EFQM Excellence-Model 58
EG-Öko-Verordnung 83
ehrbarer Kaufmann 1, 4, 264
ehrliche Werbung 130
Ehrlichkeit 29
Elektroantrieb 137
EMAS 45, 58, 149, 253
EMAS-Umweltmanagement 2016 163
Emissionen 167
emissionsärmer 238
Empfehlungen 225
Employer Brand 205, 216
Energieeffizienz 163
Energieproduktivität 64
Energiesparen 163
Energiesparmaßnahmen 163
Equator Principles 50
Erklärung von Prinzipien der Toleranz 95
erneuerbare Energien 29
Ethics in Business 53
Ethik 7, 13, 100, 237
Ethik und Moral 80
Ethik-Award 151
Ethikbeauftragte 153
Ethik-Kodex 227
ethische Grundsätze 41

ethische Produkte 139
ethischer Konsum 139
ethisches Korrektiv 241
ethisch-moralische Prinzipien 245
Ethos 8
EU-Bio-Logo 84
European Business Ethics Network (EBEN)
    54
Experience Marketing 265
fair 5, 24, 101, 136, 155, 172, 186, 204
Fair Company-Initiative 98
Fair Play/Fairplay 23, 101, 128
Fair Trade 4, 101, 173, 185, 187
Fair Trade Organisation 156
faire Arbeitsbedingungen 92, 140, 204, 230
faire Lieferbedingungen 129
faire Preise 129, 224
faire Unternehmen 182, 216, 221
faire Vertrags- und Geschäftsbedingungen
    129
Fairer Handel 185, 188
fairer Wettbewerb 30, 245
faires Management 101, 104, 150, 163, 189
faires Marketing 123, 127, 251
Fairness 2, 23, 25, 29, 101, 102, 121, 140,
    145, 148, 154, 169, 183, 189, 199, 204,
    218, 237, 259, 262, 264
Fairness-, Umwelt-, Öko- oder
    Nachhaltigkeits-Awards 129
Fairness-, Umwelt-, Öko-, Bio- oder Güte-
    Siegel 129
Fairness-, Umwelt-, Öko-Zertifizierungen 129
Fairness-Barometer 153, 204, 210, 217, 229
Fairness-Berichte 256
Fairness-Charta 155
Fairness-Initiativen 156
Fairness-Kriterien 237
Fairness-Qualität 154
Fairness-Stiftung 25, 153, 155, 204, 210
Fairness-Werte 245
Fair-Play-Award 232
Fairtrade Produkte 101, 187
Fairtrade-Siegel 186, 188
Firmenkultur 110
FLP-Siegel 58
Forum Fairer Handel 155
freie Meinungsäußerung 42
freiwillige Vereinbarungen 65, 66
freiwilligen Erklärung 64
Freiwilligenprojekte 17, 130
FSC-Label 58
FSC-Standards 175
FSC-Zertifizierung 175
Führung 210
Führungskultur 209
Führungsstil 129, 147

Garantie 220
Gebrauchsmusterschutz 248
geistiges Eigentum 248
Gemeinwohl 39
Gender 95, 211
Gender Mainstreaming 211
Generation Y 3, 79, 141, 208
Generation Z 142
gentechnisch veränderte Lebensmittel 82
Gerechtigkeit 2, 8, 29
Geschäftsethik 14
gesellschaftliche und soziale Verantwortung
    42
gesellschaftliche Verantwortung 4, 17, 45,
    199
Gesetz gegen den unlauteren Wettbewerb 248
Gesetz gegen Wettbewerbsbeschränkungen
    (GWG) 246
Gesundheit 28, 80, 257
Gesundheitsbewusstsein 137
Gesundheitsorientierung 4
Gewissenhaftigkeit 5
Glaubwürdigkeit 4, 8, 32, 221, 241, 251, 262
Gleichheit 93
Global Agile Brand Study 131
Global Compact 43, 256
GLOBAL G.A.P.-Siegel 86, 176
Global Reporting Initiative (GRI) 149, 253
Global Sustainable Tourism Criteria 175
Global Trust Report 34
Good Company Ranking 40, 56
Good Governance 37, 39
Great Place to Work 98, 208
Green Building 153, 172
Green Design 153, 165
Green Economy 64
Green Energy 153, 163
Green Logistics 153, 169
Green Marketing 28, 36
Green Meetings 173
Green Tech 153
Green Technology 166
Green Travel 170
GreenTec Awards 77
Greenwashing 42, 148, 226
Grund-/Menschenrechte 189
Grundrechte 182
Grüne Logistik 169
gute Unternehmensführung 31, 37
Guter Ruf 217
Gütesiegel 58, 222, 252, 258
Gut-Siegel 59
Hinweisgeber 56
Human Concept of Marketing 126
Human Development Index (HDI) 181
Hybridantrieb 137

ICC Green Economy Roadmap 64
ICC Standards 190
ICC-Charta 64
ICC-Handlungsempfehlung 31
ICC-Internationale Handelskammer 31, 36,
    64, 101, 228
ICC-Kodex 36
ICC-Leitfaden 31
ICC-Verhaltenskodex 31
ILO 45, 47
ILO-Kernarbeitsnormen 29
ILO-Normen 46
Image 148, 220, 251
Imageverlust 249
Individualethik 12
informative Deklarationen 90
Initiative Neue Qualität der Arbeit (INQA) 55
Initiative Tierwohl 177
Inklusion 95, 213
Inklusionspreis 55, 97
Innovation 142
Innovationskultur 104, 143
Innovationsmanagement 143
Innovationsstrategie 112, 142
Institutionenethik 12
Integrität 33, 108, 135, 202
Integritätsstandards 195
International Corporate Governance Network
    258
irreführende Werbung 226
ISO 14000 ff. 45, 58, 59, 71, 149
ISO 26000 45, 149
ISO 9000 ff. 45, 47, 58, 149
Issues Management 118, 128, 142
Kartell 30, 247
Käufermarkt 125
KfW-Nachhaltigkeitsindikator 64
Klima 152
Klima, Natur und Ressourcen 189
Klimabilanz 167
Klimabilanz-Analysen 168
klimafreundlich 85
Klima-Hotels 172
klimaneutral 137
Klimaneutralität 173
Klimaschutz 148, 165, 178
Klimaschutz-Projekte 137, 173
Klimawandel 140, 178
Kodex guter Unternehmensführung 38
Kollaboration 265
Kommunikation 146, 251, 264
Kontrollierte Natur-Kosmetik 90
Kooperation 24, 227, 240
Kooperationspartner 244
Kooperationsvorteile 241
Korruption 28, 29, 184, 191, 249

Korruptionsbekämpfung 43, 194, 195
Korruptionsprävention 195
Korruptionswahrnehmungsindex 192
Kreislauforganisationen 158
Krisenkommunikation 251
Krisenmanagement 118, 251
Krisenplanung 30
Kultur 4, 7
Kultur-Sponsoring 18
Kundenbindung 72, 126, 135, 217
Kundenloyalität 72
Kundenmanagement 217
Kundennutzen 126
Kundenorientierung 126, 133, 220, 260
Kundenzufriedenheit 257
Leadership 105
Lebenszyklus 172
Legitimation 204
Legitimität 241
Leitbild 15, 105, 107, 130, 146, 210, 245
Leitidee 106
Leitsätze 107, 189
Lieferanten 229
Logistikprozess 231
Logo „Ohne Gentechnik" 87
LOHAS 3, 28, 79, 136
Luftreinhaltung 168
Management 4, 103, 130
Managementethik 15
Manager-Eid 26
Manipulation 36
Marke 109, 133, 249, 251, 265
Markenkommunikation 241
Markenkooperationen 242
Markenpiraterie 249
Markenrecht 248
Markenunternehmen 133
Marketing 4, 18, 28, 36, 105, 110, 119, 124, 127, 139
Marketingziele 110, 113
marktbeherrschend 245
Marktforschung 111, 125
Marktmacht 227, 246
Material-Input pro Einheit Service 62, 168
Mäzenatentum 203
Meaningful Brand 132, 148, 265
Meaningful Brand Index (MBI) 133
Megatrend 80
Mehrwert 104
Menschenrechte 2, 30, 43, 53, 95, 152, 181, 191, 257
Menschenwürde 2
Mindful Brand 132, 148, 265
Mitarbeiterbindung 135
Mobbing 210
Mogelpackungen 222

Monopol 227, 245
Moral 1, 7, 8
moralische Verantwortung 134
moralisches Handeln 136
Moralvorstellungen 142
Motivation 129, 131, 206, 215
MSC-Siegel 86, 176
Multikanal-Kommunikation 132
nachhaltige Produktgestaltung 128
nachhaltiger Hersteller 76
nachhaltiges Einzelhandelsunternehmen 76
nachhaltiges Marketing 127
Nachhaltigkeit 4, 17, 22, 44, 57, 72, 100, 135, 140, 183, 237, 257, 259
Nachhaltigkeits-, Sozial oder Fairness-Berichte 254
Nachhaltigkeits-, Umwelt- oder Sozial-Berichte 58
Nachhaltigkeitsberichte 256
Nachhaltigkeits-Ranking 129
Nachhaltigkeitsratings 235
Nachhaltigkeitsverträge und -verpflichtungen 230
Native Advertising 226
NATRUE-Label 91
Natur 20, 152
Naturbelassenheit 36, 80
Naturkosmetik 90, 137
Naturkost 80
natürliche Ressourcen 61
Natürlichkeit 28
Naturprodukte 79
Nicht-Diskriminierung 93
Normen 9, 147, 230, 245
OECD Grundsätze 37
OECD-Leitsätze 29, 30, 101
Offenheit 37, 132
Offenlegung 38
Öko 28, 162, 226
Ökodesign-Richtlinie 166
Ökoeffizienzanalyse 149
Öko-Fußabdruck 149
Ökologie 17, 19, 20, 100
ökologisch kontrolliertem Anbau 85
ökologische Standards 183
ökologischer Fußabdruck 62, 164, 168, 242
Ökologischer Rucksack 168
ökologisches Marketing 127
Ökomarketing 127
ökonomisches Prinzip 10
Öko-Produkte 165
Öko-Sponsoring 19
Öko-Tex-Siegel 59
Ombudsmann 56
operativen Managements 131
Out-of-the-Box 113, 266

Patentrecht 248
People, Planet and Profit 23
Performance-Perception-Fit 128, 251
PESTE-Analyse 118
Plagiarius 249
Plagiate 249
Positionierung 115, 120, 189
Prinzipientreue 132
Pro Fairness gegen Mobbing 155
Produktpiraterie 249
Public Relations 125
Qualität 30, 218, 220
Qualitätsmanagement 128
RAL- und Gütestandards 198
RAL-Gütesiegel 59, 222
Ranking 58, 129, 190
Rat für Nachhaltige Entwicklung 60
Rechenschaft 235
Recycling 62, 78, 161, 163
recyclingfähige Produkte 82
Recyclinginitiativen 158
Recyclingpapier 160
Regelkonformität 197
Regelungen zur Integrität 196
Regenwaldschutzgebiete 180
regionale Lebensmittel 88
Regionalfenster-Signet 89
Regionalität 36
Reklamationsmanagement 129
Reputation 2, 28, 39, 109, 128, 148, 153, 182,
    190, 203, 218, 241, 251, 259, 264
Reputationsgefahren 244
Reputationsmanagement 260
Reputationspflege 135
Reputationsrisiko 16
Reputationsschaden 28, 149
Reputationssteigerung 259
Reputationswert 259
Resilienz 214
Respekt 29, 206
Ressourcen 2, 17, 152, 189
Ressourcenschonung 103, 104, 128, 137, 157,
    169, 198
Ressourcenverbrauch 162, 257
RESY 159
Rio-Erklärung zu Umwelt und Entwicklung
    43
Risikomanagement 39, 118
SA 8000 45, 47, 149
Sabotage 249
Schiedsverfahren 232
Schmiergeld 30, 191
Schonung der Ressourcen 103
Schutz geistigen Eigentums 30
Selbstbeschränkung 203

Selbstverpflichtung 41, 43, 65, 66, 68, 149,
    158
Service-Orientierung 218
Shared Value 104, 120, 127, 163
Sharing-Economy 171
Sicherheitsstandard 188, 231
Siegel 190, 221, 225
Siegel, Zertifikaten und Fairness- oder
    Nachhaltigkeitsberichten 263
Sinnstiftende Marken 132, 133
Sinnstiftung 106, 113, 130
Sinus-Leitmilieus 136, 138
SIS-Ranking 73, 76
Slow Food 88
Social Commissioning 18
Social Lobbying 17
Social Philantrophy 18
Sorgfaltspflicht 30
Sozial- und Umweltstandards 182
soziale Gesundheit 80
soziale Marktwirtschaft 10
soziale Projekte 17
soziale Verantwortung 131, 176
soziales Engagement 140, 153
sozialethischen Prinzipien 100
Sozial-Sponsoring 18
Sozialstandard 148, 149, 162, 183
sozio-ökologischen Milieu 138
spenden 199
Spenden 37, 130, 153
Spenden-Siegel 243
Spionage 249
Sponsoring 18, 130, 153, 199, 203, 226, 244
Stakeholder 14, 28, 31, 38, 102, 124, 144,
    148, 189, 251, 257, 263
Stakeholder Driven Company (SDC) 134
Stakeholder-Interessen 102
Stakeholder-Orientierung 121, 134
Stiftung 130, 240
Strategien 109, 113, 119, 139, 189
strategische Situationsanalyse (SWOT) 117,
    118
strategisches Marketing 128
Supply Chain 123, 143, 152, 164, 169
Sustainability 22
Sustainability Engagement Index (SEI) 73, 74
Sustainability Image Score (SIS) 72, 261
Sustainability Value Ansatz 149
Sustainability Value Score (SVS 262
Sustainability-Performance 236
Sustainable Business 23, 61
Sustainable Business Institute 236
SWOT-Analyse 117
Textilbündnis 92
Tierwohl 87

transparente
  Berichterstattung/Rechenschaftslegung 130
Transparenz 2, 29, 31, 33, 37, 38, 100, 149,
  191, 201
Transparenz-Rangliste 193
Treibhausgas 157
Treibhausgasemissionen 64
Triple Bottom Line 23
Tugenden 8
Umwelt 17, 20
Umwelt- oder Nachhaltigkeits-Siegel 58
Umwelt- und Sozialberichte 147
Umwelt-, Sozial- oder Nachhaltigkeitsberichte
  130
Umweltallianz 69
Umweltbewusstsein 20
Umwelt-Dinosaurier 164
Umwelterklärung 59
umweltfreundlich 140
Umweltmanagement 59
Umweltmanagementsystem 30, 151
Umweltpakt 69
Umweltpartnerschaft 69
Umweltpolitik 240
Umweltqualität 78
Umweltschutz 20, 28, 43, 63, 78, 140, 154
Umweltsiegel 71
Umweltverantwortung 158
Umweltverträglichkeit 140
UN Global Compact 29
UN Sustainable Development Goals (SDGs)
  63
unfaires Verhalten 26
UN-Millenniumsziele 49
Unternehmens-Check 75
Unternehmensethik 10, 12
Unternehmenskultur 15, 108, 109, 112, 135,
  146
Unternehmensleitbild 107
Unternehmensleitlinien 39
Unternehmensphilosophien 107
Unternehmensvision 130
Unternehmenswerte 109, 124, 146
Unternehmensziele 113
Unternehmerethik 15
Upcycling 78, 160, 163
UTZ Certified 185
Vegetarier-Label „V" 83

vegetarische oder vegane Produkte 79
Veggie-Hotel 92
Verantwortung 26, 100, 110, 135
verantwortungsvolle Unternehmensführung
  22
verantwortungsvolles Handeln 132
Verbesserungsmanagement 129
Verbraucherschutz 154, 240
Vereinigungs- und Tariffreiheit 30
Verhaltenskodex 30
Versammlungsfreiheit 42
Vertrauen 33, 34, 203
Vertrauensdefizit 33
Vertrauenskrise 33
Vertrauenskultur 129
Vertrauenswürdigkeit 5
Viabono 59, 171
Vision 105, 106
Vorsorgeprinzip 30
Wahrhaftigkeit 132
Wasser-Fußabdruck 178
Water-Footprint 178
Werte 8, 131, 147
Wertebasis 129
Wertekongruenz 209
Wertemanagement 134, 154
Werteorientierung 7
Wertewandel 62
wertschätzenden Kultur 215
Wertschätzung 213
Wesentlichkeit 256, 263
Wettbewerbsvorteil 126, 136
Whistleblower 141, 216
Wir-Gesellschaft 103
Wirtschaftsethik 10
Work-Life-Balance 206, 209
World Business Council for Sustainable
  Development (WBCSD) 65
World Risk Map 213
Würde 181
Würde des Menschen 42
Zertifikate 58
Ziele 110, 189
Zielgruppe 128, 136, 139, 262
Zielgruppenanalyse 139
Zulieferer 229
Zwangs- und Kinderarbeit 30

www.ingramcontent.com/pod-product-compliance
Lightning Source LLC
Chambersburg PA
CBHW081054220326
41598CB00038B/7100